HENRY DE LAGUÉRENNE

MEMBRE DE LA SOCIÉTÉ ARCHÉOLOGIQUE DE FRANCE, DE LA SOCIÉTÉ
D'ÉMULATION DU BOURBONNAIS, ETC.

Ainay-le-Château
en
Bourbonnais

Histoire de la Ville,
  et de la Châtellenie
    des Origines à nos jours

II

PARIS	MOULINS-S{.-ALLIER
H. CHAMPION	**LOUIS GRÉGOIRE**
LIBRAIRE	LIBRAIRE
5, QUAI MALAQUAIS, 5	2, RUE FRANÇOIS PÉRON, 2

1912

Ainay-le-Château

en

Bourbonnais

DU MÊME AUTEUR

Etude sur les Vignerons d'Issoudun, (Extraite de la *Revue de la Société académique du Centre*); Pivoteau et fils, imp. Saint-Amand (Cher), 1902 ; épuisé.

Une lettre du Comte Brunet de Neuilly, (Extraite de la *Revue de la Société académique du Centre*); Pivoteau et fils, imp. Saint-Amand (Cher), 1902 ; épuisé.

Lettres inédites de M. de Malesherbes, (Extraites de la *Revue des Questions héraldiques*); Lafolye frères, édit., Paris, 8, rue Féron ; Vannes, place des Lices, 1903 ; épuisé.

Notice sur la famille Grozieux de Laguérenne, (Extraite la *Rivista del Collegio Araldico*) ; Tip. dell' Unione coop. éditrice. Rome, 69, via Monterone, 1903 ; épuisé.

Simple croquis de Montluçon au bon vieux temps. Moulins, librairie L. Grégoire, 2, rue François Péron ; Paris, librairie Jean Schemit, 52, rue Laffitte, 1904.

Notes sur la famille Besnard ou Bénard, (Extraites de la *Rivista del Collegio Alradico*) ; Tip. dell' Unione coop. editrice; Rome, 69, via Monterone, 1909 ; épuisé.

Un mariage religieux pendant la Révolution française, (Notes sur les familles de Vismes et Esmangard de Beauval). — (Extrait de la *Rivista del Collegio Araldico*) ; Tip. dell' Unione coop. editrice, Rome, 69, via Monterone, 1910.

Notes et Souvenirs relatifs à l'ancien Couvent des Ursulines de Montluçon, 1643-1909. Librairie Honoré Champion, 5, Quai Malaquais, Paris.

Recherches Historiques
Biographiques et Généalogiques

I. — **Les Gilbert du Deffant** (sieurs du Deffant, La Mouline, Les Outres, Lorbrie, Les Rodez, Fontenilles) ; E. Pivoteau et fils, imp. à Saint-Amand (Cher), 1903 ; épuisé.

II. — **Les Huguoteau** (Ecuyers, seigneurs de Maurepas, Challié Gaultret, Brizeau, Saint Gouard, La Pivardière, etc...) : Pivoteau et fils, imp. Saint-Amand (Cher), 1904.

II. — **Les Dubreuil** (sieurs de la Motte, La Chaume ou Les Chaumes, La Forêt) ; Aug. Pivoteau, imp. Saint-Amand (Cher), 1910.

HENRY DE LAGUÉRENNE

MEMBRE DE LA SOCIÉTÉ ARCHÉOLOGIQUE DE FRANCE, DE LA SOCIÉTÉ
D'ÉMULATION DU BOURBONNAIS, ETC.

Ainay-le-Château
en
Bourbonnais

Histoire de la Ville,
et de la Châtellenie
des Origines à nos jours

II

PARIS	MOULINS-S!-ALLIER
H. CHAMPION	**LOUIS GRÉGOIRE**
LIBRAIRE	LIBRAIRE
5, QUAI MALAQUAIS, 5	2, RUE FRANÇOIS PÉRON, 2

1912

A la mémoire de mon Oncle

MAURICE de LAGUÉRENNE

qui m'a tant encouragé à écrire cette monographie et que la mort a frappé quand les dernières pages étaient sous presse:

31 octobre 1912.

Henry de LAGUÉRENNE

compagnies composant la milice bourgeoise de ladite ville (1).

Article Ier. — Le corps des officiers de la milice bourgeoise sera composé d'un major, deux capitaines, deux lieutenants et deux sous-lieutenants ou enseignes.

Art. II. — Chaque sous-lieutenant portera le drapeau de la compagnie à laquelle il sera attaché. Si le capitaine ou lieutenant se trouvait absent par maladie ou autre légitime empêchement, le sous-lieutenant ferait porter le drapeau de son quartier ou compagnie par un des habitants de son quartier, le plus proprement vêtu.

Art. III. — La ville et fauxbourg d'Ainay-le-Château seront divisés en deux quartiers qui formeront chacun une compagnie.

Art. IV. — Les officiers de la milice bourgeoise seront nommés par le corps municipal, prêteront serment entre les mains du maire et, en son absence, en celles des officiers municipaux ; duquel serment sera fait mention dans le registre des délibérations.

Art. V. — Le maire ou, en son absence, un des officiers du corps municipal, recevra le major à la tête de la troupe et ce dernier recevra, suivant l'usage, les autres officiers.

Art. VI. — Les officiers municipaux pourront seuls faire dans le corps de la milice bourgeoise les suppressions qu'ils jugeront convenables ; ce droit leur appartenant à l'exclusion des officiers de ladite milice.

Art. VII. — Les officiers de la milice bourgeoise n'ayant aucune autorité sur ceux qui composent

(1) Documents de M. Chavaillon.

ladite troupe, soit officiers, sergents ou soldats, ne pourront infliger aucune peine, soit de prison ou autre à aucun officier ni soldat de ladite milice, ni à aucun habitant, sauf à eux à porter leurs plaintes aux officiers municipaux. Pourront néanmoins lesdits officiers faire conduire en prison par un sergent et trois ou quatre fusiliers, tout soldat de ladite milice qui leur aurait manqué, lesdits officiers étant dans leurs fonctions, à la charge d'en rendre compte sur-le-champ aux officiers municipaux qui règleront la durée de la détention.

Art. VIII. — Le Corps municipal aura seul le droit de requérir la maréchaussée si le cas l'exige, pour l'emprisonnement des habitants contre lesquels les officiers de ladite milice auraient porté des plaintes fondées. Il en sera usé de même à l'égard des soldats dans le même cas et alors le gîte, geôlage et la course des cavaliers seront aux frais de ceux qui y auront donné lieu.

Art. IX. — Les officiers de la milice bourgeoise exécuteront les ordres qu'ils recevront du Corps municipal et s'il arrivoit que quelqu'un des officiers y contrevint, ce qu'on ne peut présumer, le Corps municipal pourra le casser après avoir néanmoins employé les voyes de douceur et de persuasion pour le ramener au devoir.

Art. X. — La milice bourgeoise ne pourra être assemblée que par les ordres du maire et des échevins qui donneront la liste des habitants qui devront être commandés et, au cas qu'un habitant ne se rendrait point à l'assemblée sur l'ordre qu'il en aurait reçu, le capitaine de quartier en fera son rapport au maire ou à un des échevins, lequel en référera au Corps municipal.

Art. XI. — Les drapeaux continueront d'être

déposés dans la maison du maire ou du premier échevin chez lequel le Corps municipal se trouvera assemblé aux jours de cérémonie. Les deux compagnies seront tenues de venir chercher lesdits drapeaux et le Corps municipal, lequel se placera à volonté au centre ou à la tête et, après la cérémonie, les deux compagnies conduiront le Corps municipal au lieu d'où il sera parti et il y sera fait une décharge générale lorsque la cérémonie l'exigera.

Art. XII. — S'il était nécessaire de placer quelque détachement de la milice bourgeoise pour maintenir le bon ordre dans les cérémonies, le maire ou les échevins, après en avoir conféré avec le Corps municipal, pourront faire placer ce détachement où ils le croiront nécessaire.

Art. XIII. — Les porte-enseignes qui n'auront pas été reçus par le Corps municipal ne pourront être, sous ce prétexte, exempts de porter les armes si on les commande comme soldats.

Art. XIV. — Les sergents qui n'auront pas fait le service pendant dix ans révolus et qui se retireront avant cette époque, ne seront point exempts d'être commandés comme soldats.

Art. XV. — Lorsque quelques fêtes ou réjouissances publiques exigeront la présence de la milice bourgeoise, les tambours de ville l'annonceront la veille dans les différents quartiers ; ils indiqueront aussy l'heure et le lieu de l'assemblée. Si, après cet avertissement, quelque habitant soldat manque à la convocation, il encourrera la punition que prononcera le Corps municipal.

Art. XVI. — Aucun soldat de la milice bourgeoise ne pourra se soustraire au service sans raisons légitimes et sans, au préalable, en avoir obtenu l'agrément du maire et, à son défaut, celui des officiers municipaux. »

Tel était le règlement de la milice bourgeoise, règlement qui, — si nous en croyons une lettre adressée à M. Bujon des Brosses, le 2 août 1788, par M. Piaud, Lieutenant du maire de Saint-Amand (1), — avait été soumis à Monseigneur le prince de Conti, puis signé et approuvé par le Roi. Ce règlement qui date de 1782 fut primitivement présenté lors de sa rédaction, à l'approbation de l'Intendant ; « mais, écrit M. Dumonteil (2), par suite des réclamations des officiers, le Roi modifia le règlement en décidant qu'il ne serait pourvu par le Corps municipal aux emplois vacants que sur la présentation de candidats faite par les officiers dans une assemblée de communauté, les nominations devant être confirmées par le prince de Conti, gouverneur de la province ». C'est en vertu de cette décision royale que le 1er juin 1785, Louis-François-Joseph de Bourbon, prince de Conti, nomma capitaine de la compagnie de la milice bourgeoise de la ville, Pierre Duranjon, avec Gilbert Duranjon et François Rétif comme lieutenant et sous-lieutenant. Un semblable brevet, dressé en autant d'expéditions qu'il y avait de titulaires, confirmait les nominations des capitaine, lieutenant et sous-lieutenant de la compagnie du Faubourg : Jacques Nourisset, André Couillard et Duranjon-Lapaire. Chaque expédition fut contresignée à Ainay-le-Château, le 30 juillet 1785, par le premier échevin, Bujon des Brosses. Dès lors, avec un nouvel état-major et un nouveau corps d'officiers, devait nécessairement

(1) Dossiers de M. Chavaillon.
(2) F. DUMONTEIL, *Une ville seigneuriale en* 1789 : *Saint-Amand-Montrond*.

s'élaborer une réorganisation de la troupe. Bujon des Brosses y pourvut par la lettre ci-dessous, datée d'Ainay-le-Château le 4 juin 1786 et adressée à Messieurs les officiers de la milice bourgeoise :

« L'intention de la ville, ainsi qu'elle l'a exprimée par sa délibération du 26 mai 1783 est que chaque compagnie soit composée de trente hommes non compris les officiers et bas-officiers ; que chaque bas-officier et soldat soit mis dans la compagnie de son quartier ; que chaque soldat soit mis par ordre de taille ; que les bas-officiers soient placés au rang qu'ils doivent tenir sans qu'ils en puissent sortir que pour exécuter les ordres qui leur seront confiés ; que chaque compagnie aie son tambourg (la ville a choisi pour second le nommé Bonneau, fils ; que chaque compagnie aie également sa flûte. La ville laisse à votre disposition le choix des bas-officiers, elle se réserve toutefois le droit de les agréer ou de les rejeter, si le cas l'exige. La ville vous recommande, dans la composition des compagnies, de choisir les plus beaux hommes parmi les habitants et de lui fournir une liste exacte de ceux qui y sont admis, se réservant la liberté de rayer ceux que le défaut de taille ou autres motifs doivent empêcher d'être admis. Vous êtes invités à donner votre attention à ce que la plus exacte discipline et la plus grande décence soient observées pendant les offices et pendant tout le temps de l'assemblée et à dénoncer les infracteurs au Corps municipal pour être punis suivant l'exigence des cas. Vous voudrez bien ne paraître à la tête de vos troupes qu'avec les marques distinctives de vos qualités et veiller à ce que les bas-officiers aient les mêmes distinctions suivant leur grade. Vous aurez attention, Messieurs, à vous conformer en tout à l'ordonnance de Sa Majesté, du 27 août 1875, et notamment à l'article onze (1). Et finalement, vous voudrez bien donner au Corps municipal d'ici au premier novembre, une liste exacte de tous les habitants de vos quartiers, énonciative du nombre de personnes qui composent chaque maison ainsi que vous y êtes obligés par l'édit de 1706. Vous voudrez bien signer le présent arrêté dont il vous sera donné des copies par le secrétaire-greffier de l'Hôtel-de-Ville. — BUJON DES BROSSES, *seul échevin.* »

Malgré cette invitation faite aux officiers de veiller à ce que la plus exacte discipline et la plus grande décence fussent observées dans les cérémonies, il est probable que le Corps municipal eut, de ce chef, certains sujets de mécontentement car, en son mémoire du mois d'octobre 1786, François Bujon des Brosses demandait : « ...Plaise à Sa Majesté ordonner que l'art. 32 de l'édit de décembre 1706, l'arrêt du Conseil d'Etat du 21 juin 1783 et les art. 7 et 8 du *règlement accordé par Sa Majesté à la ville d'Ainay-le-Château, le 27 avril* 1785 seront exécutés ; en conséquence que les officiers municipaux seront autorisés à condamner à l'amende ou même à la peine de prison, suivant l'exigence des cas, tout soldat ou habitant qui aura encouru lesdites peines par sa contravention aux règlements et aux ordres des officiers municipaux ou à ceux des officiers de milice bourgeoise en exercice : que deffenses seront faites aux officiers de police et à tous autres juges de prendre connoissance desdites punitions et de faire sortir des prisons ceux qui y auroient été conduits par ordre des officiers municipaux, qu'au surplus l'ordonnance militaire du

(1) Relatif aux drapeaux.

25 juin 1750 seroit exécutée selon sa forme et teneur »... Quel fut le résultat de la démarche du maire ?... — Nous l'ignorons ; mais un procès-verbal de 1788 nous prouve que discipline et décence n'étaient pas toujours des vertus inhérentes aux miliciens. Lisons-le donc :

« Nous, officiers municipaux, soussignés et nous, major de la milice bourgeoise d'Ainay-le-Château, assemblés en l'hôtel-de-ville à l'issue de la procession générale faitte à la suite des vêpres pour l'accomplissement d'un vœu de la ville (1) ; ouy le sieur Nourisset, capitaine de la compagnie du faubourg, et après qu'il nous auroit dit que le nommé Lacroix, sergent de sa compagnie, luy a marqué une désobéissance et une insolence manifestes, et ce en présence de la personne du procureur de Sa Majesté et de Monseigneur le comte d'Artois, audit hôtel-de-ville et après que ledit rapport a été affirmé sincère et véritable ; Ouy aussi ledit Lacroix que nous avons fait comparaître par devant nous ; comme aussi les conclusions du procureur du roi qui nous a attesté la vérité des faits ; et que ledit Lacroix s'est en quelque sorte révolté, montrant le poing comme par forme de menaces ; Nous ordonnons que ledit Lacroix sera cassé à la teste de la trouppe et mis à la queue de sa compagnie tant qu'il plaira à son capitaine ; Ordonnons de plus qu'il sera conduit en prison pour y rester au pain et à l'eau jusqu'à nouvel ordre, sauf à rendre compte du présent jugement à qui il appartiendra (2) ;

(1) Peut-être ce vœu date-t-il de la peste du xviie siècle.
(2) L'Intendant Dufour de Villeneuve fut averti, en effet, et sans doute le sergent Lacroix n'avait pas été seul repréhensible, car, dans sa réponse datée de Bourges, le 28 mai 1788, l'Intendant écrivait : « Je me suis assuré que le sieur Duranjon,

Enjoignons à tous officiers et bas-officiers de la milice bourgeoise de cette ville de se faire obéir et entendre et de ne souffrir aucun manque de respect, ni désobéissance ; en conséquence de faire exécuter et de se conformer aux usages et règlements concernant la milice bourgeoise, notamment au règlement de Sa Majesté donné à Versailles, pour la ville d'Ainay-le-Château, le 27 avril 1785, signé Louis ; et plus bas, Gravier de Vergennes, secrétaire d'Etat. — Fait et donné en l'hôtel-de-ville le dimanche, jour de Pentecoste, pour être notre dit jugement exécuté selon sa forme et teneur nonobstant opposition ou appellation quelconque et sans y préjudicier, pour être iceluy jugement lu et publié à la tête de la trouppe et même affiché sy besoin est. Ce onze may 1788 à 5 heures de relevée : Dhouan, Durand, Duchenet, Nouricet, Buffault (1). » Le contexte de ce jugement, raturé, libellé dans des termes plutôt peu châtiés, indique que les autorités voulurent une répression immédiate. Il semble que ce fut justice. On était alors à la veille de la Révolution et tout ce qui s'appelait pouvoir était en butte à des attaques répétées, violentes parfois. Les officiers municipaux d'Ainay étaient gens énergiques, jaloux de leur autorité, soucieux de leur dignité ; après avoir puni

Messieurs, s'était écarté d'une manière très repréhensible des égards qu'il vous doit en toute occasion et de la soumission que vous aviez droit d'exiger de luy dans la circonstance où il se trouvoit, mais je suis également certain qu'il témoigne du repentir de sa conduite, et je ne doute pas qu'il ne répare ses torts par des excuses que votre indulgence vous portera à agréer. Quant au nommé La Croix, il a subi la peine qu'il méritoit ; s'il s'écarte encore ainsy que le sieur Duranjon de leurs devoirs, j'en instruirai le ministre... » [Documents Chavaillon].

(1) Documents de M. Chavaillon.

ils songèrent à prévenir et, dans ce but, ils élaborèrent l'ordonnance suivante dont connaissance fut donnée aux miliciens deux mois et demi plus tard :

Ordonnance de Messieurs les officiers municipaux de cette ville d'Ainay-le-Château (1) :

Art. Ier. — Sous le bon plaisir de Son Altesse Sérénissime, Monseigneur le prince de Conti et par provisions, sauf règlement ultérieur, sans préjudice du règlement de Sa Majesté du 27 avril 1785, Nous Ordonnons que lorsque la troupe prendra les armes, les officiers, bas-officiers et soldats de chaque compagnie seront tenus de se trouver sur la place du faux-bourg un quart d'heure après que le tambour aura rappelé pour répondre à l'appel de chacun leur capitaine ; lors duquel appel Messieurs les capitaines feront chacun l'inspection de leur compagnie, en sorte qu'il n'y ait rien à redire quant aux armes et à la propreté.

Art. II. — Nul de la troupe, sous aucun prétexte, ne pourra manquer à l'appel, ni s'exempter de service, si ce n'est par légitime empeschement jugé tel par le capitaine et sur la permission de Monsieur l'officier municipal commis et de Monsieur le major.

Art. III. — Sous les armes et dans les marches, allant et revenant, jusqu'à ce que Monsieur le major et Messieurs les capitaines aient fait rompre le silence, l'ordre, la décence, les distances et les rangs seront strictement gardés et observés sans que les sergents puissent se placer ailleurs qu'en serre-file à leur compagnie, ni puissent en marche ordonner à l'autre compagnie, sans aussi qu'aucun fusillier et

(1) Documents de M. Chavaillon.

soldat puisse porter la crosse haute sur l'épaule et autrement qu'à la manière accoutumée.

Art. IV. — Un caporal et quatre fusiliers iront en ordre chercher et reconduire le drapeau, formés non en ligne, mais en peloton ; à l'aile droite sera placé le caporal de la première compagnie, celui de la seconde à l'aile gauche portant leur arme en bas-officier. Il y aura un officier de la première compagnie qui, l'épée à la main, commandera en l'allant chercher, et un officier de la deuxième compagnie qui commandera également pour le reconduire ; un sergent, alternativement de l'une et de l'autre compagnie marchera derrière le peloton. L'officier porte-drapeau sera au centre et le tambour et le fifre en avant de l'officier commandant ledit peloton. Le peloton marchera au pas redoublé, le drapeau déployé seulement en approchant ou quittant la troupe ; le tambour battant aux champs.

Art. V. — A l'approche du drapeau, Messieurs les capitaines sous l'ordre de Monsieur le major, feront porter les armes à leur compagnie et la feront aligner pour défiler à son arrivée et partir, aussitôt le drapeau et le peloton placés.

Art. VI. — Tout homme qui se mettra dans le cas d'être puni de prison sera tenu d'obéir au premier commandement, sinon et jusqu'à force majeure, enjoignons à tous bas-officiers et soldats, sur l'ordre qui leur en sera donné, de se saisir du désobéissant et de l'y conduire à peine d'amende et de prison, ou autres peines suivant l'exigence du cas (1). »

Au dos de ce document, qui porte l'adresse du major, était dressé un état nominatif de l'effectif en cette même année 1788. Le voici :

(1) En dessous était encore écrit : « Et sera la présente or-

MILICE BOURGEOISE DE LA VILLE D'AINAY-LE-CHATEAU

M. DURAND, *major.*

Compagnie de la ville

Officiers : MM. Pierre Duranjon, capitaine ; Gilbert Duranjon, lieutenant ; François Rétif, sous-lieutenant.

Le sieur Desreignes (1), expectant, faisant fonctions de sergent-major.

Sergents : Jacques Roy, Hugues Rétif.

Caporaux : Jean Rétif ; Pierre Davault ; Antoine Cotterau ; Joseph Cabanne.

Soldats : Claude Roy ; Toussaint Simonnet ; Jean Bureau ; Jacques Roy ; Charles Laureau ; François Lauzier ; Etienne Rétif ; Jean Dubost ; Jean-François Lauzier ; Jean-François Lesieux ; le nommé Rivière ; le jeune Paulat ; Millourioux, cordier ; Simon Rozat ; le fils Damont ; Jean Robrieux ; Jean Rozat, le jeune ; Pasquier Duranjon ; Denis Cottereau ; le nommé Bourbonnois ; le nommé Fauveau ; François Dumont ; Sébastien Desmurs ; Blaise Renon ; Ducrot, le fils ; Barnabé Aubin ; Louis Robrieux ; Bouquet, chapelier ; Jean Desmurs ; Gilber Rétif ; Hugues Bureau ; Simon Rozat, tambour.

Compagnie du faubourg

Officiers : MM. Jacques Nourisset, capitaine ; André Couillard, lieutenant : Duranjon-Lapaire, sous-lieutenant.

Nicolas Bonneau, sergent-major.

Sergents : Antoine Jacquet (2).

Caporaux : Jean Favière ; Jacques Roy ; Mathurin Pulvin ; Pierre Duranjon.

Soldats : Etienne Duranjon ; Jean Brunet ; Pierre Denizot ; le nommé Moureux ; Jacques Mortagne ; Jean Lagarde ; Noel Cabanne ; François Cottereau ; Antoine Lexpert ; Jacques Cottereau ; Louis Rozat ; Mazerat, cordier ; Jean Gominet ; Etienne Lauzier ; le nommé Gérard ; Pierre Thomas ; Jean Renon ; meunier ; Mathieu Pérétat ; Villatte-Guétriau ; Pierre Lacroix, fils ; Blaise Renon, meunier ; François Cabanne ; François Breton ; le nommé Thibaut, serrurier ; Jean Rozat ; Jean Paulat ; François Bernard ; Thomas Renon ; Pierre Bailly ; Hugues Lacroix ; Bonneau, fifre. »

Voir les notes page suivante.

Et ce furent les mêmes officiers de la milice bourgeoise qui formèrent les cadres des deux premières compagnies de la Garde nationale en 1789. Toute la différence consista dans le choix qui fut fait de Charles Theurault de la Roche, chevalier de Saint-Louis, comme commandant en chef : M. Durand, demeurait major ; on lui adjoignit un aide-major... Ainsi fut encore une fois réalisé le proverbe : « Les noms changent, les choses demeurent » ; et la milice bourgeoise d'Ainay-le-Château troqua son ancien nom pour la dénomination plus ronflante de garde nationale d'Ainay-sur-Sologne.

donnance exécutée provisoirement nonobstant et sans y préjudicier et y tiendront la main tous officiers et bas-officiers et la milice bourgeoise même en demeureront responsables et, en conséquence, pour qu'on n'en ignore, sera ycelle ordonnance lue, publiée et affichée partout ou besoin sera. Fait et donné par nous, officiers municipaux en l'hôtel-de-ville d'Ainay-le-Château, ouï et ce requérant le procureur du fait commun, après avoir conféré avec M. le major de la troupe qui a signé avec nous et notre secrétaire-greffier, le 3 août 1788 : Bujon des Brosses, maire ; **Dhoüan** ; Buffault, Menouvrier ; Duchenet ; Durand ; Legay. » — On le voit, si le style des officiers municipaux attentait parfois aux règles de la syntaxe grammaticale, il ne manquait pas, dans l'occurence, d'une certaine allure crâne et fière.

(1) Dayraigne.

(2) La place du nom du second sergent est laissée en blanc ; ce devait être celle de Lacroix dont nous avons parlé.

CHAPITRE III

ÉTABLISSEMENTS RELIGIEUX ET CHARITABLES.

La paroisse Saint-Etienne d'Ainay-le-Château, écrit M. l'abbé Lamy (1), formait, avant la Révolution, « l'une des sept paroisses de l'archiprêtré de Charenton (2), qui font actuellement partie du diocèse de Moulins (3) ». Comme les paroisses qui constituaient à cette époque, l'archiprêtré de Charenton, dépendaient toutes alors du diocèse de Bourges, nous trouvons dans le *Pouillé Général* de Merle de Labrugière, quelques renseignements relatifs à l'église d'Ainay, — Barbier nous indiquant uniquement qu'elle est érigée sous le patronage de saint Etienne, diacre et martyr (4). — Il y a dans

(1) *Mémoires de la Société Académique du Centre*, janvier-mars 1898.
(2) L'archiprêtré de Charenton comprenait : Ainay-le-Château, Bardais, Saint-Benin, Saint-Bonnet-le-Désert, Braize, Isle, Valigny, dans le diocèse actuel de Moulins ; — Charenton, Bannegon, Bessais-le-Fromental, Chaumont, Coust, Saint-Pierre-les-Etieux, Vernais, dans celui de Bourges.
(3) Le diocèse de Moulins fut créé postérieurement à la Révolution.
(4) Pouillé, manuscrit de Barbier, conservé au Grand-Séminaire de Bourges, p. 422.

cette paroisse, dit Merle de Labrugière (1), « une maison curiale qui est bonne ; l'air y est bon. La fabrique a de revenus les aides des foires de la Conception et de saint Paul. Une dixme dans les paroisses de Charenton et Vernay ; un héritage appelé la Bethe (2) et ce qui provient des fondations qui montent à 130 livres (3). Chargée de messes basses et de services... L'abbesse de Charenton est patronne. Le taux des décimes est 40 et 42. Communiants : 700. » Ajoutons tout de suite à ce sujet que, vers l'époque où écrivait Merle de Labrugière, nous avons relevé — en 1766 (4) et 1767 (5) — vingt-six

---

(1) MERLE DE LABRUGIÈRE, *Pouiller général du diocèse de Bourges*, 1772.

(2) Le 3 mars 1720, François Duchenet, procureur-fabricien, renouvelait à Jean-Baptiste Theurault le bail de la terre de la Grande Bette moyennant un fermage annuel de 14 livres.

(3) En rendant ses comptes de procureur-fabricien, François-Nicolas Legay spécifie : « Payé à M. Lapaire, curé de cette ville d'Ainay, pour deux ans suivant ses quittances des 26 octobre 1773 et 24 mars 1774 pour les fondations qu'il a acquittées pendant le cours des deux dites années, la somme de trois cent soixante et quatre livres seize sols. »

(4) Onze garçons et treize filles : Blaise Fouchet, François Robin, Joseph Dumont de Saint-Orand, âgés de 13 ans ; — Antoine Terrasse, Charles Ducrot Jacques Chamerlat, J. B. Bureau, Jean Préchère, Jean Duranjon, 14 ans. — Antoine Robrieux, Jean Rinche, 15 ans ; — Marie Beraud, 12 ans ; — Anne Duranjon, Anne Servantier, Marguerite Auclerc, 13 ans ; — Jeanne Touzet, Marie-Anne Deviergne, Marie Robrieux, 14 ans ; — Anne Barbier, Jeanne Simonnet, 15 ans ; — Jeanne Robinet, Marie-Anne Bergerat, Marie Descloux, Marie Perruchet, Marie Vincent, Madeleine Thomas, 16 ans.

(5) Dix-neuf garçons et treize filles : Jean Charles, 13 ans ; — Etienne et Pierre Davault, François Bujon, 14 ans ; — Antoine Cottereau, François Dubois, François Gilbert, Jacques Roy, Jacques Ruffray ; Pierre Piffault, 15 ans ; — François Cabanne, Gabriel Mortagne, Jean Aubin, Jean Grolière, Jean

et trente-deux premières communions ; mais les âges des premiers communiants, — tant filles que garçons, — pourraient surprendre aujourd'hui où les enfants accomplissent cet acte à partir de sept ans. Vers le milieu du XVIIIe siècle, les premiers communiants d'Ainay-le-Château étaient âgés de 12 à 18 ans. Leur nombre ne fut pas toujours aussi considérable chaque année et, en 1782, par exemple, il n'y eut que six garçons : Pierre Bailly ; Pasqué Duranjon ; Alexis Barbier ; François Lauzier ; Gabriel Lespert ; Claude Desmaisons ; et neuf filles : Marie Pulvin ; Catherine Lauzier ; Marie-Anne Bourgouin ; Adélaïde Duchenet ; Rose Rétif ; Solange Deffontis ; Marguerite Dumon ; Magdeleine Lefouet et Hélène Legué (1).

I. — L'église Saint-Étienne, écrit M. de Jolimont, « offre quelques parties du style du XIe siècle et quelques parties du XVe (2), ainsi qu'un portail Renaissance ; le tout peu digne de remarque ». Nous ne pouvons apprécier que fort approximativement ce que dut être, au temps passé, ce monument auquel des réparations faites, très souvent d'une façon hâtive et très probablement très économique, ont contribué à enlever beaucoup du cachet primitif qu'il devait avoir. Quelques notes de la main de M. Pelletier contiennent des rensei-

---

Vernouil, Louis Chamerlat, Pierre Gilbert, Pierre Renon, 16 ans ; — Simon Brunet, 18 ans. — Elisabeth Ruffray, Marie Mortagne, 13 ans ; — Jeanne Duranjon, Marie Brunet, Marguerite Cabanne, Marie Vernouil, Marie Roy, 14 ans ; — Anne Chassigneux, Madeleine Dubois, Marie Favière, Madeleine Ducrot, 15 ans ; — Madeleine Paulat, Marguerite Presdeux, 16 ans.

(1) Legay.

(2) L'abbé Lamy redit à son tour : « L'église est du XIe siècle, avec des parties du XVe et du XVIe siècles ; le tout peu remarquable. »

gnements qui furent très vraisemblablement puisés dans des documents qui ne sont pas parvenus jusqu'à nous : Il y est dit que la nef principale date du XIIe siècle ; et le clocher, du commencement du XIIIe, les deux chapelles latérales au clocher furent édifiées en 1538, « date précise »... Ces deux chapelles qui sont actuellement sous les vocables de Notre-Dame du Rosaire (1) et du Sacré-Cœur (2), datent certainement du XVIe siècle ; leur style, leur ornementation, leur distribution sont similaires, mais il semble que la date 1538 énoncée par M. Pelletier comme étant celle de la fin de leur construction pourrait être modifiée et attribuée à un lapsus calami comme incite à le supposer la mention « date précise » qui est jointe à la note précitée. En effet, sur une pierre de taille de la fenêtre du Sacré-Cœur, à l'extérieur et à gauche de la porte principale de l'église, on lit encore incisée la date « 1588 (3) ».

Quant à cette porte de l'église, elle est bien du style de la Renaissance. Une Vierge de pierre tenant l'Enfant Jésus dans ses bras en décore le fronton creusé en forme d'une niche au sommet orné d'une coquille. Cette porte (4) est accolée à une maçonnerie aveuglant l'ouverture béante qu'aurait laissé un portail antérieur — aujourd'hui disparu — qui, primitivement, semble avoir dû être de forme ogivale ; on l'utilisait autrefois pour les cérémonies funèbres, la petite place sur laquelle s'ouvrent ses deux vantaux — aujourd'hui plantée d'arbres — servant, dans le cours du XVIIIe siècle, de cimetière.

(1) E du croquis.
(2) F du croquis.
(3) V' du croquis.
(4) PP du croquis.

Portail de l'église Saint-Etienne.

Un document du 31 mars 1713 nous parle de ce cimetière, de la portion de l'église Saint-Etienne comprenant la voûte formée par l'arc du clocher, ainsi que d'une chapelle appelée chapelle de La Trinité (1), qui devait se trouver jadis à l'endroit où est aujourd'hui le baptistère [f' du croquis]. Ce document est le contrat d'adjudication (2) au profit de maître Nicolas Legay, marchand-tanneur, « d'une place et bancq estant sous la nef en ladite église, joignant d'orient le bancq de feu maistre Hugues Theurault, à présent possédé par ledit Chassaigne, d'occident l'arq du cloché, de midy le banq du feu sieur Rauays, ce présent possédé par maistre Louis Michau, et de septentrion la desante dans ladite église de la porte du petit cimetière à la Trinité... » Il existe des différences de niveau dans les différentes parties de l'édifice qui nécessitent diverses marches [m du croquis] ; l'une de ces marches permet de pénétrer de la partie qui est comprise sous l'arc du clocher dans la nef ; elle est placée entre les deux piliers [qq] qui, vers l'est, soutiennent la voûte du clocher. Quant à cette voûte, elle-même, une pierre gravée et encastrée dans la maçonnerie qui la sépare de la voûte de la chapelle de Notre-Dame du Rosaire, nous apprend qu'elle fut restaurée vers la fin du XVIe siècle. Voici, en effet, l'inscription que l'on peut lire :

(1) En 1748, six messes annuelles se célébraient dans la chapelle de la Trinité, en vertu d'une fondation de Marie Rouër.

(2) Par devant Jean Menouvrier, notaire-royal et tabellion à Ainay, par « maistre Louis Chassaigne, procureur-fabricien, receveur et marguillier de l'église Saint-Estienne d'Ainay-le-Chastel... sous le bon plaisir de messire Pierre Rousseau, bachelier en droit canon, prestre curé de ladite ville ».

> Ceste. voute
> A. esté. refaite
> .1599. lors. que.
> C. De. Lavalet-
> -te. H. Baugy
> J. Soret. IIstoist.
> Pcureurs. farriti. »

Nous verrons plus loin qu'en 1732 la charpente « qui soutenait les cloches » était considérée comme devant être refaite à neuf, pour pouvoir supporter sa charge. Quant aux cloches, elles furent l'objet d'un grave conflit entre messire François Semelé, pour lors curé, et maître Philippe Theurault de l'Amour, procureur du Roi, le 19 mai 1750, jour de la fête de saint Yves « patron de la justice » ; le curé ayant refusé de laisser sonner à « grande volée avec carillon » la messe que le vicaire des Recollets devait célébrer dans la chapelle de M. le procureur du Roi en l'honneur de saint Yves. Il semble bien que messire François Semelé, d'une part, et maître Theurault, de l'autre, ne vivaient pas en bonne intelligence (1) ; et le plaisir de contrecarrer ce dernier, qui avait demandé à célébrer dans « sa chapelle de Tous les Saints » la fête patronale des gens de robe avec toute la solennité possible, de-

---

(1) Déjà le 2 janvier 1750, le procureur du Roi écrivait à l'archevêché : « J'ai l'honneur de prendre la respectueuse liberté de faire part à Votre Eminence comme j'eus celui de le promettre à Votre Grandeur la veille de Noël au sujet de l'élection des procureurs-fabriciens de cette ville qui fut faite à la manière accoutumée... J'avois prévenu de la part de Vostre Eminence, M. le Lieutenant de police comme vous me l'avié ordonné qu'au cas que M. le Curé s'y opposât de requérir que de part et d'autre les mémoires des raisons d'un chacun fussent envoyés à M. le Procureur Général pour régler les droits d'un chacun ; M. le Curé n'a fait aucune contestation... »

vait inspirer l'attitude violente du curé. Celui-ci refusait les sonneries, alléguant qu'il était le maître dans son église, disait que la messe de saint Yves ne serait pas célébrée et, transigeant enfin, voulait qu'elle fut dite au grand autel, très simplement et sans tant de cérémonies. Peut-être même, qui sait ?... murmurait-il, narquois, ces stances irrévérencieuses que comportait au bon vieux temps la prose de saint Yves :

> « Sanctus Yvot erat Brito
> Advocatus et non latro
> Res stupenda populo !... »

En tous cas, en ce jour de mai 1750, le bon peuple d'Ainay était stupéfait d'entendre semblable querelle se vider à l'église ; tous les basochiens, procureurs ou avocats, juges ou praticiens, s'enflammaient d'une colère égale... Le curé finit par céder, mais l'affaire fit du bruit et le Lieutenant-Général de police d'Ainay rendit une sentence (1) contre

(1) Le procès-verbal d'enquête remplit 62 grandes pages et contient, outre la plainte de Maître Philippe Theurault, les témoignages des personnes suivantes : François Beraud, sieur de la Bourgognerie, substitut du procureur du Roi ; — dame Gabrielle Libault, épouse Theurault ; J. B. Pacaud, bourgeois de La Châtre ; — Nicolas-François Legay, marchand-grossier ; — Remy Serventier, huissier-royal ; — D^{lle} Jeanne Ragot, veuve de Gilbert Beraud, sieur de Repantin ; — Toussaint Gaultier, charpentier ; — Etienne Lannière, couvreur, de Bourges ; — Rev. Père Gilbert Gouin, prêtre-vicaire des Recollets ; — D^{lle} Gabrielle Bonnelat, fille de feu Vincent Bonnelat, greffier en chef de la châtellenie ; — Louis Deschamps, valet de François Beraud, notaire ; — Catherine Robin, servante du même ; — D^{lle} Anne Roland, femme de Rémy Serventier, marchand ; Maître Philippe Baugy, bourgeois ; — Jeanne Bourderye, veuve de J. B. Menouvrier, médecin ; — Vincent Villatte, tailleur ;

M. Semelé. Mais celui-ci se basant « sur les règlements du diocèse » stipulant « qu'il n'y a que la messe de paroisse qui dût être sonnée avecq distinction », interjetta appel à Moulins et obtint un arrêt du Lieutenant-Criminel de la Sénéchaussée, le mettant hors de cause. C'était bien le cas de dire : Que de bruit pour une *querelle de clocher* !... Trente-quatre ans plus tard, c'était le Parlement de Paris qui se préoccupait à son tour des cloches d'Ainay et adressait à la fabrique l'extrait suivant de son arrêt du 29 juillet 1784 : « La Cour fait deffense aux marguilliers et bedeaux et à tous autres de sonner ou faire sonner les cloches dans les temps d'orage à peine de dix livres d'amende contre chacun des contrevenants, et de cinquante livres en cas de récidive, même de plus grande peine s'il y échet : Ordonne que les cloches ne pourront être sonnées que pour les différents offices de l'église, messes et prières et suivant l'usage et les rites du diocèse : Ordonne, en outre, qu'il sera seulement sonné avec l'agrément du curé une cloche pour la tenue des assemblées, tant de la fabrique que de la communauté des habitans et que dans les cas qui exigeront une sonnerie, elle ne pourra se faire qu'après en avoir prévenu M. le curé et luy en avoir déclaré le motif, à peine de vingt livres d'amende contre chacun des contrevenants et de plus grande

---

— Thomas Lauzier, tanneur ; — Louis Desmeurs, cordonnier ; — Gabriel Gilbert, tanneur ; — Pierre Paulat, tailleur ; — Pierre Lécuyer, drapier ; — Gilbert Roy, sellier ; — Marie Bonnichon, femme de Jean Roy, cabaretier ; — Antoine Lavillatte, tailleur ; — Bujon ; — Pierre-Bernard Sabardin, sergent-royal ; — François François, drapier ; — François Duffault, drapier ; — Maître Pierre Menouvrier, sieur d'Anguilly. [Dossiers de M. Chavaillon].

peine s'il y échet... » — Si Gilbert-François Semelé eut encore été titulaire de la cure d'Ainay en 1784, cet arrêt n'eut pas été pour lui déplaire.

Mais quittons le clocher et, traversant la nef dans toute sa longueur, dirigeons-nous vers le chœur [A, du croquis] où, derrière l'autel, s'ouvre la porte de la principale sacristie [p, S]. Le premier document relatif au chœur de l'église qu'il nous ait été donné de consulter est extrait du dossier d'un procès intervenu en 1774 entre les procureurs-fabriciens, autorisés à plaider par une assemblée des notables de la ville, d'une part ; et Marie Roy, veuve de Pasquet Duranjon, et son fils : Etienne Duranjon, d'autre part (1) ; ces derniers pris comme héritiers de Pierre Roy (2) qui vivait en 1717. Voici cet acte : « Aujourd'huy jeudy vingt-cinquiesme de feuvrier 1621, après midy a esté présent en sa personne M. Pierre Cannonier, chirurgien, demeurant en la ville d'Ainay, lequel certain promet de son bon gré a recognu et confessé afin d'augmenter, renouveller et perpétuer les droicts de sépulture que ses prédécesseurs ont dans l'église Saint-Estienne dudit Ainay à costé du grand autel entre le balustre nouvellement construit autour dudit autel et le banc de la main droite, autour du cœur de laditte église où est la tombe de laditte sépulture des Cannonier venue de Naudon Favassier,

---

(1) Une transaction advint, stipulant : d'une part, l'abandon par la fabrique de la rente de 5 sols que payaient les Duranjon ; et, d'autre part, la renonciation par ces derniers au droit de sépulture qu'ils prétendaient avoir dans le chœur de l'église. [Dossiers Chavaillon].

(2) Qui reconnut le 26 octobre 1717, devoir une rente de 5 sols « pour raison du droit de sépulture qu'il a dans ladite église, au lieu des Cannonier, au-dessous du centuaire... »

leur ayeul, a constitué, donné et assigné de nouvel
et par-dessus les donations et fondations anciennes
faites par ses anciens prédécesseurs à laditte fabrique, desquels il n'est à présent tenu sauf ce que
dessus, pour raison de l'héritage suspessifié, maître
Pierre Dubost, l'un des procureurs d'icelle présent
et stipulant et acceptant la somme de cinq sols de
rente (1) annuelle et perpétuelle payable chacun an
et chacun pour Nostre-Dame de Mars, commençant
dès le jourd'huy à continuer à perpétuité ce mesme
jour laquelle somme de cinq sols de rente annuelle
et perpétuelle ledit reconnaissant a constituée,
assise et assignée sur une boutique couverte de
thuille (2) sisze audit Ainay, joignant la grande rue
tendant de la porte Aubret à la halle dudit Ainay,
et la rüe tendante du logis du Cheval-Blanc à laditte halle, et la cour ou jardin de Jean Theuraud (3)
dit Helins, d'autre part ; et sur les aisances et appartenances d'icelle qu'il a specialement affecté et
hypothéqué au payement de laditte somme de cinq
sols de rente annuelle et perpétuelle payable comme

(1) Cette reconnaissance fut renouvelée : — 1° par Antoine
Cannonier [fils de Pierre], chirurgien à Lurcy, par acte passé
devant J. Brunet, notaire à Ainay, en présence de Nicolas Legay et Jean Rameau, le jeune, procureurs-fabriciens, le 8 juin
1677 ; — 2° par Pierre Roy, boucher à Ainay, par acte passé
devant Menouvrier, notaire, le 26 octobre 1717, en présence
de Maître Estienne François, procureur-fabricien.

(2) Dans l'acte du 26 octobre 1717, on borne ainsi l'immeuble :
« ...qui joûte la rue tendante de la porte Aubret à la halle ou
place dud. Ainay et la rue tendante de la maison de feu Jacques
Bujon, appelée le Cheval-Blanc, à lad. halle ou place ; et la
cour, puit et appandy de Huguette Cabanne, veuve de François Theurault, sieur du Chaillou, receveur au bureau général
de Rouen ».

(3) Probablement Jean Theurault, époux de Péronnelle
Fort.

dit est pour la conservation dudit droit de sépulture et pour la jouissance de laquelle toutes fois et quand besoin sera, sera retiré ledit balustre nouvellement construit qui s'estend sur partie de laditte tombe promisse icelle sans contredit, Car ainsy promettant et obligeant... Faict audit Ainay en l'hostel dudit juré le jour et an que dessus ; présents, Jean Baugy, bourgeois dudit Ainay, et maître Louis Dubost, greffier, tesmoings qui ont signé. — *Signé* : CANNONIER, DUBOST, BAUGY et OIZEAU (1). »

En 1774, la fabrique s'avisa de songer que, d'après l'ordonnance de François Ier, de 1539, « dans le nombre des droits honorifiques était compris celui des sépultures dans le chœur de l'église où il n'y a que le curé, les patrons et hauts justiciers qui puissent être inhumés » ; et elle retira à Etienne Duranjon la faculté d'user de ce droit de sépulture, en renonçant elle-même à la rente de 5 sols (2).

---

(1) Notaire-royal.

(2) Dans le compte que rendit le 31 décembre 1774, devant l'archidiacre de Bruère, Nicolas-François Legay, procureur-fabricien, nous relevons : « ...Payé à Maître Sabardin, huissier, sa quittance du 7 octobre 1774, et en conséquence de l'acte de délibération de la ville du 11 juin 1774, la somme de 15 livres 19 sols, tant pour avoir occupé en l'instance que la fabrique a eue avec Marie Roy et Estienne Duranjon, son fils, pour le coust de la consultation des avocats de Moulins, que pour la transaction passée sur ladite instance dont l'accomodement a été fait par vous, Monsieur, lors de votre dernière visite. » — Une rente annuelle de 5 sols était insuffisante pour valoir à celui qui la payait, à la fin du xviiie siècle, le droit de sépulture dans le chœur. Les droits de sépulture dans une église étaient relativement élevés. Nous lisons, par exemple : « Du 8 janvier 1773 : Reçu de M. Paysan, greffier, 26 livres, sçavoir : pour le droit de sépulture de feue Mme d'Aubigny, faitte dans l'église, 20 livres ; et pour le droit de chappe, drap des morts, croix d'argent, sonnerie, etc., 6 livres. »

C'était à l'époque où certaines réparations étaient envisagées ; les fabriciens ne tenaient peut-être pas à être liés par des conventions comme celle qui, dans la reconnaissance de 1621, avait trait au balustre du chœur, car il était alors question de bien le modifier, le chœur !...

Nous lisons, en effet, dans les « conditions de l'adjudication des réparations et augmentations à faire en l'église paroissiale de la ville d'Ainay-le-Château » vers le dernier tiers du xviiie siècle :

« ARTICLE Ier. — L'autel du cœur sera rebaissé convenablement et construit en autel à tombeau en bois aïant au milieu une gloire dorée, icelle renfermée dans un ovale en moulure faisant sailly ; l'encadrement en moulure au pourtour sera doré : le marchepied en parquet sur deux marches en pierre proprement taillées et coordonnées suivant le plan.

ART. II. — Le carrelage du cœur et du sanctuaire (1) sera fait relativement au plan avec un rang de marches en pierre de taille..... Des deux marches existantes au balustre, il n'en restera qu'une.

ART. III. — Pour former un cœur tel qu'il est indiqué par le plan, il sera fait seize stalles en bois massif de la hauteur de trois pieds deux pouces...

ART. V. — De chaque côté du cœur prenant proche l'autel, il sera fait un lambris ou pand de boissure dont chaque pilastre fera ressaut de demi-pouce, ainsi que les simaises et entablement ; ce

---

(1) C'est la portion de l'église où est le maître-autel ; elle est ordinairement entourée d'une balustrade. Dans les anciennes églises, l'autel était placé, d'ordinaire, en avant ou au centre de l'abside. [Chéruel].

qui va à dix toises et sera peint en gris de perlle à huille à trois couches (1)... »

Cette dernière réparation est l'une des rares dont on aperçoive encore trace aujourd'hui dans l'église ; d'autres travaux postérieurs ont été exécutés, — des travaux de dallage en particulier ; — et il y a quelques années certaines chapelles ont été restaurées ou refaites ; car il faut dire qu'outre le maître-autel, il existe dans l'église d'Ainay sept autels où l'on peut dire la messe, qui sont placés chacun dans l'une des chapelles dédiées actuellement :

1° A droite du clocher, à Notre-Dame du Rosaire [E du croquis]. Cette chapelle est ornée derrière l'autel d'une toile où l'on voit la sainte Vierge présentant un rosaire à saint Dominique à genoux ; cette toile a été rapportée et posée à la place d'un tableau antérieur, peint sur bois, qu'elle ne recouvre pas entièrement ; en effet, des deux côtés de la toile où est peinte la Vierge offrant le rosaire à saint Dominique, on remarque encore sur une largeur de dix centimètres des restes de la peinture primitive. La vogue de la dévotion du Rosaire, en France (2) comme dans toute la chrétienté, s'affirma surtout après le décret de Grégoire XIII, en date du 1er avril 1573, décret qui fixait la fête de N.-D. du Rosaire au premier dimanche d'octobre, en reconnaissance de la victoire remportée par les chrétiens sur les Turcs, le 7 octobre 1571, à Lépante. En rapprochant cette date de celle de 1599,

---

(1) Documents de M. Chavaillon.
(2) Bien que, dès 1479, Sixte IV ait écrit, au duc François de Bretagne et à sa femme, la duchesse Marguerite, un bref en faveur de la dévotion du Rosaire.

inscrite dans la maçonnerie séparant la voûte du
clocher de la voûte de cette chapelle, et de la
date de 1588 gravée sur une pierre de l'autre chapelle latérale au clocher [F et v' du croquis], on
peut admettre avec une certaine vraisemblance que
la chapelle de Notre-Dame du Rosaire put être
consacrée à la Vierge sous cette invocation, à partir
du commencement du xviie siècle. On y voit une
Pieta placée au-dessus du tableau du rosaire, pieta
que l'on aperçoit au reste fort mal, mais que la difficulté de la changer de place semble avoir fait
rester ainsi juchée depuis un temps considérable.
En 1600 et antérieurement, cette chapelle était
dédiée à sainte Anne et appartenait à la famille
Morne.

Derrière le tableau qui surmonte l'autel existait
primitivement un vitrail [v"] qui a été bouché. La
pierre de taille qui termina le haut de l'encadrement
de ce vitrail, à l'extérieur, porte sculptées les
armoiries des bouchers d'Ainay-le-Château, qui
sont : « De..... au couperet de..... accompagné à,
dextre, d'un couteau de..... et, à senestre, d'un fusil
de boucher de....., tous posés en pal. » Ce même
écusson, reproduit à la clef de voûte semble indiquer, — comme l'a dit M. l'abbé Desnoix (1) — que
dans cette chapelle de N.-D. du Rosaire était érigée la confrérie des bouchers. Remarquons enfin
la statue de la Vierge qui surmonte le tabernacle et
qui est très fine d'expression : le visage idéalisé,
d'un ovale gracieux ; les mains très allongées et
minces sembleraient dénoter l'œuvre d'un primitif.
Enfin le sol de cette chapelle, ainsi que le sol de

---

(1) *Bulletin de la Société d'Emulation du Bourbonnais*, octobre 1894.

Vue de l'intérieur de l'église Saint-Etienne.

celle du Sacré-Cœur, est dallé en pierre ; dans toutes les autres chapelles ce dallage est remplacé par un pavage en simples carreaux de briques rouges.

2° Sur le même côté, en remontant vers le chœur, se trouve la chapelle de Notre-Dame de la Salette [D] qui, assez récemment encore, portait le nom de chapelle de saint Roch (1), et qui a été restaurée tout dernièrement. C'était primitivement la chapelle de Tous les Saints. Un plan extérieur de l'église dressé en 1862 par les soins de M. J.-B.-C. Pelletier, la désigne formellement comme étant la chapelle de Tous les Saints qui appartint à la famille Theurault. Son emplacement, au reste, correspond absolument aux limites stipulées dans l'acte de donation qui suit ; et le vitrail qui éclaire actuellement ladite chapelle, remplace une porte par laquelle, jadis, on y pénétrait de l'extérieur. Voici l'acte de donation (2) : « A tous ceux qui ces présentes lettres verront Julien Simonneau, seigneur de Montégut-les-Coullandons, garde du sel royal étably ès contracts du pays et duché de Bourbonnois, Salut. Sçavoir faisons que par devant et en la présence de Gilbert Amomon, juré notaire sous ledit sel personnellement étably puissant seigneur messire Philippe de Bigny (3), chevallier de l'ordre

(1) Ce renseignement, — ainsi que d'autres relatifs aux noms actuels des chapelles ou aux noms qu'elles avaient il y a quelques années — nous a été gracieusement fourni par M. Lyonnet, d'Ainay-le-Château.

(2) Deux copies on papier collationnées « sur une expédition en parchemin représentée par maître Philippe Theurault sieur de l'Amour... » par MM. Bujon et Beraud, notaires-royaux à Ainay, le 3 juin 1750. — [Dossiers de M. Chavaillon].

(3) Philippe de Chevenon de Bigny [fils de Gilbert de Bigny et de Charlotte Lorfèvre], qui épousa le 12 février 1563, Antoinette de Saint-Père [fille de Jean de Saint-Père et de Jeanne

du Roy, seigneur d'Ainay-le-Vieil, les Barres, Ceré, la Rivière, le chasteau Saint-Amand, et Noisement en Brie, demeurant audit Ainay-le-Vieil, lequel certain pour estre bien confessé et avisé en ce fait comme il disoit a reconnu et confessé que pour les bons et agréables services que faits luy ont esté et espère en l'avenir de maître Etienne Billon (1), procureur en la châtellenie d'Ainay-le-Chastel y demeurant, présent stipulant et acceptant pour luy et les siens Ycelluy de Bigny luy a donné et donne par ces présentes à luy et aux siens une chapelle à luy appartenant à cause de sa terre et seigneurie de Séré, située en l'Eglise de laditte ville d'Ainay-le-Chastel, appelée chapelle de tous les Saints, autrement la chapelle Petit (2) qui jouxte d'une part la chapelle de Notre-Dame, appartenant à deffunts les Rouër Et ce présent à leurs successeurs ; d'autre la chapelle de Notre-Dame Sainte-Anne et des Mornes, et le chemin tendant de la porte Morisset au cimetière (3) dudit Ainay d'autre ; et de laquelle

de la Tournelle] ; dont il eut trois fils et cinq filles [Moréri]. — Les de Bigny portent : « D'azur, au lion d'argent, armé et lampassé de gueules, à l'orle de cinq poissons d'argent. » D'après Gilles Le Bouvier et le P. Anselme, le champ serait « semé de poissons » ; mais les pièces notables restent. [Voir Vertot, La Chesnaye-des-Bois, de Maransange, etc.].

(1) Etienne Billon avait épousé Jacquette Pornyni, dont il eut au moins trois filles : — a) Anne Billon, qui épousa Jean Charrier, commissaire examinateur et enquesteur en la châtellenie ; — b) Marie Billon mariée, par contrat du 29 octobre 1617, à Hugues Baugy qui devint élu en l'Election de Saint-Amand ; — c) Marguerite Billon, femme de Roger Theurault.

(2) Du nom de ses anciens possesseurs.

(3) Il y en eut successivement au moins quatre : le premier était situé au nord de l'emplacement actuel de l'hôtel Fragnon ; on y a retrouvé des ossements en faisant des fouilles

susditte chapelle ainsy qu'icelle s'étand et comporte ledit sieur de Bigny s'en est devettu et desaisis pour et au proffit dudit Billon et des siens, le constituant procureur-général pour en prendre la vraye réelle et actuelle possession comme de sa propre chose et loyal acquêt tant en la présence dudit bailleur qu'en son absence, et y fera ledit Billon apposer les armoiries dudit seigneur d'Ainay avec mention de la susdite donation que luy en a fait ledit seigneur, Car ainsy l'ont voulus, consentis et accordés lesdittes partyes Par devant ledit Juré ès mains duquel elles ont promis et promettent préalablement tenir et entretenir le contenu ès dittes présentes sans y contrevenir autrement sous peines de tous dépens, dommages et intérêts et de restituer touts coûts, frais, mises pour ce fait, Et loyallement à faire obligeant quant à ce faire tous et un chacun leurs biens meubles et immeubles présents et aucuns généralement quelconques A tout ce qui dit est tenir et entretenir, garder, observer et accomplir, renonçant lesdittes parties à touttes et chacune ès dittes choses tant de fait que de droit général et spécial, nottamment auxdittes présentes et mêmement au droit de toute générale renonciation non valloir sy le spécial n'est précédent En témoin de ce et au rapport dudit juré notre garde susdit et dudit sel Royal avons mis et apposé notre sceau aux présentes. Fait au chastel d'Ainay-le-Vieil de- devant midy, le treiziesme jour de février l'an mil

pour le collecteur ; — le second cimetière était celui dont nous parlons ; les dernières tombes qui y subsistèrent furent celles des Theurault de la Roche ; — le troisième date de la fin du XVIIIe ou du commencement du XIXe siècle, au sud de la rue des Boulevards ; — et enfin le cimetière actuel, au bout de la rue du Pavé, hors la ville.

six cent, present de Martin Feret, sergent-royal et Simon Claveau, meunier, paroissiens dudit Ainay-le-Vieil lequel dit seigneur et Feret ont signés l'original des présentes et ledit Claveau a dit ne sçavoir signer les jours et an susdits. — *Signés* : G. AMOMONT, avec paraphe. »

Et comme semblable donation, à cette époque, nécessitait pour être complète et bien faite une formalité qu'on appelait la prise de possession ; cette cérémonie eut lieu le surlendemain, 15 février, en présence de maître Oyseau, notaire-royal en Bourbonnais : « ... Maître Etienne Billon, dénommé en la donation cy-dessus stipulée a pris et prent la vraye réelle et actuelle possession de la chapelle cy-dessus déclarée pour avoir en ycelle fait dire et célébrer la messe, entré et sorty en ycelle et y fait toutes autres vrayes actes de possession dont et de ce ycelui Billon m'a requis acte que je luy ai octroyé en cette forme pour luy servir ce que de raison. Fait au-dedans de laditte chapelle avant midy en présence de messire Blaize Montigny, prestre curé de laditte ville, maître Philibert Peynauldet, commis grènetier de cette ville, Philippe Legrand et François Minier de laditte ville, tesmoings les jours et ans susdits (4)... » Etienne Billon laissa ce droit de chapelle — ainsi que d'autres héritages — à sa fille, Marguerite Billon, épouse de Roger Theurault, avocat en Parlement, qui en fit hériter leur fils, Hugues Theurault ; ce dernier le laissa, à son tour, à son fils François Theurault,

(4) Ce contrat de donation et l'acte de prise de possession furent insinués au registre des insinuations de la châtellenie d'Ainay, par Jean Marlin, lieutenant-général de cette châtellenie, François Sionnet et Jean Fort, huissiers-royaux, le 19 février 1600.

époux de Marie Baugy, desquels en hérita leur fils, Jean-Baptiste Theurault, mari de Marguerite Jobier. Celle-ci, devenue veuve, partagea ses biens et ceux qui dépendaient de la succession de son mari, entre son fils et ses quatre filles et gendres par acte du 12 mars 1727 (1) ; et comme ses quatre filles avaient reçu chacune en dot une somme de 4.000 livres il fut convenu par ledit acte que pour dédommager leur frère, Philippe Theurault sieur de l'Amour, sa mère « luy délaissait dès à présent, du consentement des sus-nommés (2) pour le payement de laditte somme de quatre mil livres à luy revenant, la maison où il demeurait avec ses aisances et appartenances avec la bibliothèque et cabinet d'icelle ; ensemble le grand jardin en dépendant et le cuvier ; le tout avec ses aisances et dépendances la grande cuve qui est dans ledit cellier, et toujours avec laditte chapelle spécifiée cy-dessus (3)... » Après Philippe Theurault de l'Amour la chapelle de Tous les Saints revint par voie d'héritage, à l'un de ses fils, Charles-François Theurault de la Roche, capitaine d'infanterie et chevalier de Saint-Louis, qui joua un rôle important à Ainay-le-Château comme commandant en chef de la garde nationale. De son mariage avec Marie-Anne Mazerat (4), Theurault de la Roche eut deux

---

(1) Passé devant Maître Jean Beraud, notaire-royal en Bourbonnais, résidant à Ainay-le-Château. [Dossiers Chavaillon].

(2) Ses sœurs et beaux-frères.

(3) Ci-dessus il est écrit : « ...Et qu'il dépand de laditte maison la chapelle de Tous les Saints en la ville et paroisses d'Ainay-le-Château. »

(4) Fille de Louis Mazerat, notaire, et de Marie Guillemin ; elle mourut à Ainay le 17 juillet 1843.

fils décédés en bas-âge et trois filles (1) dont une seule, Charlotte-Anne-Marie Theurault, se maria. Elle épousa le 16 juillet 1811 Guillaume Pelletier (2) de Bonnefond, greffier de la justice de paix

(1) Marthe Theurault, religieuse à Nevers ; — Anne-Gabrielle Theurault, célibataire, — et Mme Pelletier.

(2) Les Pelletier qui se sont divisés en trois branches [celle du Cher, celle de l'Indre, celle de Montluçon], sont originaires d'Aigurande. Plusieurs d'entre eux ont résidé à Lignières. [Voir l'Annuaire du Berry de 1845, et *Notes et souvenirs relatifs au couvent des Ursulines de Montluçon*, p. 27]. — Au commencement du xviiie siècle, N... Pelletier laissa trois fils : — 1º Jean Pelletier, curé d'Uzay ; — 2º Pierre-Benjamin Pelletier, bourgeois de Saint-Hilaire-en-Lignières, qui épousa Suzanne Mérigot, dont il eut : Edme-François, notaire à Lignières de 1774 à 1793 ; Claude-Louis et Anne, épouse de J. B. Durand, notaire à Lignières en 1766 ; — 3º Philibert Pelletier, qui était, en 1766, procureur fiscal au bailliage de Lignières, Rezay et Thevet ; il avait épousé Jeanne-Marie-Magdeleine Dumoulin, dont : — A. Cir-Jacques Pelletier, procureur au bailliage de Bourges, puis député à la Convention, envoyé en mission dans le Jura, le Doubs et la Haute-Saône, commissaire du gouvernement auprès des tribunaux du Cher. Marié deux fois il ne laissa qu'une fille de sa première union, laquelle fille épousa M. Chautard ; — B. Jeanne-Marie-Madeleine Pelletier, épouse de Claude-Pierre Baudon, notaire-royal à Lignières, en 1776 : — C. François Pelletier, notaire-royal à Vierzon, puis directeur du jury d'accusation du tribunal de Saint-Amand. Il a laissé des fils ; — D. Jeanne Pelletier, religieuse de la congrégation de Notre-Dame, à Bourges ; — E. Edme-Philibert Pelletier, commissaire du pouvoir exécutif près le tribunal correctionnel de Saint-Amand, épousa à Loye, en septembre 1766, Marie-Françoise Gavault de Bonnefond, âgée de 15 ans [fille de François Gavault, sieur de Bonnefond et de Marguerite-Françoise Picot], morte à Saint-Amand, rue de l'Image, le 28 janvier 1809, dont il eut : — *a*) François-Philibert Pelletier, né à Loye le 31 août 1768, receveur d'enregistrement à Sancoins, puis à Belleville, près Paris, marié à Mlle Gascoin, de Nevers, mort à Garchizy sans postérité ; — *b*) Marie-Thérèse Pelletier, née à Loye le 3 avril 1772, épousa J. B. Bussière, propriétaire à Saint-Amand,

de Saint-Amand *extra muros*, décoré de l'ordre du Lys (1), adjoint en 1816, puis maire de Nozières ; elle mourut à 32 ans, le 24 octobre 1819 (2), laissant deux enfants : Anne-Modeste Pelletier (3), mariée en 1830 à Antoine-Eugène Bonnelat, de Champmatoin, docteur en médecine à Saint-Amand ; et

dont elle eut trois filles et un fils ; — *c)* Guillaume Pelletier de Bonnefond, né à Loye le 8 août 1773, dont il est question ci-dessus ; — *d)* Claude-Pierre Pelletier qui, après avoir été soldat, acheta un magasin de draps à Saint-Amand et réalisa une grosse fortune. De son mariage avec Mlle Tiphénat, fille d'un notaire de Saint-Amand, il eut cinq enfants : Arsène Pelletier, mariée à M. Bonnichon, qui prit le magasin de son beau-père ; Aimée Pelletier, célibataire ; Adèle Pelletier, épouse de M. Petit, notaire à Germigny ; Bathilde Pelletier, mariée à M. Chambon, avoué à Montluçon ; Léon-Charles Pelletier qui fit son droit ; — *e)* Barthélemy-Crescent Pelletier, né à Saint-Amand le 18 novembre 1786, marchand de drap à Montluçon, fut adjoint de cette ville ; il avait épousé Mlle Elisabeth Mathieu, dont il eut : Elisa Pelletier, épouse de M. Gandolin ; Augustine Pelletier, religieuse ; et Charles Pelletier, époux de Mlle Doisy ; — *f)* Louis-Auguste Pelletier, pharmacien des armées de l'Empire, puis pharmacien à Saint-Amand, eut deux fils de son mariage avec Mlle Sophie Sure : Ernest Pelletier, marié à Mlle Parès, mort en 1865 ; et Léon-Evariste Pelletier, qui prit la pharmacie paternelle et épousa Mlle Julie Renouard, de Romorantin ; — *g)* Nicolas Pelletier, mort élève-officier à Saint-Cyr.

(1) Par brevet n° 9111, signé du marquis de Rivière, maréchal des camps et armées du Roi, ambassadeur de France à la Sublime Porte, aide-de-camp de Monsieur ; en date du 20 novembre 1814.

(2) A Ainay-le-Château. « Elle a été enterrée dans le cimetière qui touche les portes de l'église, sous une des deux tombes qui sont les plus rapprochées desdites portes. » [Notes manuscrites de M. J. B. C. Pelletier, en 1843]. — A son décès, son mari était adjoint d'Ainay.

(3) Née le 11 mai 1812 ; elle eut un fils, M. Jules Bonnelat, qui mourut sans enfants il y a quelques années.

Jean-Baptiste-Charles Pelletier (1), né le 17 septembre 1815 et mort célibataire. Ce dernier reçut dans sa part d'héritage les immeubles d'Ainay-le-Château dont dépendait jadis la chapelle de Tous les Saints. Et, dans un mémoire adressé au Préfet de l'Allier, le 30 août 1862, il réclamait en ces termes la jouissance de ladite chapelle après en avoir fait l'historique et établi les origines de propriété : « ...Je pourrais, au besoin, vous relater une multitude d'actes qui établissent mes droits de propriété à ladite chapelle, je me bornerai, Monsieur le Préfet, à vous faire observer que mes ayeux ont été inhumés dans les caveaux de cette chapelle, de 1600 à 1789 inclusivement. Malgré la révolution de 93, ma famille n'a point cessé de jouir de cette chapelle jusqu'en 1845 ; ne voulant pas, à cette époque, soulever un procès, je pensais que la commune d'Ainay-le-Château ou les membres du conseil de fabrique reviendraient à des sentiments plus équitables et plus justes. Je viens de communiquer à Monsieur le maire d'Ainay mes titres de propriété. Ce magistrat a refusé de faire droit à ma demande. Monsieur le Préfet, je m'adresse à vous afin que vous m'accordiez l'autorisation, conformément au code Napoléon, de citer devant les tribunaux, tant de première instance que d'appel : — 1° le maire de la commune d'Ainay-le-Château, en qualité de représentant de ladite commune comme s'étant

---

(1) C'est lui qui, parlant de la chapelle de Tous les Saints, écrivait : « Ma chapelle à moi a été bâtie à peu près en même temps que la nef principale et se trouvait complètement en dhors des éperons qui soutiennent la nef principale, ca les chapelles [latérales au clocher] font relief sur la voie publique de 2 m tres 35 centimètres ».

emparé de l'immeuble ; — 2° le conseil de fabrique, ainsi que la commune, pour la jouissance du même immeuble et pour modifications et changements qu'ils y ont faits... » Ce procès basé sur deux arrêts des cours d'Aix et d'Orléans, des 19 février 1839 et 12 août 1846, et sur arrêt de rejet de la Chambre des requêtes en date du 30 juillet 1855, fut plaidé en 1863, à Moulins, au nom de M. Pelletier, par Me Hérold, avocat au Conseil d'Etat. Gain de cause fut donné à la commune et, depuis cette époque, il n'y a plus de « chapelle de Tous les Saints » en l'église d'Ainay-le-Château.

3° La chapelle de saint Joseph [C] fut d'abord dédiée à la Vierge puis ensuite à sainte Solange ; le vitrail qui l'éclaire représente, en effet, la patronne du Berry. A noter, une toile placée derrière l'autel, représentant saint Jean-Baptiste ; et deux panneaux en bois sculptés et peints, qui nous montrent les images, l'un, de Marie-Madeleine, et le second, de Jean-Baptiste : ces sculptures peintes n'ont guère d'autre mérite que leur ancienneté ; mais il est permis de se demander, en les contemplant, si ce ne sont pas là les « tableaux » qui, au bon vieux temps, décoraient les retables des autels adossés existant dans les chapelles dédiées à saint Jean-Baptiste (1) et à la Madeleine (2) ?... De même, la toile représentant saint Jean qui décore actuellement l'autel de cette chapelle de saint Joseph nous permet de nous de-

---

(1) « Les murs de la chapelle de saint Jean où sont actuellement les fonts baptismaux... », dit le procès-verbal de visite de l'archevêque de Bourges, du 17 septembre 1732.

(2) Les Bujon se faisaient inhumer dans la chapelle de la Madeleine.

mander si nous ne sommes pas là en présence de la chapelle qui, en 1732, était dédiée à saint Jean-Baptiste et dont le procès-verbal de visite de l'archevêque dit : « ... la chapelle saint Jean où sont *actuellement* les fonts baptismaux », puisqu'un autre document du 31 mars 1713 — document déjà cité — semble établir que la chapelle où se trouve aujourd'hui le baptistère, s'appelait chapelle de la Trinité ?... En tous cas, en 1600, celle de saint Joseph était dédiée à Notre-Dame et appartenait à la famille Rouër (1).

4° La chapelle de saint Etienne, dont l'autel est neuf [B], est une de celles dont nous pouvons encore indiquer avec certitude le patron primitif. Nous avons, en effet, sous les yeux, un document de la fin du xviii° siècle qui nous renseigne sur la situation exacte de la chapelle dont nous parlons qui était, alors, dédiée à saint Crépin : C'est le relevé des « conditions de l'adjudication des réparations et augmentations à faire à l'église paroissiale de la ville d'Ainay-le-Château (2) ». Nous y trouvons le passage suivant : « Article 6. — La porte de la sacristie [pS du croquis] qui sera élevée de huit pouces de haut sera prise et conditionnée dans le lambris susdit pour figurer panneau par deux fiches de chacune un pied d'hauteur, ferrée ; y jointe une forte serrure à deux tours ; il en sera ouvert une (3) dans l'encougnure de laditte sacristie [S'] près laditte porte pour communiquer à la chapelle saint Crespin en reculant un peu, s'il est nécessaire, l'autel y existant... »

(1) Procès de J. B. C. Pelletier contre la municipalité en 1863.
(2) Documents de M. Chavaillon.
(3) Porte.

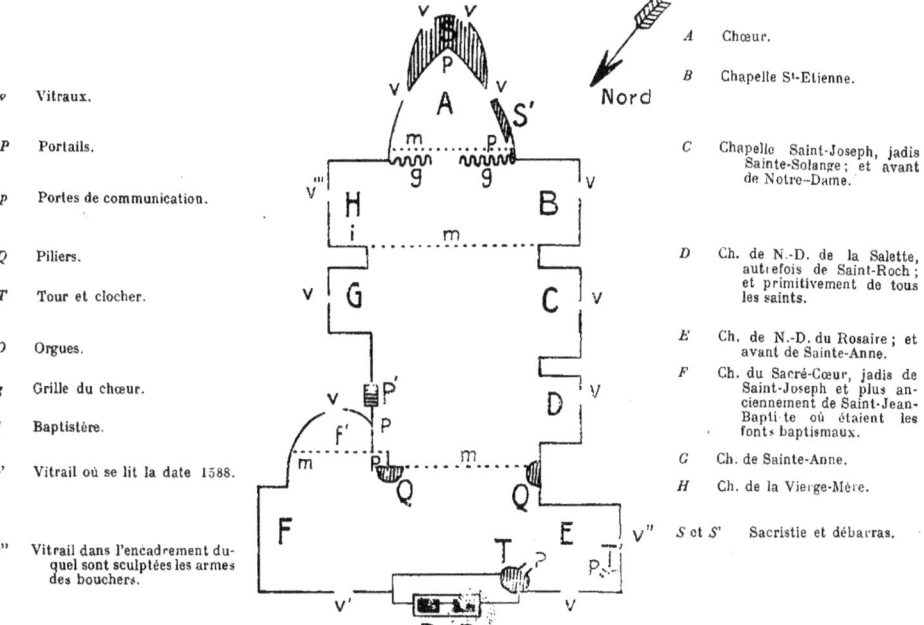

v	Vitraux.	
P	Portails.	
p	Portes de communication.	
Q	Piliers.	
T	Tour et clocher.	
O	Orgues.	
g	Grille du chœur.	
f	Baptistère.	
v'	Vitrail où se lit la date 1588.	
v"	Vitrail dans l'encadrement duquel sont sculptées les armes des bouchers.	
A	Chœur.	
B	Chapelle St-Etienne.	
C	Chapelle Saint-Joseph, jadis Sainte-Solange; et avant de Notre-Dame.	
D	Ch. de N.-D. de la Salette, autrefois de Saint-Roch; et primitivement de tous les saints.	
E	Ch. de N.-D. du Rosaire; et avant de Sainte-Anne.	
F	Ch. du Sacré-Cœur, jadis de Saint-Joseph et plus anciennement de Saint-Jean-Baptiste où étaient les fonts baptismaux.	
G	Ch. de Sainte-Anne.	
H	Ch. de la Vierge-Mère.	
S et *S'*	Sacristie et débarras.	

Les tanneurs, mégissiers, chamoiseurs, corroyeurs, cordonniers, savetiers, nombreux à Ainay-le-Château, avaient fondé une confrérie de saint Crépin. Nous avons eu quelques comptes d'administration de cette confrérie entre les mains. Voici le plus ancien : « Furent présents en leurs personnes, maîtres Jean Rameau, le jeune, et Jean Gavault, marchands-tanneurs de cette ville d'Ainay et administrateurs (1) de la confrairye de saint Crespin (2), érigée en l'église dudict Ainay, demeurants audict Ainay, lesquels librement et volontairement, solidairement chacun d'eux seul et pour le tout ont recogneu et confessé avoir cy-devant et dès le septiesme d'avril dernier receu de maistres Pacquet Minier et Jacques Caillet, aussy marchands-tanneurs dudict Ainay et cy-devant administrateurs de ladite confrayrie, demeurants audit Ainay, présents et acceptants la somme de cent livres quatre solz dont lesdicts Minier et Caillet s'estoient trouvez redevables à ladite confrayrie par le compte d'ycelle qu'ils ont rendu en présence desdicts Rameau et Gavault et autres confrères de laquelle somme qui a esté prise et retirée par lesdits Rameau et Gavault chacun par moityé Ils ont quitté et quittent et promettent faire tenir quitte envers et contre tous lesdicts Minier et Caillet ensemble des titres, papiers et enseignements de ladite confrairye qu'ils ont aussy mis et délivrez entre les mains desdits Rameau et Gavault et qui sont restez en celles dudict Rameau, lesdicts tiltres estants au nombre de quatorze pièces,

(1) En 1702-1703, les administrateurs étaient MM. Claude Serventier et Nicollas ; — en 1704, Hugues Cabanne et Jacques Legay.
(2) L'acte de 1704 porte : « ...confrérie de saint Crespin et saint Crespinien ».

dont douze en parchemin et deux en papier Car ainsy l'ont voulu, consenty et accordé lesdictes parties. Faict et passé audict Ainay en l'estude du notaire royal soussigné le mardy après-midi dernier jour de juin l'an mil six cent soixante et seize, ès présences de Jean Rétif, drapier, et Jean Roy, charpentier, demeurants audict Ainay, tesmoings. Lesdicts Gavault et Roy ont déclaré ne sçavoir signer de ce enquis. » Suivent les signatures : RAMEAU, MINIER, RÉTIF, CAILLET, THEURAULT. — Dans un autre procès-verbal de 1704 il est dit que les administrateurs sortants sont « déchargés des ornements de l'autel qui conciste en trois nappes et deux devants d'autel et deux chandeliers de cuivre jaune (1) ».

5° A gauche de la nef, et en face de la chapelle dont nous venons de parler, se trouve celle de la Vierge-Mère [H]. La statue qui surmonte l'autel et qui a donné son nom à la chapelle, ne mérite aucune attention. En face l'autel, se trouve encastré, dans le mur, un petit bas-relief [i] que M. le chanoine E. Duroisel a signalé comme un monument de la dévotion d'Ainay-le-Château envers Notre-Dame de Lorette (2). Empruntons à l'érudit auteur la description qu'il en a donnée : « ... C'est, écrit le curé-doyen de Sancoins, une pierre de 75 centimètres de hauteur et 53 centimètres de largeur... La Vierge, debout sur le toit de la maison, est vêtue d'un manteau flottant sur les épaules et formant des plis abondants sur la gauche, d'une robe ouverte en carré sur le haut, avec des manches assez larges serrées aux poignets, d'une chemisette couvrant le

---

(1) Dossiers de M. Chavaillon.
(2) L'abbé E. DUROISEL, *Notre-Dame de Lorette en Berry*, pp. 37-38, Orléans, Paul Pigelet, impr. 1902.

cou. La chevelure abondante est, par derrière, retenue dans un voile, et, en avant, forme deux bandeaux serrés par un ruban où s'épanouit, au milieu, une fibule ornée. L'Enfant Jésus est nu. Il repose sur le bras gauche de sa mère. De la main droite il s'attache au cou maternel, tandis que la gauche s'appuie sur un globe qui repose lui-même sur le revers de la main de Marie soutenant son fils. Sous les pieds de la Vierge et sur le toit de la maison, est une tête d'ange avec les ailes déployées. La maisonnette, couverte de tuiles à gouttières est chargée d'un clocheton hexagone percé de fenêtres à plein cintre sur chacun de ses côtés. Il y a sur la face visible une porte et deux fenêtres à plein cintre, et une porte semblable surmontée d'un œil-de-bœuf dans le pignon droit qui est visible. Deux anges debout la supportent de chaque côté, une main sous la maison, l'autre sur la crête du toit. Ils sont vêtus de longues robes ouvertes sur les côtés et laissant voir les jambes. Un troisième ange, placé sous la maison et vêtu comme les autres, semble faire l'effort de la déposer sur le sol. Les ailes de tous paraissent se replier, la translation miraculeuse étant accomplie. Les cheveux de l'Enfant Jésus et des anges sont riches et plus longs sur les côtés, ils rappellent la coupe du temps de Louis XII. Deux autres têtes d'anges, ornées de collerettes à tuyaux se voient dans les angles supérieurs formés par le cintre dans lequel est sculpté ce bas-relief. Elles sont sans rapport avec le bas-relief. Ce pieux monument remonte aux premières années du xvie siècle. Il est assez probable qu'il n'est en cette place que depuis la Révolution, car il ne porte aucune trace de mutilations... » Sur ce dernier point, nous nous permettrons d'émettre une opinion, aussi hypothétique, mais un peu différente de celle de M. le chanoine Duroisel, car nous avons trouvé trace dans différents actes antérieurs à la Révolution, — entre autres dans le procès-verbal de la visite faite en l'église d'Ainay-le-Château, le mercredi 17 septembre 1732, par Monseigneur Frédéric-Jérosme de Roye de la Rochefoucauld, archevêque de Bourges, — d'une chapelle dite « de Nostre-Dame des Anges ». Ne serait-ce pas à la chapelle dont nous parlons actuellement, qu'était autrefois donné ce nom de Notre-Dame des Anges ?... Pendant la Révolution, ce furent les écussons et armoiries qui souffrirent le plus de dégradations à Ainay-le-Château ; et, dans le procès intenté en 1863 à la commune, au sujet de la chapelle de Tous les Saints, nous voyons le demandeur rappeler que l'édifice dont il revendique la propriété, fut confisqué en même temps que l'église elle-même, à la Révolution, puis rendu au culte en 1809 ; mais sans indiquer — parmi toutes les choses qu'il énumère, — qu'aucune dégradation sérieuse ait été commise dans ladite chapelle, en 1793 ; tandis qu'il signale, au contraire, certains remaniements, certaines suppressions — regrettables au point de vue documentaire, — datant de 1845 (1). Cependant il est certain que tous

---

(1) Dans les conclusions de la demande adressée au tribunal de Moulins contre la fabrique d'Ainay-le-Château, le 13 janvier 1864, par M. J. B. C. Pelletier, il est articulé qu'il y a [en 1864] environ vingt ans que les membres du Conseil de fabrique ont fait détruire la voûte du caveau dans lequel furent inhumés [jusqu'en 1789 inclusivement], les auteurs de M Pelletier, qu'ils ont fait entasser les matériaux sur les tombeaux ; — qu'à la même époque ils se sont emparés du dallage de la chapelle de Tous les Saints et l'ont employé à daller la nef principale de l'église ; — qu'ils ont également pris les tables de

les emblêmes furent — comme nous venons de le dire — détruits pendant la période révolutionnaire. Dans cette même chapelle de la Vierge-Mère, sur la pierre qui forme le sommet de l'encadrement du vitrail [v'''], était gravé extérieurement un écusson que l'on voit encore distinctement, mais dont la mutilation volontaire, qui date évidemment de 1793, empêche de déchiffrer les armoiries martelées.

6⁰ La chapelle qui est actuellement dédiée à sainte Anne [G] paraît, au point de vue archéologique, la plus ancienne de l'église. Devant l'autel, vers la gauche, près de la muraille, se trouve encastrée dans les briques du sol une dalle en pierre au milieu de laquelle est fixé un fort anneau de fer pour soulever la pierre, le cas échéant. C'est très probablement l'orifice d'un caveau où furent inhumés avant la Révolution, les propriétaires de cette chapelle. La statue de sainte Anne qui s'élève au-dessus du tabernacle, paraît ancienne.

7⁰ Toujours en continuant vers le clocher, après avoir dépassé la porte [P'] de l'église située au nord-est, dont le fronton extérieur est surmonté d'une vieille statue de saint François, se trouve une petite construction semi-sphérique [f'] au milieu de laquelle est situé le baptistère. Décorée intérieurement de peintures qui, bien qu'un peu effacées, semblent relativement récentes, éclairée par une fenêtre sans vitrail colorié, cette construction pourrait fort bien avoir été, — comme nous l'avons déjà insinué en parlant des portes de l'église et de la chapelle de saint Joseph — la chapelle de la Trinité dont il

marbre sur lesquelles étaient inscrits les noms des défunts de la famille ; — qu'ils ont enlevé plusieurs tableaux anciens de cette chapelle, entre autres, le tableau de tous les Saints, celui de la Vierge et celui d'une sainte...

est question dans un contrat d'adjudication du 31 mars 1713 et dans le procès-verbal de visite de l'archevêque de Bourges, en date du 17 septembre 1732 (1) ; et où le registre des « fondations d'Ainay, en 1746 », nous apprend que Marie Rouër avait fondé une messe basse, suivie d'un *libera* à dire six fois par an (2). Aujourd'hui cet édifice est désigné sous le nom de chapelle des fonts baptismaux ; et il semble bien — après lecture des documents précités — que le baptistère qui, en 1732, est spécifié placé *actuellement dans la chapelle de saint Jean-Baptiste*, fut rapporté postérieurement en la place qu'il occupe aujourd'hui. Au reste, dans l'inventaire dressé le 28 janvier 1754 des titres et ornements de l'église paroissiale d'Ainay-le-Château, il n'est plus question de la chapelle de la Trinité.

8° Enfin, au nord de l'église, latéralement au clocher, s'élève la chapelle du Sacré-Cœur [F], dont l'ensemble architectural — bien qu'ayant subi des réparations qui l'ont un peu déformé — est semblable à celui de la chapelle de Notre-Dame du Rosaire. Derrière l'autel une peinture primitive a été recouverte par un tableau du Sacré-Cœur au bas duquel se lit, sur la droite, l'inscription : « Tableau donnée par Mme veuve Theurault (3). » L'encadrement du vitrail [v'] porte incisé dans la pierre le chiffre 1588 que nous avons déjà signalé et un écusson martelé laisse cependant encore apercevoir : en cœur, un lion qui pourrait bien être une pièce notable du blason des de Bigny, comtes d'Ai-

---

(1) « ...que le marbre qui est sur le grand autel ainsy que ceux des autels de la Trinité... seront enfoncés... »
(2) Documents de M. Chavaillon.
(3) Née Mativon.

nay-le-Vieil, châtelains d'Ainay-le-Château, à moins que nous ne nous trouvions en présence d'un vestige des armes attribuées aux premiers sires de Bourbon ?...

Nombreuses sont les chapelles qui ont plusieurs fois changé de vocable !... M. l'abbé Lamy (1), s'appuyant très probablement sur le procès-verbal de visite de 1732 — que nous reproduirons plus bas — cite six chapelles qui avaient alors d'autres patrons que ceux auxquels elles sont aujourd'hui dédiées. Un registre des fondations pieuses faites dans l'église de Saint-Etienne d'Ainay, datant de l'année 1746 (2), nous apprend qu'il avait existé ou qu'il existait à cette date (3) : — 1° La chapelle de la Trinité dont nous venons de parler et où Marie Rouër avait fondé une messe basse suivie d'un *libera*, les 12 juin, 11 juillet, 12 août, 11 septembre, 11 octobre et 11 novembre de chaque année ; — 2° celle du Rosaire où les Baugy étaient enterrés vers la fin du xviie siècle et où les Ruffray, vers la seconde moitié du xviiie, avaient acquis droit de sépulture. Anne Moutet y avait fondé tous les jeudis de chaque mois, — à la suite d'une grand'-messe du Très Saint-Sacrement célébrée au maître-autel, — une procession suivie de la bénédiction.

---

(1) *Mémoires de la Société Académique du Centre*, janvier-mars 1898.
(2) Manuscrit appartenant à M. Chavaillon.
(3) Ces fondations, d'après les Comptes du Conseil de Fabrique, étaient scrupuleusement acquittées en 1773, et elles existaient encore en 1791, suivant le « compte rendu en présence du Conseil général de la commune de la ville d'Ainay-le-Château, district de Cérilly, département de l'Allier, par le citoïen Antoine Buffault, notaire, aïant fait fonction de procureur fabricien ».

C'est également dans cette chapelle qu'avaient été instituées deux fondations de grand'messes : l'une par Gabreil Page (1), comprenant quatre messes, les 3 février, 26 mars, 17 août et 19 septembre ; l'autre, par Marguerite Baugy (2), le 13 octobre de chaque année, avec un *libera* à la fin de la messe ; — 3° La Chapelle de Notre-Dame (3), ou de la Conception, dont était alors propriétaire Mme Charrier et dans laquelle ladite Anne Moutet (4) avait fondé un *libera* et un *De Profundis* tous les premiers jours du mois. C'est dans cette chapelle qu'avait été érigée la confrérie de la Conception dont nous avons trouvé trace en lisant la note relative à l'enterrement de François Theurault « membre de la Conception d'Ainay », le 7 décembre 1667. Le 18 janvier 1671, Remy Imbert, Lieutenant-Général en la châtellenie, « porté d'une dévotion toute particulière pour l'Immaculée Conception de la glorieuse Vierge Marie, mère de Dieu, dont la confrairye est establie en l'Eglise parochiale », donna à maître Jean Chassaigne, curé, une rente de 6 livres tournois, payable « par dame Marguerite de Graleul, veufve de défunt François des Escures, escuyer, sieur de Pontcharrault, capitaine d'une compagnie d'infanterye au régiment de Lorraine »

(1) Cette fondation de 6 livres était acquittée, en 1773, par Gilbert Malvoisine, de Lurcy ; Jacques Davault, d'Ainay, au lieu des héritiers du curé François ; et par les héritiers d'Antoine Brunet, de Saint-Mamet.

(2) En 1774, c'était « la succession et héritiers de feu Maître Philippe Baugy, vivant bourgeois de cette ville, qui devait 2 livres 10 sols par an, payables au 8 octobre ».

(3) Qui est très vraisemblablement la chapelle actuelle de N.-D. du Rosaire.

(4) Veuve de Roger Charrie en premières noces ; et, en deuxièmes noces de Pierre Duliège.

pour dire chaque année « en la chapelle où est érigée ladicte confrairye de la Conception de Nostre-Dame, un salut chacun jour de l'octave de ladicte feste à commencer du jour d'icelle Et ce environ ès quatre heures du soir... Et à la fin du salut, un *libera* sur la sépulture de M. Baugy qui est au-devant de l'autel du Rosaire (1)... » ; — 4º La chapelle de Tous les Saints où les Theurault avaient leur caveau et dans laquelle Hugues Baugy fonda une messe le 25 mars ; où Marie Baugy institua la fondation d'une messe de *requiem* et d'un *libera*, le 3 novembre (2) ; où fut également fondée par Mar-

(1) Minutes de F. Theurault, notaire-royal.
(2) Ainsi qu'il résulte de cet acte du 9 décembre 1706 : « Fust présent en sa personne, maistre Claude Libault, sieur de la Brosse, procureur fabricien de l'église de Sainct-Estienne de cette ville et paroisse d'Ainay-le-Chastel, estant cette année en charge demeurant audict Ainay, lequel librement et volontairement a recognu et confessé que maistre Jean-Baptiste Theurault, notaire-royal et procureur en la chastellenye dudict Ainay, présent et acceptant, en exécutant la clause portée par le contract de donation faicte par dame Marie Baugy, mère dudict Theurault au proffict de ladicte fabrice, d'une rente à elle deube par Pierre Grollier, maistre cordonnier de cette dicte ville, par laquelle clause il est dict que après le deceds de ladicte dame Baugy, ledict Theurault remettra pour toute garentie de ladicte rente entre les mains desdicts fabriciens le contract primordial de ladicte rente, Luy a présentement deslivré et mis ès-mains un contract en parchemin contenant trois roolles escrit portant création d'une rente de quarente-six sols trois deniers au proffict de maistre Jean Baugy, grand-père de ladicte défuncte dame Baugy, par Jean Groslier, marchand cordonnier, et par devant Lange, notaire-royal audict Ainay, le premier jour d'octobre mil six cent vingt, signé dudict Lange et paraphé par ledict Theurault, duquel à ce moyen ledict sieur Libault, audict nom a tenu et tient quitte et deschargé ledict Theurault et les siens et promis annuellement et perpétuellement pour luy et ses successeurs fabriciens de la mesme église

guerite Jobier (1), les 4 juin et 19 octobre de chaque

de faire célébrer pour le repos de l'âme de ladicte dame Baugy et de ceux de sa famille le lendemain du jour de la feste des Trépassez en la chapelle de Tous les Saints, appartenant audict Theurault et où est leur sépulture, une messe haulte de *requiem* pour quoy il sera payé au sieur curé de ladicte paroisse qui célébrera ladicte messe, la somme de vingt-cinq sols et le surplus de ladicte rente tournera au profit de ladicte fabrice en considération de ladicte chapelle... » [Minutes de Bessonnat, notaire-royal].

(1) Par acte passé devant Bujon et Jean Beraud, notaires-royaux, le 14 mai 1730, la donatrice, héritière en partie de son oncle, feu M. Hugues Imbert, abandonne une rente de 3 livres à la charge de célébrer « deux messes basses de *requiem* avec un *Libera*, à la fin de chacune d'icelles, en la chapelle de Tous les Saints... sçavoir, la première le 20 juillet prochain, jour de sainte Marguerite, sa patronne, jusqu'à son décez après lequel elle sera ditte à pareil jour que laditte damoiselle décédera ; et la seconde sera ditte le 19 octobre prochain, tel jour que le sieur Theurault est décédé... » — Marguerite Jobier qui, par contrat passé le 20 février 1691 devant Libault et Savenault, notaires à Ainay, promit d'épouser J. B. Theurault, était petite-fille de Philibert Jobier dont la veuve, Marguerite Bonnet était, en 1691, remariée à Maître Claude Pierre. — De Philippe ou Philibert Jobier étaient nés : — *a)* Marie Jobier ; — *b)* Gilbert Jobier, bourgeois de Charenton, qui épousa Anne Imbert, dont : — [1] Barthélemy Jobier, officier de dragons, tué dans les Flandres au début de septembre 1695 ; — [2] Marguerite Jobier, dont il est ici question, qui épousa J. B. Theurault ; — [3] Philippe Jobier, sieur de Charnoux, demeurant à Ainay ; — [4] Estienne Jobier, sieur de l'Amour, qui signa au contrat de mariage de sa sœur, en 1691, fut greffier et tabellion au bailliage de Charenton où il fit son testament devant Defoullenay, notaire, le 5 mai 1705. — Ces trois derniers enfants choisirent pour expertiser les biens d'Anne Imbert, leur défunte mère, Vincent Bonnelat et Antoine Huguet ; puis ils firent leurs partages devant Jobier et Menouvrier, notaires à Ainay, le 20 septembre 1700 ; car Anne Imbert, d'après divers actes de 1675 et 1678, était séparée de biens de Gilbert Jobier son mari et, en cette qualité, elle fit opposition, le 5 mars 1678, sur le montant de la vente des biens saisis sur ledit Gilbert Jo-

année, une messe de *requiem* suivie d'un *libera* (1) ;
— 5º la chapelle de sainte Marie-Magdelaine — plus communément appelée chapelle de la Magdelaine, — qui fut acquise, le 14 décembre 1698, par Jacques Bujon « à charge de l'entretenir » et moyennant une rente de 3 livres au profit de la fabrique. C'est là où les Bujon avaient leur « charnier » ; et où Jeanne Pournin (2), puis Jacques Bujon (3), fondèrent chacun une grand'messe les 22 et 23 juillet.

Bien d'autres fondations existaient encore dans l'église d'Ainay-le-Château. Nous avons relevé sur un registre de 1748, dans la liste des fondateurs, les noms de : messire Jean François (4) qui, tous les

---

bier à la requête de Geofroise Gaulmin, épouse de Charles des Coûtz, sieur de la Chapelle ; de Gilbert du Peyroux, écuyer, sieur de Mazières ; de Jean Theurault, avocat ; de Jean Gavaud, procureur, etc. [Documents de M. Choussy].

(1) Le 12 mars 1727, Marguerite Jobier, veuve Theurault, avait déjà partagé entre ses quatre gendres et filles [qui avaient antérieurement reçu, chacune, 4.000 livres de dot], et son fils, Philippe Theurault de l'Amour, tous les biens provenant d'elle ou de la succession de son mari. La fortune comprenait : la maison Theurault, à Ainay ; les deux domaines de l'Amour ; le domaine et la locature de Désertines ; le domaine de Malcontent ; le domaine et la locature de Paillard ; le domaine de Piédenier ; le domaine de la Roche ; la locature de la Bome ; celle de Milandreux ; une maison sise vers le Cheval-Blanc, à Ainay ; le domaine des Tiers ; et le domaine de Jean Diné. — Louis Pinault, receveur des aides au département d'Ainay, servit de témoin pour ce partage.

(2) En 1773, cette fondation de 2 livres par an était acquittée par « Grégoire Serventier, employé, étant au lieu de feue Magdeleine Bujon ».

(3) Fondation de 3 livres payable à la Saint-Martin, acquittée en 1773 « par les héritiers de feu Etienne Dubois d'Ainay ».

(4) En son vivant, curé de Bardais. Sa fondation était, en 1774 acquittée par deux personnes : — 1º M. Dhoüant, de Charenton,

seconds jeudis du mois, avait institué une grand'-messe du Saint-Sacrement précédée d'une procession autour de l'église, bénédiction ensuite et chant d'un *libera* sur sa tombe ; le soir, salut. C'est encore lui qui, pour les Quatre-Temps de la Pentecôte, d'une part ; et les 28, 29 et 30 décembre de chaque année, d'autre part, avait établi un service à trois grand'messes : à la fin de chaque *triduum* les pauvres les plus nécessiteux « étaient aumônés (1)

en qualité de mari de D[lle] Catherine Libault, héritière dudit Jean François, en partie : 50 livres ; — 2º par Jacques Davault, comme acquéreur des défuntes D[lles] Brunet de Piedchevallin : 18 livres 10 sols. — Quant à ce qui est de l'aumône proprement dite, dans les comptes que rendit le 31 décembre 1774, Nicolas-François Legay, procureur-fabricien, nous relevons : « ...Donné à M. le curé pour distribuer aux pauvres deux années de l'aumosne que la fabrique est obligée de payer par feu Messire François, curé de Bardais, suivant sa fondation, à raison de 12 livres 10 sols chacun an ». — En 1636, un Claude François était conseiller du Roi, Lieutenant Particulier, assesseur civil et criminel de la prévôté de Sancoins. — Aux débuts du xviiie siècle, D[lle] Anne François, épousa Jean-Claude Libault, sieur de Corneçay, dont postérité.

(1) Ce n'était pas la seule fondation d'aumônes dont profitassent les pauvres, comme le démontre le « registre pour l'enregistrement des distributions de l'aumosne due aux pauvres de cette ville d'Ainay-le-Château, par les héritiers de feu Claude Serventier et affectée d'hypothèque sur le logis de l'Orange et autres dépendances de cette ditte ville, suivant l'acte portant contrat de vente faite au profict dudit feu Claude Serventier, du 14 février 1700, controllé et scellé par Theurault, commis, qui a reçu trente sols le 27 février 1700, Et ce suivant la fondation faicte au profict desd. pauvres dud. Ainay par feu noble Remy Imbert, en son vivant Lieutenant-Général dud. Ainay, du 14 juillet 1694 et décédé à Saint-Valéry, le 14 octobre 1694 ; et encore suivant l'arrest contradictoirement rendu entre noble Philippe Theurault de Lamour, conseiller du Roy et son procureur en la ville et chastellenie royale d'Ainay-le-Château et MM. Rémy Serventier, Estienne Serventier, Magdelaine Ser-

de la somme de six livres cinq sols par le procureur-fabricien en présence du sieur curé. » — Le 8 décembre « messieurs Imbert (1) » avaient fondé huit grand'messes du Saint-Sacrement avec bénédiction ensuite et salut le soir, qui devaient être célébrées pendant l'octave de la Conception. — Le 14 octobre, Remy Imbert avait institué un service de trois grand'messes ; et Jean-François Imbert, un autre *triduum* de grand'messes les dimanche, lundi et mardi gras, avec sermon et salut le soir. — Anne Moutet avait établi une grand'messe du Saint-Sacrement (2), précédée d'une procession autour de l'église et suivie d'une bénédiction tous les premiers jeudis du mois. — Mathurin Pulvin avait demandé une grand'messe de *requiem* suivie d'un *libera* sur sa tombe, les 15 janvier, 24 et 26 février (3), 28 mars, 1er et 10 mai, 11 et 29 juin, 25 juillet, 24 août, 28 octobre, 30 novembre et 21 décembre. C'est encore lui qui avait établi

---

ventier, femme de Jean Bujon, huissier et Catherine Serventier, femme de Jean Minier, et de leur consentement, du 19 janvier 1709, signifié le 5 avril dud. an. — Theurault, procureur du Roy ». — La première aumône relatée sur le registre est datée du 7 décembre 1746 ; la dernière du 30 juin 1791. Dans les notes relatives à ces distributions d'argent, — en 1752 entre autres, — Ph. Theurault prend la qualification de « tuteur et administrateur-né des pauvres de cette ville ».

(1) Fondation acquittée en 1774 par la veuve Chassaigne, de Charenton.

(2) Toutes ces messes du Saint-Sacrement nous incitent à penser qu'il existait une confrérie du Saint-Sacrement à Ainay au xviiie siècle ; d'autant plus qu'à cette époque, il en existait une très florissante dans l'église de Saint-Benin, — paroisse réunie à celle d'Ainay, au Concordat.

(3) La messe du 26 février est demandée pour Gilberte Grollier.

un salut entre vêpres et complies le 11 mai (1).
— Hugues Baugy avait fondé une messe basse
de *requiem* et ensuite un *libera* aux portes de
l'église, les 7 janvier et 3 mai. — Catherine Pournin
avait institué tous les vendredis saints un *Stabat*
après ténèbres, suivi d'un *libera* sur la tombe commune (2) ; une grand'messe de *requiem* suivie d'un
libera sur sa tombe, le 19 mars ; et, les 13 juin et
14 septembre, une messe basse de *requiem*. — Elisabeth Poucher avait demandé une grand'messe
suivie d'un *libera*, le 6 mars (3). — Jean Beraud,
une messe basse suivie d'un *libera* le 15 octobre (4).
— Catherine Bernard avait institué une messe basse
les 29 septembre, 2 et 25 novembre (5).... Et les
fondations continuèrent d'augmenter, car, à cette
liste déjà longue, un registre des comptes de la
fabrique ouvert « à la saint Michel arcange 1773 »,
ajoute encore celle de 52 livres 10 sols 6 deniers,
faite par Mme Charrier ; celle de 3 livres, constituée
par Mme Theurault ; une autre de 40 livres, provenant d'Anne Baugy, veuve Génin ; et enfin,
celle de Catherine Duchenet qui était soldée par
une rente annuelle de 10 livres 15 sols.

Le montant des revenus des fondations pieuses
était encaissé par le conseil de fabrique qui délé-

---

(1) En 1773, Antoine Cottereau et sa femme, au lieu de feu
Pierre Pulvin, leur père, payèrent de ce chef, 25 livres.

(2) On sait que le cimetière touchait l'église à l'ouest. —
En 1774, Pierre Ducrot payait 4 livres pour cette fondation.

(3) Fondation de 3 livres 2 sols 6 deniers qu'acquittaient,
en 1773, les héritiers de feu Jean Chappus de la Bessace.

(4) C'est Gilbert Renon, meunier de Chanteriau qui, de ce
chef, paya 1 livre 15 sols, aux saints Innocents 1773.

(5) Fondation de 3 livres, acquittée en 1773, par la veuve
Pourrat, comme jouissant d'un immeuble hypothéqué.

guait chaque année un procureur-fabricien chargé, pendant toute la durée de son mandat, de toucher les recettes et de solder les dépenses. Ce procureur fabricien devait se mettre en mesure d'être contrôlé à tout instant, ainsi que nous le démontre le « compte que rend par devant vous, Monsieur l'abbé Aupic, archidiacre de Bruère (1), Pierre Beraud, fabricien sortant d'exercise (2) de l'église paroissialle de Saint-Estienne de la ville d'Ainay-le-Château depuis le dernier décembre mil sept cent soixante et douze, vous ayant, Monsieur, rendu son compte dans le cours de vos visittes le 20 sep-

(1) Il s'agit probablement de Jacques Aupic de Planches, qui prit possession, le 27 février 1740, d'un canonicat de la métropole de Bourges [dont se démit en sa faveur Maître Etienne Aupic, docteur de la Faculté de théologie de l'Université de Bourges], — le même qui, en 1771, était administrateur de l'hôpital de Bourges ; [Arch. du Cher : B, 792]. Les Aupic étaient seigneurs de Poupelin, La Planche, al. Planches, Jarrien, Boisset, etc. Leurs armes sont : « D'argent au chevron d'azur sommé d'une pie au naturel, accompagné en chef de deux palmes de sinople et, en pointe, d'un arbre du même », bien qu'ils aient été inscrits à l'Armorial de la Généralité de Bourges avec : « Huit points d'or équipolés à huit de sable ; les points d'or chargés chacun d'une branche d'épine couchée de sinople, et une bordure de même ». Ils s'allièrent aux Bergier, Popineau d'Arthon, Desalles, Heurtault de Bois-la-Vigne, Boursault du Tronçay, de Bengy de Puyvallée, Audoulx, Pignot, Souchoir, Vrinat, Jugand, etc. L'un d'eux, Mgr Aupic de Boisset était évêque *in partibus* et secrétaire de l'archevêché de Bourges, en 1789. [Voir : Pièces originales : 144, cote 2837. — Arch. Nationales : P, 445, cote 139 ; 449, cotes 153, 207, 254, 267 ; 448, cote 7 ; 451, cote 20. — Arch. du Cher. — Dr Jugand ; — Lainé ; — H. DE LAGUÉRENNE, *Notes et souvenirs relatifs à l'ancien couvent des Ursulines de Montluçon*, etc.].

(2) Ce fut Nicolas-François Legay qui lui succéda comme procureur-fabricien ; il rendit ses comptes le 31 décembre 1774 pour la première fois.

tembre 1772. Ce qui compose trois mois et onze jours tant pour la recette que dépense, se reservant le rendant à se faire payer ce qui luy est düe en sa qualité de fabricien véterant (1) ». Parfois c'était l'archevêque de Bourges lui-même qui, au cours d'une tournée pastorale, effectuait le contrôle des comptes de la fabrique. Nous avons déjà signalé plusieurs fois un procès-verbal de visite archiépiscopal de 1732 ; en voici la teneur :

« Le mercredy dix-sept septembre 1732, heure de deux de relevée, nous, Frédéric-Jerosme de Roye de la Rochefoucauld, par la miséricorde divine et la grâce du Saint-Siège apostolique, Patriarche archevêque de Bourges, Primat des Aquitaines, Conseiller du Roi en tous ses conseils, reprenant le cours des visites de notre diocèse, accompagné de M. Jean Gille de Coetlosquet, prêtre Licentié en théologie, de la faculté de Paris, maison et société de Sorbonne, chanoine et chancellier en nostre église cathédrale, abbé de Nostre-Dame de Puyferrand, l'un de nos vicaires-généraux, M. Joseph Jacquemet, prestre Licentié en l'un et l'autre droit, chanoine en l'église collégiale et séculière de Saint-Ursin, que nous avons commis pour nostre promoteur, Louis Sallé nostre secrétaire, et autres nos officiers ordinaires Nous sommes transportés en l'église paroissiale de Saint-Estienne de la ville d'Ainay-le-Chasteau en laquelle nous avons esté reçeu avec les honneurs et cérémonies requises conformément au rituel de notre diocèse par M. Gérard Rolland, prestre curé de laditte Paroisse assisté de

---

(1) Documents de M. Chavaillon. — Le total des recettes s'élevait à 1.112 livres 11 sols 6 deniers ; et le montant des dépenses à 790 livres 18 sols 6 deniers. Le compte fut approuvé par M. Aupic.

plusieurs curés des paroisses circonvoisines et d'un grand nombre de personnes de l'un et l'autre sexe ; Et après les prières ordinaires et accoutumées nous avons procédé à nostre visite suivant et conformément à nostre mandement d'indication à ce jour et heure deûment publié en ladite église au prosne de la messe paroissialle ainsy qu'il nous a esté certifié par ledit sieur Rolland, Laquelle visite nous avons commencé par celle du Très Saint-Sacrement dont nous avons donné la bénédiction au peuple et continué ensuite par tout ce qui y est sujet tant au d'hors qu'au dedans de ladite église et avons observé que le pied du grand ciboire ayant esté rompu a esté soudé grossièrement avec du plomb, que la custode qui sert à porter le Saint-Sacrement aux malades est dédorée en dedans et fauçée en plusieurs endroits, que le vaisseau qui contient l'huile des infirmes ne ferme pas sûrement, que le marbre qui est sur le grand autel ne tient point et forme une élévation qui peut causer le renversement du calice en célébrant, que la mesme difformité se trouve sur les autels des chapelles de la Trinité (1) et de Tous les Saints, que le marbre qui est sur l'autel de la chapelle du Rozaire est trop petit, qu'il n'y en a point sur celui de la chapelle de saint Crespin, que le tableau qui est sur ledit autel est d'une peinture extrêmement grossière et tout à fait indécente, ainsy que la figure en relief de saint Crespin qui est dans ladite chapelle, que les murs de la chapelle de saint Jean où sont placés les fonts Baptismaux ont besoin d'estre enduits par le bas, qu'il convient renfermer laditte chapelle par une balustrade, que le carreau

---

(1) Voir ce que nous avons dit plus haut en parlant des portes de l'église et du baptistère.

est levé en plusieurs endroits dans la chapelle de la Vierge (1), que la charpente qui soutient les cloches ou autrement le bafroy menace ruine prochaine qui causeroit infailliblement celle des cloches Sur quoy oüy et ce requérant notre promoteur Nous ordonnons : 1° que le grand ciboire sera resoudé proprement en argent ; 2° que la custode qui sert à porter le Saint-Sacrement aux malades sera changée pour une plus forte qui sera dorée au moins en dedans et sous laquelle sera un vaisseau pour contenir l'huile des infirmes ; 3° que le marbre qui est sur le grand autel ainsy que ceux des autels de la Trinité, de Tous les Saints et de Notre-Dame des Anges (2) seront enfoncés et mis de niveau à la pierre ; 4° qu'il en sera mis un sur l'autel du Rozaire et un autre sur l'autel de saint Crespin ; 5° que le tableau du-

---

(1) Nombre de ces réparations n'avaient pas encore été effectuées au 8 juin 1738, époque de la visite de M. Verany de Varenne, archidiacre de Bruères, chanoine de l'église métropolitaine de Bourges, chef du chapitre royal de Dun-le-Roy, qui constata que les marbres du maître-autel, des autels des chapelles de la Trinité, de Tous les Saints et de N.-D. des Anges, n'étaient point encore enclavés dans la pierre ; — que les tableaux du maître-autel et de la chapelle de Tous les Saints étaient indécents ; — que les fonts baptismaux n'étaient pas enclos d'une balustrade ; — que le lambris de la chapelle de la Sainte Trinité menaçait ruine, malgré le legs fait à cet effet par Anne François [150 livres] ; — que la chapelle de saint Crépin, interdite, n'avait point encore été réparée ; — que celle de N.-D. des Anges était malpropre ; — que la figure de sainte Anne était mal placée dans la chapelle de Tous les Saints ; — que le banc des mineurs Ruffray embarrassait pour les baptêmes ; — que les titres de l'église n'étaient pas en bon état ; — que les titres de la chapelle de la Conception n'avaient pas encore été produits ; etc.

(2) Voir ce que nous avons signalé en parlant de la chapelle actuellement dédiée à la Vierge-Mère.

dit autel sera repeint ou changé pour un autre propre et décent ; 6° au surplus que ledit autel sera décoré de crucifix, chandeliers, parements et généralement de tout ce qui est nécessaire au saint Sacrifice de la messe, jusqu'à ce interdisons ledit autel et deffendons audit sieur curé et tous autres d'y célébrer ; ordonnons en outre que la figure en relief de saint Crespin qui est à costé de l'autel de son nom sera supprimée et enterrée (1) ; 7° que les murs de la chapelle de saint Jean où sont actuellement les fonts baptismaux (2) seront enduits par le bas et blanchis, que ladite chapelle sera fermée par une balustrade ; 8° que le carreau de la chapelle de Notre-Dame sera levé et refait où il est besoin ; 9° que la charpente qui soutient les cloches ou autrement le bafroy sera refait à neuf (3), le tout aux dépens et à la diligence de qui il appartiendra. Ensuitte sur la remontrance qui nous a esté faite par les sieurs curé et procureurs fabriciens que plusieurs particuliers de cette ville prétendent estre propriétaires de quelqu'unes des chapelles de ladite Eglise, sçavoir la damoiselle Cherrier de celle de la Vierge, le sieur Tureau, procureur du Roy, de celle de Tous les Saints, le sieur Libault de celle de

---

(1) Il existe encore aujourd'hui dans l'église d'Ainay, plusieurs figures en relief, en bois peint, qui n'ont rien de bien esthétique.

(2) Voir ce que nous avons dit plus haut au sujet de la chapelle actuelle de saint Joseph.

(3) Et dans le compte que rendit, en 1736, à M. l'archidiacre de Bruère, abbé de N.-D. d'Aubignac, Pierre Brunet, notaire-royal et procureur fabricien, les dépenses pour le « bas froy du clochet », ses fenêtres, etc., figurent pour un total de 288 livres 10 sols... On trouve aussi 13 livres 13 sols affectés à la réfection « des fondements de la sacristie du costé de chez Lacroix. » [Documents Chavaillon].

Nostre-Dame des Anges et le sieur des Brosses (1) de celle de la Madelaine, nous ordonnons que dans trois jours au plus tard pour tout délay ladite damoiselle Cherrier et les sieurs Teureau, Libault, Des Brosses et tous autres prétendans droit de chapelle dans ladite église nous raporterons pendant notre séjour en cette ville leurs titres de propriété desdites chapelles, faute de quoy et ledit temps passé, nous enjoignons aux sieurs procureurs fabriciens de poursuivre lesdits particuliers pour estre condamnés à délaisser la propriété desdites chapelles au profit de ladite église, auquel cas nous permettons auxdits procureurs fabriciens de faire procéder à la vente desdites chapelles aux plus offrants, melleurs et derniers enchérisseurs qui outre le prix de leur adjudication seront tenus de les entretenir de réparation et décoration, Ce fait après avoir administré le sacrement de Confirmation aux personnes de ladite paroisse disposées à le recevoir ; nous avons aux sieurs curé et habitans donné les avis que nous avons jugé nécessaires pour leur conduitte, Ensuitte le sieur Desfougères cy-devant procureur fabricien de ladite église nous ayant présenté ses comptes des années 1728, 1729, 1730 et 1731, nous les avons arresté en présence du sieur procureur du Roy et sur-le-champ nous avons en nostre présence fait remettre les titres, papiers, enseignements, comptes, baux et autres concernans les receveurs de ladite fabrique avec un inventaire d'yceux et un estat des vaisseaux sacrés, linges et ornements de ladite église dans un coffre fermant à trois clefs dont l'une a esté remise au sieur curé, la seconde au sieur procureur du Roy et la troi-

(1) Bujon des Brosses.

sième en celles du procureur fabricien auquel nous deffendons de tirer à l'avenir dudit coffre les titres en originaux (1), luy permettant seulement d'en tirer des copies collationnées lorsque le cas le requérera, Ordonnons que ledit inventaire des titres et papiers mesme l'Estat de vaisseaux sacrés, linges, ornements de ladite église sera vérifié à chaque changement de procureur fabricien.

« Et sur la remontrance qui nous a esté faite par nostre promoteur qu'il a appris qu'il y avoit dans ladite église plusieurs confréries dont il avoit interest de voir les titres, statuts et règlements pour sçavoir s'ils sont bien et deûment exécutés, Nous ordonnons que dans trois mois les sindics ou procureurs desdites prétendues confréries nous rapporteront les titres d'érection, statuts, règlements et comptes qui ont deû estre rendus jusqu'à présent pour, le tout communiqué à nostre promoteur, estre statué ce qu'il appartiendra, après quoy les sieurs Libault, Des Brosses et Teureau, en exécution de nostre ordonnance cy-dessus nous ayant justifié des titres de concession desdites chapelles, sçavoir le sieur Des Brosses de celle de la Madelaine, le sieur Libault de celle de Nostre-Dame des Anges, et le sieur Teureau de celle de Tous les Saints, Nous leur en avons octroyé acte et afin que personne ne prétende cause d'ignorance de nos ordonnances cy-dessus qui seront exécutées en cas d'appel nonobstant opposition ou appellation quelconque attendu qu'il s'agit de police et discipline ecclésiastique nous enjoignons au sieur curé de faire

---

(1) Il est probable que s'était produit quelques fuites analogues à celles que signale — pour les achives municipales — le rapport de François Bujon des Brosses, en 1786.

la lecture de nostre présent procès-verbal au prosne de sa messe paroissialle le dimanche suivant qu'il luy en aura été remis copie. Et depuis sur la remontrance qui nous a esté faite de la part de ladite damoiselle Cherrier qu'il luy a esté impossible de nous justifier des titres de propriété de sa chapelle de Nostre-Dame ou autrement de la Conception en ce que les dits titres sont actuellement en la possession d'une personne qui est retenue malade à Charenton, Nous accordons trois mois à ladite damoiselle Charrier pour nous raporter lesdits titres, faute de quoy nostre ordonnance cy-dessus sera exécutée suivant sa forme et teneur. Fait et arresté en ladite Eglise les jour et an que dessus ; ainsy signé : FRED. JEROS. P. P., archevesque de Bourges, DE COETLOSQUET, vicaire général, JACQUEMET, promoteur. ROLLAND, curé d'Ainay, et SALLÉ, secrétaire soussigné. — SALLÉ (1).

La prescription d'inventorier les titres, papiers, vases sacrés à chaque changement de procureur fabricien ne demeura pas lettre vaine. Nous en avons acquis la preuve en lisant le travail qui fut exécuté, de ce chef, vingt-deux ans plus tard, et dont voici la teneur :

« Inventaire triple des titres et ornements de l'église paroissialle d'Ainay-le-Château, fait entre Monsieur Semelé, curé de ladite paroisse, les sieurs Pierre Beraud et Nicolas-François Legay, procureurs fabriciens de laditte église, en présence de Messieurs Huet, Lieutenant-Général de police, et Theurault, procureur du Roy de cette ville, et de maître Jean-Baptiste Deffougères, ancien procureur fabricien ; dont l'un sera mis au coffre-fort

(1) Documents de M. Chavaillon.

de laditte fabrique, l'autre entre les mains de Monsieur le curé, et le troisième entre les mains du procureur fabricien receveur ; auquel a été procédé ainsy qu'il suit :

Premièrement un ancien terrier contenant quarante-quatre feuillets cottés et paraphés par le sieur Imbert des cens et rentes dus à ladite fabrique ; cotté de la lette A ; cy. . . . . A ;

Plus un autre terrier qui est très bien coppié de l'ancien et nouveau terrier de la fabrique de Saint-Etienne d'Ainay contenant soixante et cinq feuillets cottés et paraphés par Monsieur Theurault, procureur du Roy d'Ainay, commençant par la reconnaissance faite par Claude David et finissant par celle de dame Péronelle Bernard ; cotté de la lettre . . . . B ;

Un contrat de constitution de rente fait au proffit de laditte fabrique de quarante-six sols par an consentis par Marie Beaugy, reçu Lange, nottaire, du 1er octobre 1621 en trois rolles de parchemin auquel est joint la cession de laditte rente faite par M. Claude Libeault reçu Béssonat notaire, le 9 décembre 1706, délivré par collation le 19 décembre 1730 ; cotté. . . . . C ;

Deux contracts étant ensemble, des 11 juin 1632 et 27 octobre 1636 concernant une fondation de 12 livres 10 sols par an, faitte par damoiselle Anne Beaugy ; cottés. . . . . D ;

Une liève des cens et rentes dus à laditte Eglise contenant quarante-cinq feuillets ; cottés. . . E ;

Le testament fait par Hugues Beaugy, par devant Damont et Thurault le 26 février 1630, portant abandon d'une rente de 1 livre 10 sols par an au proffit de la fabrique laquelle a été remboursée ;

et la fondation a été réduite à trois messes basses ;
cotté . . . . : . . . . . F ;

Deux testaments faits par maître Remy Imbert portants fondation au proffit de la fabrique de 95 livres de rente dont il en doit être payé 9 livres aux pères Recollets de laditte ville auxquels est une seconde expédition d'un desdits testaments et une coppie de l'homologation desdits testaments en datte des 19 octobre 1698 et 23 juillet 1699 ; cottés . . . . G ;

Deux contracts de donation portant fondation, faits par messire Jean François le premier du 13 may 1711, et le second du 10 juillet 1713 de la somme de 50 livres de rente par chacun an avec une grosse primordialle du remboursement de rente ceddé par ledit sieur François, et remploy qui en a été fait au proffit du sieur Claude Libeault, par acte du 26 aoust 1719, reçu Grimard ; le tout cotté. H ;

Un contract de rente en papier contenant deux rolles fait au proffit de laditte fabrique, consenty par Catherine Bernard (1), veuve Vigeon, de la somme de 3 livres de rente par chacun an, passé par devant Menouvrier, nottaire, le 2 janvier 1715 ; cotté . . . . I ;

Un dossier de trois pièces, la première étant un acte reçu Menouvrier et délivré par Beraud, du 13 juin 1711, portant fondation au proffit de ladite fabrique de 20 livres de rente par an. La seconde est

(1) Le 24 mars 1717, cette même Catherine Bernard, veuve de Michel Vigeon, sieur de Chamville, donna à son neveu, Louis Bernard, époux de Magdeleine Libault [fille de Claude Libault, sieur de la Brosse, et de Marie Thévenard], le somme de 12 livres 10 sols, faisant la quatrième partie de l'apanage de Hugues Imbert et de Catherine Bernard, sa femme. [Minutes de Menouvrier, notaire].

une sentence rendue au siège d'Ainay, du 16 juillet 1712 portant réduction de ladite fondation ; et la troisième est une assignation donnée à Pierre Bonnet et Catherine Dubois, sa femme, pour être condamnés au payement de ladite fondation ; cotté . . . . K ;

Un dossier de procédure contenant quinze pièces ; la première étant un testament fait par damoiselle Marguerite Beaugy, du 8 octobre 1708, reçu Theurault ; et le reste étant des pièces de procédure faites pour raison de la fondation portée audit testament ; cotté. . . . . L ;

Un autre dossier contenant neuf pièces ; la première étant une donation du 16 may 1715, en parchemin, reçue Lamelet et Deffalut, notaires au Châtelet de Paris, faite par Pierre-Charles Perrot, écuyer, auditeur, faite au proffit de laditte fabrique, de l'office de contrôleur de la marque des cuirs de cette ville, six deniers parisis et augmentation d'iceux du quart en sus pour les causes y contenues. Les autres pièces étant pour ledit droit et mémoire concernant icelluy, et notamment une lettre du fondateur du 7 décembre 1716 portant entre autres choses qu'il appartiendra sur les droits de laditte charge, à la fabrique, 10 livres par chacun an, auquel a été joint une quittance d'amortissement pour laditte fondation donnée par le sieur Pessière de Bussière, le 13 octobre 1728, au sieur Deffougères, pour lors procureur fabricien, de la somme de 130 livres et des deux sols pour livre, tant pour ladite fondation que pour autres énoncées en laditte quittance ; cotté . . . . M ;

Un dossier contenant neuf pièces ; la première étant un testament de messire Jehan Theurault (1),

(1) Par ce testament, Jean Theurault « cy-devant curé de

curé de Thaulmier, du 20 octobre 1707, reçu Bessonat, notaire, qui lègue à ladite Eglise 2 livres 10 sols de rente par chacun an ; sçavoir, sur le sieur Jobier de Charnoux, 1 livre ; et 1 livre 10 sols sur le nommé Charton ; la seconde est un contract du 20 novembre 1700 d'une constitution de rente faite au proffit du sieur Theurault par ledit Charton, de 1 livre 10 sols par an ; et la troisième est un contract, reçu Theurault, du 29 mars 1701, de constitution de rente au proffit dudit sieur Theurault, consenty par le sieur Philippe Jobier et la damoiselle, son épouse, de 10 livres par chacun an au dost duquel est écrit ledit contract ne reste que pour 1 livre par an ; Et le surplus étant des pièces de procédure et lettres ; cotté. . . . . N ;

Un contract de rente reçu Menouvrier, du 28 décembre 1708, fait au proffit du sieur Jean Beraud, par Jean Imbault et Marguerite Michault, de 1 livre 18 sols pour chacun an ; l'acte de subrogation fait au proffit de ladite fabrique du 1er juin 1710 par ledit sieur Beraud, pour une place du banc en laditte église ; cotté. . . . . O ;

Un contract de cession fait par le sieur Charles de Rocheblance et la dame Theurault, son épouse, de 1 livre 10 sols par chacun an, due par Michel-Jean Ramond, reconnue par ledit Ramond par ledit contract de cession qui est du 16 juin 1736, reçu

---

Thaumiers », donnait 10 sols à chacun des pauvres qui assisteraient à son enterrement ; — il fondait à perpétuité un service de trois grand'messes avec vigiles, *De Profundis* et *Libera*, au jour de son décès ; — une messe basse annuelle le lendemain de la fête de saint Jean-Baptiste ; — enfin il léguait à l'église « la somme de 200 livres pour estre employée aux réparations les plus urgentes et nécessaires » ; laissant aussi ses cuillers et fourchettes d'argent pour en faire des vases à tenir les sainctes huiles ».

Bujon, laditte cession faite pour le droit de banc à ladite église ; cotté. . . . . P ;

Un dossier de procédure contenant onze pièces au subjet d'une fondation faite par le sieur Jean François, curé de Bardais, de la somme de 18 livres 10 sols par chacun an dont la fondation a été remboursée par maître Gabriel Ménard qui en étoit tenu, à cause de l'acquisition par luy faite de Pierre Genyn, qui étoit tenu de pareilles sommes envers ledit sieur François ; ledit acte de remboursement fait le 18 novembre 1719 par devant Menouvrier et par lequel le sieur Pierre Bonnet et damoiselle Marie Libeault, son épouse, se sont chargés du principal dudit remboursement et de payer ladite rente de 18 livres 10 sols par chacun an, laquelle damoiselle Libeault et le sieur Pierre Bonnet, son fils, ont été condamnés par sentence de ce siège, du 9 mars 1743, de payer les arrérages de ladite rente ; et les autres pièces étant des procédures pour l'obtention et exécution de ladite sentence ; cotté . . . . Q ;

Un autre dossier contenant trois pièces dans lequel est une sentence rendue contre Jean Roy, comme tuteur des enfants de François de Mercy, en datte du 28 mars 1744, qui le condamne à payer quatre mesures d'orge de cens à laditte fabrique ; cotté . . . . R ;

Un dossier contenant vingt pièces ; la seconde étant un testament reçu Menouvrier, délivré par Beraud, en datte du 10 janvier 1724, fait par Mathurin Pulvin par lequel il a fait une fondation de la somme de 25 livres par chacun an ; et la dernière étant une sentence rendue entre René Riobé, Anne Aupérin, Estienne Nizerolles et autres, contre Pierre Pulvin, charpentier de cette ville, et au proffit de la fabrique de cette ville, les autres pièces étant des procédures pour parvenir à laditte sentence ; cotté. . . . . S ;

Un contract de fondation reçu Bujon, du 25 décembre 1738, fait par dame Anne Moutet, veuve de M. Roger Charrier, par laquelle elle a légué et ceddé à laditte fabrique un fond de rente de 12 livres par an, dû par Simon Gouin et sa femme ; une autre rente de 7 livres par an, due par Nicolas Pactat ; une autre de 20 sols par an, due par Antoine et François Ragon ; une autre de 12 livres 3 sols 9 deniers par an, par François Moreau ; un autre contract de rente de 8 livres par chacun an, due par Charles Ragot et autres, à la charge de faire faire la fondation y contenue, auquel est joint sept liasses où sont les contracts et reconnaissances énoncés auxdits contracts de fondation ; cottés T ;

Une reconnaissance faite par maître François Ruffray par devant Bonnet, le 22 juillet 1732, au proffit de ladite fabrique, de la somme de 20 sols de rente par an, pour un droit de banc dans laditte église ; cotté. . . . . V ;

Deux baux de ferme faits du dixme de la Bonduit, apartenant à laditte fabrique, reçus Bujon, des 12 juillet 1733 et 8 juillet 1753 ; cottés. . . . X ;

Un autre bail de ferme fait d'un pré et une terre appelés le pré Bourimont et le champ des Plantons, appartenants à laditte fabrique, reçu Beraud, le 23 novembre 1752 ; cotté. . . . . Y ;

Un dossier contenant quarante-huit pièces, dans lequel est l'acte de fondation de 10 livres par chacun an pour faire sonner l'*Angelus* et sonner les cloches, faite par Jeanne Rétif, reçu Bujon, le 23 avril 1739 ; le surplus étant des sentences et procédures faites pour raison de ladite fondation, tant contre feu Louis La Croix que ses héritiers, que contre le nommé Pierre Petitpierre et sa femme ; cotté . . . . Z ;

Un nouveau terrier de cens et rentes dus à laditte fabrique, reçu Bujon, nottaire-royal, fait à la diligence du sieur J.-B. Deffougères, commensant par la reconnaissance consentie par Marie Duret, le 1ᵉʳ avril 1735, et finissant par celle d'Estienne Dubois, en datte du 27 décembre 1797 (1), contenants quarante feuillets cottés et paraphés ; cottés.   U ;

Un liève en papier blanc fait par ledit sieur Deffougères dudit terrier, contenant vingt-deux feuillets écrits ; cotté. . . . . AA ;

Une liasse de comptes rendus par les fabriciens, dans lesquels il y en a traize ; cotté . . . . . BB ;

Un contract de vente en parchemin, reçu Menouvrier, du 14 décembre 1698, faite par les sieurs fabriciens au sieur Jacques Bujon, de la chapelle de sainte Marie-Magdeleine, à la charge de l'entretenir et de payer une rente annuelle de 3 livres par an et de faire dire une grande messe le jour de laditte fête de sainte Marie-Magdeleine, dans laditte chapelle et un *Libera*, pourquoy il seroit donné au sieur curé 20 sols; pour le payement de laquelle vente il a délaissé une pareille somme à luy dubt par Blaize Gazu par contract du 3 juillet 1690, reçu dudit Menouvrier, qu'il a ceddé avec garentie, étant fait mention que ledit contract a été remis aux fabriciens et qui ne se trouve point actuellement. — Délibéré que nouvelle expédition sera retirée du susdit contract aux dépens de la fabrique, icelluy contract cotté. . . . . CC ;

(1) Ce chiffre 1797 est un lapsus calami manifeste. On doit lire 1737 ou 1747.

Un contract en papier du 19 mai 1730, reçu Beraud, nottaire-royal, portant fondation faite par dame Marguerite Jobier, veuve de noble Jean-Baptiste Theurault, procureur du Roy de cette ville au proffit de cette église, de deux messes de *requiem*, avec un *libera* à la fin, en la chapelle de Tous les Saints, pour quoy elle a abandonné une rente à elle deubt par Jean Pubon, par contract reçu Lejay, le 3 aoust 1676, deubt sur une maison scituée en cette ville, occuppée actuellement par François Rétif, le jeune, lequel contract il est fait état avoir été remis ès-mains du sieur Deffougères pour lors receveur fabricien, lequel ne se trouve point, auquel contract de fondation est joint la quittance d'amortissement en parchemin de laditte fondation de 1732, signé DELAVY; cotté. . . . . DD;

Délibéré et convenu que le contract dudit jour 3ᵉ aoust 1676, reçu Lejay, sera retiré aux dépens de laditte fabrique ;

Qui sont tous les papiers qui se sont trouvés apartenir à laditte fabrique et qui ont été mis dans un coffre-fort de ladite fabrique qui est dans la chapelle des fonts baptismaux ; sauf la dernière liève qui est restée aux mains du sieur Antoine Bonnelat, dernier receveur de ladite fabrique, qui s'en est chargé pour se faire payer de l'année de son exercice, laquelle il sera tenu de remettre au sieur Beraud, receveur actuel. Et à l'instant a été délibéré et convenu que nouvelle Lièvre sera faite en forme et conformément à la coutume sur papier tymbré, cotté et paraphé du sieur Lieutenant Général civil et d'un autre officier en son absence, affin d'empêcher les prescriptions et mettre les choses en reigle, laquelle sera remise à chacun procureur en rentrée successivement pour servir de titres et y mettre les sols, livres et le nom des nouveaux possesseurs, laquelle sera faitte aux dépens de laditte fabrique...(1)... »

Suit ensuite l'inventaire détaillé des vases sacrés, livres et ornements. Nous y relevons : Deux ciboires ; — une custode ; — un soleil ou ostensoir ; — trois calices avec leurs patènes ; — un mauvais encensoir d'argent avec sa navette ; — les vases d'argent pour les saintes huiles ; — une grande croix d'argent ; — deux anciennes croix, l'une en cuivre, l'autre argentée ; — deux lampes de cuivre, dont l'une, argentée ; — un grand bénitier d'airain enclavé dans un plus grand en pierre ; — deux autres petits bénitiers d'airain ; deux autres de métal ; un aspersoir ; — deux mauvais dais ; — un mauvais tapis de Turquie sur le banc de la fabrique ; — une petite clochette de métal ; — une bannière de damas rouge ; — un plat, six burettes, six chandeliers, un bassin pour l'eau des fonts baptismaux ; le tout en étain ; — six chandeliers de potin (2), cinq de fer, deux grandes lanternes de fer blanc ; — deux flambeaux de potin ; — trois garnitures pour la chaire ; — un Christ encadré de bois doré sur fonds de velours ; — deux chasubles de camelot gauffré (3) ; six chasubles de damas ; une de satin et une autre de velours ; — deux cha-

(1) Documents de M. Chavaillon.
(2) Potin : « métal factice et cassant composé de l'excrément de cuivre jaune et de quelque mélange de plomb, d'étain et de calamine. *Œris flavi recrementum...* Il est ainsi nommé à cause qu'on en fait souvent des pots. » — Trévoux.
(3) Le camelot était une étoffe confectionnée avec du poil de chameau ou de chèvre. Le camelot gaufré était une variété de la susdite étoffe employée pour les ornements d'église et portant des dessins d'une seule couleur obtenus par l'application à chaud de fers ou moules gravés.

subles en mauvais état ; et trois autres, noires ; — six dalmatiques diverses ; — quatre anciennes chappes ; — cinq devants d'autel ; — quatre aubes garnies de dentelles ; et six autres de toile commune ; — neuf nappes d'autel ; et une nappe pour la crédence du sanctuaire ; — quatre aubes et cinq « cotillions rouges » pour les enfants de chœur ; — un missel ; un processional ; un rituel et trois livres « du chant nouveau » ; — trois étoles ; — douze amicts ; trente purificatoires ; huit corporaux ; — une armoire neuve dans la chapelle de saint Crépin (1).

Toutes les rentes, cens, fondations, fermes... dont nous venons de reproduire plus haut l'inventaire, constituaient un certain chiffre de revenus... A la veille de la Révolution, en 1789, la fabrique de l'église Saint-Etienne d'Ainay-le-Château touchait, si nous en croyons l'état que nous avons sous les yeux : — 1° à titre de cens ou rentes provenant des fondations : 265 livres 14 sols 2 deniers ; plus 2 mesures de seigle et 4 mesures d'orge ; — 2° à titre de fermages de ses terres : 177 livres ; — 3° à titre de location des grands bancs dans l'église : 59 livres ; — des petits bancs : 29 livres 15 sols 4 deniers ; — des chaises : 19 livres ; ce qui formait un total de plus de 550 livres. Aussi les curés qui étaient chargés d'assurer le service des fondations se faisaient-ils un certain casuel. Nous avons relevé les noms de

---

(1) Et on lit à la fin : « ... Tous lesquels papiers compris au présent inventaire ayant été réunis comme il est fait mention dans ledit coffre-fort, l'une des clefs a été remise à M. Semelé, curé ; la seconde à M. Theurault, procureur du Roy ; et la troisième au sieur Pierre Beraud, receveur de ladite fabrique. Fait et arrêté le présent inventaire le vingt-huict janvier mil sept cent cinquante quatre. »

plusieurs d'entre eux : MM. Blaize Montigny, en 1600 ; Jacques Theurault, 1627 ; Simon Lange, al. Ange (1), en 1629 ; Jehan Chassaigne, en 1652 (2) et 1671 ; Louis Chassaigne, bachelier en droit canon, 1706 ; Pierre Rousseau en 1720 ; Nicolas Bonnelat, docteur en droit canon, 1728-1729 ; Gérard Rolland, 1730 (3) ; Gilbert-François Semelé fut présenté comme curé d'Ainay-le-Château par l'abbesse de Charenton, qui avait droit de présentation à cette cure, le 30 novembre 1748 (4), Pierre La-

(1) La famille Ange ou Lange nous est connue depuis Jean Ange « prévost à Cenquoins » qui épousa Marie Foubert [fille d'Hector Foubert, et de Jeanne Bureau] ; dont : Christophe Ange, avocat en Parlement, époux de Catherine Grollier, et père de : — a) Simon Ange, curé d'Ainay en 1629, mort en 1652 âgé de 76 ans ; — b) Claude Ange, avocat en Parlement, époux de Marie-Madeleine Merlin ; — c) Charles Ange, procureur au Parlement de Paris, né le 26 juillet 1604, mort en 1655, époux de N..... Bessonnat, dont postérité dans les Charentes ; — d) Anne Ange, née le 9 mai 1606, mariée au sieur Lejay, notaire royal à Ainay ; — e) Naude Ange, née le 14 novembre 1607, morte en 1624 ; — f) Isabelle, née le 21 novembre 1609, morte à Bardais en 1629 ; — g) Jeanne, née le 22 mars 1611, morte en 1640. Elle avait épousé Jean Menouvrier, marchand de Saint-Amand l'Allier où elle « est inhumée dans l'église devant le Rosaire » ;— h) Gilbert Ange, religieux de Saint-François du couvent d'Ainay décédé à Bourges en 1687 à 74 ans ; — i) Philippe, né en 1614, mort en 1615 ; — j) Hugues Lange, né le 5 mars 1616, décédé en 1684. Il avait épousé en premières noces Marie Le Fâvre, dont plusieurs enfants ; et en deuxièmes noces Anne du Chauffour, dont une fille qui résidait à Bondy, près Paris ; — k) Jean Ange, né et mort en 1618 ; — l) Jean Lange, né le 16 février 1620, marié à Paris à D^{lle} Clavior, dont postérité à La Rochelle et à l'île de Ré.

(2) Reg. par. conservés à la mairie d'Ainay.

(3) Il prit en même temps — dès 1746 — le titre d'archiprêtre de Charenton.

(4) Dans l'acte de collation, Mgr de la Rochefoucault, archevêque de Bourges, joint à tous ses titres celui d'abbé chef supé-

paire fut nommé en 1769 (1) et, le 29 décembre 1874, il installa — commissaire nommé par l'official de Bourges, — avec les formalités et cérémonies d'usage, Mme Marie-Anne de Bertrand de Pouligny de Richemont, religieuse professe de l'ordre de Saint-Benoît, comme abbesse de Charenton, en présence de Pierre Avenier, notaire, qui dressa acte de cette installation. Survint la Révolution, pendant laquelle le service du culte fut interrompu : Le 1er février 1803, les habitants d'Ainay, revenus à plus de tranquillité, demandèrent pour curé Jean-Baptiste Duranjon, prêtre alors en résidence dans la ville (2) ; d'autre part, on avait, quelques mois plus tôt, proposé pour le même poste M. Cave, ancien vicaire de Montluçon, déporté, dont on ignorait la résidence (3) ; enfin, M. Préveraut — qui

rieur général et administrateur de tout l'ordre de Cluny. — L'acte d'installation et prise de possession est signé de Jean Huet, lieut. gén. ; Ph. Theurault, proc. du roi ; François Beraud, substitut ; Jacques Bujon, sieur des Brosses, notaire royal ; Servantier ; Groslier, curé de Vernais ; Pierre Pivet, curé de Saint-Pierre-les-Etieux ; Jean Pasdeloup, curé doyen de Charenton ; Ménestrier ; Riobé ; Duchenet ; Chauveau ; Chassaigne ; Legay.

(1) MERLE DE LABRUGIÈRE, *Pouiller général du diocèse de Bourges.*

(2) Arch. de l'évêché de Clermont. — Lettre de M. l'abbé Bruneau, secrétaire-général de l'Evêché, en date du 4 avril 1905.

(3) Arch. de l'évêché de Clermont : P, 4 ; — *Bulletin de la Société d'Emulation de l'Allier* [1902-1903] ; art. du chanoine J. Clément : Le Personnel Concordataire... — Cependant, la lecture de la lettre qu'il écrivait de Domérat [pays de ses parents où ils avaient désiré le voir nommer curé], à Mlle Legay, aussitôt après sa nomination à la cure d'Ainay « ce 23 à huit heures et demie du soir », semble indiquer que M. Cave résidait à Montluçon et marque le contentement de sa nomination : « ...Je dirai adieu à Montluçon, écrit-il ; adieu aux parents ; adieu aux

avait pris, depuis 1796, possession de la cure de Charenton pour rétablir en cette paroisse le culte catholique — recevait, en 1803, sa nomination à la cure d'Ainay-le-Château. Ce début du xixe siècle constitua une réelle période d'essais, de tâtonnements, de difficultés pour l'autorité ecclésiastique ; bien des changements s'opérèrent ; bien des décisions furent rapportées et les registres paroissiaux d'Ainay indiquent que le prêtre qui, en cette ville, fut le véritable restaurateur du culte catholique se nommait M. Cave. Après lui, prirent possession de la cure, MM. Blateyron ; Grasset ; Daudhuit ; Desché ; Citton ; Lamouroux ; Hivon ; Auzelle (1896-1905) ; et Marchand, titulaire actuel. D'après les mêmes registres paroissiaux, nous pouvons constater que ces curés furent aidés dans leur ministère par MM. les vicaires Collinet ; Sayet ; Vacherat ; Emelin ; Bouchaut ; Parraud ; Mathiau ; Laureau (1905), etc... Malgré tout leur zèle, ces pasteurs n'ont pu faire revivre à Ainay les confréries d'autrefois qui disparurent toutes à la Révolution. Seuls les cultivateurs ont repris une des traditions du vieux temps en accourant en nombre, le 16 août, à la bénédiction des bestiaux qui se donne à la chapelle saint Roch, après une messe où assistent les métayers et fermiers des environs ; mais la confrérie de saint Crépin ou des cordonniers, la confrérie de la Conception, la confrérie des bouchers dont les vieux papiers nous signalent l'existence autrefois, ont irrévocablement disparu... Disparues aussi les *Dames de la Charité,* qui existaient au xviie siècle

---

amis ; adieu à tout, car à tout je renonce pour Ainay ; ainsi allés-moi dire que je n'aime pas votre pays !... » Et il signe : « Cave, indigne desservant de la belle ville d'Ainay. »

et que Remy Imbert chargeait — par son testament du 23 juillet 1694 — d' « aumosner les pauvres d'Aisnay (1) » de 15 livres chaques fois, le 25 janvier et la veille de Pâques de chaque année... De toutes ces choses, de toutes ces institutions de jadis, seuls, les vieux papiers font revivre le souvenir !... Et c'est ainsi qu'en feuilletant les registres paroissiaux, il nous a été donné de relever un acte de baptême, rédigé en 1657, par le vicaire Boyreau, dont le contexte latin nous a semblé une preuve de l'indulgence discrète avec laquelle on évitait — à cette époque où les gens lettrés étaient peu nombreux, — de divulguer, dans les documents officiels, des malheurs dont ne doivent point être rendus responsables ceux qui en sont frappés. Comme deux cent cinquante-cinq ans ont passé, comme la famille semble éteinte et a disparu du pays, voici cet acte à titre documentaire : « Die trigesimo Augusti anno domini 1657 baptizata fuit in hacce Ecclesia protomartyri Stephano dicata Margareta Beneston incerto procreata patre filia Catharinæ Beneston fueruntque patrinus Philippus Imber et matrina Margareta Nizerolle me pnte [presente] vicario (2). »

Ce texte, — témoignage de la délicatesse de l'abbé Boyreau — nous indique que les vicaires aimaient leurs paroissiens et cherchaient à laisser dans l'ombre ce qui pouvait être défavorable à ceux-ci. Ils étaient souvent payés de retour et parfois l'autorité ecclésiastique — ne voulant pas laisser une trop grande intimité s'établir entre leurs ouailles

---

(1) Documents de M. Chavaillon : « Cette aumosne serat payée ès mains de Dames de la Charité dud. Ainay pour estre par elles distribuée auxd. pauvres..... »

(2) Suivent les signatures qui, presque toutes, sont celles d'officiers de Mgr le Prince.

et eux, — déchaînait, en changeant ces derniers, de vraies colères et de réels chagrins. Tel fut le cas du vicaire Changeux (1), nommé à la cure de La Celette, en 1785, et éloigné encore davantage d Ainay, l'année suivante. M. Changeux écrivait le 20 janvier 1786 : « On vient de me porter le dernier coup ; ce n'était pas en vain que je redoutais les dérangements de Noël ; on m'envoy dans le Sancerrois, trois lieues par delà Bourges, à Savigny ; jugez de mon chagrin ou plutôt de ma rage, de mon désespoir. Aimables personnes, temps heureux... où êtes-vous ? Du moins si l'on m'avoit laissé où on m'avoit envoyé d'abord ! Mais on voulait m'ôter jusqu'à la moindre consolation... Vil délateur, âme basse, cruel, je ne te souhaite que la moitié de ma douleur. L'auriez-vous cru ? C'est le curé d'Ainay qui a opéré ma perte (2)... » Le curé voulut, en effet, se débarrasser d'un vicaire trop indépendant et trop encombrant grâce aux sympathies excessives que lui témoignaient les paroissiens. Ce fait montre d'une façon très caractéristique l'état des esprits à Ainay à la veille de 93, où les habitants — à quelque classe de la société qu'ils appartinssent — frondaient le curé depuis un demi-siècle, tout en faisant bonne mine aux vicaires et aux Recollets... Les revenus de la cure, très augmentés depuis que le prieuré lui avait été rattaché, pourraient bien avoir été pour quelque chose dans cette manière d'être des Castallainaisiens déjà aigris par l'autoritarisme du curé Semelé.

---

(1) M. Changeux, vicaire d'Ainay, assistait le 22 mars 1780 à l'enterrement de M. Pasdeloup, doyen de Charenton.

(2) Lettre adressée à M. Legay, bourgeois, demeurant sur la place du Faux-Bourg, à Ainay-le-Château [Dossiers Chavaillon].

II. — Le couvent des Recollets dont on ne trouve plus trace aujourd'hui, était situé à l'est d'Ainay-le-Château, sur la route qui conduit à Bardais et Valigny, proche le faubourg, au sommet d'une petite côte que les habitants appellent toujours côte des Recollets. Un acte de vente du 11 septembre 1683 passé devant Libault et Brunet, notaires-royaux, indique l'emplacement de la maison conventuelle en signalant « un clos de vigne situé au vignoble de Désertines (1), près le couvent des Pères Recollets... »

Quoique l'étroite observance des Frères Mineurs eut commencé en Espagne dès l'an 1484 et eut passé en Italie en 1525, écrit le P. Héliot (2), « elle ne fut néanmoins introduite en France qu'en l'an 1592 (3). » Mais ce fut seulement en 1597 que la règle « des Recollets fut solidement établie dans le couvent de Nevers » où elle avait été instaurée le 27 janvier 1592, sous l'influence de Louis de Gonzague, duc de Nevers. Ce fut un quart de siècle environ après cette réforme des Frères Mineurs de l'Etroite Observance, — plus généralement connus en France sous le nom de Recollets, — que quelques-uns de ces religieux songèrent à s'installer à Ainau-le-Château. Nous avons sous les yeux un extrait du titre de leur fondation en cette ville. Le voici en entier (4) :

(1) Voir Désertines sur les cartes de l'Etat-Major et du Ministre de l'Intérieur.

(2) Le P. Héliot, *Histoire des ordres religieux, monastiques et militaires, et des congrégations séculières de l'un et l'autre sexes.*

(3) Les Frères-Mineurs furent fondés par saint François d'Assise. Lorsqu'ils furent réformés à la fin du xvie siècle, on les appelait : En Espagne : [1°] Les Frères du Capuce ou du Saint Evangile ; [2°] Les Déchaussés. — En Italie : Gli Reformati [Les Réformés]. — En France : Les Recollets.

(4) Ce document n'est malheureusement qu'un extrait dont les

« Extrait d'une partie du tiltre de fondation du Couvent des R. Pères Recollets de la ville d'Ainay-le-Château et à quoy lesdits pères Recollets de laditte ville se sont obligés pour reconnoissance de ce que les habitans de laditte ville ont bien voulu leur accorder une place despandante de laditte fabrique pour y faire bâtir le couvent, du 25 may 1619. — A quoy lesdits fabriciens et autres habitans ont consentis sous les déclarations faites par ledit R. Père Cailleau, tant pour luy en sa qualité de gardien, les autres religieux présents et autres leurs successeurs à l'avenir, que de laditte église et couvent qui seront construits en laditte place qu'ils tiennent et reconnoissent, tiendront et reconnoîtront toujours le corps des habitans et fabrique de l'Eglise paroissialle d'Ainay pour fondateur de laditte église et couvent sans que pour le présent ny à l'avenir ils puissent reconnoître ny admettre aucune personne de quelle qualité et condition qu'elle soit ny pour cause ou raison que ce soit pour fondateur autre que ledit corps des habitans et fabrique, ny à poser autres armes dans la tour de laditte église et lieux principaux dudit couvent que de la ville d'Ainay, qu'ils seront tenus faire mettre et apposer en la principale porte du couvent, dans le chapitre et réfectoire ny même permettre qu'aucuns autres y soyent apposés ny [en] autres lieux en qualité de fondateurs, mais bien de bienfaiteurs. Ce que nous avons ordonné estre fait ; Est encore qu'en mémoire de laditte fondation sera mis une tombe à ray de terre à l'entrée du cœur de sous laquelle seront enterrées les procureurs fabriciens de

caractères sont très effacés. L'écriture semble du début du XVIIIe siècle. Il appartient à M. Chavaillon.

laditte église paroissialle d'Ainay qui décèderont au tems de laditte charge à cause de laditte qualité de fondateurs dudit couvent Lesquelles tombes et inscriptions d'icelle seront faittes et érigées aux despens de laditte fabrique, comme aussy la pierre qui sera écrite et gravée de laditte fondation, affichée au-dedans du mur de laditte église, et au convoy desquels procureurs fabriciens, les religieux qui habiteront ledit couvent seront tenus d'assister à toujours et à toutes les processions génèralles qui se feront en laditte église paroissialle dudit Ainay et de laquelle église ils seront tenus faire la dédicace selon la volonté et dévotion desdits fondateurs ; Et dont acte... »

A quel saint fut dédiée la chapelle des Recollets ?... Les armoiries de la ville qui furent apposées sur les murs du couvent comportaient-elles alors les trois pairlés alaisés de sable ?... Nous l'ignorons. Tout ce que nous savons, d'après une inscription que releva M. Pelletier et dont nous donnons ici le croquis, c'est que la première pierre du couvent ou, plus probablement, de la chapelle fut posée en 1621 : « Nicolas de Brichanteau, chevalier des ordres du Roi, marquis de Nangis, m'a placée ici, la première, par la main de Philibert, évêque de Laon, son frère, le 18 avril de l'année 1621. » L'abbé Lamy nous signale, relativement aux Recollets, « un acte qui paraît remonter à 1620 ». Ce document, ajoute l'auteur, « nous apprend que ces religieux cédèrent un droit de chapelle à un nommé Beraud de Vougon, et cet acte fut approuvé par le gardien et les religieux de Saint-Lô ; ce qui semble indiquer, continue M. Lamy, que le couvent d'Ainay devait son origine à celui de la Normandie ». Or, il résulte d'une lettre du secrétariat de l'évêché de

Coutances et Avranches (1), que les religieux vivant à Saint-Lô sous la règle de saint François « étaient des « Pénitents » du Tiers-Ordre, connus seulement sous ce nom ; leur couvent n'avait pas d'autre dénomination et ils furent établis, en 1630 seulement, à Saint-Lô ». L'on ne peut donc vraisemblablement

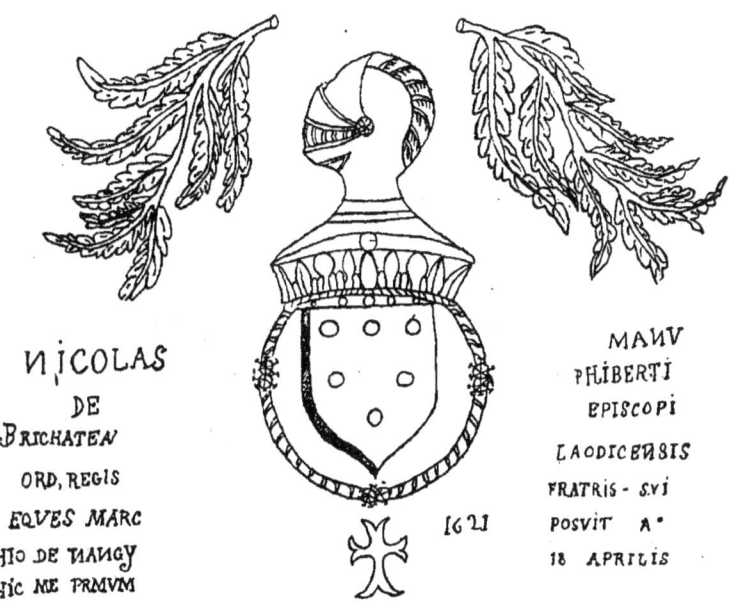

Pierre de fondation du Couvent des Récollets.

accepter l'hypothèse de M. l'abbé Lamy ; il semblerait plus logique d'admettre, — faute de textes précis, — que les Recollets d'Ainay suivirent, au début, la fortune de leurs collègues de Nevers qui, en 1597, en vertu d'un « bref de Sixte V, furent tirés de la dépendance de la province de Touraine pour être incorporés à celle de France Parisienne (2) » ;

(1) Lettre à nous adressée le 19 septembre 1905.
(2) Le P. Héliot, *Histoire des ordres religieux, monastiques et militaires.*

ou encore de supposer qu'ils restèrent indépendants jusqu'en 1664, puisque dans la supplique qu'ils adressèrent alors au roi, ces religieux représentaient que les couvents de Vatan, d'Ainay-le-Château et de Châteaurenard étaient trop pauvres pour subsister par eux-mêmes. Ils demandaient, en conséquence, à être réunis à quelque province de Recollets établis dans le royaume. C'est pourquoi, en juillet 1664, le Roi ordonna par Lettres-Patentes (1) la réunion de ces trois couvents à une quelconque de leurs provinces existant dans le royaume, comme conséquence d'un bref à eux accordé par le pape, et comme réponse à leur supplique. Ces Lettres-Patentes stipulaient que le bref serait enregistré au Parlement de Paris et exécuté par le bailly de Touraine et son Lieutenant au bailliage de Tours s'il ne renfermait rien qui fut contraire aux saints canons et privilèges de l'église gallicane, ainsi qu'aux statuts de l'ordre de saint François et des Recollets.

Des documents que nous avons compulsés, il semble résulter que, dès 1730, le couvent d'Ainay faisait partie de la province de Tours, ville où, dès 1753, Nicolas-François Legay (2) fut envoyé par son oncle, le commissaire de police d'Ainay-le-Château, pour faire son noviciat. Le commissaire de police, de par ses fonctions officielles, avait parfois l'occasion de rendre quelques services aux Recollets (3), aussi différentes lettres traitant des

(1) Bibl. de la Chambre des Députés : Manuscrit 343 ; tome VI, fol. 228.

(2) Fils de Claude Legay, sieur de Bourgelin, bourgeois de Vesdun ; et de Marie Defougères. — Il prit l'habit sous le nom de P. Florentin Legay.

(3) Beaucoup l'aimaient et conservaient avec lui des relations amicales, même après avoir quitté le couvent ; tel le frère Marc

affaires particulières des religieux castellainaisiens, lui furent-elles adressées d'Angers, le 17 août 1758 par exemple par le Père Dominique, provincial, charge dans laquelle lui succéda le P. Julien Duvivier qui — à son tour — écrivait, le 15 octobre 1760, à M. Legay : « Votre lettre qui m'était adressée à Tours ne m'a été rendue qu'à Saumur où je demeure depuis quelque tems. Votre mécontentement du père gardien est bien fondé et je suis surpris qu'il ait pris un parti si violent et avec si peu de réflexion ; je suis mortifié au-delà de ce que je puis vous le marquer, d'un semblable procédé ; pour y remédier autant que je le puis, je lui mande de faire sa paix avec vous, de vous demander votre amitié et je vous prie de vouloir bien tenir le registre des messes et recevoir les aumônes de la maison comme vous avez eu la bonté de les recevoir de tems immémorial... Le père Florentin (1) est actuellement à Mantes

Adhérée qui lui écrivait humoristiquement de Fougères le 31 décembre 1757 : « Hier au soir, sans y penser, je me suis trouvé à la fin de l'année ; demain commence la nouvelle à ce que dit notre curé ; à ces causes, et afin que personne n'en ignore, je vous souhaite tout ce que vous pouvez souhaiter et désirer... soyez toujours *guay* et *réjoui*... » Et l'adresse portait : A M. Le Guay, qui répondit entre autres badinages : « ...Le vin est-il bon dans votre pays ? Dans celui-ci il ne vaut pas le diable ; voilà une mauvaise année pour les cousins et les frères qui n'ont plus la bouteille et le crounion de pain des Recollets [mis de côté pour trinquer avec les Recollets], le prélat [curé] et le vicaire de cette ville ayant pris nos places allument fort souvent des pipes de longueur... Mon épouse vous fait mil embrassades, ce n'est que par figure au moins que je ne jugerois pas à propos d'être supplanté par un religieux... »

(1) Neveu du commissaire de police. — C'est le frère Florentin Legay et le frère Didace Bujon, qui, de Plaimpied, adressèrent le 12 septembre 1756 à leurs sœurs et cousines, Mlles Bujon de Désertines, Labaume, Legay de Bourgelin et du Verné une

où il se dispose à recevoir la prêtrise samedi prochain... »

Il semble en effet que les Recollets étaient d'humeur indépendante et querelleuse. Dès 1700, nous trouvons une indication de cette disposition d'esprit dans la déclaration de frère Philippe Babouard, qui proteste que c'est à cause de violences et même pour se délivrer de l'emprisonnement qu'il s'est vu forcer de signer le statut établi par le chapitre provincial de Nantes du 8 août 1699, lequel supprime les « discrets locaux ». Il ajoute même que si ses supérieurs venaient à l'obliger à renouveler un acte de cette nature, son adhésion serait entachée de nullité comme ayant été obtenue par force (1). L'indiscipline augmenta et 60 ans plus tard, le 17 août 1758, le provincial écrivait : « ...Je sçais qu'il y a eu des brouilleries dans votre ville... j'ai lieu d'espérer que tout cela va cesser, que la paix règnera à Aynay-le-Château et qu'une union parfaite réunira les esprits et ramènera le calme... » Souhaits superflus ! L'indiscipline et la licence régnaient au couvent, comme en témoigne la lettre écrite d'Ainay, le 28 mai 1757, au provincial, par le Frère Théotime Guillet : « Mon Très Révérend Père ; Quoyque je sois persuadé que vous êtes déjà informé de tout ce qui s'est passé à la visite que le T. R. Père Définiteur général (2) a bien voulu faire chez nous, cependant vous voulés bien que je vous marque qu'il me parut fort content ; je luy ay donné de très bon vin que je conservais pour

épitre d'adieu intitulée : Le Départ Douloureux [Dossiers Chavaillon].

(1) Arch. du Cher : , E 1841.

(2) Le Définiteur Général est l'assesseur ou le conseiller du Général.

vous-même si j'avais été assés heureux pour vous posséder, de la viande excellente de boucherie ; les poulets, le caffé, les liqueurs, rien n'a manqué, il nous a assuré que depuis quatre ans qu'il fait la visite, il n'avait jamais esté si bien traité à Ainay-le-Château que cette année. Les compagnies qui venaient les unes après les autres n'ont point manqué aux repas ; on s'y est diverti au mieux ; il n'y eu que le curé qui n'en a point esté prié affin d'empescher les disputes (1) ; il est bien à plaindre, il a affaire à des personnes qui ne cherchent qu'à le critiquer dans sa conduitte quoyque irréprochable ; ils font tous leurs efforts pour m'éloigner de luy, mais je ne donne point dans tous ses travers, je suis avec luy comme avec un bon curé et un honneste homme ; c'est vous-même qui m'y avés engagé dans plusieurs de vos lettres ; le T. R. Père définiteur m'a donné le même conseil, en me deffiant cependant de luy parce que nos Messieurs l'avaient mal prévenu (2) et luy avoient dit mil invectives qui sont autant de calomnies : il m'est plus honorable d'avoir un pasteur rempli de probité que de voir et fréquenter des gens qui sont presque toujours dans l'yvresse ; le T. R. P. Définiteur a eu le chagrin d'en trouver deux principaux ivres dans notre cusine lorsque nous arrivâmes de chez M. des Brosses, le père Samuel eut la peine [d'en conduire] un jusque chez luy ; ce fut pourtant le père vicaire qui les engagea dès le matin à boire de mon bon vin jusqu'au soir, pendant mon absence. Et le lendemain il me demanda la permission d'aller

(1) Le curé était alors Gilbert-François Semelé, dont on n'a pas oublié les démêlés avec les officiers de la châtellenie.
(2) C'est vraisemblablement les officiers de la châtellenie qui sont ici visés.

dîner chez un de ses amis qui était encore de la clique (1), cela dura jusqu'à cinq heures du soir, il y.en eut deux qui se soûlèrent encore, ce que le curé a sçu et dont il m'en a fait des reproches par rapport au vicaire qu'il sçait estre son ennemy ; qui est de toutes ces compagnies. Jugés après cela de sa conduitte ; je vous prie d'y mestre ordre, et de me croire dans tout ce que j'ay l'honneur de vous signaler ; vous sçavés que j'aime le bien et l'honneur de la religion (2)... »

On voit jusqu'à quel point était poussé le relâchement de la règle. Les Recollets, en l'absence de leur gardien, se permettaient d'inviter des amis qu'ils grisaient avec le *bon vin* de ce dernier ; en retour, ils acceptaient des dîners en ville, dans des compagnies peu recommandables ; ce qui ne les empêchait pas d'être aimés de la population qui jugeait sans doute que les bonnes choses et le bon vin nous ont été donnés par Dieu comme termes de comparaison qu'il convient de ne pas dédaigner. Les Castellainaisiens étaient habitués à leurs moines dont la joviale bonhomie et la réelle bienfaisance leur plaisaient ; ils prisaient fort leur caractère insouciant et beaucoup d'indigètes exprimaient, dans leurs dernières volontés, le désir que des prières pour le repos de leur âme fussent dites en l'église des Pères Recollets : tel Marien Guillemin qui, par acte du 10 janvier 1766 (3) imposait à ses fille et gendre, — Marie Guillemin et Louis Mazerat — de « luy faire dire une annuelle chez les Révérends Pères

---

(1) On voit que le père Théotime Guillet était raide pour ceux qui venaient goûter au « litre de vin et au crounion » des Recollets ; ou les invitaient à leurs festins trop plantureux.

(2) Documents de M. Chavaillon.

(3) Minutes de Bujon, notaire.

Recollets de cette ville ». C'est vers la même époque, néanmoins, que M. Legay se plaignait au provincial du relâchement de la discipline : Une répression énergique s'imposait ; de nombreux religieux furent changés, qui de couvent, qui de province ; et quand advint la Révolution, les trois Recollets qui occupaient le couvent d'Ainay jouissaient — comme nous le verrons — de l'estime et de la sympathie de la population.

Ils possédaient un vaste enclos, dit M. l'abbé Lamy, et le « prieur (1) s'était déchargé, pour la majeure partie, de ses fonctions en faveur des religieux qui confessaient et venaient tous les dimanches pour les offices de la paroisse. Du monastère à l'église courait un petit sentier d'un mètre de largeur, formant chaussée pavée au-dessus du sol environnant et réservé pour le service des Recollets. Le prieur s'était réservé le gros du ministère. Un des religieux allait aussi tous les dimanches dire la messe à Thaumiers », et les registres paroissiaux de Charenton, Vesdun, Saint-Agnan, Bessais, Bardais, Valigny, etc... attestent que les religieux y remplirent souvent les interims. Deux quittances des 9 mars 1773 et 8 mars 1774 nous apprennent que le procureur-fabricien de l'église Saint-Etienne paya, chaque fois, aux Recollets, la somme de 9 livres pour rétribution de trois sermons prêchés dans ladite église par le P. Théophille Chapillaies, pour les quarante heures.

Voici les noms de quelques-uns des religieux, que nous avons retrouvés dans différents documents : Le P. Abel Thomas, qui s'intitule « gardien des Re-

(1) Nous allons voir qu'à partir de 1773 le Prieuré fut réuni à la Cure. Donc le Prieur était alors le Curé.

collets et desservant de la cure d'Ainay », 1610 ; — Le P. Gilbert Ange, 1650 ; — le P. Philippe Babouard, 1700 ; — le P. Jean Menouvrier (1), 1709 ; — les PP. Simon Menouvrier ; Jacques Ralichon ; Eustache ; Barnabé Bujon, gardien, qui répara le couvent ; Jean-Chrysostome Couturier, 1738 ; — les P.P. Raphael Aubry ; André, 1739 ; — le P. Jean Bouillot, 1740 ; — le P. Maurice, 1741 ; — le P. Marcel Thibault, 1742 ; — le P. Philibert Philoche, vicaire, 1743 ; — le P. Maurille Drouault, 1744 ; — les P.P. Eusèbe Hiroux ; Casimir Lebègue, 1745 ; — le P. Chérubin Bothereau, 1746 ; — les P.P. André Rorgue ; Hugues Renault, 1747 ; — le P.P. Donatien Foucher ; Anaclet, 1748 ; — le P. Gilbert Gouin, vicaire, 1750 ; — le P. Marc Adhéré, gardien, 1754 ; — les P.P. Florentin Legay ; Didace Bujon, 1756 ; — les P.P. Théotime Guillet, gardien ; Samuel, 1757 ; — le P. Maurice Boin, 1759 ; — le P. Euverte Carrier, gardien, 1760 ; — les P.P. Marcellin Delafarge, gardien ; et Chrysologue Leroy, vicaire, 1764 ; — le P. Agapit Troché, 1766 ; —

(1) Fils de Jean Menouvrier et de Marie Delamare qui, mariés le 19 janvier 1681, eurent quatorze enfants : — *a*) Jean-Simon, né le 17 octobre 1682, décédé en 1683 ; — *b*) Marie, née le 14 octobre 1683, mariée à Etienne François ; d'où Marie-Geneviève François et Anne François, épouse de Jean Roy ; — *c*) Jacques, né le 29 janvier 1685, mort en 1695 ; — *d*) Vincent, mort jeune ; — *e*) Jean-François, né le 25 février 1687, décédé en 1696 ; — *f*) Jean-Baptiste, né le 1er mars 1688, décédé le 29 décembre 1741 ; — *g*) Etienne, né le 21 février 1689, mort jeune ; — *h*) Laurent, né en 1690, mort en 1691 ; — *i*) Nicole, née le 9 février 1691, décédée la même année ; — *j*) Jean, né le 17 mai 1692, recollet en 1709, prêtre le 6 juin 1716 ; — *k*) Roger, né le 14 septembre 1693 ; — *l*) Marie-Magdeleine, morte jeune ; — *m*) Jacques, né en 1697 ; — *n*) Marguerite, née en 1699, mariée à Lazare Dubost, dont postérité.

le P. Saturnin, 1768 ; — le P. Séraphique Desplaces, gardien, 1770 ; — les P.P. Laurian Lauzier, gardien ; et Théophile Chapillaies, vicaire, 1773 ; — le P. Donatien Dupleix, 1782 ; — le P. Ferdinand Houdebert, gardien, 1785 ; — le P. Henry Tardiveau, 1789.

III. — Le Prieuré était situé en dehors de la ville. Merle de Labrugière en parle à deux endroits différents dans son *Pouiller général*. Ecoutons-le : Il y a, dit-il, « un prieuré de l'ordre de saint Augustin qui vaut 300 livres de revenu. Ce revenu consiste en dixme de bled et vin, abandonnée pour la portion congrue ; et 60 livres de supplément payées par les autres décimateurs ». Et, plus loin, l'auteur ajoute : « ...Il y a au prieuré d'Ainay une fondation d'une messe par semaine. — Ordre de saint Augustin, en commande. Patron et collateur, l'abbé de Plaimpied. Le dernier titulaire, par provisions de 1753, était J.-Michel Goumet, chanoine de N.-D. de Salles ; le prieuré était réuni à la cure en 1773. — Déclaration des revenus : une maison, un dixme, un quart de dixme, des cens et rentes 240 livres. — Taux des décimes : 34 livres 14 sols. »

Nous savons que le Prieuré s'élevait autrefois sur une partie de l'emplacement actuel de l'hôtel Imbault-Naudin. En 1500, frère Hugues Chiton était prieur. Un siècle et quart plus tard, le 16 octobre 1632, messire Remy Baugy (1) est qualifié « prestre prieur du prieuré d'Aynay-le-Chastel » ; ensuite, c'est Mre Etienne Baugy, le 9 décembre 1656 (2). Et dans le cours du xviiie siècle, furent

(1) Fils de M. Jehan Baugy, bourgeois d'Ainay, vivant en 1613 et 1620 [minutes de Jacques Oyzeault, notaire-royal] ; et de Jeanne Damours.

(2) Il était alors sous la curatelle de M. François Theurault, notaire-royal.

successivement en possession de ce bénéfice, — outre J.-Michel Goumet, — Pierre Rousseau, prieur (1) et curé d'Ainay, en 1720 ; Pierre Charrier, clerc (2), en 1721 ; Goustot de Bourneuf, en 1732, ainsi qu'il est spécifié dans le procès-verbal de visite ci-dessous, qui nous donne la description de cette chapelle : « Le lundy 22 septembre 1732, par devant nous, Frédéric-Jérosme, Patriarche, archevesque de Bourges, etc... est comparu M. Jean-Gilles de Coëtlosquet, prêtre licencié en théologie de la faculté de Paris, maison de Sorbonne, etc..., qui nous a dit qu'en exécution de nostre commission, il s'est aujourd'huy transporté en la chapelle du Prieuré située près de cette ville, qu'y estant après avoir fait ses prières à genoux, il aurait fait la visite de ladite chapelle dans laquelle il aurait observé que le tableau qui est sur l'autel est malpropre, que le sépulchre de marbre qui est sur ledit autel paraît violé, qu'à costé du grand autel (3) il y en a deux autres petits, l'un à droite, sous l'invocation de saint Blaise, l'autre à gauche, sous l'invocation de saint Denis, qui, l'un et l'autre sont sans décoration et paroissent très inutiles. Sur quoy oüy et ce requérant notre promoteur, Nous ordonnons que le tableau qui est sur l'autel sera nettoyé, qu'il y sera mis un marbre et que les deux petits autels qui sont à costé seront proprement décorés et fournis de tout ce qui est nécessaire à la célébration du saint Sacrifice de la messe ; jusqu'à ce deffendons de célébrer sur ces

---

(1) D'après la grosse d'un acte du 24 septembre 1720, passé devant J.-B. Jobier, notaire à Ainay.

(2) Arch. de l'Allier : B, 747. — Il était fils de Jean Charrier, procureur du Roi à Ainay ; et de Gasparde Chapus.

(3) Le grand autel était dédié à saint Fiacre.

deux autels. Et sur la remontrance qui nous a esté faite par nostre promoteur qu'en ladite chapelle, le sieur Goustot de Bourneuf, titulaire dudit prieuré est tenu de faire acquitter une messe par semaine et que cependant depuis un temps considérable il a négligé de satisfaire à son obligation, Nous ordonnons que dans trois mois pour tout délay, le sieur Goustot de Bourneuf nous rapportera le titre de fondation dudit prieuré pour en connoistre les charges si non permis à nostre promoteur d'en faire preuve par tesmoins. Fait et arrêté dans le cours de nos visites à Ainay-le-Chasteau, lesdit jour et an que dessus. Ainsy signé : FRED. JEROS. P.P. archevesque de Bourges ; et plus bas, SALLÉ, secrétaire soussigné. — SALLÉ (1). »

Avant la Révolution, la chapelle du Prieuré était appelée « chapelle de saint Fiacre (2) » ; c'est sous ce nom, du moins, qu'elle fut adjugée au citoyen Alexis Theurault, le 25 février 1794 ; mais le Prieuré, dans son ensemble, était placé, avant 1789 sous le vocable de la Vierge, ainsi que le démontre le bail ci-dessous : « A tous ceux... René Vincent Soumard des Forges, conseiller du Roi, son procureur en Berry... sçavoir faisons que par devant les notaires soussignés résidents à Bourges en Berry, Fut présent, Mre Jean-Michel Goumet, prêtre chanoine du chapitre collégial de Saintes de Nostre Dame de Salles, aumônier de Monseigneur l'archevesque de cette ville de Bourges et titulaire du prieuré de Notre-Dame d'Ainay-le-Château, demeurant audit Bourges, rue de la Cage-Verte...

---

(1) Documents de M. Chavaillon.
(2) Voir plus haut [première partie] le mémoire adressé le 12 mars 1787 à l'Intendant, par F.-B. Sabardin.

lequel audit nom de titulaire du prieuré de Notre-Dame d'Ainay-le-Chateau a vollontairement affermé et donné à titre de ferme annuelle avec promesse de faire jouir sans empeschement pendant le temps de six années continuelles et consécutives, si tant il est titullaire dudit prieuré et non autrement, qui commenceront le premier janvier de l'année prochaine mil sept cent soixante-quatorze pour, à pareil jour finir, de l'année mil sept cent quatre-vingt, à M^{tre} Alexis Theurault, conseiller du Roi, procureur de Sa Majesté aux sièges royaux de la châtellenie et ville d'Ainay-le-Château... acceptant par M^{tre} François Aumerle, notaire apostolique de l'archevêché de Bourges... C'est à sçavoir tous les revenus despendant dudit prieuré de Notre-Dame d'Ainay-le-Château, concistant en dixmes de bled, vin, lainage, charnage et autres choses décimables, cens, rentes, terres, prés et généralement tout ce qui dépend dudit prieuré sans aucune exception, ni réserve (1)...» Ce bail étant consenti moyennant un fermage annuel de 250 livres, payable en la maison du bailleur à Bourges, et à la condition que le preneur payerait « par chacun an à l'acquit du sieur bailleur, la somme de trente livres quatre sols au sieur curé de ladite paroisse d'Ainay-le-Château pour la desserte des messes que ledit prieuré est chargé de faire acquitter par chacun an... »

IV. — La chapelle de saint Roch, que l'on voit encore aujourd'hui à l'ouest d'Ainay, au bord de la nouvelle route qui conduit de cette ville à Braize, est désignée dans les plus anciens titres que nous avons sous les yeux, du nom de chapelle de Notre-Dame de Pitié. Et pourtant, — d'après M. Louis

---

(1) Documents de M. Choussy.

Audiat, — elle aurait été édifiée sous le vocable de saint Roch, sur les bords de la Sologne, avec un cimetière tout autour, vers 1625, par la population castellainaisienne, décimée par une épidémie qui faisait également périr les bestiaux. Survint la Fronde, le siège et la prise d'Ainay par les Condéens en 1650. Il faut admettre que la chapelle Saint-Roch fut alors ruinée et détruite ; car si nous consultons les notes manuscrites de M. Pelletier, nous lisons que cette chapelle aurait été à nouveau construite après le siège d'Ainay, en 1651, par un membre de la famille Baugy, sur l'emplacement où furent enterrés — hors la ville, — les malheureuses victimes de la guerre : On l'appelait, à cette époque, chapelle de Notre-Dame de l'Etang ou vicairie de l'Etang, à cause de sa situation sur la berge de l'étang aujourd'hui desséché. Malgré cette nouvelle appellation, la dévotion à saint Roch persista en ce lieu jusqu'à nos jours ; et, dans le milieu du xviiie siècle, nous verrons la vicairie désignée par le vocable de ce saint, tandis que la chapelle changera encore une fois d'appellation et figurera, dans un acte de 1749, sous le titre de chapelle « de saint Thibault et vicairie de saint Roch », autrement dite « vicairie de N.-D. de Pitié ou chapelle de l'Estang ».

A la chapelle proprement dite étaient attachées une maison et « une pièce de terre de six mesures », dont l'ensemble constituait la vicairie dont nous venons de parler, qui était à la collation de la famille Baugy. Le titulaire jouissait d'une rente « de trente-neuf livres cinq sols deux deniers chacun an deub à la visquayrye de Nostre-Dame de pitié, dite de lestang, située en cette paroisse dudit Ainay, dont Estienne Baugy, escuyer, sieur de Rochefort, président et trézorier général de france et la géné-

rallité de Moullins, en est le collateur et patron
d'icelle chapelle ditte de lestang, au contrat reçut
Theurault, notaire royal (1) en datte du treize may
mil sept cent douze, ladite rente racheptable néant-
moins pour la somme de sept cent quatre-vingt-
cinq livres deux deniers... au proffit de M. françois
freboux, prieur vicquaire de ladite chapelle ditte
de Lestang (2)... » Le patron-collateur de cette vicairie, Etienne Baugy de Rochefort était issu d'une
vieille famille castellainaisienne (3) dont nous avons
déjà parlé plusieurs fois, qui forma branche à Moulins : Le premier de la filiation qui nous soit connu,
est maistre Jehan Baugy (4) — grand-père de Marie Baugy, veuve Theurault, — qui se fit constituer,
le 1er octobre 1620, devant Ange, notaire à Ainay,
une rente de 46 sols 3 deniers par Jean Groslier,
marchand cordonnier de cette ville. Il eut pour fils
Remy Baugy, prieur d'Ainay ; et « noble Hugues
Baugy, conseiller du roi, élu en l'élection de Saint-
Amand », marié en premières noces, le 29 octobre 1617
à Marie Billon (5), et en deuxièmes noces, à Jeanne

(1) C'est le contrat de la vente consentie par Maître Jean
Chassaigne, huissier-royal, et par dame Anne Duret son épouse,
de l'auberge de la Corne de Cerf, « située aux faubourgs de cette
ville », au profit des époux Jobard-Sionnais, aux charges et
conditions ci-dessus spécifiées, et moyennant un prix déterminé.

(2) La Pieta qui est érigée dans une niche située à l'angle de la
Grande Rue et de la rue de l'Horloge, nous prouve encore par la
date inscrite sur l'ex-voto qui l'accompagne [1704] la dévotion
des Castellainaisiens envers N.-D. de Pitié, au début du xviiie s.

(3) En 1589, noble Jean Baugy est trésorier de la Sainte-Cha-
pelle du palais-royal de Bourges [Arch. du Cher : E, 2178].

(4) Epoux de Jehanne Damours ; et frère d'Hugues Baugy,
mari de Catherine Vignier.

(5) Fille d'Etienne Billon, procureur du Roi à Ainay ; et de
Jacquette Pornyni.

Imbault (1), toujours vivante en 1668 : Du premier mariage naquirent cinq enfants : — A. noble Louis Baugy, sieur de Chamatoins, élu en l'élection de Saint-Amand, qui était assigné le 9 décembre 1654 par Jehan Bertrand de Beuvron pour faire aveu de divers héritages sis à La Roche-Bridier, et qui faisait intervenir dans son instance, le 1er septembre 1655 (2), Jeanne Imbault, veuve Baugy ; — B. Marie Baugy, épouse de François Theurault, procureur ès-sièges de Saint-Amand en 1661, puis no-

(1) Jeanne Imbault, « tant de son chef que comme commune dudit défunt [Hugues Baugy], tutrice de Roger Baugy leur fils, et encore cessionnaire de noble Louis Baugy, élu aud. Saint-Amand », transigea avec les autres enfants du premier lit, au sujet de leurs partages, par acte reçu Savenault et Fr. Theurault, l'aîné, notaires à Ainay, le 20 mai 1661. — Elle transigea encore au même sujet par acte passé devant Lejay et Theurault l'aîné le 4 juin de la même année, avec François Theurault, procureur ès-sièges de Saint-Amand, agissant comme époux de Marie Baugy et comme tuteur des mineurs nés de feu Bérard de Vélard, sieur de Montifault, et de Jeanne Baugy, veuve d'iceluy [Dossiers Chavaillon]. A la même époque, vivait un autre Hugues Baugy, bourgeois d'Ainay ; car on trouve aux registres paroissiaux d'Iseure, près Moulins, l'acte du mariage célébré en 1629, de Jean Imbert, procureur de la sénéchaussée de Bourbonnais [fils d'Antoine Imbert, et de Gabrielle Imbault, d'Ainay-le-Château] ; avec Catherine Baugy [fille d'Hugues Baugy, bourgeois d'Ainay, et de Catherine Vignier], laquelle était veuve en 1664. Ce second Hugues Baugy paraît comme témoin dans un acte de vente consenti à Hugues Baugy, élu en l'élection de Saint-Amand, par Gilles Carton, bourgeois d'Ainay, d'une rente de 20 sols tournois et une poule ; devant Oyseault, notaire à Ainay, le 20 juillet 1624. Il était vraisemblablement fils de Gervais Baugy, aussi bourgeois d'Ainay, qui vivait en 1616. — En 1661, Maître Claude Baugy était huissier au grenier à sel de Saint-Amand... [Voir Arch. de l'Allier, B, 72, 80, 339, 849, etc...]

(2) Documents de M. Chavaillon [Assignation du 1er sep-. 1655 devant Jean Dupont, lieutenant au bailliage de Charenton. — Transaction du 4 juin 1661 devant Lejay et Theurault].

taire-royal à Ainay et, en 1679, procureur en la châtellenie d'Ainay ; elle reçut, lors du partage, des biens de ses père et mère, fait entre elle et ses cohéritiers le 16 juillet 1653 devant Theurault l'aîné, notaire-royal, le grand domaine de Saint-Jean de Bouis (1) ; — C. Anthoine Baugy, époux de Jeanne Vignier, procureur en la sénéchaussée de Bourbonnais à Moulins, qui vendit le 18 juillet 1654, par contrat reçu Bujon, notaire à Ainay, le petit domaine de Saint-Jean de Bouis à sa sœur, Marie Baugy, femme Theurault. Anthoine Baugy était déjà mort, en 1694, laissant entre autres enfants (2) : Estienne Baugy, avocat en Parlement, qui prit [sur les bestiaux du domaine de Puydenis appartenant aux époux Theurault-Baugy], par acte

---

(1) Les époux Theurault s'efforcèrent d'acquérir les terre et chapelle de Saint-Jean de Bouis qu'ils cédèrent à leurs fils fils et bru : J.B. Theurault et Marguerite Jobier, par acte du 2 juin 1694 devant Menouvrier, notaire à Ainay ; — à la charge par les preneurs de désintéresser tous les créanciers des bailleurs, lesquels créanciers étaient tous des parents Baugy.

(2) D'après un acte passé devant Croizier et Heuillard, notaires à Moulins, le 25 avril 1694, outre Etienne Baugy susnommé, Anthoine Baugy, sieur des Morins, et Jeanne Vignier laissèrent cinq enfants : — a) Anne Baugy, mariée à Claude Rogier, avocat en Parlement ; — b) Marie-Ursule Baugy, mariée à Pierre Hutyer, docteur en médecine ; — c) Gilberte Baugy, épouse d'Antoine Bourdin, procureur du Roi à Moulins ; — d) Jeanne Baugy, pensionnaire chez les religieuses bernardines, agissant sous la tutelle de son oncle Jean Moreau ; laquelle, en mars 1703, était femme de Jean-Nicolas Palierne, sieur de Chassenat, demeurant à Decize, paroisse Saint-Aré ; — e) François Baugy qui, en 1689, demeurait en la ville et paroisse de Lussat. Il laissa pour enfants : [1°] Léonard Baugy, bourgeois, demeurant à Chénerailles ; [2°] Catherine Baugy qui, d'accord avec son frère, passa le 14 juillet 1714 devant Menouvrier, notaire à Ainay, une transaction avec Baugy, sieur de la Barre.

du 20 septembre 1693, hypothèque pour des rentes à lui dues, en tant qu'héritier d'Anthoine Baugy. C'est Estienne Baugy qui fut inscrit à l'Armorial de la Généralité de Moulins avec le blason : « D'or à trois palmes rangées en pal, de sinople ; celle du milieu soutenue d'un croissant de gueules » ; — D. Estienne Baugy, procureur-général en 1638 ; — E. Jeanne Baugy, femme de Bérard de Vélard (1), écuyer, sieur de Montifault, dont elle eut au moins : 1º Nicolas de Vélard, écuyer, sieur des Mousseins, lieutenant au régiment de Dampierre, époux de D^{lle} Marye d'Augeran (2) ; 2º Eucaristie de Vé-

(1) Suivant les transactions des 20 mai et 4 juin 1661, passées devant Theurault, l'aîné, notaire à Ainay. — Le 1er mars 1659, le substitut du Procureur du Roi à Ainay convoquait : François de Vellard, sieur de Montuit ; — Gabriel de Vellard, sieur de Montifault et la Brenne ; — Antoine de Vellard, sieur de Laugère ; — Pierre des Cheizes, sieur du Chézault ; — Louis Baugy, élu à Saint-Amand ; — Etienne Baugy, sieur de la Besasse ; — Antoine Baugy, sieur des Morins ; — François Theurault, procureur à Ainay ; — Estienne Charrier, Lieutenant au bailliage de Saint-Amand ; — Michel Manceau, avocat ; — Pierre Baugy, procureur du Roi à Ainay ; — Hugues Imbert, sieur de l'Amour ; tous parents des mineurs de défunt Bérard de Vellard, sieur de Montifault et Vinon ; à l'effet de leur nommer un tuteur qui fut François Theurault [Dossiers Chavaillon].

(2) Le 23 avril 1703, devant Piat, notaire à Urçay, comparurent Nicolas de Vellard [fils de défunts Bérard de Vellard, et de D^{lle} Baugy], demeurant à La Roche-Bridier ; et D^{lle} Marie D'Augeran [fille de défunts Gilbert Daugeran, écuyer, sieur d'Estivaux ; et de D^{lle} Anne des Manioux] qui « ayant recognu que le mariage de entre eux deux est consommé de faict soubz les solempnités de nostre Mère sainte Esglize Catholique, Apostolique et Romaine, sous environ cinq ans sans avoir passé aucun contract, c'est pourquoy de bonne volonté se sont associé et faict commungt de tous leurs biens... » Audit contract intervint D^{lle} Eucaristie de Vellard, qui assura après son décès l'universalité de ses biens à la femme de son frère : Marie Daugeran. —

lard ; 3º François-Berard de Vélard, sieur de Montifault, capitaine au régiment de la Sarre (1). — De son second mariage avec Jeanne Imbault (2), veuve en première noces de N... Charrier, Hugues Baugy laissa : — F. Roger Baugy qui, en 1661, était mineur sous la tutelle de sa mère ; il épousa, par contrat du 10 décembre 1668, Gabrielle Badillier ; et, le 20 février 1691, au contrat de mariage de son neveu, J.-B. Theurault (3), il est qualifié « bailly de Charenton et Meillant, époux de Suzanne Pelletier ».

Noble Estienne Baugy, procureur-général en 1638, fit souche à Moulins. Il épousa Marie Berthier dont il eut : — *a)* Marie Baugy, épouse de Remy Janet, en 1638 ; — *b)* Claude Baugy, femme de Claude Chaulvin ; — *c)* Marguerite Baugy, qui épousa, en 1648, Gilbert de Vic-Pontgibaud ; — *d)* François Baugy, sieur de Rochefort et des Garnaudes (4), conseiller du Roi et Lieutenant-Général du domaine de Bourbonnais, qui était créancier [par acte du 26 juin 1655] de ses oncle et tante Theurault-Baugy. Il épousa, vers la fin de 1649, Marie Chabre (5), [fille d'Antoine Chabre, Lieutenant-Général criminel de la sénéchaussée d'Auvergne, et de Gilberte Faye,

---

Nicolas de Vellard mourut en 1710 et, en 1711, sa veuve était remariée à Jean Le Grouin, écuyer, sieur de la Lande.

(1) C'était l'aîné.

(2) Hugues Baugy, probablement à la suite de cette seconde union, était cessionnaire de Pierre Imbault, sieur de Sallevert.

(3) Minutes de Nicolas Savenault, notaire à Ainay.

(4) Voir dans le *Bulletin de la Société d'Emulation du Bourbonnais* [1904] : La baronnie et la paroisse de Bressolles, par le Commandant Du Broc de Segange, p. 137.

(5) Marie Chabre était remariée à noble François Génin, sieur de Billonnat, lorsqu'elle fut appelée devant le présidial de Moulins en 1664 [Arch. de l'Allier : B, 106] ; et, en 1684, elle était à nouveau veuve.

al. Fayet]. Parmi les enfants (1) nés de ce mariage, nous trouvons Etienne Baugy, sieur de Rochefort (2), que nous venons de voir désigné dans l'acte du 13 mai 1712, comme patron et collateur de la vicairie de Notre-Dame de Pitié, dite de l'Etang. Reçu trésorier de France, le 9 octobre 1684, Etienne Baugy de Rochefort épousa, le 2 décembre de la même année, Marie-Louise Roy [fille de Gilbert Roy, seigneur de Bouchesnes ; et de Marie-Françoise Conrade], et mourut âgé de 80 ans, le 24 février 1738, ayant survécu à sa fille, Gabrielle Baugy de Rochefort, et à son gendre, Pierre Hugon, seigneur de Fourchaud et de Pouzy.

C'est Gabrielle Baugy de Rochefort qui, munie de la procuration de son père, en date du 26 août 1720 (3), consentit, par sous-seing daté de Moulins, le 13 septembre suivant (4), à ce « que le rachapt de la rente de 39 livres 5 sols 2 deniers soit fait entre les mains du sieur Rousseau (5), titullaire de la vicquairye de Nostre-Dame de Pitié de la ville d'Aynay-le-Chasteau, autrement ditte de lestang, à la charge que le sol principal de ladite rente restera par forme de dépôt ès-mains du notaire (6), qui

---

(1) Il avait un autre fils : François Baugy, sieur des Garnaudes, avocat au Présidial, qui mourut le 7 mai 1681, quelques jours après son mariage avec Catherine Petijean de la Font ; sans postérité [Arch. de l'Allier : E, sup. 8].

(2) Il était créancier sur son grand-oncle et sa grand'tante F. Theurault-Baugy, d'une rente au principal de 700 livres, par contrat reçu Brunet, notaire à Ainay, le 11 septembre 1683. — Cette rente fut éteinte par J.-B. Theurault le 24 décembre 1697, suivant acte passé devant Croizier et Leclerc, notaires à Moulins.

(3) Déposée chez Duguet notaire à Moulins.

(4) Et signé : Baugy de Rochefort de Pouzy.

(5) Pierre Rousseau, curé d'Ainay-le-Château, et prieur.

(6) Ce fut devant J.-B. Jobier, notaire à Ainay que, le 24 sep-

fera le rachapt de laditte rente jusqu'à ce que ledit sieur Rousseau, titullaire trouvera un employe à faire bon en une autre rente ou acquisition de fonds dont il sera tenu de nous donner advis pour y donner nostre consentement pour seureté des fondations faites dans laditte chapelle (1)... » Semblable solution ne pouvait être que provisoire ; aussi, dès son retour d'un voyage d'affaires entrepris en septembre, « Estienne Baugy, escuyer, seigneur de Rochefort, président, trésorier général de France et particulier des finances en la généralité de Moulins, y demeurant, paroisse d'Iseure et de présent en cette ville d'Ainay, au logis où pend pour enseigne la Corne de Serf », déclara, le 29 novembre 1720, par devant Maîtres Menouvrier et Jobier, notaires-royaux, que « venu en cette ville exprès pour trouver quelque expédient pour faire un remploy de ladite somme principalle de sept cent quatre-vingt-cinq livres de manière que le revenu n'en fut pas réduit au denier courant, ce qui mettroit le titulaire hors d'état d'acquitter les services dont est chargée laditte vicairie par exprès d'une messe basse chacun vendredy de l'année et n'ayant pu trouver aucun fonds à achpter pour laditte somme qui produisit un revenu égal à l'interest du contrat, ni personne qui put ou voullut

tembre 1720 comparurent « Maître Jacques Jobard, marchand cabaretier et boullanger et, à son autorité, Jeanne Sionnais, sa femme, demeurans au logis où pend pour enseigne la Corne de Serf scitué aux faubourgs de cette ville d'Ainay-le-Chastel » ; ils amortirent la rente en « payant réellement et de fait en sept billets de banque de chacun cent livres et le surplus en escus vallant trois livres et autres monnoies ayant cours faisant laditte somme principal de sept cent quatre-vingt-cinq livres. »

(1) Documents de M. Chavaillon.

prendre laditte somme pour en faire le même intérest », il se chargeait, pour soutenir cette fondation, de servir lui-même dorénavant la rente de 39 livres 5 sols 2 deniers, chaque année au 6 septembre ; et qu'à cet effet, il donnait quittance du capital de 785 livres laissé aux mains de maître Jobier et hypothéquait, pour sûreté de la rente consentie par lui, la moitié de sa maison de Moulins.

Douze ans plus tard nous voyons le nom de la chapelle de saint Roch apparaître dans un document officiel. C'est en 1732, le lundi 22 septembre, lors du voyage à Ainay de Monseigneur de Roye de la Rochefoucault. Chargé par ce prélat de faire la visite des chapelles situées *extra muros*, le vicaire-général, Jean-Gilles de Coëtlosquet, dit qu'il s'est transporté en la chapelle de saint Roch située près cette ville, qu'y estant après avoir fait ses prières à genoux il auroit fait la visitte de laditte chapelle par laquelle il auroit observé que sur l'autel il n'y a point de tableau, mais seulement des figures en relief exhaussées d'environ deux à trois pieds de manière qu'on voit le mur à découvert, et qu'il n'y a point de missel dans laditte chapelle ». En conséquence, l'archevêque ordonne que sur l'autel de la chapelle *de saint Roch dite de l'Etang*, il sera mis un tableau propre qui couvrira le mur depuis le gradin jusqu'aux figures en relief qui sont au-dessus et qu'il sera acheté un missel... Neuf mois se passent : Un nouveau titulaire est nommé et, dans son acte de nomination, plus n'est question de la chapelle de saint Roch !... (1) « Nous, Etienne Baugy,

---

(1) Il semble que les Baugy aient tenu à la dénomination : chapelle N.-D. de Pitié ; tandis que les habitants d'Ainay tenaient surtout à celle de chapelle de Saint-Roch.

chevalier, seigneur de Rochefort, etc... suivant le pouvoir à nous appartenant de nommer et conférer de plein droit comme seul fondateur et patron laïque de la chapelle et vicairie de *Nostre-Dame de Pitié, dit autrement la chapelle de Lestang*, située auprès de la ville d'Esnay de présent vacante en nos mains par le décéd du sieur Bonnelat, dernier et paisible possesseur d'icelle, avons donné et conféré Icelle à messire Gérard Rolland, bachelier en droit canon, prestre et curé d'Ainay par ces présentes signées de notre main et scellé du sceau de nos armes (1) pour par luy en jouir avec tous les revenus, fruits et proffit y attachés à la charge d'acquitter ou faire acquitter exactement les services portés tant pour la fondation et dottation qu'autres subséquand, et aux jours y énoncé, Consentant qu'à l'effet des présentes il prenne la vraye réelle et actuelle possession de ladite chapelle et revenus en dépendant, touttes fois et quant, dont il nous donnera coppie en forme, le tout en vertu des présentes signées de notre main. Fait à Moulins le quinziesme jour de juin mil sept cent trente trois (2). » Seize ans plus tard, en 1749, après les morts d'Etienne Baugy de Rochefort et de Gérard Rolland, la « chapelle de l'Etang, autrement vicairie de Nostre-Dame de Pitié, présentement de saint Roch et sous le titre de saint Thibault en la paroisse de Saint-Etienne d'Ainay-le-Château » fut donnée et conférée à maître Gabriel Berger, prêtre

---

(1) Ce sceau est de cire rouge, composé de deux écussons ovales accolés, timbrés d'un casque posé de face et orné de ses lambrequins. Les armoiries sont : « De ..... à trois palmes de ..... 2 et 1 [qui est Baugy] ; accolé : De ..... à trois têtes de taureau de ..... 2 et 1. »

(2) Documents de M. Chavaillon.

chanoine de l'église royale et collégiale de N.-D. de la ville de Moulins, et prieur de Saint-Vincent de Bez au diocèse de Rodez. La collation de ce bénéfice appartenait alors à la famille Hugon, représentée, en 1749, par : — 1º Jacques-Louis Hugon, seigneur de Pouzy et Fourchaud, marié le 23 décembre 1738 à Madeleine-Henriette Valette de Bosredon, qui se remaria, en 1751, à Claude-Sébastien Roy, sieur de Seauve ; — 2º Marie-Henriette Hugon, mariée le 29 janvier 1732 à Louis-Alexandre de Reugny, comte du Tremblay ; — 3º Louise-Henriette Hugon, qui avait épousé, le 2 janvier 1737, Denis-Robert Bruneau, baron de Vitry, seigneur de Champlevrier : tous fils, filles et gendres de défunts Pierre Hugon, seigneur de Fourchaud et Pouzy, et de Gabrielle Baugy de Rochefort, son épouse (1). Or, pendant la vieillesse d'Etienne Baugy de Rochefort, qui mourut à 80 ans, après avoir survécu à ses fille et gendre, il est probable que la vicairie de saint Roch fut négligée... En 1749, messire Gilbert Berger donna procuration à M. Claude Berthon, curé de Louroux-en-Bourbonnais, pour faire constater l'état de ladite chapelle et « de ses dépendances, consistant en une maison à deux chambres, l'une avec cheminée, l'autre sans cheminée, séparées par un mur, couvertes en tuiles ; jardin et cour devant ; un peu de terres attenaient à la maison et rejoignaient la chapelle... » Le procès-verbal établit que depuis « l'estimation qui avait été faite par le maçon Chambonnet, de Moûtier-Marquât », en Marche, et par le charpentier Montrignat, d'Ainay-le-Château, les réparations à

---

(1) Voir le *Bulletin de la Société d'Emulation et des Beaux-Arts du Bourbonnais* [1904], p. 169.

faire s'élevaient à la somme de 300 livres. Devant l'énoncé d'un chiffre si élevé, messire Gilbert Berthon fit rechercher les héritiers de M. Gérard Rolland, dernier titulaire de la vicairie, afin de s'entendre avec eux sur les mesures à prendre ; mais il faut croire que les ressources ne furent pas suffisantes, car la vétusté de toutes choses resta grande. Pourtant, comme la dévotion à saint Roch était très grande dans la contrée, chacun s'employait de son mieux à orner le sanctuaire dédié à ce saint patron. En voici la preuve, écrite de la main même de M. Legay (1) :

« Le devant d'autel de la chapelle de saint Roch a esté fait par mesdemoiselles Suzette et Marie Menouvrier ; les coussins de même étoffe d'indienne, l'une rayé et l'autre en bouquet montant ainsy que le devant d'autel, ont été faits par mesdemoiselles Marianne (2) et Sophie Legay. Le voile en mousseline a été fait par mademoiselle Julia Menouvrier et festonné par monsieur Renon (3), natif de cette

(1) Dossiers de M. Chavaillon.
(2) C'est elle qui, en 1796, reçut cette « recette d'une médecine spirituelle » ; parodie de « La Peste de 1720 » de Laforêt :

> Quatre livres et demie d'humilité,
> Un carteron d'indifférence,
> Quatre ou cinq onces de mépris,
> Soixante grains de modestie,
> Deux drachmes de retenue,
> Six bons grains de dévotion,
> Pas de nouvelle opinion.......

(3) C'est lui qui, nommé par l'évêque constitutionnel de Châteauroux vicaire-général du département de l'Indre, écrivait, le 1er avril 1791 à M. Serventier, curé de Sainte-Fauste : « Il y a si longtemps, mon cher ami, que je n'ai pas entendu parler de toi que cela m'inquiète. Je n'ose croire que tu as été assez faible pour refuser de te conformer à la loi sage qui réformant nos anciens despotes dans le Clergé, relève si admirablement la classe

ville, actuellement curé de Beaugé : Ledit écrit fait le jeudi seize juilliet, jour de Nostre-Dame du Mont-Carmel ; par Nicolas-François Legay, père desdites deux susnommées. Et le vingt du même mois en transportant Notre-Dame de Pitié, saint Roch et saint Thibault, a été fait une procession géneralle, rapport à la peinture que l'ont leur y a fait faire, et bénit en laditte chapelle où toute la ville y a assisté en grande vénération. Dieu soit bény et le louons ; amen. Du seize juillet mil sept cent quatre-vingt neuf. — Legay. »

Dix-sept mois plus tard, la chapelle de saint Roch devait être vendue comme bien national ; et, pendant plus d'un demi-siècle elle resta fermée

respectable des curés... Peut-être sais-tu, peut-être ne sais-tu pas que je suis depuis huit jours habitant de Châteauroux ; qu'il a plu à M. l'évêque de me nommer membre de son Conseil. J'ai accepté et j'y suis tout à l'heure. De te dire comment m'est venue cette nomination, j'en serais fort en peine. Toujours est-il vrai de dire que j'exerce les fonctions de vicaire-général du département de l'Indre... Je jouis d'un revenu fort honnête. Je suis logé comme un seigneur. Tu voudras bien observer dans ta réponse que j'espère recevoir bientôt que ma résidence est chez M. de la Bruère... Renon, vicaire-général du département de l'Indre. » — M. Serventier répliqua : « Réponse de M. le curé de Sainte-Fauste à M. Renon, curé *de Bauché*, vicaire général du département de l'Indre. : ...Je vous avouerai que j'ai été assez faible pour refuser de me conformer à la loi sage qui en réformant nos anciens despotes dans le clergé releva admirablement la classe respectable des curés. Trop attaché aux préjugés du vieux temps, élevé et instruit dans les principes de la religion catholique, apostolique et romaine, j'ai eu la simplicité de croire que l'Assemblée générale était incompétente à réformer la religion et à se mêler des choses spirituelles ; que l'Eglise ne pouvait être renouvelée et réédifiée par la puissance civile ; que cette même Eglise devoit plutôt exister dans 128 évêques unis au Pape que dans 4 ou 5 qui s'en étaient séparés...., etc..... » — [Documents de M. Chavaillon].

puisque, — si nous en croyons M. Audiat, — en 1855, elle servait encore de grenier à fourrages. Vers 1867, des personnes, inspirées du souvenir du vieux temps, songèrent à rendre ce sanctuaire au culte et organisèrent une souscription publique pour en faire l'acquisition, au nom de tous les habitants d'Ainay-le-Château. Ce pieux désir se réalisa, le 9 septembre 1768 où, par acte en date du jour, M. Edme-Gaspard Buffault, propriétaire de cet immeuble, le vendit à la fabrique (1). Monsiegneur de Dreux-Brézé, évêque de Moulins, vint consacrer en grande pompe l'antique chapelle de l'Etang rendue à la vénération des habitants. On y célèbre actuellement la messe une ou deux fois par an et, le 16 août, jour de la fête de saint Roch, les cultivateurs des environs, faisant revivre un usage du bon vieux temps, amènent encore leurs bestiaux sur le pont, sur la route et dans les chemins avoisinant la chapelle pour que le célébrant leur donne la bénédiction annuelle qui doit les préserver de l'épizootie.

V. — Il y avait également autrefois à Ainay-le-Château un Hôtel-Dieu, avec chapelle et vicairie qui relevait de l'archevêché de Bourges.

Très probablement à la suite des malheurs que la Ligue et la Fronde causèrent à Ainay, l'Hôtel-

---

(1) M. Buffault affirma que cette chapelle appartenait à son père, mais il reconnut ne pouvoir prouver ses droits de propriété antérieure [Fabrique d'Ainay]. Cette chapelle avait été acquise, en 1791, par le sieur Theurault qui, par sa seconde femme décédée sans enfants : Marie-Elisabeth Bujon des Brosses, était l'oncle de Mme Antoine Buffault, née Bujon des Brosses [fille cadette de Jacques-Vincent Bujon des Brosses, et de Marie-Elisabeth Bujon de l'Etang].— Le fils d'Antoine Buffault pouvait donc, à la rigueur, avoir hérité de son père la chapelle de Saint Roch, achetée ou obtenue par ce dernier de son oncle, Alexis Theurault.

Dieu cessa de subsister, en 1696. Il fut réuni à celui de Saint-Amand auquel ses biens furent donnés. L'Hôtel-Dieu de Saint-Amand était également à la nomination de l'archevêque et, de 1696 jusqu'à 1789 (1), il reçut, outre les malades pauvres de Saint-Amand, ceux d'Ainay-le-Château, Charenton, Saint-Pierre-les-Etieux, Le Pondy, etc.

Au xixe siècle, Ainay-le-Château releva au point de vue hospitalier du département de l'Allier, qui comprenait treize, puis dix-sept et enfin — depuis l'arrêté préfectoral de 1866, — dix-huit circonscriptions hospitalières (2).

(1) Voir BUHOT DE KERSERS ; — et DUMONTEIL, *Une ville seigneuriale en* 1789.
(2) *Assises scientifiques du Bourbonnais* (1866), pp. 340-341.

CHAPITRE IV

ÉCOLES. — HYGIÈNE : CHIRURGIENS, APOTHICAIRES
ET SAGES-FEMMES. — NUMÉRAIRE. — POSITIONS
LIBÉRALES. — DÉFRICHEMENTS.

Nous avons écrit dans *Notes et Souvenirs relatifs à l'ancien couvent des Ursulines de Montluçon*, que Louis XIV, en 1698, prescrivit l'établissement d'écoles dans toutes les paroisses, ce qui prouve que, sous l'Ancien Régime, l'autorité ne se désintéressa pas autant qu'on veut bien le dire aujourd'hui, de l'instruction du peuple (1). Ces écoles primaires, si elles n'existaient pas partout, — comme nous n'avons nullement la prétention de le vouloir faire supposer, — existaient au moins à Ainay-le-Château avant la Révolution dont l'œuvre scolaire, au bout

(1) Signalons le vœu exprimé en 1560-1561, aux États-Généraux d'Orléans [cahiers de la noblesse], vœu qui tendait à obtenir de François II la levée sur les bénéfices ecclésiastiques d'une contribution destinée à rétribuer, dans toutes les villes et villages, « des pédagogues et gens lettrés » qui fussent chargés de l'instruction de la « pauvre jeunesse du pays plat » que les parents seraient, eux, *tenus* et au besoin *contraints* par les seigneurs et les juges, d'envoyer à l'école.

Vue de l'église prise de la rue des Maures.

d'un siècle et quart, constitue surtout un instrument de lutte et d'oppression aux mains d'un parti nettement anti-religieux. L'école d'aujourd'hui tend à devenir l'arche sainte d'une fraction qui n'admet point que l'on puisse penser, juger et enseigner autrement que ne pensent, jugent et enseignent ceux qu'elle a armés de la férule universitaire. A ces maîtres officiels, à ces écoles gouvernementales, l'entière disposition des fonds du budget de l'Instruction Publique alimenté par les impositions de l'universalité des contribuables français, et non par les seules impositions des contribuables francs-maçons ; aux écoles libres qui demeurent encore, aucun subside (1), si bien qu'aujourd'hui pour soutenir ces dernières, le Français qui entend rester indépendant est obligé de payer deux fois : une fois, par l'impôt pour les Ecoles de l'Etat ; une seconde fois par la souscription pour les écoles libres !... Trait caractéristique dépeignent bien une époque qui se prétend héritière et dépositaire des grands principes d'Egalité, de Liberté et de Fraternité ; preuve irréfutable qu'au XXe comme au XIXe siècle, la liberté n'est qu'un leurre, l'égalité, un mythe, et la fraternité — telle que la pratiquent certains de nos dirigeants — une... blague !...

La preuve de l'existence d'écoles à Ainay nous

---

(1) Cette injustice a dernièrement ému des députés qui sont moins que cléricaux, et qui ont voté à la Chambre Française un projet — non adopté encore — relatif à une répartition des fonds du budget de l'Instruction publique entre toutes les écoles, — gouvernementales ou autres, — proportionnellement au nombre de leurs élèves. Catholiques, libres-penseurs, socialistes, etc....., pourraient ainsi créer et diriger leurs écoles toutes équitablement subventionnées.

est fournie par le compte rendu d'une assemblée des officiers municipaux et des notables de la ville « au pallais royalle », le 22 février 1769 (¹). Dans cette assemblée, M. Louis Mazerat, fermier pour six ans des octrois d'Ainay-le-Château, soumit à l'approbation de ses concitoyens le compte des recettes et dépenses afférentes aux trois premières années de son bail. Nous voyons, au chapitre des dépenses, deux mandats de paiement datés des 21 décembre 1763 et 20 décembre 1764 au « proffit du sieur Dairaigne, recteur du collège de cette ville, de la somme de 70 livres » pour chaque « année de ses gages ». Et aux mêmes dates, deux autres mandats de paiement, de la somme de 10 livres chacun, sont acquittés par la « nommée Elizabeth Pulvin, maîtresse d'écolle des filles », pour deux années de ses émoluments. La charge de maîtresse de l'école des filles fut ensuite confiée à la veuve Boujonnet, puis à Marie-Anne Pulvin. Il n'y a donc pas à en douter, il existait école de garçons et école de filles à Ainay-le-Château ; et cette dernière institution était dirigée par des maîtresses appartenant à des familles connues de la localité. Malheureusement les documents nous manquent à l'endroit de cette école : Nous savons simplement qu'elle exista, mais elle ne dût pas subsister très longtemps si nous en croyons cette décision des échevins, en date du 31 décembre 1772 : « Monsieur Legay, sindic-receveur de l'hôtel-de-ville, vous payeray à maître Nicolas Dayraygne, principal du collège, la somme de quatre-vingts livres à quoy ses gages étaient cy-devant fixés, luy

---

(1) Registre des délibérations des assemblées de l'Hôtel-de-ville d'Ainay, du mois de juillet 1760 au mois de février 1770 [Manuscrit appartenant à M. Chavaillon].

en ayant été distrait celle de dix livres pour la maîtresse d'écolle, lesquels gages de la maitresse d'école ne subsistant plus (1), il est rentré dans ses droits pour une année desdits gages échus ce jourd'huy... BUJON ; MAZERAT ; BERAUD, secrétaire-greffier ; DUPRÉ DE SAINT-MAUR, intendant. »

Nous avons plus de détails relativement à l'école des garçons. Le premier document qui nous soit connu, en date de 1654, indique l'existence de cette école bien antérieurement à cette époque ; lisons-le : « Aujourd'huy, quatriesme jour de may mil six cent cinquante quatre, avant midi, Messir Jean Chaseigne, bachellier en droit canon et curé de la ville d'Ainay, pour et au nom de Messir Vincent Chassaigne, son père, adcisté de moy, nottaire royal soubzsigné, de Messir Pierre Boireau, aussy bachellier en droit canon, de maistre Claude Lejay, procureur et fabricien de la ville d'Ainay et tesmoings soubz nommez, transportez de laditte ville d'Ainay en la Chambre du parloir du couvent et monastère de Nostre-Dame de Charenton ; ayant sonné la cloche, est venue en laditte chambre, sœure Thoinette de Chandiou relligieuse tourière, laquelle ledit sieur Chassaigne, curé, a prié et fait sçavoir a révérande dame, Madame Margueritte de Lagrange, abbesse dudit couvent et à dame Marye de Cullant, coadjutrice, qu'il désiroit leur parler et communiquer quelques affaires ce que laditte sœure relligieuse a accordé faire et estant arrivée en laditte chambre, lesdittes dames abbesse et coadjutrice, ledit sieur Chassaigne, curé, leur a dit exposé

(1) Mais le 31 décembre 1768, M. Legay paya « aux héritiers de feu Marie-Anne Pulvin, vivante maîtresse de l'école des filles, la somme de dix livres pour une année des gages à elle accordés. »

que, par acte d'assemblée faite en laditte ville
d'Ainay, le quinziesme mars dernier, estant au bas
d'une requeste présentée par ledit Messir Vincent
Chassaigne, son père, le procureur du roy, eschevins,
et tous les principaulx habittans de laditte ville
d'Ainay à quy laditte requeste a esté communiquée,
ont tous unanimement accordé et consenty que
ledit Chassaigne instruise la jeunesse moyennant
quoy il jouira des privillèges et exemptions que les
préceddans maistres ont jouy ainsy qu'il est porté
par ledit acte d'assemblée et suivant ycelle. Ledit
sieur curé, pour son dit père, a présenté pour Régent ledit messir Pierre Boireau, phillosophe et
théologien pour enseigner la langue latine à la jeunesse, et suplie lesdittes dames leur vouloir donner
leur nomination dudit collège d'Ainay-le-Chastel,
comme leur apartenant accause de leurs dignitez
d'abbesse et coadjutrice, lesquelles dames ont fait
responce qu'en conséquance de l'acte d'assemblée
cy-dessus dattée faite par lesdits habitants dudit
Ainay et consentement presté par les eschevins
dudit lieu, ont donné la collation des escolles dudit
Ainay audit Messir Vincent Chassaigne en tenant
par luy ung Régent fait nomination de sa présance,
desquelles accordances faites par lesdittes dames,
abbesse et coadjutrice, et présentation faite de la
personne dudit Boireau pour régent dudit Chassaigne, — Ledit sieur Chassaigne, curé d'Ainay,
présant et acceptant pour sondit père, m'a requis
à moy, nottaire-royal soubzsigné luy en voulloir
dresser le présent lequel je luy ayt octroyé en cette
forme pour luy servir et valloir que de raison, et
ont lesdittes dames signé en présance de Messir
Claude Lejay, lesné, procureur fabricien et de Messir Pierre Besnard, prestre-curé de la ville de Cha-

renton et de Vincent Sigongne, serviteur domestique de ladite dame tesmoings quy a dit ne sçavoir signer de ce enquis ; ycelluy messir Claude Lejay, procureur fabricien de ladite ville d'Ainay au nom et comme ayant charge desdits eschevins et porteur dudit acte d'assemblée signé desdits eschevins et principaux habitans dudit Aynay, ainsy au bas des présentes : M. DE LAGRANGE ; M. DE CULLANT ; CHASSAIGNE ; LEJAY ; BESNARD et ROLLIN nottaire royal (1). »

A messire Vincent Chassaigne succéda « maistre Pierre Guérin » qui, en 1698 (2), est dénommé maître d'école puis prend, en 1706, la qualification plus pompeuse de « recteur du collège d'Ainay (3) ». Il dut occuper cette charge pendant un certain temps ; et l'instruction qu'il donnait devait être assez sérieuse pour l'époque, puisque les écoles d'Ainay étaient fréquentées, dans le premier quart du XVIIIe siècle, par un plus grand nombre d'élèves que celles de Cérilly. C'est du moins ce qu'indique la pièce suivante : « Aujourd'huy saisiesme jour du mois de septembre mil sept cent vingt-neuf, ces présenté devant nous Roger Charrier, conseillier du Roy, Lieutenant-Général de police de cette ville d'Ainay-le-Chastel, maître René Deloge, Recteur de presant demeurant en la ville de Cérilly, lequel en présence de maître Gerard Rolland, bacellier en droit canon, prestre et curé de cette ditte ville, de maître Philippe Thurault, conseillier et procureur du Roy et de maîtres Pierre Brunet et Remy Servantier, Eschevins de cette ditte ville, lequel nous

---

(1) Arch. du Cher, Fonds de l'abbaye de Charenton, cote 37.
(2) Arch. Nationales, P, 478[5] ; cote 2523.
(3) Dossiers de M. Chavaillon.

a remontré et dict que le peu descolliers pour apprandre les humanittés est sy petetit que le nombre ne se compose que de six à sept de sorte quil se voit obligé de sen retourner à Bourges pour rendre la commission à Monsieur damonville, vicaire général de larchevesché et Diocesse de Bourges, nestant pas en estat ledit sieur Desloge de pouvoir vivre et se soutenir ayant sy peut descollier, que ceux qu'il Enseigne lescripture nestoit pas plus grand, quil auroit apris par ledit sieur Rolland et autre Bourgeois notables que syl voulloit venir setablire en cette ditte ville, il trouveroit des sujets assez sufisament pour le nourir et soutenir outre quoy il y a une destinnation de la somme de quarante livres quil y sera payé par l'adjudicataire des auctrois comme il y est obligé par le Bail, lequel sieur Desloge comptant sur les parolles et promesses desditz sieurs Rolland et notables Bourgeois Estime que les proportion et la condiction de venir setablir audit Aynay luy sera plus advantageux lesquelles il accepte Et en conséquance promet ledit sieur de venir au premier du mois prochain y demeurer ce qui a esté acceptés par lesditz sieurs Rolland et Eschevins et autres notables Bourgeois présants dont Et de tous qouy nous, Conseillier, Lieutenant-général susdits, En avons donné acte audit sieur René Desloge Et ce Requerant le procureur du Roy Et avons signés avecq ledit sieur Rollant, le procureur du Roy, les Eschevins, ledit René Deloge et parties notable des dits Bourgeois et habitants de cette ditte ville les jour et an que dessus Et sobligé ledit sieur desloge de chanter les grandes messes qui seront chanté dans l'églize paroissialle dudit Ainay autant quil pourra (1). »

1) Signé : « Rolland, curé d'Ainay ; Charrier ; Theurault ;

René Desloges resta en charge huit ou neuf ans au plus. Les registres paroissiaux d'Ainay-le-Château nous signalent, en effet, au 18 septembre 1737, le décès du fils de Nicolas Dayraigne qui, l'année suivante (1), prend la qualification de recteur du collège.

Nicolas Dayraigne demeura près d'une vingtaine d'années en fonctions (2). Ses capacités pédagogiques furent-elles très appréciées ?... Il est permis de le supposer puisque, de 40 livres d'appointements que la ville donnait en 1729, au recteur de son collège en sus du montant des pensions payées par les élèves, nous avons déjà pu voir que le chiffre s'était élevé, en 1764, à 70 livres « pour chaque année des gages du sieur Dairaigne ». Et en 1772 et 1776, cette somme s'était encore augmentée de 10 livres (3)... Il est probable que la première augmentation fut consentie par les officiers municipaux, en 1757 ; à cette époque, en effet, ils exigèrent du « principal du collège » l'engagement d'instruire gratuitement un enfant de la ville, engage-

Brunet ; Serventier, échevin ; Michault ; Jobier ; R. Desloges ; Baugy, greffier. » [Documents Chavaillon].

(1) Le 3 juillet 1738. — Reg. par.

(2) Voir l'abbé MONET, Les écoles bourbonnaises avant 1789.

(3) « Monsieur Legay, sindic-receveur de l'hostel de ville, vous payeray à M. Nicolas Dayraigne principal du collège de cette ville la somme de quatre-vingt livres pour une année de ses gages à luy accordé, lesquels écheront le dernier de ce mois de laquelle somme il vous sera tenu compte en rapportant le présent quittancé, iceluy étant enregistré sur le registre à ce destiné, à la charge de faire visé le présent par Monseigneur l'intendant en Berry. Donné audit hôtel de ville d'Ainay-le-Château le vingt-troisième jour du mois de décembre mil sept cent soixante-seize. — Bujon ; Mazerat ; Beraud, secrétaire-greffier. — Vu par nous : Pezant. — Vu par nous, Intendant en Berri : Feydeau. — Pour acquit : Dayraigne. »

ment qui ne fut pas vain, comme le prouve cette délibération du 5 mai 1766 : « ...Ensuitte lesdits Mazerat et Sabardin (1) ont représenté que suivant le bail fait au sieur Nicolas Dairaigne, principal de cette ville le vingt-cinq janvier mil sept cent cinquante-sept, Il doit enseigner un enfant natif de cette ville gratis, que cette place est vaccante depuis quelques mois, qu'à ce moyens il est question d'y nommer, l'affaire mise en délibération il a esté décidé aussy unanimement que ce sera l'aîné des fils du sieur Ruffray qui occupera la place. Et les délibérations cy-dessus et de l'autre part estant sur le point d'être signées, maître Huet, Lieutenant-général de police de cette ville a soutenu que la présentation de l'enfant qui doit remplir la place dont il sagit appartient à luy seul et ne doit être que par luy proposé et en son hostel. Les sieurs échevins ayant soutenu au contraire que cette présentation et nomination appartient seul à la ville et non au sieur Lieutenant de Police ; Yceluy retiré, et requérant lesdits sieurs échevins, avons délaissés ledit sieur Lieutenant-général de police de ce faire régler avec lesdits échevins, et jusqu'à ce ordonnons que ledit sieur Dairaigne enseignera l'enfant nommé conformément à son bail, attendu que c'est le bien public... »

Nicolas Dayraigne s'occupait de ses élèves et prenait grand soin de la bonne renommée de son collège. Un programme de distribution de prix — non daté malheureusement, mais que par l'identification des acteurs on peut estimer avoir été rédigé vers 1740, — nous montre quelle était la prospérité de l'établissement vers cette époque. Par-

---

(1) Louis Mazerat et François-Bernard Sabardin, échevins.

courons ce programme imprimé, dont aucune firme ni aucune adresse d'imprimeur ne peut nous aider à mieux préciser la date (1) :

Isaac

Tragédie

sera représentée sur le théâtre du collège de la ville d'Ainay-le-Château pour la distribution des prix, le lundy 3 aoust à une heure précise.

NOMS ET PERSONNAGES DES ACTEURS

Abraham.	*Etienne Bujon* (2)	
Isaac (fils d'Abraham). . . .	*Joseph Bujon* (3)	
Ismaël, fils d'Abraham. . . .	*Nicolas Legay* (4)	
Eliézer, officier d'Abraham . .	*J. B. Menouvrier*	d'Ainay-le-
Damas, fils d'Eliézer	*François Beraud*	Château (7)
Nachor, confident d'Ismaël . .	*Louis Duchenet*	
Pharès, officier d'Imaël . . .	*Jacques Bujon* (5)	
Zaël, prêtre des faux dieux . .	*Jean Bujon* (6)	

(1) Documents de M. Chavaillon.

(2) Fils de Jacques Bujon des Brosses, notaire à Ainay, et d'Anne Theurault ; il naquit le 6 juillet 1725 et entra, par la suite, dans les ordres.

(3) Etienne-Joseph Bujon-Lamotte [fils d'Etienne Bujon, sieur de l'Etang, bourgeois d'Ainay ; et d'Elisabeth Huguet] ; né le 28 octobre 1727, épousa le 3 janvier 1759, Jeanne-Gabrielle Vidalin, de Moulins.

(4) François-Nicolas Legay [fils de Nicolas Legay et d'Anne Grollier], qui épousa le 7 novembre 1752, Catherine-Agnès Garandeau.

(5) Jacques-Vincent Bujon des Brosses [fils de Jacques Bujon des Brosses et d'Anne Theurault], né le 26 juillet 1726, épousa le 17 juin 1749 sa cousine Marie-Elisabeth Bujon de l'Etang.

(6) Frère du précédent, né le 4 décembre 1729, il entra en religion et mourut le 24 messidor an X.

(7) Il est plaisant de constater les anachronismes d'un programme qui présente Abraham ayant des officiers et... qui sait? peut-être une maison militaire.

Les Incommoditez de la Grandeur

Drame Héroïque
pour servir d'intermède à la tragédie d'Isaac.

NOMS ET PERSONNAGES DES ACTEURS

Grégoire, faux duc de Bourgogne.	*N...*	
Pierrot, son valet	*Jacques Bujon*	
Un page.	*François Beraud*	
Ariste	*Nicolas Legay*	d'Ainay-
Eugène { gentilshommes de la cour.	*Joseph Bujon*	le-
Clitandre	*Louis Duchenet*	Château
Fadius, gouverneur d'une province.	*Jean Bujon*	
Triton, capitaine des chasses . . .	*J. B. Menouvrier*	
Télampe, médecin	*Etienne Bujon.*	

Diront le Prologue

Etienne Bujon, d'Ainay-le-Château ; — François Duffault, de Bruère.

Sauf un seul, tous les élèves que nous venons de citer, étaient originaires d'Ainay. Mais la réputation du collège s'accrut considérablement et, un quart de siècle plus tard, les mêmes tragédie et drame héroïque étaient représentés par les écoliers du collège, le 12 août 1765, avec une distribution de rôles comprenant de jeunes acteurs originaires, non seulement d'Ainay-le-Château, mais de tous les environs. Le programme (1) d'*Isaac* contenait les noms de Jacques Bujon du Chailloux ; François Bujon du Chailloux ; Pierre Renon ; Nicolas Le Fort ; Grégoire Menouvrier, d'Ainay-le-Château ; — Jean Dufour des Chaumes ; et Jean Grimard Delamoullière, de Cérilly ; — Claude Luylier du

---

(1) Ce programme-là, provenant de l'imprimerie B. Cristo, de Bourges, avait été adressé « à M. Legay, commissaire de Police de la ville d'Ainay-le-Château, de la part des écoliers du collège de laditte ville » ; et M. Legay l'avait gardé, sans doute en souvenir des rôles d'Ismaël et d'Aristo jadis tenus par lui.

Masseau, de Meaulne (1). Outre ces noms nous relevons, dans la distribution des rôles de *Grégoire, faux duc de Bourgogne*, ceux de Jean Rinche de Boisfarnoux ; Pierre Dayraigne ; Jacques Ruffray de la Verrie ; Claude Beraud du Beautems, d'Ainay-le-Château ; — Joseph Dumont de Saint-Orand ; Pierre-Bernard Dumont des Lyaudes, de Meaulne ; Claude-Amable-Gaspard du Chasteau du Montet, du Brethon ; et Jean Tardy, de Cérilly. Pour corser la fête, on avait ajouté au programme la comédie des *Mécontents*, dont voici la distribution :

Plutus sous la figure de Créon, *Nicolas Le Fort*, d'Ainay-le-Château
Momus sous la figure de Valère, *Grégoire Menouvrier* id.
Mercure sous la figure de Griffon, *Jean Dufour des Chaumes*, de Cérilly.
Monsieur de Biscaras, officier, *Claude Luylier du Masseau*, de Meaulne.
Monsieur Thémiste, homme de robe, *Joseph Dumont de Saint-Orand*, de Meaulne.
Monsieur J'Ordonne, médecin. *Pierre Dayraigne*, d'Ainay-le-Château.
Monsieur Bonne-Foi, marchand, *Jean Tardy*, de Cérilly.
Monsieur Minutius-Platus, auteur, *Jacques Ruffray de la Verrie*, d'Ainay-le-Château.
Monsieur Bontems, écolier externe, *Claude Beraud du Beautems*, d'Ainay-le-Château.
Monsieur Mitton, pensionnaire, *Pierre Luylier du Plaix*, de Meaulne.
Monsieur Sissonne, maître de danse, *P. B. Dumont des Lyaudes*, id.
Monsieur Grondin, précepteur, *Jacques Bujon des Brosses*. d'Ainay-le-Château.
Monsieur Blaise, laboureur, *Pierre Renon*, d'Ainay-le-Château (2).

Maître Nicolas Dayraigne soutint encore pendant quelque dix ans la réputation qu'il avait acquise à son établissement, mais vers 1784-1785 un nouveau

(1) La scène, était-il spécifié, se trouve dans un bocage sur la montagne où Abraham doit sacrifier Isaac et où l'on suppose qu'Ismaël s'était retiré après avoir été chassé de la tente paternelle.

(2) Documents de M. Chavaillon.

recteur fut nommé : le sieur Delescure, dont l'installation n'alla pas, — si nous en croyons le mémoire de Bujon des Brosses (1) — sans donner lieu à de nouveaux tiraillements contre les officiers de la ville et les officiers de police. Quoi qu'il en fut, le sieur Delescure ne voulut pas paraître inférieur à son prédécesseur et, dès sa prise de possession du collège, il adressa à ses concitoyens une sorte de profession de foi et de manifeste indiquant sa façon de diriger l'instruction des jeunes gens à lui confiés. En voici la teneur :

« PLAN D'ÉDUCATION (2).

Mens sana in corpore sano.

Le sieur Delescure, maître ès Arts, Professeur agrégé à l'Université de Paris, et Recteur du collège

(1) « La nomination des maîtres et maîtresses d'écoles appartient aux villes. Le chap. v du concile de Narbonne, tenu l'an 1551, ne laisse aucuns doutes à cet égard et confirme l'ancienneté du droit des villes. L'approbation des personnes nommées par elles appartient aux évêques, leurs vicaires ou autres personnes ecclésiastiques ; plusieurs arrêts du Conseil rapportés au second tome du Mémoire du Clergé confirment l'une et l'autre dispositions ; les délibérations des villes qui contiennent ces nominations sont envoyées d'après l'approbation de Mgr l'archevêque au sieur commissaire dépar i pour être homologuées et l'exécution en estre ordonnée. D'après toutes ces formalités, l'hôtel de Ville devroit s'attendre à voir exécuter la délibération sans aucune opposition, cependant les officiers de Police prétendent que les maîtres et maîtresses d'école doivent se faire recevoir en outre à la police et, en conséquence ils ont obligé le sieur Delescure, dernier recteur du Collège, à comparaître devant eux pour se faire recevoir de nouveau. » [*Mémoire*, de F. BUJON DES BROSSES, octobre 1786].

(2) A Bourges, de l'imprimerie B. Cristo.

de la ville d'Ainay-le-Château en Berry, a l'honneur d'offrir au Public un Plan d'Education calqué sur les longues et pénibles observations qu'il a expérimentées en enseignant dans les instituts les plus célèbres du Royaume. Cette éducation si difficile et qui ne peut pas être uniforme, demande des connoissances profondes de l'homme en particulier. C'est sur ce talent inestimable que doivent être appuyés tous ceux du vrai maître ; et sans lequel la perte la plus prématurée de l'esprit et du corps est inévitable ; en effet, ignorer le chemin intellectuel de l'âme, ne point saisir ce qui l'affecte ou ce qui lui plaît, s'aveugler au nombre confus de difficultés qu'elle nous présente, en émouvoir sa patience est un défaut qui expose les maîtres les plus habiles à ne trouver souvent, dans une classe de vingt jeunes gens, que cinq tout au plus capables de progrès, cinq qui suivent à peine, et un malheureux reste enseveli sous le voile trop factice de l'ineptie. Notre principal motif est donc de détruire le défaut qui fait tant d'hommes superficiels et si peu instruits. Nous accomplirons cette importante réforme en détaillant les propriétés, les ressorts et les penchants, afin d'appliquer plus particulièrement chaque pupille à ce à quoi il sera le plus propre, afin, dis-je encore, qu'un tems si précieux soit employé avec usure, et que des dépôts si chers à l'Etat, aux familles et à la bonne société ne deviennent les réceptacles honteux de l'ignorance et du libertinage, eux faits pour être les enfants de la sagesse et de l'érudition. Le genre d'étude que nous proposons ici comprend tous les états, en donne les principes physiques, métaphysiques et moraux.

Nous divisons d'abord l'éducation en trois parties, savoir, depuis l'âge de six ans jusqu'à neuf, tems que nous employons à débrouiller le cahos de l'imagination par les objets les plus clairs, les plus sensibles et surtout les plus aisés. Nous faciliterons la lecture par une vigoureuse prononciation syllabique ; elle sera continuelle pendant tout ce cours, tant dans les leçons de mémoire que dans les écrits, toujours à voix haute, vrai diagrame pour développer et adoucir les organes les plus grossiers et rendre les sons de la saine expression. [Ne sont-ils pas les porteurs de nos pensées et les facteurs de la persuasion] ? Cette prononciation contribuera beaucoup à l'orthographe. Nous la digérerons par les déclinaisons, conjugaisons des verbes, noms réguliers de la Langue Françoise, trop négligée, le tout à voix haute, par écrit et par cœur. Nos élèves apprendront à écrire selon les principes du célèbre Roland, premier Ecrivain du Roi. Leur position sera très observée et leurs mains ne seront jamais trop légères pour former des pleins et des déliés assez délicats. Enfin on ne négligera rien pour qu'ils sachent parfaitement l'art

> De peindre la parole et de parler aux yeux ;
> Et par des traits divers de figures tracées,
> Donner de la couleur et du corps aux pensées.
>
> M. Colardeau.

L'ample routine des rudiments françois leur aplanira les difficultés de la Langue latine ; on la leur enseignera toute nue : les termes seront simples et les comparaisons les plus communes. Enfin nous serons satisfaits si nous terminons ce premier cours par l'imperturbabilité des terminaisons qui composent les noms déclinés et les verbes conjugués de cette Langue. La récitation journalière des Prières et Catéchisme du Diocèse nous intimera tous les autres exercices.

La Langue latine, pour laquelle les jeunes gens ensevelissent les plus beaux jours de leur enfance, formera les parties les plus secondaires de cette carrière qui commence à neuf ans et finit à douze. L'ordre du discours latin leur deviendra invariablement familier, par une Syntaxe réduite en définitions succintes, et par demandes et réponses. Les traductions du françois en latin se feront à voix haute, mentalement, sans le secours d'un Dictionnaire et d'un Rudiment, mais surtout jamais seul ; ces premiers thèmes sont trop faits pour rendre l'imagination incertaine, en ne lui présentant rien de réel. Ils exposent au dégoût et rendent facteur de termes impropres ou de barbarismes. Les traductions du latin en françois feront au contraire notre plus sérieuse occupation. Nos enfants les écriront mot à mot, feront les parties et l'analyse des Catéchisme historique, Histoires choisies de l'Ancien Testament, Histoire Romaine et de Phèdre qu'ils sauront par cœur à ne jamais les oublier. Ils déclameront les Fables de Lafontaine, dont le sens leur sera bien expliqué. [Ils ont besoin des principes de vertu, quelle méthode y peut mieux contribuer que des emblèmes aussi amusants] ? Nous leur donnerons les exemples des meilleurs Ecrivains, afin que par la longue habitude ils puissent eux-mêmes le devenir. Ils étudieront la Chronologie élémentaire des principales Histoires, celle de France, et ils apprendront l'Arithmétique. Nous annexerons à chaque leçon celle des Catéchismes, Epîtres et Evangiles qui seront expliqués tous les Dimanches, Fêtes et jours de congé, que nous consacrons à l'étude de la Religion, afin qu'ils puissent être admis à la très sainte Communion, suivant l'avis sage et prépondérant de M. le curé.

Ce dernier cours qui comprend depuis douze ans jusqu'à seize, perfectionnera nos Elèves dans la Langue Latine. Ils expliqueront et traduiront les morceaux choisis de l'Histoire prophane, le bon Humaniste Cornelius Nepos, Quint-Curce, Tite-Live et Ciceron ; ils apprendront la Mythologie, sans laquelle ils ne comprendroient pas les fictions d'Ovide, Virgile, Horace et Juvénal. Nous livrerons nos Écoliers aux Eléments des Mathématiques, et ils se délasseront par les Poèmes dont la morale est la plus saine. Ils étudieront l'Art oratoire, tant pour l'écrit que pour la diction et la déclamation. Ils apprendront aussi la Géographie et feront l'analyse de tous les auteurs qu'ils auront vus. Ils seront prudents et polis dans le propos, décents dans le maintien, convenables dans les égards ; ils ne confondront ni les rangs, ni les états, ni les personnes ; le tact enfin qui avertit de ce qu'on doit et de ce qui est dû les guidera partout. On sera néanmoins très flatté d'entrer dans les vues particulières des parents et de traiter avec eux des progrès de leurs enfants qui seront traités avec toute la douceur et l'aménité que demande la tendresse de leur âge. En effet, ils sentent mieux qu'ils n'expriment les défauts du détestable pédantisme qui étouffe les dispositions, obsède le tempérament et souvent le dégrade sans ressource. Nos Pensionnaires seront traités avec toute la propreté, la décence et le régime que demande leur santé. Les externes participeront aux mêmes jeux, qui leur seront accordés suivant la propriété des saisons, des mois et des jours.

RÈGLEMENTS

Nos pensionnaires se lèveront à six heures, depuis Pâques jusqu'à la Toussaint ; et à six heures et demie depuis la Toussaint jusqu'à Pâques. Après la prière du matin leur tour les conduira à la peignure, d'où ils ne sortiront que bien vêtus. Le déjeûné et la récréation ouvriront la classe à huit heures du matin jusqu'à onze heures ; l'étude sera terminée par le dîner et la récréation. A deux heures du soir jusqu'à cinq en été, quatre heures et demie en hyver, la classe les préparera au goûter qui finira à cinq heures et demie par l'étude. Ils souperont à sept heures et la prière les couchera à neuf heures. Les jeudis, jours de congé, les externes viendront au Gymnase à deux heures pour assister à la promenade jusqu'à sept heures en été, et quatre heures en hyver ; ils auront un soin scrupuleux de paraître décemment vêtus ; jamais en veste, bien peignés et les mains bien lavées. Nous engageons les parents à y veiller d'une façon toute particulière.

Nos Externes se rendront aussi à six heures du matin les Dimanches et Fêtes pour réciter les Epîtres et Evangiles de ces jours et être conduits aux saints offices en un même lieu exprès marqué à l'Eglise. Nos Elèves se confesseront tous les trois mois, suivant la choix commode de M. le Curé. Le prix de la pension est de trois cens livres y compris le blanchissage et raccommodage (1). — *Quæ quum ita sint, eam, quam dixi, sententiam, vobis, præstantissimi, peritissimique Lectores, rogo comprobandam* (2).

Cette partie du règlement qui avait trait à la con-

---

(1) Cette phrase a été rayée à la plume dans le texte imprimé.
(2) Dossiers de M. Chavaillon. Molière eut fait son profit d'un semblable document.

duite des élèves aux offices « en un même lieu exprès marqué à l'Eglise » donna lieu, le 24 août 1785, à un arrêt assez typique du Lieutenant-Général de la Châtellenie : « A tous ceux qui ces présentes Lettres verront, Jacques Berthomier des Prost..... Savoir faisons : Etant en la chambre du conseil seroit entré le procureur du Roy qui nous a remontré que la convenance des Belles-Lettres n'étant pas suffisante pour former un bon Cytoyen sans les bonnes mœurs, que la Religion étant le fondement dou descouloient toutes les vertus civiles et sociales il étoit du bon ordre que le principal du collège de cette ville eut sous les yeux dans léglize paroissiale pendant les offices divins tous les enfans confiés à ses soins pour leur inspirer de bonheure le Respect et la descence que lon doit avoir dans le lieu où réside d'une manière plus particulière la divinité que pour cet effet il étoit nécessaire dassigner aud. principal une place fixe dans lad. Eglize pour y conduire ses Elèves aux offices divins et les y tenir rassemblés sous ses yeux qu'il auroit désiré pour lédification des fidels pouvoir Requérir dassigner cette place dans le lieu le plus exposé à la veu du peuple dans lespoir que l'Exemple de jeunes Enfans auroit peut-être fait impression sur luy et luy auroit marqué la manière dont il doit se tenir dans le lieu saint, que quoi qu'on ne put rien voir de plus décent et de plus conforme pour l'interest de la Religion qu'un pareil Requisitoire la petitesse de léglize paroissialle Et la manière dont elle étoit construite ne luy permettoit cependant pas de la former, mais en même tems étant de son devoir de veiller aux bonnes mœurs de la jeunesse et de seconder en cela les intentions du sieur Lescure (1) principal dud.

(1) Delescure.

collège, il nous a Représenté que depuis longtems
instruit qu'il se rassembloit dans la chapelle de
saint Crespin une troupe de jeunes gens qui non
seulement ny faisoient que causer pendant tout le
tems des offices divins, mais y commettoient même
des irrévérences qui méritteroient une punition
publique sy elles venoient à sa connaissance, Et
qu'il luy fust d'en aquerir la preuve il se proposoit
avant l'arrivée du sieur Lescure nouvellement
établi en cette ville de Requérir pour faire cesser
un si grand scandal, que les cordonniers de cette
ville qui prétendent avoir droit à la chapelle sans
en avoir jusqu'à présent justiffié d'aucun titre de
propriette seroient tenus de tenir lad. chapelle
fermée pendant les offices divins avec deffense à
eux dy laisser entrer aucune autre personnes que
celles de leur corps reconnus pour maîtres, que ne
voyant pas dans lad. Eglize d'autre lieu plus con-
venable pour placer ledit principal et ses Elèves
que dans lad. chapelle il auroit dit audit principal
de si placer avec ses Elèves qu'il en auroit prévenu
lesd. cordonniers qui y auroient donné leur consentement, mais que quelqu'un d'entre eux dans la
vu de chasser ledit principal et ses Elèves de lad.
chapelle comme étant un obstacle à leur impietté
affectaient d'y introduire toutes sortes de personnes,
le plus grand nombre étant de jeunes libertins sans
Religion et sans piété qui continuoient d'y causer
et de si comporter d'une manière tout à fait inde-
cente qui n'annonce que défault déducation, pour-
ne pas dire un fond d'irréligion, ce qui étoit un
exemple des plus pernicieux pour les Enfans qui se
trouvoient dans lad. chapelle, qu'il croiroit manquer
aux devoirs essentiels de sa charge dont le principal
est de protéger la Religion si il demeuroit plus

longtems dans le silence Pourquoi il Requeroit qu'il nous plut assigner lad. chapelle de saint Crespin pour placer le principal du collège de cette ville et ses Elèves avec injonction auxd. cordonniers de tenir lad. chapelle fermée pendant tout le tems des offices divins et deffence à eux d'y laisser entrer aucune personne que ceux de leur corps reconnus pour maîtres..... que le principal seroit autorizé à avoir une clef de la porte de lad. chapelle pour y entrer quand bon luy semblera et y introduire ses élèves (1)..... » Toutes ces conclusions furent approuvées par le Lieutenant-Général et, à partir du 20 août 1785, la chapelle de saint Crépin fut réservée, durant les offices, pour les élèves du sieur Delescure.

Ce principal ne resta pas longtemps en charge. Dès le mois de décembre 1787 il était remplacé, comme l'indique une lettre de l'Intendant Dufour de Villeneuve à M. Buffault, procureur, en date du 2 mai 1788 : « .....Je vous renvoye le mandat de 40 livres visé de moi au profit du sieur Allodier, Recteur du Collège d'Ainay, pour la moitié de l'année de ses gages échue le 1er de ce mois (2)...» Pierre Dallodier exerça ces fonctions jusqu'à la fin de l'Ancien Régime, touchant du Receveur de l'Hôtel de Ville ses appointements tous les six mois ; et la dernière quittance signée de lui, qui nous soit parvenue, est afférente au semestre échu le 1er novembre 1790.

Ce fut cette école que fréquentèrent — au moins au début de leurs études, — tous les jeunes gens de la bourgeoisie et du commerce d'Ainay-le-Château, du milieu du xve à la fin du xviiie siècle. Ce fut là où

---

(1) Documents de M. Choussy.
(2) Documents de M. Chavaillon.

apprirent à lire et à écrire, — selon les méthodes de Roland ou autres, — la plupart des gens qui exercèrent ensuite dans la ville les professions libérales de notaire, chirurgien, apothicaire, etc..., avant d'aller compléter leurs études soit à Bourges, soit à Montpellier, voire même à Paris. La plupart d'entre eux revenaient exercer dans leur pays d'origine, mais quelques-uns, suivant les hasards de la fortune, s'installaient dans d'autres cités et y exerçaient leur profession sans toutefois oublier entièrement la ville natale ; tel le chirurgien François Lejay qui, demeurant à Versailles, constituait le 18 février 1690 un titre clérical de 150 livres de rente viagère hypothéquée sur divers immeubles sis à Ainay-le-Château, en faveur de Louis-François de la Touche, clerc tonsuré du diocèse de Paris, maître ès-arts et étudiant en théologie (1). François Lejay appartenait à une famille de la contrée dont les membres avaient exercé des professions libérales telles que celles de notaire, sergent, huissier-royal !..... Les chirurgiens établis à Ainay-le-Château dont de vieux titres nous ont fourni quelques noms étaient : Pierre Cannonier, 1621 ; Pierre Gillet, 1633 ; Jean Duret, 1628 et 1652 ; Estienne Guérin, 1654 ; Jean Menouvrier, le jeune, 1669 ; René Riobé, 1738 et 1753 ; Jean Bujon, 1742 (2) ; Jean-Baptiste Menouvrier, 1744 (3) ; Pierre Béguin, 1778 ; Jean-Baptiste Menouvrier (4), 1786..... Les apothicaires s'appelaient : Pierre Du Dost, 1616 ; Claude Dubost, 1650 ;

(1) Arch. de l'Allier : B, 746.
(2) Epoque où sa fille, Marguerite Bujon, fit profession à l'abbaye de Charenton, le 13 mars. Elle était dotée d'une rente payée par sa grand'mère, Jeanne Bernard.
(3) Il mourut peu de temps après cette date.
(4) Epoux de Suzanne Ligner, dont postérité.

Nicolas Duret, 1652 ; Gilbert Gallerand (1), 1653 ; François Dubost, 1656 ; Jean Jouhanneau, 1671 ; Jean Thévenard, 1707 ; Antoine Michaut (2), 1721, etc. (3)..., mais dans le cours du xviiie siècle, la plupart des chirurgiens, cumulaient, avec la profession chirurgicale, le métier d'apothicaire, comme Menouvrier, par exemple, dont une des notes d'honoraires était ainsi libellée : « Etat des remèdes que j'ai fait et fournis à Monsieur Legay, bourjois en cette ville Dainay-le-Chasteau comencé du 7 Davril 1786 :

pour M[r] trois prises de sirop diacode	1 livr. 10 sols
pour M[r] deux médecines composez avec la manne. .	4 »
pour M[r] une potion calmante et fébrifuge	2 »
pour M[r] trois émulsions faites avec les amandes douces.	1 »
ydem douze gros de sel de globert et de sel de nitre.	1 » 4 sols
pour peines et soins donné à M[r] dans sa maladie. .	4 »
	10 liv. 14 sols

Donné par moy Menouvrier, Maître En chirurgie d'Ainay-le-Château, ce 12 may 1786 (4). »

(1) Le 25 novembre 1653, Maître Gilbert Gallerand, apothicaire, signa, en qualité de beau-frère du futur, au contrat de mariage passé à Charenton [Dupont et Valligny, notaires] entre François Theurault, notaire royal ; et Gilberte Caillet, veuve de Jacques Bernard, sieur de Bernon.

(2) On trouve dans les reg. par. de Culan au 25 février 1721, le mariage d'Antoine Michaut, marchand-apothicaire, de la paroisse d'Ainay-le-Château [fils de défunt Louis Michot, marchand ; et d'Ellenne Chassagne] — avec D[lle] Jeanne-Marie Maugenest [fille de Marcoust Maugenest, sieur du Pommeix, les Bureaux, la Petite-Barre ; et de Marie Amyot].

(3) En revanche, nous n'avons trouvé en fait de médecins que « noble Jean Theurault », D[r] en médecine, en 1629. — Le procès-verbal d'enquête lors du différend entre le curé et les officiers de la châtellenie cite aussi « Jeanne Bourderye, veuve de J.-B. Menouvrier, médecin. »

(4) Documents de M. Chavaillon.

Les soins médicaux à cette époque se réduisaient souvent à l'emploi de la fameuse formule de Molière :

> Clisterium donare
> Postea seignare
> Ensuitta purgare,
> Resoignare, repurgare et reclisterisare ;

les règles de l'hygiène étaient peu suivies et l'antiseptie, chose inconnue. Les patients vivaient et mouraient..... comme ils étaient nés : au petit bonheur. Sur ce dernier point cependant, il convient d'ajouter que les matrones qui présidaient à l'entrée dans la vie des jeunes Castellainaisiens, reçurent à la fin de l'Ancien Régime quelque teinture d'obstétrique — bien que le mot n'existât point alors. — Elles étaient désignées par le suffrage des principaux citoyens, soumises à l'approbation des autorités et du curé. Et la ville les envoyait à ses frais, suivre les leçons de personnes compétentes avant de revenir exercer *intra muros* leurs capacités : Marie Rétif était sage-femme en 1755 ; Marie Renon en 1776 ; Marie Tixier en 1782, etc..... Cette dernière, quinze ans auparavant, avait été envoyée par la ville d'Ainay, suivre les cours de Mme Ducoudray « maîtresse accoucheuse et sage-femme de Paris », comme le démontre la délibération suivante : « Ce jourd'huy dix-neufiesme jour du mois de décembre mil sept cent soixante et sept au pallais royal de la ville d'Ainay-le-Chateau lieu accoutumé à tenir les assemblées à deffaut d'hostel de ville, nous François-Bernard Sabardin, et François Rétif, échevins de laditte ville ayant invités Messieurs Lapaire curé de laditte ville, Berthomier des prost, lieutenant général civil, Theurault procureur du roy, les sieurs nottables et conseillers de laditte ville, ensembles les principaux habitans de laditte ville, à l'effet de délibérer et donner leurs avis sur une circulaire à nous addressé par Monseigneur l'intendant de Bourges du vingtième novembre dernier tendante à choisir dans cette ville une femme ou fille capable de suivre les cours qu'enseigne Mme Ducoudray maîtresse accoucheuse et sage-femme de Paris ; L'affaire mise en délibération, il a été décidé que Marie Tixier, femme de Charles Ducrot, âgée de vingt-sept ans, qui est de bonne vie et mœurs, de la religion catholique, apostolique et romaine, sera présentée pour élève et, comme elle n'est pas en état de frayer aux frais qu'il conviendroit pour sa nouriture pendant ledit cours, il a aussy été délibéré qu'il luy sera fourny par le sindic-receveur de cette hostel de ville et sur le mandement des échevins la somme de quarante-cinq livres qui est celle fixée par l'avis de mondit seigneur l'intendant, laquelle Tixier mandée a comparue et a acceptée l'avis et délibération cy-dessus et s'est soumise de se rendre en la ville de Bourges dans le temps prescrit par ledit avis pour suivre le cours et avons tous signés avec le secrétaire greffier. — La minutte est signée : LAPAIRE, curé ; BERTHOMIER DES PROST ; THEURAULT ; BONNELAT ; DEFFOUGÈRES ; DUCHENET ; SABARDIN ; RÉTIF et BERAUD, secrétaire-greffier soussigné. — BERAUD (1). »

Cette pension, accordée par les habitants, était payée sur le produit des octrois « qui suffisait à peine pour acquitter les charges ordinaires (2) »,

(1) Arch. du Cher : C, 319.
(2) Délibération des officiers municipaux du 8 février 1778. [Dossiers Chavaillon].

tant il est vrai de dire que la ville n'était pas riche ; mais ce qui s'appliquait aux finances municipales n'était pas forcément applicable à l'universalité des citoyens. Au contraire, il devait même y avoir à Ainay certains particuliers jouissant d'une fortune appréciable : marchands ou bourgeois, officiers de justice ou notaires, dont les fonctions ou la profession nécessitaient un certain mouvement de fonds et, comme les paiements se faisaient en bonnes espèces sonnantes, trébuchantes et ayant cours, selon la formule de nos pères, il fallait, pour évaluer toutes ces diverses expèces de *monnaies réelles,* un type de *monnaie de compte.* La livre tournois devint, sous l'Ancien Régime, le type, l'étalon, d'après lequel on calcula la plus ou moins grande puissance d'achat des autres monnaies (1). De ce fait, des changeurs étaient nécessaires ; le document ci-dessous nous enseigne qu'il en exista à Ainay-le-Château :

« Ce 1er Aoust 1736,

Monsieur ; J'ay esté chargé par Monsieur Grassin d'expédier une commission de changeur pour le sieur Leguay en la ville d'Aisné-le-Chateau et de vous l'envoyer. Je vous ladresse et vous prie de vouloir bien me faire tenir les cinq livres que j'ay payé à Monsieur le greffier en chef pour l'expédition de laditte commission. J'ay l'honneur d'estre Monsieur, votre très-humble et très-obéissant serviteur. — LEMPEREUR, commis-greffier de la cour des Monnoyes (2) ».

Nicolas Legay qui, de sa profession réelle, était

(1) Voir le vicomte d'AVENEL, *La Fortune privée à travers sept siècles,* pp. 40-48.
(2) Documents de M. Chavaillon.

marchand, devint changeur probablement du fait de la refonte des espèces qui fut décrétée en 1726, refonte qui causa une perte sensible aux particuliers. En tous cas, le 5 septembre 1736, un registre de « huit feuilles coté et paraphé par François Bruère, premier juge-garde en la Monnoye de Bourges » est délivré à Nicolas Legay « pour enregistrer toutes les matières et espèces anciennes d'or et d'argent qu'il recevra en sa qualité de changeur, et qu'il sera tenu apporter en cette Monnoye pour y estre fondues et converties en espèces nouvelles dont la valleur luy en sera payée comptant par le sieur Directeur de cette monnoye. » Sur ce registre où Nicolas Legay, de sa plus belle plume, inscrivit à la première page : « Etat des espèces d'or et d'argent provenant du change de la ville d'Ainay-le-Chateau », sont portées deux opérations : La première, en date du 15 septembre 1736, spécifie l'envoi de « 40 écus à 46 livres 18 sols » ; soit 1876 liv. La seconde indique un envoi d'une somme de 5.167 livres 16 sols 4 deniers en écus de 46 livres 18 sols et en louis. Nicolas Legay touchait certainement une commission sur cette opération (1), car si les espèces anciennes qu'il apportait lui eussent été payées en nouvelle monnaie, sans tenir compte

(1) Nous avons, en effet, retrouvé la quittance suivante dans les papiers communiqués par M. Chavaillon : « Je soussigné Nicolas Legay, changeur à Ainay, reconnois avoir reçu de M. Bertrand, directeur de la Monnoye de Bourges, la somme de cent dix-sept livres huit sols pour le droit de quatre deniers pour livre à moy accordé par l'arrêt du Conseil du 4 novembre 1727 et autres subséquens sur les espèces et matières cy-dessus mentionnées que j'ay remis à lad. Monnoye pendant la présente année dont quittance. Fait à Bourges le 31 décembre 1736. Legay. »

de la différence de valeur réelle entre les anciennes et les nouvelles monnaies, il eut fait un marché de, dupe puisque la livre tournois valait en moyenne, avant la refonte de 1726 (1), un franc vingt-deux centimes de notre monnaie d'aujourd'hui, et après la refonte (2), quatre-vingt-quinze centimes seulement. Au reste, ce commerce ne dut pas sembler très productif au changeur, car sauf les deux opérations que nous venons de signaler, son registre de huit feuilles est vierge de toute indication d'envoi ; tant il est vrai de remarquer avec le vicomte d'Avenel qu'il serait fou de croire que les administrations d'autrefois aient pu faire passer aisément et surtout promptement, de leurs hôtels des monnaies dans les escarcelles des particuliers de province, des espèces que tout le monde voyait d'un mauvais œil ; ni qu'elles aient pu davantage faire rentrer facilement un autre numéraire auquel la foule était attachée.

La livre tournois servit donc, — nous l'avons déjà dit, — de monnaie de compte durant le cours de l'Ancien Régime. C'est en livres tournois que l'on payait, au moins nominalement, — depuis la période du Moyen Age, — la viande, le blé, le vin, les vêtements, les terres, les seigneuries, les charges... C'est en livres tournois qu'on évaluait les dots des fiancés... Nous voyons, par exemple, au contrat de mariage passé le 19 février 1691, devant Savenault notaire à Ainay, entre J.-B. Theurault et Marguerite Jobier, que le futur est doté du domaine des Morins acquis par ses parents au prix de 1.500 livres,

---

(1) Il est vrai que pour évaluer le pouvoir d'achat d'un franc en 1726, il faudrait multiplier ce franc par 3 ; et, par 2, 75 seulement, de 1701 à 1725.

(2) De 1726 à 1758.

et de la charge de notaire à Ainay estimée 500 livres ; ce qui, au taux actuel de notre monnaie, constituait une dot de 2.960 francs. [somme dont le pouvoir d'achat comparé à son pouvoir actuel pris comme unité doit être multiplié par 2, 33 et donne une valeur équivalente à 6.896 fr. 80 d'aujourd'hui] ; Cette dot étant ainsi composée : 2.220 francs [ou 1.500 livres tournois] pour le domaine des Morins ; 740 francs demeurent comme montant de la charge de notaire dont les Provisions coûtèrent à Jean-Baptiste Theurault, 140 livres, plus 40 livres pour frais de sa réception à Moulins.

Ces 740 francs de 1691 valent il est vrai, comme pouvoir d'achat, 1.724 francs de notre époque ; mais, néanmoins, c'était peu cher comparativement au prix que demanderait probablement, — si l'étude existait encore (1), — la Chancellerie à un candidat à cette charge au début du xxe siècle !... Jean-Baptiste Theurault — le fiancé du 19 février 1691 — est le quatrième titulaire de cette étude de notaire — supprimée de nos jours — dont il nous ait été donné de relever le nom. Avec lui nous avons trouvé: Jean Imbault en 1636 ; François Theurault, l'aîné, en 1651 (2) ; François Theurault, le jeune, qui instrumentait avec son prédécesseur en 1666 (3) et lui succéda en 1667 ; Jean-Baptiste Theurault,

---

(1) En effet, cette étude fut supprimée le 11 mars 1905 ; son titulaire Me Décloux avait acheté l'étude de Me Déchelotte, son collègue, en laquelle il concentra, de ce fait, toutes les minutes du pays.

(2) Reg. par. d'Ainay. — C'est lui qui épousa Gilberte Caillet, veuve de Jacques Bernard, sieur de Bernon.

(3) Papiers de M. Choussy : Contrat d'acquisition du 14 juin 1666 pour Maître François Luylier, sieur de Graslière et du Plex [Plais] ; — contre René Blanchon, laboureur à Braize, et Françoise Lallier, sa femme.

fils du précédent ; il reçut ses Lettres de Provisions le 4 mars 1695 ; Noël Thévenard lui succéda le 7 septembre 1717. Le 20 juillet 1720, Jacques Bujon des Brosses reçut ses Provisions à cet office en remplacement de Noël Thévenard ; son fils, Jacques-Vincent Bujon des Brosses lui succéda dans sa charge le 20 août 1766, et transmit à son tour l'étude à Jean-Baptiste Bujon du Chaillou (1), son fils, le 27 mai 1789. A ce dernier succéda également son fils, François-Vincent Bujon (2), qui exerça, de 1821 au 7 mai 1822 ; puis l'étude sortit de la famille Bujon et, le 8 mai 1832, c'est Maître Bussière qui place ses panonceaux sur la maison, jusqu'au 3 février 1847, époque où l'étude est vacante pendant neuf mois. Au 13 novembre 1847, Maître Barrot en prend possession jusqu'au 15 septembre 1851 ; il est alors remplacé par Maître Vallet jusqu'au 10 octobre 1853, où l'étude redevient vacante pendant dix-huit mois. Enfin Maître Laugrin entre en fonctions le 4 mai 1855 ; il est remplacé le 4 mai 1875 par Maître Guénivet auquel succède, le 17 février 1892, Maître Jacquet qui, le 9 août 1894, est remplacé par Maître Décloux, dernier titulaire ; l'étude, ayant été supprimée par décret du 11 mars 1905 (3).

Mais Maître Décloux s'était pourvu avant cette suppression en achetant de Maître Déchelotte la seconde étude qui, — depuis l'ordonnance du 7 novembre 1821 (4), — était installée à Ainay-le-Châ-

---

(1) L'Almanach général du département de l'Allier en l'an X dit que Bujon est détenteur des minutes de son grand-père et de Theurault.

(2) Célibataire, mort juge de paix à Lurcy-Lévy, le 2 mars 1857.

(3) Voir Arch. de l'Allier : B, 844, 848, 850, 853.

(4) Fixant, dans le canton de Cérilly, le nombre des notaires à cinq.

teau et dont voici quels furent les titulaires d'après les minutes conservées : Claude Ange (1), de 1606 à 1630 ; Louis Bessonnat, de 1641 au 17 juillet 1680, date où Claude Libault reçut ses Lettres de Provisions à l'effet de remplacer ledit Bessonnat (2) ; Jean Menouvrier, de 1686 à 1725 ; il laissa sa charge à Jean Beraud, qui reçut ses Provisions le 9 janvier 1727 et fut lui-même, après décès, remplacé par son frère, François Beraud (3), le 9 octobre 1732 ; jusqu'en 1761. A cette date Louis Mazerat, qui depuis le 28 octobre 1754, était titulaire d'une charge de notaire à Ainay [office nouvellement créé] (4), prit l'étude de François Béraud qu'il

(1) Sa signature est telle que dans certaines pièces où sont analysés ses actes, on écrit : « .....passé devant Lange, al. Delange » ; mais le libellé de deux actes écrits et signés par lui les 30 mai 1620 et 1er janvier 1626 ne laisse aucun doute sur son nom : Claude Ange.

(2) Arch. de l'Allier, B, 847.

(3) Arch. de l'Allier : B, 850. — La famille Beraud, al. Berault, avait déjà fourni de nombreux notaires à la paroisse de Bessais-le-Fromental : N..... Beraud avant 1682 ; Pierre Beraud, son fils, le 19 mars 1682 ; et François Beraud, fils de Pierre, le 6 avril 1717 ; [Voir Arch. de l'Allier : B, 847]; enfin le 13 octobre 1726, D^{lle} Marie-Françoise Beraud, épouse de François Guiollet, bourgeois de Lévy, fait mention dans son testament, de son neveu François Beraud, notaire royal, qui a quitté le pays [Lévy?...] depuis deux ans.

(4) Voir Arch. de l'Allier : B, 852. — Il reçut en outre des provisions pour les offices de juge-châtelain de Bonneau, le 5 janvier 1768 ; et pour juge-châtelain et gruyer de Pontcharrault le 22 décembre 1785 [Arch. de l'Allier : B, 853, 856]. — Louis Mazerat avait épousé en 1757, Marie Guillemin dont il eut :— a) Jean Baptiste Mazerat, notaire public ; — b) Louis-Dominique Mazerat, propriétaire ; — c) Alexis Mazerat, greffier de la justice de paix ; — d) Joachim Mazerat, propriétaire ; — e) Perpétue Mazerat, épouse d'Etienne Perrinet ;— f) Catherine Mazerat, femme de Sébastien Ducrot, drapier ; — g) Adélaïde Mazerat ;—

réunit et confondit vraisemblablement avec celle qu'il avait créée le 28 octobre 1754 : A partir de 1777 ses minutes sont signées de Jean-Baptiste Mazerat, son fils, qui ne reçut pourtant ses Provisions que le 10 mai 1788 (1) et exerça jusqu'en 1829, époque où, le 12 juin, François-Frédéric Buffault (2) lui succéda jusqu'au 10 mai 1837. Maître de Chomel prit ensuite l'étude du 1er juin 1837 au 3 novembre 1848 ; et Maître Geoffroy lui succéda le 4 novembre 1848 jusqu'au 24 juin 1876. Maître Taupenot exerça jusqu'au 7 septembre 1887 ; Maître Déchelotte jusqu'en 1904 ; et Maître Décloux, actuellement en charge, primitivement titulaire de la première étude supprimée, fut nommé à celle-ci par décret du 16 juillet 1904.

Outre ceux que nous venons de citer, il y eut encore à Ainay-le-Château bien d'autres notaires. Les minutes de ceux dont les noms suivent sont conservées en l'étude Déchelotte-Décloux : Maîtres Gautheron, de 1600 à 1625 ; Réault, de 1606 à 1611 ; Véronnet, de 1616 à 1650 ; Bonneau, de 1631 à 1659 ; Pasquet Lejay, en 1644 et 1655 ; Nicolas Lejay, titulaire en 1656, jusqu'en 1685 ; Jean-Baptiste Jobier (3), de 1685 à 1730 [bien que

---

h) Étienne Mazerat, curé de Bannegon ; — *i)* Marie-Anastasie Mazerat, mariée à Pierre Chenu, officier de santé à Lurcy ; — *j)* Marie-Anne Mazerat, épouse de Charles-François Theurault de la Roche.

(1) Arch. de l'Allier : B, 844. — En l'an X, l'Almanach général du département de l'Allier, de Pierre Vidalin, annonce que Mazerat, notaire à Ainay, possède les minutes de son père, de Savenault et de Brunet.

(2) Fils d'Antoine Buffault, titulaire d'une étude à Charenton, châtellenie d'Ainay.

(3) Il épousa en 1698 Marguerite Libault [fille de Claude Libault, sieur de la Brosse ; et de Marie Thévenard].

le 20 décembre 1725, Louis Grangeron eut reçu ses « provisions de notaire-royal à Ainay au lieu de J.-B. Jobier »; mais ledit Grangeron mourut peu dé temps après (1) et J.-B. Jobier dut reprendre l'étude]. Enfin François-Bernard Sabardin, — bien que nommé à Charenton — s'installa à Ainay-le-Château, y exerça de 1760 à 1784 et vendit son étude à Antoine Buffault qui la conserva jusqu'en 1830. Après la mort de ce dernier, l'étude, en vertu de l'ordonnance du 7 novembre 1821, fut supprimée et les minutes passèrent aux mains du fils, titulaire de l'étude Décloux, actuelle.

Enfin, il convient encore d'ajouter à cette liste : Pierre Carton et René Petit, tous deux notaires en 1534 ; Jacques Oyzeaul ou Oyzeaut, notaire-royal, tabellion, et garde-notes héréditaire en 1600 et 1632 ; Laurent Menouvrier, en 1632 ; Etienne Oyzeau, en 1650 et 1653 (2) ; Jacques Brunet (3), en 1653 ; puis Antoine Brunet (4), auquel succéda,

(1) Nous voyons en effet, en 1727, « Marie Guillot, veuve de Louis Grangeron, notaire à Ainay », n'ayant pu renoncer à la communauté de biens qui avait existé entre elle et son mari à la châtellenie d'Ainay, à caus de sa parenté avec plusieurs des officiers à ce siège, faire sa déclaration de renonciation à Louis Berger, lieutenant général au Présidial de Moulins (Arch. de l'Allier : B, 502].

(2) Au contrat de mariage de François Theurault, notaire-royal, avec Gilberte Caillet veuve de Jacques Bernard, sieur de Bernon, il est dit « beau-frère du futur » [Minutes de Dupont et Valligny, notaires à Charenton, le 25 novembre 1653].

(3) Mort avant 1671, laissant veuve Marie Grangeron. — Il était fils de Jean Brunet, fermier de Pontcharrault ; et frère d'autre Jean Brunet, marchand.

(4) Sa veuve, Catherine Soret, était en 1705, remariée au sieur Bauchacour. — Antoine Brunet était mort avant son père Jacques Brunet, lequel reprit l'étude qu'il transmit plus tard à son second fils : Jean Brunet.

après décès, Jean Brunet [marié par contrat reçu de Sauzay, notaire à Ainay, le 16 juin 1669 ; à Marie Soret], qui lui-même laissa l'étude à Pierre Brunet (1), titulaire par Lettres de Provisions du 18 juillet 1720 ; Etienne Bavault (2) en 1666 ; Jacques Savenault, al. Savenaud en 1691. Après la mort de Maître Savenault, Pierre Bignon fut nommé en ses lieu et place le 14 août 1720 et, à son décès, Jacques Bignon, son fils, lui succéda le 21 février 1759 ; N... Durand, en 1700 ; N... Bessonnat en décembre 1706. Le 21 février 1741, Charles Savenault était nommé notaire à la place de feu Pierre Arnaud ; et, le 9 juillet 1777, Joseph Ménard lui succédait qui, lui-même, était remplacé le 2 août 1780 par François Brunet ; Jean Thévenard instrumentait en 1743 (3) ; .....A certaines époques, il y eut donc dans la localité jusqu'à quatre notaires à la fois. De 1750 à 1760, deux nouveaux offices furent créés (4) : l'un à Ainay-le-Château même, celui de Loüis Mazerat ; l'autre, institué par Lettres données à Versailles le 11 juillet 1760, octroyait à François-Bernard Sabardin (5) la charge « de notaire-royal

---

(1) Pierre Brunet, dénommé dans un acte du 20 décembre 1733 [Palierne et Pissenin, notaires à Moulins], « sieur de Piéchevalin, notaire à Ainay », était fils d'Antoine Brunet et de Catherine Soret, et neveu de Jean Brunet précité. — Il avait épousé Marie Libault [fille de Claude Libault, sieur de la Brosse et de sa première femme, Marie Thévenard], dont il eut un fils : Pierre-Claude Brunet, sieur de Piedchevalin.

(2) Il s'intitulait également « agent des affaires du royal couvent des vertueuses religieuses » de Charenton.

(3) Voir Arch. de l'Allier : B, 844, 847, 848, 850, 851, 852, 853, 855. — Reg. par. — Documents Chavaillon.

(4) En conséquence de la déclaration de 1672.

(5) Par acte entre vifs passé devant Bujon et Mazerat, notaires à Ainay le 7 novembre 1770, il devint donataire de son

en la ville de Charenton et aux paroisses de Bessais et Vernais ès Généralité de Bourges. » Ces mêmes Lettres mandaient au « sénéchal de Bourbonnois ou son Lieutenant et autres officiers » de recevoir et mettre en possession ledit sieur Sabardin, soulignant ainsi la position bizarre de Charenton — et par suite d'Ainay-le-Château dont Charenton dépendait — qui, au point de vue administratif et fiscal, faisait partie de la généralité de Bourges, et, au point de vue judiciaire, relevait de la sénéchaussée de Moulins. Or, il advint que François-Bernard Sabardin résidait à Ainay, tout en restant nominativement notaire de Charenton ; si bien que, lorsqu'il eut vendu sa charge le 14 novembre 1784, à Antoine Buffault, moyennant 4.600 livres (1), ce dernier qui désirait — comme son prédécesseur — habiter Ainay-le-Château, fit tous ses efforts pour faire substituer la mention : notaire-royal à Ainay, à celle de : notaire-royal à Charenton. Il lui fut écrit à ce sujet de Paris le 3 juin 1785 : « .....Je vous entends parler d'un office de notaire à Aynay-le-Chateau et je vois que les Provisions de l'office dont vous êtes acquéreur portent Notaire-Royal à Charenton et a été créé sous ce titre pour le sieur Sabardin. J'ai l'honneur de vous prévenir qu'il mest absolument impossible de changer ce titre, que vos Provisions n'en peuvent porter d'autres que Notaire-Royal à Charanton, généralité de Berry (2)... » Antoine Buffault se résigna, reçut ses Provisions pour l'expédition desquelles il paya au receveur de Mgr le comte d'Artois 221 livres 12 sols, et chercha

oncle Gabriel Sabardin, veuf de Marie Baugy ; pour un quart du domaine des Donais.

(1) Soit 4.370 francs de notre monnaie.
(2) Documents de M. Chavaillon.

à instrumenter à Ainay tout autant qu'à Charenton en prenant la qualification de « notaire-royal, et procureur de la châtellenie d'Ainay-le-Château (1). » Survint la Révolution et la division de la France en départements ; Antoine Buffault, comme nous le verrons plus loin, fut revêtu de fonctions multiples à Ainay-le-Château dont il était citoyen actif ; il communiqua avec les autorités du département de l'Allier, et fut concurrement inscrit au tableau des notaires de l'arrondissement de Montluçon (Allier), et de l'arrondissement de Saint-Amand (Cher). Or, Buffault avait des amis influents. Le 22 fructidor an II, le député du Lot, Salelles, faisait pour la seconde fois parvenir au Comité de Législation, en l'apostillant, la pétition suivante : « Citoïens, le citoïen Anthoine Buffault est notaire à Ainay où lui et son prédécesseur qui fit créer cette charge l'exerce depuis près de quarante ans au moïen de l'édit de 1664, et parce qu'en même temps il étoit procureur en titre d'office en la ci-devant justice dud. Ainay. Aujourd'huy, les confrères du citoïen Buffault voïant que ce citoïen est famé à Ainay, qu'il y est établi, lui et sa famille, veulent l'obliger de s'en aller à Charenton, et ce pour faire perdre à ce citoïen les cliens et le crédit qu'il a à Ainay... comment des notaires qui ont reconnus de tout tems le citoïen Buffault et son prédécesseur peuvent-ils aujourd'huy lui dire de s'en aller à Charenton qui se trouve dans un autre département par l'effet de la division de la France, surtout si l'on considère que là on refuseroit de le laisser exercer ; qu'en emportant les minuttes d'actes qui intéresse la

(1) Voir son contrat de mariage du 4 août 1790 [Arch. de l'Allier : B, 805].

République et les citoïens d'Ainay et des environs, il en résulteroit un grand inconvénient outre que Buffault, traitant des deux offices avec son prédécesseur, son intention étoit d'exercer comme lui à Ainay et jamais ailleurs..... Toutes ces considérations sont des motifs puissans pour que le Comité ne perde pas de vue la juste réclamation d'un citoïen, d'un père de famille, bon patriote, victime de l'envie et de la jalousie, et au surplus il s'en rapporte à la justice et l'équité du comité dans lequel il met son entière confiance (1). » Bref, ses protections, les accointances qu'il avait avec Moulins valurent à M. Buffault, en 1808, l'autorisation d'exercer légalement le notariat à Ainay-le-Château (2).

On le sait, les nouvelles créations d'offices sous l'Ancien Régime avaient souvent pour but de multiplier les ressources fiscales, et on en abusa après la mort de Colbert. Si l'on ne créa pas en province, autant qu'à Paris, ces charges ridicules aussi bien qu'inutiles de crieurs héréditaires d'enterrements, vendeurs d'huîtres, contrôleurs visiteurs des suifs, contrôleur des perruques, etc..., il n'en est pas moins vrai que nous avons trouvé des contrôleurs pour la marque des cuirs et que, par Lettres Patentes données à Versailles au mois de mars 1693, on créa l'office de contrôleur des actes des notaires dont fut pourvu, à Ainay-le-Château, Jean-Baptiste Theurault, par commission datée de Bourges le

---

(1) Arch. Nationales : D, III ; 8, dossier 2.

(2) Et, dès l'an X, l'Almanach Général du département de l'Allier spécifiait que le notaire Buffault possédait les minutes de Lange [Ange], Lejay, Charrier, Desplaces, Renard, Fougeat, Neuve, Bessonnat, Jossé, Grangeron, Dulièqe, Colin, Thurault, Beaud, Menouvrier, Chalamaux, Riboutet, Bertrand, Hivernat, Losault et Sabardin.

29 avril 1696 et signée par « Barnabé Le Marchant, escuyer, sieur de Saint-Loüet, Directeur en la Généralité de Bourges pour la vente des offices de Conseillers du Roy, Controlleurs héréditaires en titre des Actes et Contrats des Notaires, Tabellions et autres qui ont pouvoir d'en passer (1) ». A Jean-Baptiste Theurault, sieur de l'Amour, Jacques Bujon des Brosses succéda, en 1720, comme contrôleur des actes des notaires à Ainay ; et, de 1766 à 1789, l'office fut exercé par Jacques-Vincent Bujon des Brosses. Leurs fonctions qui ressemblaient assez à celles du receveur de l'enregistrement et du conservateur des hypothèques de nos jours, consistaient — suivant l'Edit du roi, — à « enregistrer tous les actes et contrats, en recevoir les droits et en remettre le produit de quartier en quartier, parapher les apostilles pour empêcher que l'on n'adjoute des clauses qui augmenteroit les Droits qui auroient été perçus, tenir la main à ce que les notaires tiennent registres de tous les actes et minutes qu'ils » faisaient. Leur contrôle avait pour effet « d'assurer la priorité d'hypothèques ».

Un nouvel édit du mois de septembre 1698 créa ensuite l'office de contrôleur des bans de mariage et ce fut encore J.-B. Theurault qui acquit cette charge à Ainay, par commission signée de Pierre Gamart, à Bourges, le 1er juin 1698. Ses fonctions consistaient à veiller à ce que tous les bans de mariage fussent inscrits sur un registre *ad hoc*, à percevoir les droits fixés, de ce chef, par le tarif arrêté en la séance du Conseil d'Etat du 19 novembre 1697, à veiller à ce que tous les curés tinssent un registre de tous les mariages, etc...

(1) Documents de M. Chavaillon.

De création nouvelle aussi, la charge de « priseur et vendeur de biens » dont Jean Gillet, sergent royal, fut — comme nous l'avons déjà dit — le premier titulaire à Ainay-le-Château. Des détails sur cet office nous sont donnés dans les *Etrennes Nouvelles à l'usage de la Généralité de Moulins pour l'année* 1781 ; nous y lisons en effet « qu'en exécution de l'Ordonnance de 1667, les huissiers pouvaient vendre les effets saisis », à Ainay-le-Château, les samedis au marché.

Les procureurs dont les fonctions — comme celles des avoués actuels, — consistaient à comparaître en jugement au nom des parties, à instruire leurs causes, et à soutenir leurs intérêts, virent également leurs charges augmenter en nombre à la fin de l'Ancien Régime, grâce à la création de nouveaux offices. C'est ainsi que, par décision du 16 août 1785, François Brunet et Antoine Buffault (1) obtinrent

---

(1) La famille Buffault, encore représentée de nos jours, nous est connue depuis la fin du xvie siècle, époque à laquelle vivait Gervais Buffault, époux de Magdeleine Joubert, dont naquit Jean Buffault qui, en 1650 était marié à Marie Pinet. De cette union sont issus : Magdeleine Buffault ; — Jean Buffault ; — Nicolas Buffault ; — Françoise Buffault, femme de François Balet ; — et Michel Buffault, marié par contrat reçu Dubois et Bignon, notaires à Saint-Amand, le 12 septembre 1708 à Marie Berchon [fille de Nicolas Berchon, et de feu Magdeleine Clavier] ; il était mort avant 1752, laissant trois filles et deux fils : — a) Antoine Buffault, époux de D^{lle} Godal, dont quatre enfants ; — b) Jean-Baptiste Buffault, né le 6 février 1718, marié par contrat reçu Chabenat et Villain, notaires-royaux à La Châtre, le 10 août 1752 et réalisé le 12 août en l'église N.-D. de Pouligny, avec Marie Lami [fille de François Lami, et de Marie Dupuis] dont il eut douze enfants parmi lesquels huit sont morts jeunes ; les survivants furent : 1° **Gaspard-Edme Buffault**, prêtre ; — 2° Marie-Victoire Buffault, épouse de Richard Lefort, dont postérité ; — 3° Jeanne Buffault ; — 4° Antoine Buffault,

chacun une charge de procureur postulant en la châtellenie d'Ainay [nouvelle création] (1) et furent taxés, pour ce, à 300 livres chacun dont la finance fut versée — en tant qu'offices nouvellement créés — entre les mains du receveur de Sa Majesté (2). Et comme les deux postulants étaient notaires royaux, ils obtinrent, le 6 juin 1785, des Lettres de Compatibilité pour pouvoir exercer simultanément les deux emplois. Nous avons relevé les noms d'un certain nombre de procureurs : François Theurault, l'aîné, 1651 ; Jacques Brunet (3), vers 1655 ; [il devint par la suite substitut du procureur du Roi, mais son second fils : Jean Brunet qui lui succéda comme procureur et notaire, était titulaire de ces deux charges, le 24 août 1695] ; Etienne Bavault, 1666 ; François Theurault, le jeune, 1667 ; Louis Bessonnat 1671, fut remplacé dans son office par Claude Libault, le 17 juillet 1680 ; Jean-Baptiste Theurault, 1695. François Page était en charge avant 1713, car son office fut, après sa mort, vendu par ses héritiers (4) le 25 juillet 1713 à Maître Jean-

né en 1757, sous-officier, puis notaire à Ainay, où il épousa en 1790 Marie-Anne Bujon [fille de Jacques-Vincent Bujon des Brosses ; et de Marie-Elisabeth Bujon de l'Etang], dont postérité.

(1) Documents de M. Chavaillon.

(2) Le Roi se réservait la première finance d'un office nouvellement créé, mais quand cet office venait à passer en de nouvelles mains, les droits de mutation payés par le nouveau titulaire étaient versés à l'apanagiste ; en l'espèce, au comte d'Artois.

(3) Il mourut avant 1671, laissant de son mariage avec Marie Grandjean : — *a)* Anthoine Brunet, marchand à Saint-Bonnet-le-Désert, décédé avant son père, après avoir épousé Catherine Soret, dont postérité ; — *b)* Jean Brunet, notaire-royal et procureur à Ainay.

(4) Etienne Soret et Marguerite Page, sa femme, avaient

Baptiste Jobier, notaire-royal ; Louis Mazerat, le 11 mai 1651 (1) ; François-Bernard Sabardin, le 27 août 1758 (2) ; Etienne Bujon-Lamotte (3), 1767 ; Pierre Pezant, 1777 ; etc..... qui, presque tous, cumulaient avec ces fonctions celles de notaire, tant il est vrai de dire qu'un seul de ces emplois, était, souvent, peu rémunérateur. Aussi, presque tous les titulaires d'alors possédaient-ils par ailleurs quelques biens dont ils tiraient des ressources supplémentaires : Les uns étaient logés dans des maisons leur appartenant, tel François Theurault, le jeune, qui le 31 juillet 1660, — alors qu'il était procureur ès-sièges de Saint-Amand, mais dans l'intention de venir se fixer à Ainay, — acheta à Jeanne Compaing, sa mère, la moitié de la maison qu'il occupa plus tard à Ainay-le-Château, moyennant

acquis des autres cohéritiers de François Page et de Catherine Durye — leurs parents et beaux-parents, — la totalité de cette charge.

(1) Fils d'Etienne Mazerat, marchand « demeurant au lieu de la Martinière », paroisse de Braize ; et de Magdelaine Aucante. — Louis Mazerat épousa, par contrat passé en la maison de Claude Legay, sieur de Bourgelin, à Verdun, le 10 avril 1757, devant Desjobert, notaire-royal à Culan, marie Guillemin [fille de Marien Guillemin, marchand demeurant au village de Puyraveau, paroisse de Vesdun, et de défunte Marie Hugon ; — et petite-fille de Pierre Hugon, chirurgien à Culan, et de sa pre-Urçay femme Anne Maugenest de Parpirol]. — Il fut nommé châtelain, juge civil et criminel des justices de Vaux et Urçay ; il devint ensuite juge-châtelain de Bonneau le 9 janvier 1768. [Arch. de l'Allier : B, 855].

(2) Il succéda à Louis Mazerat comme châtelain de Vaux et mière [id].

(3) Par la suite, il s'établit à Moulins où il devint conseiller à la Chancellerie du Présidial. Il était né le 28 octobre 1727, du mariage d'Etienne Bujon de l'Etang avec Elisabeth Huguet ; il épousa le 3 janvier 1759, Gabrielle Vidalin, dont naquirent huit enfants.

une somme de 300 livres. Les autres avaient des domaines dont les revenus les aidaient à subsister ; et même certains d'entre eux, à la fin du xviiie siècle, en vertu de l'édit de 1766 qui accordait exemption d'impôts aux landes défrichées, se mirent à cultiver des terrains abandonnés (1) et à faire déclaration de cette culture au greffe de la châtellenie ; tel Jacques Ruffray, qui fit enclore et défricher le terrain inculte appelé la Chaume des Mandais.

Mais cette initiative souleva un sérieux conflit. Jacques Ruffray prétendait que le Chaume des Mandais était terrain banal, consacré à la vaine pâture, dont était seigneur le prince de Condé, châtelain d'Ainay, à qui devait être faite — en la personne des officiers de la châtellenie, — la déclaration prescrite. La ville, de son côté, soutenait avoir, seule, la possession de la Chaume des Mandais ; aussi, de ce fait, le 11 janvier 1768, les notables et officiers municipaux furent-ils convoqués par le Lieutenant-Général « à l'effet de donner leur avis et délibérer au sujet d'une *commune* (2) de la ville appelée la Chaulme des Mandais que le sieur Jacques Ruffray, bourgeois de cette ville, avait fait en partie fossoyer et continuait de faire fossoyer. Le procureur du Roy ayant remontré à l'assemblée que lad. Chaulme étant une commune et non dépendante de Monsieur le Prince de Condé, il avait cru devoir conformément à l'enregistrement de la déclaration du Roy du 13 août 1766, s'opposer à l'entreprise du sieur Ruffray (3)..... » Telle fut, à Ainay-le-Château,

(1) D'après Necker, dans l'ensemble du royaume des autorisations furent données pour environ 500.000 hectares.
(2) Communal.
(3) Extrait d'un registre des délibérations de l'Hôtel-de-ville d'Ainay [Documents Chavaillon].

l'origine d'une affaire litigieuse — qui eut sa réédition dans bien d'autres villes — au sujet de ces nombreux terrains en friche par toute la France d'alors, biens indivis dont les maîtres équivoques étaient le châtelain, l'abbé ou la commune elle-même, et dont la mise en culture donna, en la seconde moitié du xviiie siècle, naissance à un prodigieux nombre de procès (1) ; ce qui explique la multiplicité de gens d'affaires et d'hommes de loi que l'on constate à cette époque dans la plupart des châtellenies royales.

(1) Vicomte d'AVENEL, *La Fortune privée à travers sept siècles*, p. 264.

Vue d'Ainay en 1830 (1).

TROISIÈME PARTIE

De 1789 à nos jours.

CHAPITRE PREMIER

LA RÉVOLUTION. — LA TERREUR. — LE DIRECTOIRE. LE CONSULAT.

Ce fut le 24 janvier 1789 que Louis XVI adressa — en l'absence du sénéchal de Bourbonnais, — à Jacques Grimaud, seigneur de Panloup, son Lieutenant-Général au siège présidial de Moulins (2),

(1) Dessin inédit de Barriault. Collection du chanoine J. Clément.

(2) Jacques Grimaud, écuyer, seigneur de Panloup, La Grange, Montchenin, Le Péago, Conseiller du Roi, Lieutenant-Général, Commissaire examinateur et enquêteur en la Sénéchaussée de Bourbonnais et siège présidial de Moulins.

un fort long règlement (1) indiquant la méthode selon laquelle devaient avoir lieu les élections aux Etats-Généraux. Le 14 février suivant, Jacques Grimaud rendit une ordonnance qui « pour que nul n'en ignorât », fut publiée à son de trompes par un sergent-royal à chaque carrefour d'Ainay-le-Château et affichée avec les Lettres du Roi à la porte de l'église Saint-Etienne (2). La date du 16 mars était fixée pour l'assemblée générale des Trois ordres de la Sénéchaussée de Bourbonnais.

La châtellenie d'Ainay qui comprenait parmi ses électeurs, non seulement les indigènes de la ville d'Ainay-le-Château proprement dite, mais encore tous les habitants des paroisses, châteaux et collectes qui ressortissaient à son siège ; la châtellenie d'Ainay, disons-nous, fournit une longue liste de députés, parmi lesquels nous citerons (3) : Jacques Berthomier des Prost (4), Lieutenant-Général ; Jean Huet, Lieutenant-Général de police; Alexis

---

(1) Ne comprenant pas moins de 40 articles.

(2) Les nobles et les ecclésiastiques étaient assignés à la porte de leur principal château ou bénéfice.

(3) Voir la liste complète des députés de cette châtellenie dans le *Bulletin de la Société d'Emulation du département de l'Allier*, t. II, pp. 145, 198, 320. — Moulins : Desrosiers, imp., 1851.

(4) Jacques Berthomier des Prost, lieutenant-général en la châtellenie d'Ainay, puis juge au district de Sancoins [fils de Gilbert Berthomier des Prost, et de Françoise Pelisson], épousa par contrat du 10 janvier 1775, Catherine Bujon des Brosses, dont il eut : — *a*) Jacques-François Berthomier des Prost, né le 2 mars 1790, marié le 17 juin 1817 à Julie-Gabrielle Ruffray, dont postérité ; — *b*) Marie-Sophie Berthomier des Prost, née le 12 septembre 1776, mariée le 14 décembre 1810 à Pierre Laurent Jossot ; sans postérité ; — *c*) Marie-Henriette Berthomier des Prost, née à Ainay le 28 novembre 1782, morte le 17 Août 1819 après avoir épousé François Jourdain, dont postérité.

Theurault, procureur du Roi ; Jacques-Vincent Bujon des Brosses, notaire (1) ; tous députés du Tiers-Etat ; tous habitants d'Ainay-le-Château. Le curé avait donné sa procuration à M. Jean Bes, curé de Bardais. Ce chiffre de quatre députés (2) pour la ville d'Ainay avait été fixé par le règlement du 24 janvier 1789 et les Castellainaisiens n'avaient pas à s'en plaindre, car, vu l'importance de leur population, ils étaient plus favorisés que les Montluçonnais, par exemple, qui n'eurent également que quatre députés à envoyer (3).

Berthomier des Prost eut l'honneur d'être désigné comme l'un des trente-sept commissaires chargés par le Tiers-Etat du dépouillement de ses cahiers de doléances ; il fut, par conséquent, l'un de ceux qui, le 21 mars (4), proposèrent de réunir en un seul les cahiers des trois ordres de la province. Le 25, eurent lieu les élections des députés, le 28 se fit la remise des procès-verbaux de chaque ordre ; puis les députés se donnèrent rendez-vous à Versailles pour le 5 mai.

A cette occasion, par mandement daté du 15 avril, l'archevêque de Bourges prescrivit des prières publiques dans toutes les paroisses de son diocèse

(1) Arch. Nationales : B, III, registre 36. — F. DUMONTEIL, *Une ville seigneuriale*, p. 186.

(2) Du Tiers-Etat.

(3) Pour les trois seules villes de Moulins, Gannat et Saint-Amand-en Berri, les députés furent nommés par corporation et, dans chacune de celles-ci : tant de députés par cent membres de la corporation.

(4) Jour où les membres de la noblesse et du clergé du Bourbonnais, — suivant l'exemple qu'avaient donné quelques semaines auparavant les privilégiés du Tiers-Etat de cette province, en renonçant aux exemptions d'impôts attachées à leurs charges, — renoncèrent également à ces mêmes exemptions.

« pour attirer sur les Etats-Généraux les lumières de l'Esprit-Saint ». Ce mandement contenait diverses dispositions dont les deux suivantes étaient applicables à Ainay-le-Château. L'une spécifiait que « dans toutes les églises du diocèse, exemptes et non exemptes, il serait célébré une messe du Saint-Esprit, le plus tôt que faire se pourroit après l'ouverture des Etats » ; l'autre ordonnait à « tous les prêtres séculiers et réguliers (1) » de dire tous les jours à la messe pendant la tenue des Etats-Généraux, la collecte, secrète et postcommunion *Pro congregatione statuum regni* ». Enfin, l'archevêque invitait et exhortait les fidèles à unir leurs prières à celles du Clergé pour que le Ciel bénisse « le zèle et le travail d'une Assemblée qui représente un peuple que le Seigneur a toujours aimé et toujours protégé ». Ces prières manquèrent-elles de ferveur ?... On ne peut le dire, mais ce que nul n'ignore, ce sont les dissentiments qui éclatèrent au sein de cette Assemblée ; la séparation du Tiers-Etat dont les membres jurèrent dans la salle du Jeu de Paume de ne pas se séparer avant d'avoir donné une Constitution à la France ; et enfin la dissolution des Etats-Généraux ordonnée par Louis XVI à qui les membres du Tiers refusèrent d'obéir, en même temps qu'ils se constituaient en Assemblée Nationale. Tout le monde sait que ce fut là l'origine du mouvement insurrectionnel qui aboutit, le 14 juillet, à la prise de la Bastille, après avoir déterminé, quelques jours auparavant, la formation, à Paris, d'une garde bourgeoise qui prit presque aussitôt le nom de garde nationale et dont La Fayette devint le chef.

La répercussion de tous ces événements ne tarda

(1) Dans l'espèce, aux Recollets d'Ainay.

pas à se faire sentir dans la province ; toutes les têtes s'enflammèrent d'une exaltation (1) à laquelle chaque jour vint apporter — dans un autre ordre d'idées, — sa part d'énervement. En effet, à Ainay, comme dans toute la région ouest du Bourbonnais, on ne parlait, à la fin de juillet 1789, « que de l'arrivée de bandes de brigands qui se dirigeaient sur cette partie de la province en pillant et brûlant tout sur leur passage (2) ». C'est sous l'empire de ces sentiments de crainte que, le 30 juillet 1789, la ville d'Ainay-le-Château, — à l'instar de la capitale, — vit se constituer dans ses murs une garde nationale « formée par le vœu et du consentement de tous les citoyens de la ville, par assemblée tenue à l'Hôtel-de-Ville ». Le commandement en fut confié, par acclamation, à Charles-François Theurault de la Roche (3), ancien capitaine de grenadiers, chevalier de Saint-Louis.

(1) L'enthousiasme était partout à son comble : le 18 juillet, le Conseil de ville de Moulins adressait à l'Assemblée Nationale un témoignage de respect et de dévouement et, le 17 août, cette même municipalité donnait son assentiment à la création d'un régiment national désigné sous le nom de milice bourgeoise dont l'objectif était de défendre le Roi et la Nation. — [Dr CORNILLON, *Le Bourbonnais sous la Révolution Française*].

(2) C. GRÉGOIRE, *L'ancien canton d'Hérisson*.

(3) Charles-François Theurault de la Roche naquit à Ainay ; il fut baptisé le 13 janvier 1739 et eut pour parrain Charles-François Teralle de Rocheblance, et pour marraine D[lle] Magdeleine Desruisseaux. — Il fut nommé à une lieutenance des milices du Berry, le 1er janvier 1757 ; lieutenant en second de grenadiers au régiment des grenadiers-royaux de Longaunay (2e compagnie) le 29 juillet 1759 ; 2e lieutenant de la compagnie de grenadiers du régiment de la Mayenne par lettres du Roi datées de Fontainebleau le 20 octobre 1762 ; lieutenant de grenadiers du régiment provincial du Mans le 5 septembre 1771 ; lieutenant de grenadiers au régiment de Touraine, compagnie

Le jour même, sous le coup de l'enthousiasme, on constitua un comité provisoire qui eut pour mission de commencer l'organisation de cette force militaire qu'il fut convenu de porter à quatre compagnies, dont les deux premières se trouvaient naturellement composées des cadres et de l'effectif de l'ancienne milice bourgeoise. Nous avons sous les yeux le brouillon de l'« Etat de la nouvelle formation de la milice bourgeoise qui n'aura lieu que dans le cas où il s'agira de la sûreté desdits habitants et de l'Etat (1) ». L'état-major était ainsi constitué : MM. Theurault de la Roche, « commandant en chef,

---

de Puimorin, par lettres datées de Versailles le 1er mai 1773 ; capitaine au régiment provincial du Mans par commission datée de Compiègne le 27 août 1774 ; supprimé à la suite le 12 juillet 1778 avec brevet lui assurant son remplacement ; pensionnaire du Roi par brevet de 95 livres 17 sols 6 deniers, annuellement, sur le trésor royal le 1er juillet 1779 ; chevalier de Saint-Louis le 22 février 1789. — Il fit campagne de guerre : 1º sur les côtes du Médoc à la pointe de Grave ; — 2º à l'armée du prince de Soubise ; — 3º à l'armée de Broglie ; — 4º rentré en France et embarqué à Brest en septembre 1762 sur l'escadre du comte d'Estaing ; 3 mois. — Il se fit établir un certificat daté des 18, 20, 21, 22, et 25 septembre 1767, signé par : René-Joseph de la Porte, marquis d'Issertieux, commissaire de la noblesse en l'élection de Saint-Amand ; Jean-François de Meun de la Ferté ; Louis-César, marquis de Bonneval ; Nicolas des Maignoux ; Gilbert d'Aubigny ; et Jacques Berthomier des Prost, Lieutenant Général de la châtellenie d'Ainay, spécifiant que « depuis environ trois siècles, la famille Theurault a toujours vécu noblement, soit dans les armes ou dans la robe, et qu'ils se sont toujours de père en fils distinguez dans ces deux états..... » [Documents de M. Chavaillon]. Et le 13 germinal an XIII, Antoine-François Perrinet, juge de paix de Cerilly, lui délivrait un deuxième certificat constatant « qu'il était atteint d'un tremblement presque continuel, avait femme, quatre enfants, et pouvait jouir d'un revenu du 1.600 livres. » (*id.*).

(1) Dossiers de M. Chavaillon.

Charles-François Theurault de la Roche
(Portrait appartenant à M.me Jules Bonnelat, de Champmatoin).

choisi par MM. les officiers municipaux et autres principaux, et chefs de la communauté de la ville et dépendances des environs de la châtellenie » ; — Durand (1), major ; — Dalodier, aide-major ; — Jean-François Lauzier, « garçon major » ; — Simon Rozat, tambour ; — Estienne Dubost, autre tambour ; — Sébastien Bonneau, fifre.

Tout cela semblait, au 30 juillet, n'être que provisoire ; mais, dès le lendemain, la nuit portant sans doute conseil, le provisoire était devenu définitif, comme le prouvent les « Instructions de M. Theurault de la Roche, chevalier de l'ordre royal et militaire de Saint-Louis, ancien capitaine d'infanterie, choisi d'une voix unanime par les habitants de cette ville et châtellenie royale d'Ainay-le-Château, pour leur commandant en chef dans le besoin présent », dont voici la teneur :

Article premier. — Les habitants de ladite ville doivent suivre et observer de point en point, dans la présente circonstance, les ordres qui leur seront donnés tendant à leur sûreté et conservation.

Art. II. — Ledit sieur commandant en chef fera prêter auxdits habitants serment d'obéissance et de fidélité au Roi et à la Nation sous les drapeaux, en présence de MM. les officiers municipaux de la ville.

Art. III. — Après le serment par eux prêté, il sera procédé à la formation des compagnies par ledit commandant qui, à cet effet, nommera les officiers pour commander lesdits habitants sous ses ordres.

(1) Il fut presque immédiatement remplacé par M. Dalodier, remplacé lui-même par M. Lauzier.

Art. IV. — Lorsque les compagnies seront formées, tous lesdits habitants enrôlés jureront et promettront sous les drapeaux de reconnaître pour leur commandant en chef, M. Theurault de la Roche, chevalier de Saint-Louis, et de lui obéir en tout ce qui concernera le bien du service de Sa Majesté et de la Nation ; et feront le même serment d'obéissance à tous les officiers et bas-officiers nommés par ledit commandant (1) et promettront, en outre, de ne jamais abandonner leurs drapeaux, même au péril de leur vie.

Art. V. — La discipline et le bon ordre seront strictement observés dans le service, sous peine de sévère punition envers ceux qui s'aviseraient de les enfreindre.

Art. VI. — On aura attention de ne pas surcharger de service ceux des habitants qui peuvent avoir besoin de leur travail journalier pour vivre, et il est à croire que toutes les personnes aisées s'y prêteront de bon cœur.

Art. VII. — Tout factionnaire qui s'aviseroit de ne pas exécuter l'ordre qui lui aura été donné par le caporal de pose, ou de s'éloigner de plus de trente pas de droite et de gauche de son poste et de ne pas conserver le maintien nécessaire pendant le temps de sa faction, sera puni selon toute la rigueur de l'Ordonnance, d'après la tenue du Conseil de Guerre si le cas requiert.

Art. VIII. — Toutes les armes seront mises dans un lieu de réserve pour les trouver au besoin prêtes à servir, les armes à feu seront attentivement visitées et mises au plus tôt en état de service.

(1) Et non plus par les officiers municipaux ; ce qui causa le différend qui éclata plus tard entre M. Theurault de la Roche et le maire Sabardin.

Vue de la maison des régisseurs des princes de Condé et de la porte de l'Horloge.

Art. IX. — Il sera fait un état exact des poudres, balles et demi-balles qui se trouveront chez les marchands de cette dite ville, afin qu'ils n'en puissent vendre ni disposer en faveur de qui que ce soit, que par les ordres donnés du commandant, sous peine de soixante-douze livres d'amende applicable au soulagement des pauvres de la paroisse. Lesdites munitions seront payées sur les fonds de la communauté et, dans le cas où on n'en feroit pas usage, lesdits marchands seront tenus de les reprendre.

Art. X. — Il sera établi dans toutes les paroisses circonvoisines dépendantes de ladite châtellenie (1), des postes qui seront respectivement servis par les paroissiens et que ledit sieur commandant en chef se charge, d'après les pouvoirs à lui accordés par les chefs de ladite ville, de faire établir afin que l'on soit à même de se communiquer plus facilement de proche en proche, et de pouvoir, par cette voie, se porter au premier signal, des secours dans les différentes attaques qui pourroient se présenter ; et il sera, en conséquence, désigné divers points de réunion.

Art. XI. — Si les bruits qui courent exigent un service plus étendu, on établira différents corps de garde dans les lieux désignés par le commandant et, alors, il sera fait des rondes par les officiers de la troupe, tant au-dedans qu'au dehors de ladite ville, et même à cheval (2) pour voir au juste la manière dont les postes éloignés observent l'ordre requis en pareille circonstance.

(1) C'était un véritable commandement de territoire que prenait ainsi Theurault de la Roche.
(2) Cinq volontaires à cheval furent attachés à chaque compagnie, sous le commandement de MM. Alexis Theurault, procureur du Roi ; et Huet, lieutenant général de Police.

Art. XII. — Si par hasard il se trouvait quelques postes assez téméraires pour donner de fausses alertes ou pour abandonner leurs postes sans qu'au préalable ils eussent fait toute la résistance possible et se fussent repliés jusqu'au plus prochain poste qui, s'étant uni à eux fera la même manœuvre jusqu'à ce qu'il ait reçu du renfort, ils seront punis comme lâches et traîtres à la Nation.

Art. XIII. — On s'assemblera tous les soirs après la retraite battue, sur les huit heures, pour prendre l'ordre qui sera donné sur la place d'armes, et il se trouvera à cette assemblée des officiers, sergents et caporaux de chaque compagnie qui ensuite feront exécuter ledit ordre dans leurs compagnies respectives.

Art. XIV. — Après que le Commandant aura prescrit l'ordre du service, il fera former le cercle par les officiers et bas-officiers de garde (1), de ronde et de patrouille et donnera le mot de l'ordre au major, lequel ensuite le communiquera à ceux qui composent le cercle et le redonnera audit commandant après se l'être fait répéter par celui qui l'aura reçu le dernier.

Art. XV. — MM. les Officiers de Ville voudront bien donner des ordres à ce qu'il soit mis s'il est possible, du bled en réserve pour la subsistance des habitants, et, en conséquence, en feront entrer au plus tôt.

Art. XVI. — Lesdits habitants fourniront les chevaux nécessaires pour monter, en cas de besoin, un certain nombre d'hommes, pour faire les pa-

---

(1) Le corps de garde était situé dans la partie de la maison, appartenant aujourd'hui à M. Chopin, boucher, qui donne sur la rue des Grâces.

trouilles éloignées et porter aux villes voisines les nouvelles qui pourroient tendre à leur sûreté, afin de pouvoir par ce moyen se porter mutuellement des secours.

Art. XVII. — Ne pourra s'absenter dans aucun cas nul habitant, enrôlé ou non enrôlé, sans une permission expresse signée du commandant, sous peine d'emprisonnement et d'amende qui sera taxée suivant l'exigence du cas.

Art. XVIII. — On commencera dès ce soir à monter la garde, faire des patrouilles dans l'enceinte de la ville et dans les faubourgs, et on posera les sentinelles nécessaires.

Le présent règlement sera jusqu'à nouvel ordre lu et publié aux habitants en présence de MM. les officiers municipaux et autres et, d'après leur approbation, aura son entière exécution. Fait à Ainai-le-Château, le 31 juillet 1789. — Theurault de la Roche, chevalier de Saint-Louis (1). »

Ce n'étaient plus les attributions d'un simple commandant de milice urbaine que prenait Theurault de la Roche. S'embarrassant peu du comité auquel ses instructions enlevaient toute initiative et tout pouvoir, il substituait son autorité personnelle à celle des officiers municipaux et donnait même des ordres à ces derniers ; dans l'article 15, par exemple. En parcourant ce règlement on croirait la ville à la veille de soutenir un siège : Il est vrai que l'enthousiasme, d'une part ; la peur, de l'autre, avaient absolument fait perdre leur calme aux hommes les plus modérés. Partout on répétait que des brigands se répandaient dans le royaume, avides de carnage ; et ce n'étaient le plus souvent,

---

(1) Dossiers de M. Chavaillon.

dit M. Cornillon, que « quelques employés de la gabelle et des aides qui, mécontents d'être congédiés prochainement par suite de la suppression des impôts qu'ils étaient chargés de percevoir, clabaudaient dans les carrefours contre le nouvel état de choses et cherchaient à ameuter les crédules et les ignorants ». Cependant, de vrais pillards, excités par la disette et la misère, profitèrent de cette épouvante contagieuse pour se livrer à des actes de violence et à des vols qualifiés au préjudice des gens qu'ils supposaient détenir des grains chez eux ; ils déterminèrent ainsi les propriétaires et fermiers à cacher leurs blés. Les Castellainaisiens, saisis par la contagion de la peur, croyaient déjà l'ennemi à leurs portes, et nombre d'entre eux s'armaient ; d'autres qui n'avaient pas de munitions cherchaient à s'en procurer. C'est ainsi que certains s'emparèrent de la poudre et des balles qui étaient chez M. Dayraigne (1). Aussi, grâce à cette effervescence, les ordres donnés par le commandant en chef de la garde nationale d'Ainay, furent-ils confirmés dans les quarante-huit heures :

« Nous officiers de cette dite ville d'Ainay-le-Château soussignés, après que lecture et publication vient d'être faite en notre présence du présent règlement à la réquisition de M. le Commandant en chef de la troupe, iceluy commandant choisi d'une voix unanime, et vu l'approbation de tous les habitants, ordonnons que ledit règlement par provisions

---

(1) Une ordonnance de M. Theurault de la Roche, contresignée par trois membres du comité [Berthomier des Prost, Bujon et Mazerat], enjoignit le 21 août 1789 « à tous ceux qui avaient de la poudre et des balles prises par eux chez le sieur Dayraigne, le 31 juillet, de les rapporter au comité sous peine de punition. »

et sans tirer à conséquence (1), vu le cas urgent, sera exécuté selon sa forme et teneur sous telles peines qu'il appartiendra. Fait à Ainai-le-Château sur la place d'armes le 2 août 1789. Berthomier des Prost, lieutenant-général, chef du comité ; Huet, lieutenant-général de police, du comité; Mazerat, premier échevin et membre du comité ; Buffault ; Legay, secrétaire-greffier de l'hôtel de ville ; F. Duchenet ; Dalodier, major ; Pezant ; Nourisset, capitaine ; Duranjon, capitaine ; Ruffray, capitaine ; Bujon, capitaine ; Duranjon, lieutenant ; Perrinet, lieutenant ; Mazerat, Lieutenant ; Perrinet de Lavault, lieutenant ; Lapère-Duranjon, lieutenant en 2e ; Rétif, lieutenant en 2e ; Lauzier, lieutenant en 2e ; Lauzier, aide-major. »

La constitution de la garde nationale, son organisation, ses règlements, les démêlés que soldats, officiers et commandant eurent, par la suite, avec le corps municipal ; sont à peu près les seuls résultats sensibles à Ainay-le-Château des événements de 1789. Jusqu'à la fin de 1790, nous ne verrons que pétitions de la garde nationale de cette ville à l'Assemblée Constituante et au district de Cérilly, rivalités de pouvoirs, sommations par ministère d'huissiers adressées par les officiers de la dite garde aux membres de la municipalité, expéditions ou patrouilles faites dans les communes circonvoisines pour démontrer péremptoirement le civisme des Castellainaisiens et, surtout, pour saisir les grains que leurs propriétaires effrayés cachaient au fond des greniers ou faisaient subrepticement conduire à des destinations ignorées, par crainte du pillage et par terreur des menaces de mort que proféraient

(1) C'était là une réserve méfiante des officiers municipaux.

trop souvent des meneurs sans aveu contre tous les propriétaires et fermiers soupçonnés d'avoir du blé chez eux. Car dans tout le pays d'Ainay et ses environs, l'événement de l'époque le plus grave, au point de vue des conséquences pratiques qui en découlaient, fut la pénurie des blés qui, motivée par les mauvaises récoltes de 1789, dura près de six ans. A partir de la fin de mai 1790 « on parcourait à troupe tous les greniers, on enlevait tout et on ne laissait pas même aux particuliers la liberté de conserver le bled nécessaire pour subsister eux et leur famille, on se cachait pour manger le peu de pain qu'on pouvait avoir entre les mains, on donnait le bled dans les marchés par compte, ceux qui en avaient besoin de 4 mesures étaient réduits en avoir seulement une, encore étaient-ils heureux de pouvoir l'attraper. C'était un tems trop déplorable (1) », et tous les regards se tournaient vers le semblant de force armée — dans l'espèce, la garde nationale, — qui pouvait encore maintenir un semblant d'ordre dans tout ce désordre. C'est ce qui explique l'importance qu'eut — à Ainay-le-Château, — cette institution.

Ses titres d'ancien officier et de chevalier de Saint-Louis avaient été pour beaucoup dans le choix que les Castellainaisiens effrayés avaient fait de Theurault de la Roche pour les commander. Avec l'effroi et l'épouvante qui croissaient d'heure en heure, croissaient également sa popularité et son importance. Le 2 août 1789, il avait reçu une lettre apportée par un garde-national de Charenton, signée d'Avenier, commandant ; Thombreau, De-

---

(1) Manuscrit de l'abbé Hérault, curé de Saint-Bonnet-le-Désert, 1761-1809.

foulnay, Bourgeois et Duliège, officiers, lui annonçant « qu'une des compagnies de milice se rendrait à Ainay à trois heures du soir pour y recevoir ses ordres (1). » Theurault de la Roche était l'homme du moment ; il prit son rôle à cœur, donna des ordres et voulut être obéi (2). Chacun, du reste,

(1) Dossiers Chavaillon.— L'adresse est ainsi libellée : M. Theurault de la Roche, écuyer, chevalier de l'ordre royal et militaire de Saint-Louis, commandant de la ville d'Ainay.

(2) Voici son ordonnance concernant la discipline à observer pour les officiers de garde : « Article 1er.— Messieurs les commandants de garde auront la plus grande attention à ce que la bienséance, la discipline et le bon ordre règnent dans leur poste dont ils sont responsables.

Art. II. — Tout commandant de chaque garde sera tenu après la descente d'icelle d'aller rendre compte au commandant en chef de tout ce qui sera passé pendant le temps de sa garde, et d'en donner un état par écrit ainsi qu'une liste des gens de ladite garde, signé et daté, pour que ledit commandant puisse juger du mérite de chacun d'eux et, en même temps, punir ceux qui n'auraient pas exécuté régulièrement ce qui leur aura été prescrit.

Art. 3. — Auront attention lesd. commandants de garde à ce que le caporal de pose enjoigne au factionnaire de devant les armes de ne laisser approcher du corps de garde ny y entrer qui que ce soit à moins que pour des raisons indispensables.

Art. 4. — Les caporaux de pose ordonneront aux sentinelles en faction de ne laisser approcher d'eux aucune personne à plus de dix pas sans leur avoir répondu après les cris ordinaires en pareil cas réitérés par trois fois, qui sont : Qui vive ? ou : Qui va là ?

Art. 5. — Ordonneront lesd. caporaux de pose aux sentinelles en faction de ne parler à aucune personne, à moins que dans des cas de nécessité, et en même temps, les instruiront de la manière dont ils doivent tenir leurs armes et les présenter dans les cas requis. Leur défendront aussi de ne boire, ni manger, ni s'asseoir pendant le temps de leur faction.

Art. 6. — La consigne ordinaire est pour tous les factionnaires de crier : A la garde lorsque le Bon Dieu passe à vue de

acceptait sans discuter sa direction et Avenier, commandant la milice de Charenton, lui écrivait le 5 août : « Notre Général ; nous avons dans notre ville un riche particulier, ancien cavalier du régiment du Roy, il s'appelle Dhoüan, le nom d'un rebel sans doute ; dès les premiers moments, il s'est montré tel et continue avec plus d'audace. Hier soir, je le fis commander pour son service. L'officier de garde et les quatre fusilliers eussent été lapidés si je n'eusse eu la prudence de les faire retirer, ce gueu et son frère sont armés jusqu'aux dents et ont en outre, à ce qu'ils disent, des amâts de pierre dans les chambres hautes de leur maison. La circonstance m'embarrasse, je vous prie de me tracer la conduitte que je dois tenir à cet égard, mais surtout que le coupable soit puny, parce que sans quoy tous refuseront de porter les armes. En conséquence, vous me feriez plaisir si vous pouviez dans le cours de la journée m'envoyer six fusilliers que je réunirais à six des nôtres pour l'appréhender au corps et le conduire ès-prison de votre ville (1), la nôtre

leur poste, lorsqu'ils apercevront le feu en quelque part et lorsqu'ils entendront quelques bruits extraordinaires, comme bataille, émeute ou autres.

Art. 7. — Aucune sentinelle en faction ne pourra, pour quelle raison que ce puisse être, même d'incommodité, abandonner son poste, ni quitter ses armes étant en faction, sans qu'au préalable elle n'ait appelé la garde et ne soit remplacée.

Art. 8. — Nul chef de poste ne pourra, sous quelque prétexte que ce soit, s'éloigner ni s'absenter du corps de garde sans une permission par écrit du commandant en chef qui, seul, peut accorder son remplacement... »

(1) Dont le geôlier était alors Etienne Davault, père de la jeune lingère qui, après avoir été du dernier bien avec François-Antoine Perrinet, en avoir obtenu une curieuse promesse de 2.400 livres et un enfant, se disposait à faire intervenir la justice dans ses revendications d'argent.

n'étant pas sûre ; il est fort en état de payer la course... »

La garde nationale d'Ainay était à ses débuts ; d'après une seconde missive écrite le même jour par le commandant Avenier, elle fut chercher à son domaine de la Ville de Bout où il s'était réfugié, Claude Dhoüan qui n'avait pour toute arme qu'un « gouillard (1) », qu'il jeta du reste à la première injonction. Le seul sang versé fut celui du cheval du frère du délinquant, lequel reçut — on ne sait comment ni pourquoi — un coup de baïonnette. Et pour rafraîchir les braves miliciens d'une si chaude affaire, Avenier leur fit « prendre à leur retour du vin au cabaret » avant de leur confier Claude Dhoüan auquel fut adjoint Pierre Gominet, tisserand, coupable lui aussi de mutinerie, et que le commandant de la troupe de Charenton remettait entre les mains de Theurault de la Roche. Mais sans doute après le départ des prisonniers, un scrupule saisit l'honnête Avenier, car il expédia le soir même un message à Ainay-le-Château au sujet des deux délinquants : « La désolation, écrivait-il, est dans la famille de ces deux malheureux ; je vous supplie au nom de tout ce qu'il y a d'honnêtes gens dans notre ville, de modifier le châtiment qu'ils méritent ; je vous le demande en mon particulier, et, s'il est possible, châtiez plus sévèrement leur bourse qu'eux-mêmes parce que je crains que le désespoir ne s'en suive. De la part de leur famille qui arrachent les larmes en leur voïant répandre les leurs, je vous demande cette grâce, accordez-moi là, je vous en supplie (2). » Cette lettre qui fait honneur à l'humanité d'Avenier ne pût

(1) Une serpette.
(2) Dossiers de M. Chavaillon.

qu'être prise en considération par le commandant des forces militaires d'Ainay-le-Château, d'autant plus que le procès-verbal de l'interrogatoire qu'il fit subir, le 5 août, dans la « geôle » de cette ville aux deux prisonniers ne relate qu'une légère insubordination, suite d'un mouvement de mauvaise humeur occasionné par une garde à monter. Quant à la fuite de Claude Dhoüan, elle fut déterminée par la peur de la répression. Dans ces conditions, le châtiment ne pouvait être bien·sévère. Mais cet événement accrut encore le prestige de Theurault de la Roche et lui fournit prétexte à de nouveaux ordres pour le cas où semblable fait viendrait à se reproduire.

L' « ordonnance de M. le commandant en chef » est ainsi conçue : « Il est enjoint de la part de M. Theurault de la Roche... etc..., que tout habitant de laditte ville le prévienne ou le fasse prévenir dans les cas de maladies qui pourroient le mettre hors d'état de faire son service et cela dès le premier instant de l'indisposition, laquelle sera certifiée par une attestation d'un chirurgien nommé à cet effet, dont les frais de visite seront aux dépens du malade ; et s'il ne se déclare incommodé qu'après être commandé de service, il ne sera pas écouté. Feront la même chose ceux qui auront besoin de s'absenter pour affaires et ne pourront partir de lad. ville sans qu'au préalable ils n'aient reçu une permission par écrit dudit commandant, laquelle permission ils seront obligés de luy remettre au retour de leur absence et si, par hasard, il arrivoit que quelqu'un eut excédé le tems de ladite permission, il sera puni suivant l'exigence du cas (1)... »

(1) Fait à Ainay, le 5 août 1789.

Comme il est facile de s'en rendre compte, l'autorité du commandant en chef de la garde nationale d'Ainay-le-Château était grande, non seulement dans la cité, mais encore hors des murs. La ville disposait de forces que la renommée avait grossies. Elle s'en montra très fière, essaya d'en tirer profit (1.) — sans y parvenir du reste. — De cet échec, la popularité de Theurault de la Roche, par contre-coup, subit une atteinte ; et, dès le mois de mai 1790, il eut à compter avec une municipalité désireuse de reprendre sur la garde nationale l'autorité prédominante que les officiers municipaux de l'Ancien Régime exerçaient sur la milice bourgeoise, avant juillet 1789. Mais à l'heure où nous sommes, la fortune de Theurault de la Roche s'accroissait d'heure en heure ; bon gré mal gré les pouvoirs publics devaient subir son ascendant, et lui donner la sanction de leur approbation sous peine de le voir se passer de leur concours, annihiler complètement leur influence et substituer définitivement son autorité personnelle à la leur. Faire partie de la garde nationale semblait un honneur aux bons bourgeois qui auraient paradé avec grand plaisir aux fêtes et cérémonies, si cet agrément n'eut été compensé par la fâcheuse nécessité des gardes et des patrouilles... ceci refroidit le premier enthousiasme... Bref le service s'interrompait juste au moment où la lettre d'un député du Bourbonnais vint réchauffer le zèle attiédi des Castellainaisiens et fournir aux membres de la municipalité le prétexte favorable à l'affirmation d'une autorité nominale et platonique, par l'arrêté suivant :

(1) Par la suite, Ainay ambitionna d'être érigée en chef-lieu de district.

« Cejourd'huy vingt aoust 1789, heures deux de relevé, nous officiers municipaux, ayant fait convoquer au son du tambour tous les habitants de la ville d'Ainay-le-Château à se trouver à l'Hôtel de Ville à l'effet de délibérer sur la lettre adressée auxd. officiers municipaux par Monsieur Berthomier de la Villette (1), député du Bourbonnais, en date de Versailles du 14 du présent mois, qui annonce l'envoi d'un décret extrait du procès-verbal de l'Assemblée Nationale pour le rétablissement de la tranquillité publique, du 10 du présent mois aoust ; après lecture faite desd. décret et lettre en présence de tous les habitants pour ce assemblés, et sur les remontrances qui ont été faites par M. Theurault de la Roche, chevalier de Saint-Louis, commandant choisi par lesd. habitants suivant l'acte resté entre ses mains, signé par lesd. officiers civils et municipaux, du 2 du même mois, lequel acte a été lu dans le tems, en présence de toute la troupe pour ce assemblée sur la place d'armes de cette ville le même jour 2 aoust, qui a approuvé le règlement fait par led. sieur Theurault de la Roche le 31 juillet précédent, après avoir été pareillement lu et publié en présence de tous les habitants, le même jour 2 aoust : il a été arrêté d'unanime voix que le service qui a été assez mal interrompu le 9 aoust sera repris et continué sous les ordres desd. sieurs commandant et officiers, dont tous les habitants en général (2)

(1) Berthomier de la Vilette naquit à Vitray le 19 mars 1742. Il était, à la Révolution, procureur du Roi à La Bruyère-L'Aubespin ; le 25 mars 1789, on l'élut par 123 voix contre 92 sur 265 votants, député du Tiers-Etat du Bourbonnais aux Etats-Généraux, et c'est lui qui contribua beaucoup au choix de Cérilly au lieu d'Ainay pour chef-lieu d'un des sept districts du département de l'Allier.

(2) Ce n'était déjà plus « l'unanimité des habitants ».

approuvent d'abondant la conduite. Requérants
lesd. habitants le sieur Theurault de la Roche de
faire faire le service et de prendre toutes les mesures
nécessaires, conformément au décret de l'Assemblée
Nationale du 10 aoust 1789 (1), pour le rétablissement de la tranquillité publique ; et en même temps
led. sieur commandant a remontré que ne pouvant
suffire pour répondre aux différents avis qu'il
pourroit avoir, il seroit à propos qu'il fut établi un
comité permanent composé de quatre personnes,
pour donner et répondre aux différents avis, ce que
lesd. habitants ayant trouvé à propos ont nommé
pour cet effet les sieurs Berthomier des Prost, lieutenant-général ; Huet, lieutenant-général de police ; Mazerat, maire ; et Bujon des Brosses, contrôleur des actes (2) ; et lesd. habitants ont requis
que led. décret fut enregistré au bas du présent acte.
Fait et arrêté à Ainay-le-Château les jour, mois et

(1) Ce décret stipulait : que toutes les municipalités devaient
veiller au maintien de la tranquillité publique et que, sur leur
simple réquisition, les Milices Nationales seraient assistées des
troupes pour arrêter les perturbateurs ; — que les personnes
arrêtées seraient remises aux tribunaux de justice ; — que les
attroupements séditieux seraient dissipés par les milices
ou troupes, sur simple réquisition des municipalités ;
— qu'un état des hommes sans profession ni domicile serait
dressé dans chaque ville ; — que toutes les milices nationales
prêteraient serment entre les mains de leur commandant d'être
fidèles à la Nation, au Roi, à la Loi ; — que les officiers feraient
le même serment à la tête de leur troupe en présence des officiers
municipaux ; — que les curés feraient lecture du présent arrêté
à leurs paroissiens, dans l'église.

(2) Jacques-Vincent Bujon des Brosses, qui succéda à son père
comme contrôleur des actes des notaires à Ainay, du 20 août
1766 à 1789. — Les membres de ce comité étaient les membres
du comité provisoire établi quelques jours avant.

an que dessus (1). » Dès le lendemain, il était enjoint par « ordonnance de Monsieur le commandant en chef de la milice nationale de la ville et châtellenie royale d'Ainay-le-Château et du comité de laditte ville » , à tous les habitants sachant signer d'aller signer la sudsite délibération chez le secrétaire-greffier ; et à tous ceux qui avaient « de la poudre et des bals prises par eux chez le sieur Dayraigne, le 31 juillet, de les reporter aud. comité. » Le 22 août, nouvelle ordonnance commandant à tous les habitants de se trouver « le 23 à huit heures du matin sur la place d'armes pour former les compagnies et prêter ensuite le serment conformément au décret de l'Assemblée nationale du 10 du présent mois, comme aussi d'apporter tous les fusils, tant bons que mauvais », qui pourraient se trouver chez les habitants. L'effectif fut bientôt complété. Voici quelle fut la constitution du corps d'officiers :

Etat-major : MM. Theurault de la Roche, commandant ; Dalodier, major ; Lauzier, aide-major ; Arturion, adjudant ; Simon, Rozat et Etienne Dubost, tambours ; Bonneau, fifre.

1re Compagnie : Duranjon, capitaine ; Gilbert Duranjon, lieutenant ; Français Rétif, sou-lieute-

---

(1) La minute est signée : Theurault de la Roche, chevalier de Saint-Louis ; Berthomier des Prost ; Theurault ; Huet ; Mazerat ; Dhoüan ; Bujon ; Ruffray ; Bujon ; Perrinet ; Frotier ; Nourrissé ; Duranjon ; Pezant ; Duranjon ; Duchenet ; Pulvin ; Rétif ; Aubin ; Sacrot ; Lacroix ; Barbier ; Bès ; Marchand ; Durand ; Bonneau ; Ducrot ; Thomas ; Denizot ; Bonneau ; Arturion ; Dalodier ; Sabardin ; Barbier ; Duranjon ; Perrinet ; Couillard ; Dumont ; Rétif ; Menouvrier ; Buffault ; Lacroix ; Robrieux ; Duranjon ; Lauzier ; Lavillatte ; Lauzier ; Jacquet ; Rétif ; Petit ; Lauzier ; Bonneau ; Aubin ; Lauzier ; Dominique Duchenet ; Mortagne ; Dayraigne ; Duranjon ; Laureau ; Robrieux ; Bourdin ; Laureau et Legay.

nant ; Duranjon-Lapaire, sous-lieutenant porte-drapeau ; — Sergents : Paulat, tailleur ; Barnabé Aubin, tanneur. — Caporaux : Etienne Arturion, tisserand ; Jean Dubost, fils, taillandier ; — 30 miliciens.

2ᵉ Compagnie : Nourisset, capitaine ; Etienne Périnet (1), lieutenant. — Sergents : Nicolas Sacrot, perruquier ; Hugues Lacroix, tisserand. — Caporaux : Antoine Cottereau, drapier ; Gilbert Villepreux, cardeur. — 32 miliciens.

3ᵉ Compagnie : Ruffray, capitaine ; Pasquier Duranjon, lieutenant ; Dominique Mazerat, sous-lieutenant. — Sergents : Nicolas Bonneau, serrurier ; Roy, fils du cordonnier ;. — Caporaux : Jean Dubois, cardeur ; Hugues Rétif, drapier ; — 30 soldats.

4ᵉ Compagnie : Bujon (2), capitaine ; Périnet, avocat, lieutenant ; François Lauzier, sous-lieutenant. — Sergents : Dominique Duchenet ; Alexis Barbier, marchands ; — Caporaux : Jean-François Aubin, tanneur ; François Dumont, drapier ; — 31 miliciens.

Des volontaires à cheval, placés sous le commandedement de MM. Theurault, procureur du Roi, et Huet, lieutenant de police étaient attachés à chaque compagnie au nombre de cinq par compagnie : C'étaient MM. de la Lande ; Duchenet ; des Brosses (3), père ; Lauzier, drapier ; Bès ; — Buffault ; Lauzier, l'aîné ; Dhoüan ; Pezant ; Jacquet ;

(1) Tous les Périnet ou Perrinet d'Ainay-le-Château et de Charenton descendaient d'Antoine Périnet qui épousa, le 21 octobre 1749, Madeleine Bujon [fille de Jacques Bujon des Brosses, notaire à Ainay ; et d'Anne Theurault].

(2) Jean-Baptiste Bujon du Chailloux.

(3) Jacques-Vincent Bujon des Brosses.

— Mazerat, père ; Lauzier, tanneur ; Ricard ; Bonneau, père ; Renon, père ; — Durand ; Duron, sellier ; Barbier ; Thomas, père ; et Magnard, père.

Quant aux fusils, les habitants en apportèrent 47, dont 26 seulement étaient en état de servir immédiatement. Ils appartenaient à Dominique Duchenet, Pierre Duranjon, Durand, Mathurin Pulvin, Louis Robrieux, Pasquier Duranjon, Hugues Brunet, Nicolas Petit, Alexis Barbier, Nicolas Bonneau, Jean Damon, Jean Favière, Pierre Lacroix, Jean Charles, Barnabé Aubin, Simon Brunet, Nicolas Petit, Girard Bizard, Toussaint Simonnet, Huet, Jacques Mortagne, Bernard, Hugues Gautier, Jean Lenoir, Jean Carteron et Etienne Villepreux, qui notifia que « son fusil était chargé depuis longtemps ». Les 21 autres étaient dans un état plus ou moins défectueux ; tels celui de Pierre Magnard, qui est signalé comme devant être visité, celui d'Etienne Renon, qui est porté « fusil sans platine, etc..... C'était peu comme armement, mais les gardes nationaux étaient pleins d'enthousiasme, les officiers municipaux bien disposés à leur égard, le chef énergique : il n'y avait qu'à trouver des fonds...

Mais d'autres préoccupations vinrent s'imposer à l'esprit des officiers municipaux : on parlait à mots couverts d'une nouvelle division du territoire afin « de réduire à néant le vieil esprit provincial, comme aussi de rendre l'administration uniforme (1). » Mettant ce projet à exécution « la Constituante décida le 15 janvier 1790, la division de la France en 83 départements (2). » L'Allier qui avait sa super-

(1) Dr CORNILLON, *Le Bourbonnais sous la Révolution Française*, t. I.
(2) LOUIS BIERNAWSKI, *Formation et organisation du département de l'Allier* [thèse de l'Ecole des Chartres, de 1908].

ficie actuelle formait un de ces départements et, au point de vue territorial, gagnait sur la Creuse la paroisse de Saint-Sauvier ; et, sur le Cher, la ville d'Ainay-le-Château qui « était vers le Berry », l'une des paroisses « terminant inclusivement le département du Bourbonnais (1) ». L'accord pour le partage des dits départements avait été promptement établi entre les députés du Berry et ceux du Bourbonnais, car il fut signé le 28 décembre 1789 ; mais le canton d'Ainay-le-Château, ainsi détaché de la généralité de Bourges, protesta vivement et avec une longue ténacité contre cette séparation (2). Au surplus, cette création donna lieu à de graves compétitions : La ville de Montluçon eut d'abord « la prétention de former un département particulier avec la partie du Bourbonnais qui l'avoisinait et le pays de Combrailles ; elle échoua devant une coalition de l'Allier et de la Creuse (3) » ; mais semblables prétentions et compétitions surgirent lors de la division en districts et en cantons ; car chaque département comprenait un certain nombre de districts, divisés eux-mêmes en cantons. La formation de ces nouvelles circonscriptions, dit M. L. Biernawski, donna lieu à un véritable déchaînement d'ambitions locales. Les villes de Saint-Pourçain, La Palisse, Varennes, Bourbon-l'Archambault et Ainay-le-

(1) « Limites du département du Bourbonnois réglées soit de gré à gré, soit en adhérant aux divisions du Comité de Constitution avec les députés des départements limitrophes, suivant les procès-verbaux déposés au même comité. » [Arch. Nationales : D, IV *bis* ; 2].

(2) BRUNEAU, *Les débuts de la Révolution dans le Cher*, p. 109.

(3) L'Allier fut divisé en sept districts : Moulins, Le Donjon, Gannat, Montmarault, Cusset, Montluçon et Cérilly, dans lesquels étaient répartis cinquante cantons.

Château intriguèrent vainement pour devenir chefs-lieux de districts. Cette dernière ville n'avait pas perdu un instant pour faire valoir ses prétentions. Le 6 décembre 1789, — écrit M. le Dr Cornillon à qui nous empruntons ces lignes — les officiers de judicature et les notables d'Ainay rédigèrent une longue pétition à l'Assemnlée Nationale, dans laquelle ils énumérèrent tous les avantages que les habitants des paroisses circonvoisines retireraient de l'établissement d'une administration de district dans leur ville : « Le climat est riant, disaient-ils ; ce n'est pas un sol ingrat et aride comme celui de Cérilly ; les blés y abondent, surtout le froment ; il y a des plans de foire, des auberges excellentes ; le pays est bon pour l'engrais et pour la glandée ; les boucheries y sont les meilleures de la province. Ainay ne ressemble pas à Cérilly, Charenton et autres petites villes où il n'y a qu'un syndic comme dans les campagnes ; nous avons un maire, deux échevins, deux assesseurs, un procureur du fait commun, un préconiseur. Les magistrats y sont si éclairés et si intègres que malgré les troubles et les disettes, le bon ordre n'a cessé de régner dans les foires et les marchés (1)... Dans le moment où pénétrée d'admiration pour les décrets de l'Assemblée Nationale, dans le moment où Ainay bénit le Ciel de l'heureuse Révolution, elle se verrait [si on lui refusait le siège du district] réduite à gémir sur sa décroissance, sur les désordres qui régneraient infailliblement dans les marchés et les foires. Cette ville aurait la douleur de voir sa population, son commerce, et ses ressources diminuer à vue d'œil ; elle verrait ses officiers de justice, ses bons citoyens dis-

---

(1) Grâce à l'influence de la garde nationale.

paraître ; elle verrait s'empirer le sort des malheureux ; en un mot,la désolation se répandre dans tous les asiles. Ah ! sans s'arrêter sur des idées aussi tristes, la ville d'Ainay ne doit rien craindre avec des représentants si dignes de la confiance des peuples ; mais si, par une fatalité qu'on ne saurait prévoir, l'intérêt d'une ville voisine pouvait se trouver en opposition avec celui d'Ainay, l'Assemblée Nationale voudra bien l'entendre par la voix des députés qu'elle prendra la liberté de lui envoyer. »

Tant d'éloquence fut vaine ; la partie était trop difficile à gagner. En effet, un des députés du Bourbonnais, Berthomier de la Vilette, résidait à Cérilly et, fatalement, devait intriguer pour son pays : les pétitionnaires ne furent donc point écoutés ; Cérilly fut désigné comme siège du district dont Ainay-le-Château devint l'un des huit cantons (1), d'après la décision prise par le comité de subdivision le 23 janvier 1790. Le canton d'Ainay comprenait : Ainay-le-Château, chef-lieu ; Braise ; Saint-Bonnet-le-Désert ; Saint-Benin ; Bardais ; Isle et Valigny-le-Monial (2).

Quelques jours après l'envoi de la pétition des Castellainaisiens, l'Assemblée Nationale, par décret du 11 décembre 1789, supprima les assemblées municipales, maires, échevins, conseillers de ville,etc. et les remplaça par des *corps municipaux* dont chaque membre devait être élu à la pluralité des suffrages des *citoyens actifs* (3) de la commune :

(1) Les autres étaient : Cérilly, Lurcy, Le Veurdre, Bourbon-l'Archambault, Hérisson, Meaulne, Ygrande.
(2) Arch. Nationales : NN* ; 10. -- Comité de division de la France ; procès-verbaux.
(3) On appelait citoyens actifs tous les Français âgés de 25 ans au moins, domiciliés de fait depuis un an dans la paroisse, qui payaient une contribution directe de la valeur locale de trois journées de travail.

leur chef portait le nom de maire (1). Au corps municipal était adjointe dans chaque commune une assemblée de notables (2) chargés de statuer sur les emprunts ou les impositions extraordinaires ; ces notables formaient avec le corps municipal le *Conseil Général de la Commune*. C'est probablement en vertu de cette nouvelle loi que, dès le début de l'année 1790, M. Sabardin agissait en qualité de maire d'Ainay-le-Château et M. J.-B. Mazerat en qualité de procureur de la commune. La plupart des actes de l'époque sont contresignés par eux et par les citoyens Dayraigne, Robrieux, Rétif, Aubin, Ducrot et Legay secrétaire-greffier ; mais, en même temps qu'eux avaient été élus « les citoyens Durand et Bujon » dont certains officiers municipaux refusaient de reconnaître la validité de l'élection, et ne voulaient pas recevoir le serment prescrit par la loi. Ces deux derniers notables adressèrent une requête au directoire de Cérilly qui statua qu'il y avait lieu de confirmer leur nomination, par décision du 30 décembre 1790, ratifiée le 5 janvier 1791 par le directoire du département (3).

Nous avons retrouvé la liste des citoyens actifs d'Ainay qui n'étaient point enrôlés dans la garde nationale. Voici les noms qui y sont portés : MM. des

---

(1) Le maire devait être élu à la majorité absolue et par scrutin individuel. On lui adjoignit un *procureur de la commune* chargé de défendre les intérêts de celle-ci.

(2) Les notables étaient désignés au scrutin de liste à la pluralité absolue des suffrages ; leur nombre devait être double de celui des membres du Corps Municipal.

(3) Arch. de l'Allier : L, 105. Tous les renseignements qui proviennent des registres du district de Cérilly [série L.] ont été aimablement relevés pour nous, en 1905, à Moulins, par M. Géraud Lavergne que nous remercions ici.

Prost ; François Aubin ; Jacques Bouchère ; Jean-Etienne Buissonnier ; le nommé Brunet ; Pierre Bourdin ; Etienne Chaput ; Martin Taboulaire ; Claude Dumont ; Etienne Duranjon, père ; Etienne Dubost, père ; Jean Duranjon, père ; Marc des Reignes (1) ; Pierre Ducrot, père ; Louis Gréguy ; Hugues Gautier ; Claude Louizet ; Nicolas Legay ; Pierre Lacroix, cardeur ; Vincent Lavillatte ; Jean-Baptiste Mazerat ; Claude Petit ; Jacques Roy, père ; Jacques Rétif ; Jean Cottereau ; Jean Rétif, drapier ; Jean Robrieux, taillandier ; François-Bernard Sabardin ; Jean Berthon ; Gaspard Cottereau ; Jean Garitat ; Pierre Nizerolle ; Nicolas Girault ; Pierre Chamerlat ; le nommé Debord ; Mathieu Demême ; Jean Bujon ; Jean Robrieux ; Jean François Duchenet ; Pierre Lacroix, taillandier ; Paul Deverdin, père ; Bonneau, tailleur ; Painault ; Pierre Chabannon ; Renet Bonnet ; Legay, mégissier ; le nommé Mathiault ; le nommé Riffard, chanvreur ; le nommé Villepreux ; Grégoire Bailly, père ; le nommé Cottault. Leur nouvel élu, François-Bernard Sabardin, n'était pas d'une humeur très accommodante comme le montrent ses démêlés antérieurs avec François Bujon des Brosses. Dès son arrivée au pouvoir, il résolut d'affirmer son autorité et son activité ; aussi le 17 mai 1790, à la requête des officiers municipaux, Pierre Barbier, huissier, faisait sommation au « sieur Jean Dhoüan (2)

(1) Dayraigne. — On trouve également aux Archives de l'Allier [L, 106] : Marc Dereigne, marchand épicier de la ville d'Ainay ; 24 août 1792.

(2) Et pourtant Jean Dhoüan était, par son mariage avec Marie-Anne Sabardin, parent du maire. — Le 4 août 1790, les époux Dhoüan-Sabardin intervinrent au contrat de mariage passé devant Mazerat, notaire, pour faire don aux contractants :

citoyen actif et ci-devant échevin de cette ditte ville », d'avoir à faire porter à la mairie « 13 brouettes 3 pics, 3 masses, 12 pinces, 2 instruments à faire des mines... comme les ayant fait faire des deniers que luy avait confié l'administration du Berry, pour l'amélioration des chemins des environs de cette ville » ; ces outils, ayant été confiés audit Dhoüan, en vertu d'une délibération de l'Hôtel de Ville d'Ainay-le-Château en date du 24 janvier 1785. Aujourd'hui, — exposait l'assignation, — où besoin est de faire des réparations aux chemins précités, vu le mauvais vouloir montré par ledit Dhoüan et ses fins de non recevoir les demandes antérieures déjà faites à ce sujet par les officiers municipaux, ces derniers lui font commandement de remettre immédiatement entre leurs mains les outils dont il est dépositaire. Jean Dhoüan ne se tint pas pour battu ; il opposa à ces injonctions la force d'inertie ; des événements survinrent, qui détournèrent l'attention des officiers municipaux sur des besoins plus urgents et, le 3 décembre 1791, Pierre Barbier fut obligé de faire une nouvelle sommation qui, cette fois, porta coup si nous en croyons un reçu de Barbier de la « somme de 3 livres 17 sols 6 deniers à lui payée par M. Dhoüan pour les sommations et citations faites à la requête de MM. les Officiers municipaux (1)» ; ce, le 27 décembre 1791. Cette dernière mise en demeure d'avoir à rendre les outils devait être motivée par ce fait que, dans sa séance

---

Antoine Buffault, notaire et procureur de la châtellenie, et Marie-Anne Bujon des Brosses, de divers immeubles, rentes et objets mobiliers estimés 6.000 livres, à cause de leur reconnaissance pour le sieur Buffault et de leur amitié pour sa future femme.

(1) Documents de M. Chavaillon.

du 6 mai 1791, le Conseil du Département avait accordé au Directoire de Cérilly 4.000 livres pour l'établissement d'ateliers de charité : et, dans sa répartition de cette somme, le directoire avait alloué 1.000 livres à la commune d'Ainay pour la réfection de la route d'Ainay à Cérilly, à partir du « pavé d'Ainay (1). » A cette époque, en effet, on s'occupait d'augmenter les moyens de communication : Le 23 novembre 1790, l'Assemblée administrative du département avait examiné un vœu du directoire de Cérilly proposant la création d'une route de Bourbon-l'Archambault à Saint-Amand, passant par Cérilly et Ainay, et, le 26 novembre 1791, les administrateurs du département mirent à la disposition du district de Cérilly un reliquat de fonds, pour la continuation de la route de Bourges à Dun, par Ainay-le-Chateau......

François-Bernard Sabardin était jaloux de ses prérogatives et la popularité de Theurault de la Roche, le pouvoir très étendu dont jouissait ce dernier par suite de sa nomination, le 20 août 1789, au commandement de la garde nationale, irritèrent le nouveau maire qui voulut reprendre l'autorité qu'exerçait sur la milice bourgeoise les officiers municipaux d'avant 1789. Un procès-verbal de Theurault de la Roche, en date du 21 mai 1790, nous donne de curieux renseignements sur ce conflit local ; écoutons-les : .....Sur l'avis que nous avons eu qu'hier MM. les officiers municipaux auroient convoqué chez Mlle Huet les notables à l'effet d'y tenir une assemblée [quoi qu'il y ait en cette ville un hôtel où de tout tems le peuple s'est assemblé avant l'élection de la nouvelle municipalité,] pour y réta-

---

(1) Arch. de l'Allier : **Registres du Directoire de Cérilly.**

blir la Milice Bourgeoise sur le pied qu'elle étoit avant notre nomination, ce qui paroit entièrement contraire à nos droits et au décret de l'Assemblée Nationale du 30 avril dernier, qui porte en termes exprès que les *Gardes nationales continueront le service sous le m*me régime qu'elles avoient lorsque les nouvelles municipalités ont été établies et jusqu'à prochaine organisation.* Sur ledit avis, nous avons convoqué MM. les officiers, bas-officiers et soldats de ladite garde à qui, après leur avoir communiqué le motif de ladite convocation, nous aurions demandé s'ils avaient quelques reproches à nous faire, et si de même, ils se seroient aperçus que nous nous fussions écartés des règles de la discipline militaire depuis notre nomination. Lesquels nous ont unanimement répondu que bien loin d'en avoir, ils n'avoient que lieu de nous applaudir et nous ont prié de continuer comme par le passé ; nous auroient en outre répondu que l'acte d'assemblée illégalement tenue hier dans une maison empruntée, lequel tend à nous destituer est non seulement injurieux à notre personne et à eux, mais encore attentatoire aux décrets de l'Assemblée Nationale. Et nous ont représenté que pour la réunion des esprits et le rétablissement du bon ordre, il seroit à propos de nous transporter chez M. le maire pour savoir les motifs qui l'ont engagé à délibérer sur les changement et réforme de la garde nationale, seulement avec les officiers municipaux et sans notre concours, à quoi adhérant nous nous y sommes transporté, accompagné des officiers de ladite garde nationale, où étant et ayant demandé audit Maire les raisons d'une telle conduite, il ne nous a répondu que par des grossièretés insultantes pour tout le corps et nommément à nous commandant dudit corps, disant qu'il ne nous connoissoit nullement et qu'il ne connoissoit que les officiers de l'ancienne milice bourgeoise brevetés par Monseigneur le prince de Conti, et pour les autres raisons qu'il a données, elles sont à peu près les mêmes que celles portées en son procès-verbal du 20 mai dont il nous a fait lecture, en ajoutant que personne n'avoit le droit de commander la troupe que lui seul ; à quoi nous lui avons remontré que l'ancien régime des milices bourgeoises n'existoit plus depuis le 30 juillet, époque à laquelle la garde nationale a été formée par le vœu et du consentement de tous les citoyens de la ville par assemblée tenue à l'Hôtel-de-Ville, et renouvellée par un acte d'une autre assemblée aussi tenue à l'Hôtel-de-ville le 20 août. Lequel acte ci-joint est revêtu de la signature de tous les citoyens qui savent écrire et notamment de celle du sieur Sabardin, actuellement maire, que ledit acte de nomination étant porté tout au long sur le registre de l'hôtel de ville, il ne pouvoit pas le méconnoître, et que par conséquent le droit de commander la troupe ne lui appartenoit point, mais seulement celui de la requérir au besoin ; à quoi ledit sieur Sabardin a répondu qu'il ne vouloit nullement nous donner de réquisitoire, persistant à ne vouloir pas nous reconnoître. Sur quoi nous avons tous protesté que ladite troupe ne marcheroit que par son réquisitoire adressé au commandant, ne voulant pas nous écarter en rien ni pour rien des décrets de l'Assemblée Nationale, et là-dessus nous nous sommes retirés pour rédiger le présent procès-verbal ; et comme nous étions sur le point de le clore est survenu le sieur Duranjon, capitaine de la garde-nationale et ci-devant de la milice bourgeoise, breveté par Monseigneur le prince de Conti, lequel nous a remis une invitation que venoit de lui envoyer le sieur Sabardin, maire, laquelle sera jointe au présent procès-verbal, et à laquelle led. Sieur Duranjon a refusé de se conformer sans notre ordre que nous n'avons pu lui donner, n'en ayant point reçu de la Municipalité. Et voyant l'obstination dudit maire à aller contre les décrets de l'Assemblée Nationale, après avoir pris l'avis des officiers de la garde nationale, il a été arrêté qu'à la requête du major de ladite garde nationale, l'acte de notre nomination de commandant de ladite garde nationale de cette ville seroit signifié à MM. les officiers municipaux (1)

(1) Cette signification fut faite à François-Nicolas Legay, secrétaire de la Municipalité, pris au nom des officiers municipaux, le 22 mai 1790, à onze heures du matin par Pierre Barbier, huissier-audiencier au siège royal et de police de la châtellenie, à la requête de M. Pierre Dalodier, major de la garde nationale. — En outre, les officiers de la garde nationale se promirent tous mutuel appui dans l'occurence et passèrent le sous-seing suivant : « Nous soussignés, Charles-François Theurault de la Roche, chevalier de Saint-Louis et commandant de la garde nationale de la ville d'Ainay-le-Château ; Pierre Dalodier, major ; Pierre Duranjon, Jacques Nourrisset, Pierre Ruffray, Jean-Baptiste Bujon, tous les quatre capitaines ; Gilbert Duranjon, Etienne Perrinet, Pasquet-Duranjon, et François-Antoine Perinet, tous les quatre lieutenants ; Pasquet-Duranjon, François Lauzier, sous-lieutenants ; tous demeurant en cette ville sommes convenus et demeurés d'accord de ce qui suit. Savoir : c'est que nous nous promettons respectivement d'être unis ensemble relativement à lad. garde nationale de cette ville, en conséquence de nous soutenir les uns et les autres jusqu'à une nouvelle organisation émanée de l'Assemblée Nationale. Jusque-là nous exécuterons les ordres du commandant pour le service qu'exige ladite garde nationale et où par événement il arriverait que, par l'effet dudit commandement, il survint des circonstances de quelque espèce qu'elles puissent être, nous nous obligeons solidairement les uns pour les autres de nous aider, de partager lesd. événements et contribuer chacun pour notre part et portion à toutes les dé-

avec la déclaration que la susdite garde ne marcheroit que par nos ordres, et que si la municipalité avoit quelque réquisitoire à former, elle devoit s'adresser directement à nous. A défaut de ce que dans le cas où il arriveroit quelque événement lesdits officiers municipaux en seroient responsables en leur propre et privé nom conformément aux décrets de l'Assemblée Nationale ; et que copie de ladite signification sera jointe au présent ; et que, pour preuve que ledit sieur maire prétend avoir lui seul le droit de commander, on joindra une lettre en original écrite par lui et signée des officiers municipaux adressée à M. le Lieutenant-Général de la châtellenie royale de cette ville, qui nous avait fait passer un réquisitoire pour que nous lui fournissions un détachement à l'effet de maintenir le bon ordre dans une affaire criminelle (1). »

penses, tant pour le présent que pour l'avenir, qui pourroient survenir, de sorte que l'un ou plusieurs de nous éprouvassent aucune action de quelque part qu'elle vint, elle sera le fait de nous tous, même où il arriveroit que la signification faite ce jourd'huy au greffe de la municipalité de cette ville à la requête de moi, Pierre Dalodier, major, faisant pour le corps de la dite garde nationale, produirait un tout autre effet que celui qu'on a lieu d'en attendre il en sera de même ainsi que du refus que nous, Pierre Duranjon et Jacques Nourrisset, capitaines, avons fait de faire marcher nos compagnies respectives sans l'ordre dudit commandant. Et généralement pour tous autres cas prévus et non prévus sous les peines de droit. Fait douze fois sous nos seings privés le vingt-deuxième jour de mai, l'an mil-sept-cent quatre-vingt-dix, à Ainay-le-Château. » — Suivent les signatures.

(1) Dossiers Chavaillon. — Voici la « Notre des pièces que M. Theurault de la Roche a fait passer au comité des rapports de l'Assemblée Nationale dont Messieurs de la Cour et d'Amblésieux, président, ont accusé la réception par lettre en date du 28 may 1790, adressée à Messieurs les officiers de la garde-nationale d'Ainay-le-Château » : — 1° Copie de la sommation faite au maire à la requête de Pier. e Dalodier, major ; — 2° Copie du Journal de la

Et, comme toutes les familles d'Ainay — ou presque, — fournissaient qui un, qui plusieurs soldats à la garde nationale ; comme tout, en France, est matière à chansons ; comme l'armée est toujours populaire ; comme chansonner la municipalité est un friand régal ; voici les couplets qui circulaient de porte en porte, le 28 mai même :

1.

Vous n'ignorez pas, camarades,
D'un homme l'indigne action,
Tonton, tonton, tontaine, tonton,
Le nombre de ses incartades
Passe l'imagination,
Tonton, tontaine, tonton.

2.

Il veut, par une humeur bizarre,
Casser un commandant profond,
   Tonton, etc...
Dans ce moment, je lui déclare,
Que c'est agir en furibond,
   Tonton, etc...

3.

De régénérer la milice
Il n'a ni le droit, ni raison ;
C'est un effet de son caprice
Ou plutôt de la déraison.

garde-nationale ; — 3° Copie du procès-verbal du 21 mai ; — 4° Invitation de marcher faite par le maire au capitaine Duranjon ; — 5° Lettre du maire au lieutenant-général de la Chaellenie avec réponse de ce dernier ; — 6° Copie de l'acte de nomination de M. Theurault de la Roche en date du 20 août 1789..... : « Monsieur de La Fayette, commandant général de la garde nationale de Paris et protecteur des gardes nationales des Provinces, est supplié de vouloir bien s'intéresser, au Comité des Recherches, en faveur de la garde nationale d'Ainay-le-Château, afin que justice lui soit rendue. Ils ne cesseront de lui en témoigner leur reconnaissance et de faire des vœux pour la conservation de ses jours... »

4.

A Charles, soyons très fidèles
Pour commandant trouvons-le bon ;
Ne redoutons rien sous ses ailes(1),
Et ne lui faisons pas faux-bond !

5.

Rions des efforts d'un faux frère :
Je le crois digne de ce nom ;
A le juger d'un œil sévère
Il ne mérite aucun pardon.

6.

Mais soyons cléments, camarades,
Ayons de lui compassion,
Et pardonnons-lui ses bravades
S'il donne sa démission.

François-Bernard Sabardin ne donna pas sa démission, mais il fut contraint de céder. Il requit le commandant de la garde nationale par le billet suivant : « Nous, membres de la Municipalité de la ville d'Ainay-le-Château, requérons pour le bon ordre et la tranquillité publiques, que Monsieur Theurault, chevalier de Saint-Louis, ait la complaisance de mettre sa troupe sur pied pour maintenir le bon ordre au marché du bled et pendant la nuit qui suivra. Fait le 24 mai 1790. — SABARDIN, maire ; AUBIN. » La cherté des grains occasionnait partout des émeutes et, si nous en croyons le commandant de la garde nationale d'Ainay, des mesures préventives s'imposaient : « Le 19 mai dernier, écrivait Theurault de la Roche (2), marché

(1) L'auteur employai de singuliè es images.
(2) « Journal de la conduite qu'a tenue la troupe nationale de la châtellenie royale d'Ainay-le-Château depuis que Messieurs les officiers municipaux les ont reconnus et requis jusqu'à ce

tenant en la ville de Sancoins à quatre lieues de la nôtre, un nombre prodigieux de fondeurs, forgerons (1), et autres gens mal intentionnés sont tombés audit marché et ont forcé les habitants de lad. ville et autres qui y avaient amené du bled de le leur donner au prix qu'ils ont taxé, la garde nationale de cette ville n'ayant pu s'opposer à un nombre aussi considérable de gens armés qu'ils n'attendaient point. Le lundy suivant 24, étant foire Audit Ainay-le-Château, il s'y est rendu par suite de l'évènement de Sancoins environ 4.000 âmes, gens de toutes espèces, dans l'intention de mettre tout au pillage et de faire taxer le bled comme en la susdite ville de Sancoins. M. le Maire, qui s'est transporté vers les onze heures au marché, croyant pouvoir par lui-même appaiser cette multitude qui commençait à s'échauffer et à en venir aux voies de fait, fut furieusement repoussé et injurié jusqu'à être pris au collet et menacé d'être massacré. En conséquence, reconnaissant la faute qu'il avait faite de ne pas

jour, pour servir de suite au procès-verbal et autres pièces y jointes qu'ils ont eu l'honneur de faire passer à Messieurs les Député de l'Assemblée Nationale. — Dossiers Chavaillon.

(1) Déjà, le 3 décembre 1781, un arrêt de la Cour du Parlement, signé Ysabeau, constatant qu'il s'est formé « des associations parmi les ouvriers employés aux forges de la Province de Berry, et à l'exploitation des bois et des charbons nécessaires aux usines de lad. province ; que lesd. ouvriers admettent qui bon leur semble dans leurs associations, moyennant des sommes qu'ils fixent arbitrairement ; qu'ils écartent par des violences et des voies de fait les ouvriers qui ne sont pas de leurs associations ; qu'ils s'attroupent pour forcer les maîtres de forges d'augmenter le prix de leurs journées ; qu'enfin ils tiennent des assemblées où ils se rendent armés et où ils récitent des formules qui portent le caractère de l'insubordination et de la superstition..... » fait défense « à tous ouvriers employés aux Forges et à l'exploitation des bois et charbons dans la province de Berry, de s'associer, de

vouloir reconnaître la garde nationale de la ville, se transporta chez nous commandant de ladite garde pour que nous ayons à faire prendre les armes à notre troupe, nous disant que le besoin était urgent. Lui ayant répondu que nous ne le pouvions sans un réquisitoire émané de la municipalité, il nous ajouta qu'il n'y avait pas un moment à perdre. Sur quoy nous lui représentâmes que nous ne répondions pas qu'il fût possible de la rassembler, après toutes fois qu'il nous eut remis un réquisitoire en règle. Alors, il nous en a fait expédier un, lequel nous étant parvenu, nous courûmes sur-le-champ faire battre la générale et l'assemblée en même temps ; mais à peine 18 ou 20 de nos gardes nationaux vinrent se réunir à nous, tant la crainte les avait saisis, et vu l'interruption du service depuis la formation de la nouvelle municipalité, qui avait toujours persisté à nous méconnaître. Cela n'empêcha pas que nous, commandant, avec les officiers de la susdite garde, ne marchâmes contre cette multitude ameutée qui menaçait même la ville du feu ; mais la prudence et la fermeté que nous apportâmes en cette périlleuse circonstance fit que nous vînmes à bout au risque de notre vie qui est entièrement dévouée aux décrets de l'Assemblée Nationale et au bien public, de modérer ces gens et d'empêcher leurs coupables desseins ; mais il ne fut pas en notre pouvoir d'empêcher la taxe des grains, d'autant que déjà trois bons particuliers qui avaient été fortement menacés et couru risque de vie, leur avaient offert leur bled

---

s'assembler, ni de faire entre eux aucunes conventions contraires à l'ordre public, sous quelque dénomination que ce puisse être, à p ine par les contrevenants d'être poursuivis extraordinairement uivant la rigueur des ordonnances... », et ...[*Revue du Berry*, 1904, pp. 246-247].

au prix qu'ils voudraient le payer. Ceux qui en avaient au marché suivirent leur exemple avant même que nous fussions rendus sur la place. Et, avant la fin du marché, la majeure partie de cette multitude se porta chez les trois susdits particuliers, investit leurs maisons et alla dans les greniers pour enlever leurs grains, ce que plusieurs firent sans le payer et faisant encore des menaces à un de ces particuliers. Informé de cela, nous n'eûmes rien de plus pressé que de nous y transporter afin d'y mettre le meilleur ordre possible dans cette fâcheuse circonstance. En effet nous trouvâmes non seulement leurs maisons entourées, mais même leurs greniers remplis de ces gens ; alors nous les écartâmes le plus que nous pûmes et plaçâmes des sentinelles aux portes pour les repousser pendant qu'on leur délivrait du bled. Sur les bruits qui se répandirent vers les 7 heures du soir que ces gens devaient revenir dans la nuit mettre la ville au pillage, nous fûmes requis de nouveau de faire continuer le service jusqu'au lendemain matin, ce qui fut exécuté. »

Ainay avait connu la peur ; l'émeute avait un instant grondé dans ses murs : les habitants étaient effrayés, mais, malgré leurs craintes, presque tous jubilaient de la déconvenue de leur maire ; aussi chacun d'ajouter son couplet à la chanson du 20. En quelques heures, cette effervescence poétique eut enfanté le *Supplément du 24 mai* :

7.

Amis, j'apprends avec surprise,
Qu'il a rabattu de ses tons,
Qu'il a quitté son entreprise
Pour dissiper des vagabonds.

8.

Il est allé trouver lui-même
Le commandant à sa maison,
Pour avouer son tort extrême
Et pallier sa déraison ;

9.

Rien ne peut mieux nous satisfaire
Que cette humiliation ;
Et quoi que forcé de le faire,
Ce n'est pas moins soumission.

10.

Il fallait bien cette aventure
Pour mettre l'homme à la raison,
Mais cependant de son enflure
Il lui reste encore le poison.

11.

Il ne tiendra plus, je l'espère,
La conduite d'un rodomont
Autrement, je vous réitère,
Qu'il est indigne de pardon ;

12.

Prions-le donc avec instance,
De faire grâce à nos chansons,
D'avoir surtout la complaisance
De profiter de nos leçons !

Mais pendant que ces refrains parcouraient la ville, la peur se répandait dans les environs. Les gens cachaient leur blé, enfouissaient leur argent, et Ainay se voyait menacée de la famine. Dès le 25, un détachement de la garde nationale est réquisitionné (1), pour accompagner un des officiers municipaux dans les « greniers des endroits circonvoisins » de la ville. Le même jour une autre réquisi-

(1) Cette réquisition était signée : Sabardin, maire ; Robrieux ; Rétif ; Ducrot ; Aubin.

tion est adressée au commandant pour le prier
« d'accorder aux habitants qui se présenteront à
lui des détachements pour les accompagner, afin
d'arrêter l'internement des blés dans les cantons
voisins ». Le 26, un détachement est demandé pour
« escorter le bled que Mme Bonnelat de Vernais (1)
doit envoïer le lendemain pour l'approvisionnement
dela ville » d'Ainay (2). Le 28 mai, écrit Theurault de
la Roche, « sur un réquisitoire de M. le maire de
Charenton (3), adressé à notre municipalité, on nous
en fit passer un autre au bas d'iceluy pour que nous
ayons à envoyer un détachement ; [mais toute la
troupe en général voulut marcher et nous força
d'aller en leur tête malgré tout ce que nous pûmes
leur représenter], pour se rendre au château du
Creuset, parroisse de Coûst, chez le nommé Perroche,
fermier dudit château, pour nous joindre aux
troupes nationales dud. Charenton, de Saint-Pierre-
des-Etieux et autres, afin d'empêcher qu'il ne dé-
tournât ses grains et pour l'engager à les transférer
dans notre ville qui en avait un besoin pressant. Nous

(1) Il s'agit de Gabrielle Bujon des Brosses [fille de Jacques
Bujon des Brosses, notaire royal ; et d'Anne Theurault], née le
9 août 1740, mariée le 30 juin 1761 à Etienne Bonnelat, sieur du
Grand-Chemin ; dont elle eut au moins une fille : Clotilde-Ga-
brielle Bonnelat qui épousa, par contrat du 14 prairial an V, Gilbert Maugenest, bourgeois de Culan. — Le dernier des Bonnelat
[de Vernais], Ernest Bonnelat, est mort à Vernais, sans postérité,
le 15 octobre 1902.

(2) Toutes ces différentes réquisitions sont signées par Sabardin ; Robrieux ; Rétif ; Ducrot ; Aubin et Dayraigne.

(3) Ou plutôt une demande : « Je prie M. Sabardin de donner du
secours à notre municipalité et celle de Saint-Pierre pour faire conduire aujourd'huy par Perroche, fermier du Creuset, la même
quantité de bled à votre marché que celle qu'il a fait passer à
Saint-Amand, et qui doivent finir d'enlever le reste aujourd'hui ;
il m'obligera étant son très humble serviteur. — Advenier, maire.

nous y sommes rendus, ayant comme de coutume plusieurs officiers municipaux avec nous. Y étant arrivés, nous avons trouvé les susdites gardes de Charenton, Saint-Pierre, etc... Nous, commandant susdit, les ayant fait former en bataille avec les nôtres, avons fait battre un ban, et fait défense qu'aucun ne s'écartât, soit pour fourrager ou commettre quelque autre délit, sous peine d'être sur-le-champ passé par la baguette et ce, du consentement de tous les gardes-nationaux présents ; puis Messieurs de la municipalité sont allés chez le susdit Perroche, pour lors absent, afin d'y faire mesurer les grains qu'il pourrait avoir et de les conduire en cette ville, ce qui a été ainsy fait. »

Le 29 mai, la garde nationale prend les armes pour maintenir l'ordre pendant le marché « où s'est rendue une nombreuse multitude de différentes paroisses pour enlever le bled ». Le 31, réquisition d'un détachement chargé d'aller à Valigny-le-Monial, afin de faire exécuter une ordonnance des officiers municipaux. Le 2 juin, la garde nationale prend les armes pour assister à la procession du Saint-Sacrement. Le 4 juin, quatre hommes à cheval sont commandés pour escorter un convoi de blé venant de Valigny ; et un fort détachement est demandé pour surveiller le lendemain, — jour de marché à Ainay, — la livraison de blé qui doit se faire dans « la cour et batiment y contigu de la veuve Foussier, aujourd'hui femme de Rétif », et pour contenir le peuple. Le 6, on commande un détachement de vingt hommes, afin d'escorter le lendemain les officiers municipaux « au château de Lavault pour en faire transporter le bled au grenier de la ville ». Le 7 deux détachements reçoivent l'ordre d'être prêts à marcher le lendemain, dès six heures du matin, afin d'escorter à Ainay des blés provenant, les uns de Vernais, les autres du château des Barres. Le 9, le maire Sabardin écrit : « Pour me conformer à ce qu'ont fait mes prédécesseurs et marquer au public le respect que nous devons à l'Etre Suprême, chacun en particulier ; je requiers que M. le Commandant de la garde nationale de cette ville commande pour demain quatre fusilliers de la garde, les plus décents, pour estre à costé du dais lors de la procession, si mieux il n'aime y mettre des officiers ; il obligera son très-humble serviteur. » Le 11 juin deux détachements sont commandés : l'un pour le marché du lendemain ; l'autre pour « escorter Monsieur Cheminant qui se propose d'amener du bled » audit marché. Le 14, des gardes-nationaux à pied et à cheval sont requis pour le lendemain « 15 juin, jour de foire audit Ainay-le-Château, aux fins de contenir le peuple et empescher la continuation des ventes aux prix cy-devant taxés » ; ce dont — écrit Theurault de la Roche, — « nous sommes venus à bout ». Le 20, nouvelle réquisition pour contenir la foule au marché du lendemain à Ainay (1)... etc...

L'influence de la garde nationale avait — on peut se l'imaginer — grandi avec les événements. Theurault de la Roche était devenu l'homme du jour : son nom se répandait aux environs comme étant celui du seul défenseur de l'ordre dont le pouvoir répondit à la bonne volonté. M. de Bercheny, commandant des provinces de l'Intérieur du Royaume, signalait cet état de choses à M. le comte de Saint-Priest le 11 juin 1790 (2) : « ... Plusieurs maires, écrivait-il, à ce qu'on me marque, se mettent

---

(1) Dossiers de M. Chavaillon.
(2) Arch. Nationales : H, 1453.

à la tête de ceux qui taxent les grains : d'aucuns y sont forcés, mais la plupart se portent à ces excès de leur propre mouvement... On me marque que le sieur Thuro, chevalier de Saint-Louis, ancien officier des grenadiers royaux dont j'ai déjà eu l'honneur de vous parler, Monsieur le Comte, s'est mis à la tête de toutes ces paroisses et lorsqu'il en eut attrapé un certain nombre, il a rendu lui-même une ordonnance par laquelle il était dit *de par le Roi et M. Thuro,* il est ordonné à tout particulier et autre de prendre les armes et de se joindre à la troupe sous peine d'être condamné à 8 livres d'amende par chaque contrevenant... »

Ce qui est positif c'est que la question d'accaparement des blés affolait tout le pays. Des propriétaires de différentes communes du canton cherchaient à dissimuler ou détourner leurs grains, dans la crainte d'être volés ; des habitants s'en plaignirent et firent appel au procureur de la commune d'Ainay qui résolut de faire transporter ces grains dans la ville ; c'est pourquoi nous lisons : « Aujourd'huy trente un may mil sept cent quatre-vingt-dix heure de huit du matin, c'est présenté par devant nous maire et officiers municipaux de cette ville d'Ainay-le-Château maître Jean-Baptiste Mazerat procureur de la Commune qui a rapporté qu'il a reçu différentes plaintes des habitants de la paroisse de Valigny-le-Monial, et spécialement à la matinée par Jean Villiers marchand et par Pierre Berrenat, journallier, consernant les enlevemens nocturnes et détournemens qui se font des bleds qui étoient dans leur paroisse, ainsy que de la résistance que les propriétaires d'iceux font à en livrer à ceux qui n'en ont point ; ce qui les détermine à requérir que nous aïons à ordonner aux maire et officiers municipaux de ladite paroisse de Valigny qui fait partie de notre canton, d'assigner les habitans de la même paroisse pour faire scrupuleusement la visite et recherche dans tous les bâtimens qui sont sur ladite paroisse, affin d'estre fait une liste exacte et fidelle du nombre et espèce de grains qui se trouveront dans lesdits batiments, pour d'après estre déposés en notre greffe, et par nous avisé sur l'emploi qui en sera fait ; sur laquelle représentation et réquisition, faisant droit nous, maire et officiers municipaux susdits, ordonnons que ce jourd'huy ou au plus tard dans le jour de demain, la visite requise sera faite par les habitans de Valigny, les officiers municipaux de laditte paroisse à leur tête, Et cela avec toute la prudence et décence requise en pareil cas faisant même deffence très expressément d'user d'aucune voix de fait aux peines de droits, Nous réservant pour le fait de la tranquilitée de requérir, par acte séparé à Monsieur le Commandant de la garde nationale, un détachement, Ordonnons que la liste qui sera exactement de l'espèce des grains, et de la quantité des mesures qui se trouveront, sera sur le champ déposée en notre greffe, affin que sur le vu d'icelle et sur les conclusions du procureur de la commune, nous soyons à même d'ordonner le transport desdits grains en cete vile, ce qui sera exécuté par provision, En cas d'appel ou opposition, non obstant et sans y préjudicier ; s'agissant du bon ordre, de la sûreté et de la tranquilitée publique (1) . »

Sur ces entrefaites, toutes les municipalités du district de Cérilly, obéissant à l'invitation faite par la commune de Paris d'envoyer dans la capitale des

---

(1) Documents de M. Chavaillon.

mandataires chargés de les représenter à la Fédération des gardes nationales du royaume, adressèrent leurs délégués à Cérilly le 26 juin. Charles-François Theurault de la Roche, commandant de la garde nationale d'Ainay, y fut délégué par cette ville avec MM. Nourrisset, Duranjon, Bujon, capitaines ; Durand, volontaire ; Périnet, lieutenant ; Lauzier, aide-major ; Rétif et Lauzier, soldats ; Barnabé Aubin, sergent. Tous les divers délégués des gardes nationales du district devaient élire 5 députés chargés de « se rendre d'ici au 14 juillet à Paris, à l'effet d'assister à la Fédération et de se munir chacun des pouvoirs de leurs concitoyens à l'effet d'adhérer pour eux au parti fédératif national (1). » Par 9 voix sur 12, Charles-François Theurault de la Roche fut député par la garde nationale d'Ainay-le-Château. Il n'avait pas oublié l'opposition que les officiers municipaux lui avaient faite au 20 mai ; ses officiers et soldats s'en souvenaient également avec autant de mécontentement que lui, et ils le prouvèrent en lui écrivant — durant son séjour à Paris (2) — la lettre suivante : « Monsieur ; Nous avons l'honneur de vous adresser ci-joint un mémoire que vous aurez la bonté de présenter à M. de

(1) GEORGES BODARD, Cérilly et les environs. — Les Fêtes de la Révolution et le citoyen Jean-François Bourgoing.

(2) Nous avons retrouvé son billet de logement : « N° 1722 — Confédération nationale. — MM. les R. P. Recollets, demeurant rue du Faubourg Saint-Martin, ayant offert de loger cinq députés à la Confédération Nationale, est prié de vouloir bien recevoir MM. Theurault, Boyer, Cuissard, Liage, des Ingarans, députés du département de l'Allier, district de Serilly. A Paris, le 9 juillet 1790 : Bailly, maire ; Charon, président des députés pour le pacte fédératif ; Cornu, président du comité ; Boutibonne ; Barnier, secrétaires ; Michelin. » — Documents de M. Chavaillon.

La Fayette ; nous le supplions de s'intéresser pour nous auprès de MM. les députés de l'Assemblée Nationale, afin que notre demande ait l'effet que nous avons lieu d'en attendre. Nous nous flattons que vous ferez tous vos efforts pour que cette juste pétition soit prise en considération ; et vous avez donné trop de grandes preuves de zèle et de patriotisme dans toutes les circonstances pour que nous ne nous reposions pas sur vous du succès, s'il dépend de vos soins. Nous vous prions comme notre représentant à la Fédération du 14 juillet et notre commandant en chef, de faire agréer nos très humbles respects à notre illustre général (1) et de lui assurer que le grand nom de La Fayette, qui est profondément gravé dans nos cœurs, ne sort jamais de notre bouche sans nous causer des tressaillements de joie et de reconnaissance. Nous sommes avec un respectueux attachement, Monsieur, vos très humbles et très obéissants serviteurs les officiers et soldats de la garde nationale d'Ainay-le-Château : Duranjon, capitaine ; Dalodier, major ; Bujon, capitaine ; Nourrisset, capitaine ; Duranjon, lieutenant ; Rétif, sous-lieutenant ; Duranjon ; Lauzier, sous-lieutenants ; Lauzier, aide-major ; Barbier ; Durond ; Paulat, soldats. — P. S. : Nous avons l'honneur de vous donner avis que M. le Maire nous ayant promis depuis hier matin de signer notre mémoire avec sa municipalité, nous avons attendu à le clore jusqu'à ce soir veille de la poste ; alors il nous a remis à demain neuf heures ce qui nous mettroit dans le cas de retarder de trois jours ; voyant sa mauvaise volonté ordinaire, son refus ne nous a pas arrêtés (2). »

(1) La Fayette était général-commandant en chef de toutes les gardes nationales du royaume.
(2) Dossiers de M. Chavaillon.

Quel était l'objet de ce mémoire ?... Nous n'avons pu le découvrir d'une façon certaine ; il semble très probable qu'il avait trait à l'armement des gardes-nationaux et que, sur l'avis de Theurault de la Roche, il fut refait et rédigé à nouveau de façon à être signé d'un certain nombre de membres de la municipalité. En effet, nous voyons daté d'Ainay le 20 août 1790, un autre « mémoire adressé à l'Assemblée Nationale, par la garde nationale et autres de la ville d'Ainay-le-Château, district de Cérilly, département de l'Allier », dont voici la teneur :
« Messieurs ; Nous vous supplions avant d'examiner l'objet de notre pétition d'agréer notre dévoûment et le profond respect que nous avons pour vos illustres travaux qui font le bonheur de l'empire français et d'excuser la liberté que nous prenons de vous fatiguer de nos demandes fondées sur le vif intérêt que vous prenez à la chose publique. Nous osons nous adresser à vous avec d'autant plus de confiance que vous semblez ne vouloir compter vos jours que par des actes de justice et de bienfaisance, pour vous représenter que notre ville se trouvant entourée de gens de bois, de forges et autres, toujours prêts à la révolte et à exciter le trouble comme ils ne l'ont que trop fait voir, elle ne peut absolument se passer d'armes, mais comme cette malheureuse ville est absolument épuisée tant par les réparations qu'elle a été obligée de faire à frais communs que par la longue cherté des subsistances qu'elle éprouve depuis trop longtemps, elle se trouve dans l'impuissance de s'armer à ses frais. C'est pourquoy, Messieurs, nous avons recours à vous afin que vous ayez la bonté de donner des ordres au département de l'Allier pour que nous en soyons pourvus. Ce n'est pas dans la seule vue de notre

propre défense que nous avons l'honneur de vous faire cette demande, mais c'est afin que nous soyons dans le cas de porter du secours à ceux qui pourroient nous en requérir et de maintenir l'ordre et la tranquillité publiques comme nous nous y sommes engagés par la fédération que nous venons de faire et comme nos cœurs nous y portent. Ce sera enfin un moyen de signaler notre patriotisme en protégeant de tout notre pouvoir l'exécution de vos décrets. C'est avec la plus humble soumission, Messieurs, que nous attendons votre acquiescement ou votre refus à notre demande et quelle que soit votre décision, nous n'en serons pas moins attachés à la glorieuse révolution que vous vous empressez d'opérer pour le salut de la France : Dalodier, major ; Duranjon, Ruffray, Bujon, Nourisset, capitaines ; Duranjon, Duranjon, Périnet, lieutenants ; Lauzier, aide-major ; Duranjon, Lauzier, Rétif, Mazerat, sous-lieutenants ; Barbier, Paulat, Aubin, Bonneau, sergents ; Thomas, Duron, Thomas, soldats ; Theurault, procureur du roi ; Buffault, notaire roïal ; Durand, notable ; Huet, lieutenant-général de police ; Rétif, Dumont, notables ; Bujon, contrôleur des actes ; Duchenet, notable ; Mazerat, notaire roïal ; Mazerat, procureur de la commune (1). » Comme suite à cette requête, la commune d'Ainay reçut 12 fusils lors de la distribution qui fut faite le 5 août 1791 aux gardes nationales du canton de Cérilly (2)...

On le voit donc, l'histoire de la Révolution à Ainay-le-Château jusqu'à la fin de 1790, c'est, pour une large part, l'histoire de la garde nationale de

(1) Documents de M. Chavaillon.
(2) Arch. de l'Allier : L, 112.

cette ville dont la puissance, née des événements, se heurta à l'autorité municipale et sembla, pendant un temps, tout absorber dans la cité... Il n'était question que de la garde nationale et, le 29 septembre 1790, Theurault de la Roche — sans s'inquiéter du maire, — pouvait proposer à ses miliciens « conformément aux promesses faites à la Fédération de Paris » de renouveler tous les ans, à la mémoire des gardes-nationaux tués à Nancy, le service anniversaire qu'ils venaient de faire célébrer « ce jourd'huy même, en l'église des Révérends Pères Recollets (1). » Néanmoins, allaient naître des préoccupations d'un ordre plus sérieux, donnant une autre orientation à l'activité des Castellainaisiens.

Le 2 novembre 1789, — sur la proposition de Mirabeau, — l'Assemblée Constituante avait décrété que tous les biens ecclésiastiques seraient mis à la disposition de la Nation ; — le Clergé étant considéré, non comme propriétaire, mais seulement comme administrateur de ces biens ; — moyennant quoi l'Etat prendrait à sa charge les frais du culte, l'entretien de ses ministres (2), et pourvoirait au soulagement des indigents. Le 19 décembre, Jean-Baptiste Treilhard avait présenté son fameux rapport sur les ordres religieux au Comité ecclésiastique de l'Assemblée ; en février 1790, les vœux monastiques avaient été supprimés et l'on avait

---

(1) Documents de M. Chavaillon.
(2) On promettait aux curés un traitement annuel de 1.000 à 1.200 livres ; [Dr Cornillon, *Le Bourbonnais sous la Révolution Française*, I, p. 211]. Ce n'était déjà plus ce qui avait été proposé en 1789, à savoir : un traitement fixe de 1.000 à 2.500 livres pour les curés ; et, pour les évêques, de 10.000 à 50.000 livres. [Dr Cornillon, I, p. 187].

décrété la dissolution des congrégations de l'un et l'autre sexe ; enfin les expertises et inventaires pour la vente des biens du clergé avaient été prescrits dès le mois de mai 1790 (1). Quelques semaines plus tard, l'église des Recollets d'Ainay était fermée au culte et ce fût sous ses voûtes que se tint la réunion des gardes nationaux, convoqués dans le but de choisir leurs délégués chargés d'aller à Cérilly, le 26 juin, élire les députés des gardes nationales du district à la Fédération générale qui devait avoir lieu à Paris le 14 juillet. Le procès-verbal de cette réunion, signé de tous les officiers de la garde nationale d'Ainay-le-Château, se termine par cette mention : « Fait et dressé le présent acte en l'église des Révérends Pères Recollets de cette ville où l'on s'est assemblé à cet effet, en présence des soussignés (2) », le 24 juin 1790.

Mais, comme deux mois plus tard, rien n'avait été encore commencé au sujet des expertises prescrites, un décret du district de Cérilly représenta le 26 août que « d'après les instructions de l'Assemblée Nationale, il devait être fait dans toute communauté religieuse un inventaire des biens ; que cet inventaire n'existant pas encore pour la maison des recollets d'Ainay, le Directoire désignait pour y procéder les sieurs Jacques-Vincent Bujon et Theurault [ci-devant procureur du Roi à Ainay-le-Château], administrateurs du canton d'Ainay (3). » Et le samedi 28 octobre 1790, des experts furent nommés pour faire l'estimation des revenus annuels des

---

(1) L'aliénation s'en fit d'une façon à peu près uniforme par toute la France. On y procéda généralement de 1791 à 1794 et, exceptionnellement, plus tard.
(2) Dossiers de M. Chavaillon.
(3) Arch. de l'Allier : Registres du directoire de Cérilly.

biens nationaux situés dans l'arrondissement de Cérilly ; car la vente de ces biens devait s'effectuer par lots et « le prix des lots était fixé d'après le revenu net effectif ou arbitré, mais à des deniers différents selon la nature des biens qui, à cet effet, étaient rangés en quatre classes : 1° propriétés rurales, consistant en terres labourables, prés, vignes, bâtiments d'exploitation ; — 2° rentes et prestations en nature ; droits casuels ; — 3° rentes et prestations en argent ; — 4° toutes les autres espèces de biens à l'exception des bois (1). » Pour les parties en « censives ou directes » désignées dans la troisième classe du titre Ier, article 3, des Lettres Patentes du 25 juillet 1790, furent désignés comme experts dans l'arrondissement : les sieurs Claude d'Héré (2), arpenteur-royal demeurant à Vallon ; et Jean-François Bourgoing, arpenteur-royal habitant à Cérilly. Pour toutes les autres parties de ces biens, furent désignés : les sieurs Huet, ancien maître de forges à Ainay-le-Château ; Jean-Baptiste Paquier, fermier à Montchenin ; Jean Petitjean, propriétaire aux Cloux, paroisse de Bourbon ; Jean Madet, propriétaire à Ygrande ; André, fermier à Mazières, paroisse du Brethon (3).

Le sieur Huet ne dut pas tarder à exécuter la mission qui lui avait été confiée, et — vu la popularité des Recollets à Ainay-le-Château, — les officiers municipaux eurent peut-être l'appréhension de quelques désordres lorsqu'il faudrait procéder à l'expertise des biens de ces religieux, car ils requirent « le commandant de faire mettre sous des

(1) Dr CORNILLON, *Le Bourbonnais sous la Révolution Française*, I, pp. 212-213.
(2) *Alias* Dhéré.
(3) Arch. de l'Allier : L, 107.

armes un détachement de la garde nationale pour conduire avec les tambours et les drapeaux, M. Huet, juge de paix, des Recollets en sa maison, le 17 novembre 1790 (1). » Les Recollets qui aimaient la ville où ils résidaient, avaient toujours été très sympathiques aux Castellainaisiens (2) ; ceux-ci essayèrent de les protéger dans la tourmente. Le 5 janvier 1791, les officiers municipaux adressèrent au district une lettre dans laquelle ils représentèrent que ces religieux étaient dans la dernière extrémité « et que s'ils n'eussent eu autant de conduite et de ménagement qu'ils avaient, ils n'auroient pu subsister et cesseroient de le faire, s'ils ne recevaient le bienfait que la nation leur avait accordé (3)... » Le P. Ferdinand Houdebert, continuaient les officiers municipaux, « est gardien ; le P. Henri Tardiveau,

(1) Dossiers de M. Chavaillon.
(2) Nous en voyons la preuve dans cette lettre qu'écrivait de Saint-Agnan, le 8 mai 1790, le P. H. Tardiveau à « M. Legay, bourgeois, place du faubourg à Ainay-le-Château : Je m'ennuie, Monsieur et bon ami, d'être si longtemps absent de jolie ville d'Ainai, ne riés pas, jolie pour moi à quelques égards ; à d'autres je me tais de peur de trop dire ou de ne pas dire assez. Je fais faire dimanche la première communion à mes enfants, la semaine prochaine est encore occupée comme vous savés, en bon chrétien ; enfin, après s'être promené dans les champs, être monté au ciel si nous le pouvons avec Notre-Seigneur, il faudra faire comme le Paraclet un petit retour sur la terre ; ce sera donc vendredi que je pourrai voir le païs d'Ainai. Je ne promets pas d'y être le Paraclet pour tous, mais peut-être pour quelques-uns... » *Signé* : « F. Henry, recollet *quodcumque sit.* »
(3) D'après la loi, ils devaient recevoir annuellement 900 livres jusqu'à 50 ans ; — 1.000 livres jusqu'à 70 ans ; — 1.200 livres après 70 ans. Et les frères lais ou convers devaient jouir de 300 livres jusqu'à 50 ans ; — 400 livres jusqu'à 70 ans ; — et 500 après. [Dr Cornillon, I, p. 189].

prédicateur ; le P. Colbert Nizerolle, frère tierçaire : tous trois composent la maison d'Ainay (1)... » Le but des Castellainaisiens était d'obtenir que le couvent fut converti en maison de retraite pour les Recollets désireux d'y vivre en commun, tout en se conformant à la loi qui leur interdisait de se reconstituer en congrégation et de faire de nouvelles recrues. Or, le 20 janvier 1791, « le procureur-syndic du Directoire de Cérilly, vu la requête des municipalités composant le canton d'Ainay, considérant que les secours spirituels qu'ont donné jusqu'à ce jour les Recollets d'Ainay-le-Château à cette ville et à toutes les paroisses voisines manqueraient si on ne suppléait à leur absence par de nouveaux vicaires, considérant que la maison de ces religieux est très-propre à faire une retraite pour les ecclésiastiques de cet ordre qui voudraient vivre en communauté, et que par la vente qui pourrait en être faite, l'état ne retirerait qu'une légère somme, estima que la requête des municipalités devait être accueillie (2). » De leur côté, les Recollets, soucieux de conserver la bienveillance des autorités locales, se soumirent aux nouvelles lois relatives à la Constitution civile du clergé et, cinq jours plus tard, firent la déclaration suivante : « Nous soussignés Recollets de la communauté d'Ainay-le-Château, nous sommes présentés par devant Maître Nicolas-François Legay, greffier de la municipalité dudit Ainay et avons indiqué le jour de dimanche prochain pour prestation de notre serment requis par le décret du 27 novembre 1790. A Ainay, ce 25 janvier 1791 : F. Ferdinand Houdebert, recollet, gardien ; F. Henry Tardiveau, re-

---

(1) Arch. de l'Allier : L, registre 108.
(2) Arch. de l'Allier : L, registre 105.

collet (1), » En outre, désireux de voir se continuer la protection qu'ils s'étaient conciliée, les religieux, — se conformant sur ce point à l'ordre de l'Assemblée (2), — produisirent l'état détaillé de leurs recettes et de leurs dépenses. Cet état fut examiné le 27 février 1791 et « le compte des Recollets d'Ainay pour 1790 fut accepté sans débat (3) » ; il s'élevait à 388 livres. Cette communauté, était-il dit dans le rapport des examinateurs, « est composée de deux pères qui sont François-Joseph Audebert, nommé père Ferdinant, gardien, âgé de 54 ans ; et Henri Tardiveau, âgé de 54 ans. — *Frères convers* : Gilbert Nizerolle, âgé de 55 ans » ; aux termes des décrets, leur traitement s'élève, savoir :

Pour Audebert . . . . 800 livres.
Pour Tardiveau . . . . 800 »
Pour Nizerolle . . . . 400 »

« Se montant toutes lesdites sommes à 2.000 livres dont ils ont reçu 388 suivant leur compte, et doivent à raison du tiers de leur contribution patriotique ; savoir : le P. Ferdinant et le P. Henri, chacun 66 livres 13 sols 4 deniers, faisant 133 livres 6 sols 8 deniers ; qui font 521 livres 4 sols 10 deniers qui, déduits de 2.000 livres, font 1.478 livres 13 sols 11 deniers, somme qui reste due à la maison des Recollets pour 1790 » :

---

(1) Et ensuite est écrit : « J'accède à la déclaration cy-dessus : Perceau, ancien curé de Saint-Bonin. » [Documents de M. Chavaillon].
(2) Voir Dr CORNILLON, I, p. 196.
(3) Il n'en fut pas de même, comme nous le verrons plus bas, pour le compte du curé.

Pour les trois premiers mois de 1791 :

Pour Audabert . . . . 200 livres.
Pour Tardiveau. . . . . 200 »
Pour Nizerolle . . . . 100 »

soit 500 livres, réduites par un calcul analogue à 466 livres 13 sols 4 deniers (1). D'après ces quelques chiffres, on comprendra facilement que les pauvres religieux pussent être « à la dernière extrémité » ; et que leur subsistance fut un problème. Néanmoins, l'espoir qu'ils avaient de se voir autorisés à achever leurs jours en commun dans le vieux couvent d'Ainay-le-Château leur faisait supporter courageusement les privations, et certains d'entre eux qui, natifs d'Ainay, résidaient au loin, demandèrent à revenir dans leur ville natale : C'est ainsi que le 8 avril 1791, les membres du district de Cérilly déclaraient : « Il n'y a aucune difficulté à faire employer le P. Barnabé Bujon (2), recollet de la ci-devant communauté de Château-du-Loir, âgé de 61 ans, qui a déclaré qu'il voulait se retirer en la ville d'Ainay, sur les états des ecclésiastiques du district pour lui être payée la somme de 800 livres (3). » Ce désir de vivre en paix avec la municipalité, dans l'observance stricte des lois, c'est-à-dire en agissant comme *administrateurs du couvent*, est nettement indiqué dans une lettre où, le 10 juin

---

(1) Arch. de l'Allier : L, rég. 110.

(2) Jean Bujon, né le 4 décembre 1729, [dixième enfant de Jacques Bujon des Brosses et de sa première femme, Anne Theurault], entra en religion sous le nom de Père Barnabé, et mourut le 24 messidor, an X. — Il ne faut pas le confondre avec un de ses frères, plus jeune, Barnabé Bujon, religieux de l'ordre de Saint François, qui mourut à Vernais.

(3) Arch. de l'Allier : L, 112.

suivant, « le sieur Tardiveau, ci-devant recollet à Ainay, apprend au directoire que dans l'enclos des Recollets de cette ville, le foin est bon à couper et à vendre ». A la réception de cette missive, le Conseil décida que le foin serait vendu sur pied huit jours après annonce de la vente (1)...

Mais les événements qui précipitaient la marche de la Révolution, eurent leur répercussion en province. Les membres du district de Cérilly se montrèrent moins bienveillants, tandis que les officiers municipaux d'Ainay-le-Château continuèrent à protéger les religieux, — leurs concitoyens. C'est pourquoi, le 25 décembre 1791, fut « rejetée la requête des officiers municipaux d'Ainay demandant le maintien de l'église des Recollets comme oratoire ou comme succursale (2). » Et, en même temps la municipalité était autorisée à transférer sa salle des délibérations dans un appartement dépendant de cette communauté ; mais cet état de choses ne devait pas durer. En effet, — par suite d'une délibération du directoire en date du 30 janvier 1792, — le 4 février suivant, il fut procédé à « Ainay à la vente des meubles existants en la maison des Recollets reconnue impropre à servir de maison commune ». La dite vente eut lieu en présence des administrateurs du district, J. Brault et J. Fr. Bourgoing qui étaient chargés d'en dresser un inventaire et qui avaient mission « de porter, s'il en existait, les reliques à la cure » ; elle produisit un total de 886 livres 18 sols, somme payée par divers acquéreurs dont les deux principaux étaient Duranjon et Renon. Cette vente fut une suite et une consé-

---

(1) Arch. de l'Allier : registres du directoire de Cérilly.
(2) Arch. de l'Allier : L, 105.

quence de la décision du directoire, en date du 3 janvier 1792, « arrêtant que les vases, meubles, cloches et ustensiles de cuivre provenant des maisons religieuses seraient envoyés à La Charité pour y être probablement fondus ». Et c'était déjà la sieur Bourgoing (1) qui avait été nommé commissaire à l'effet de procéder « à l'envoi au district de Cérilly chargé de les centraliser, des objets de ce genre contenus dans l'église des Recollets, ainsi que du linge d'église et des ornements (2). »

Quelques jours après ces événements, le 11 février, arrivait au directoire une « requête du sieur Duranjon, ci-devant recollet, demandant conservation de la maison desdits religieux à Ainay. » C'était trop tard de quelques jours. On répondit à cette requête qu'il avait été spécifié qu'il serait procédé à la vente de cette maison « désertée par les religieux... dans le temps même où, sur la pétition de la municipalité d'Ainay, il paraissait décidé qu'on la conserverait si on trouvait des Recollets en nombre suffisant pour la compléter... Le sieur Duranjon — ajoutaient les membres du district, — arrivé de Tours où il aurait pu manifester le grand attachement pour le cloître qu'il étale aujourd'hui (3) », ne paraît pas fondé dans sa demande... Etienne Duranjon, dont il est ici question, espérait sans doute, grâce à l'appui de son frère, membre du corps municipal, et de ses

(1) Jean-François Bourgoing [fils de Jean-Baptiste Bourgoing et de Marie Paulier, d'Issoudun], principal du collège de Cérilly en 1765, procureur de la Commune en 1791, avait épousé, le 25 juin 1766, Louise Peron de Lingean [fille de Jacques Péron, bourgeois, et de défunte Marie-Anne Béquas], dont postérité.

(2) Arch. de l'Allier : registres du directoire de Cérilly.

(3) Arch. de l'Allier : L, 106.

autres parents, officiers de la garde nationale, obtenir une réponse favorable à sa demande. Non seulement il n'en fut rien, mais l'infortuné religieux fut le onzième des déportés qui firent partie du premier envoi sur les pontons, envoi qui fut porté à la connaissance du district de Cérilly, le 27 mai 1793 par un « avis de déportation à la Guyane Française du Sieur Duranjon, ci-devant recollet à Ainay, qui demandait de retourner dans cette ville sous la protection de son frère, officier municipal (1). » Il mourut un an après, le 9 novembre 1794 et fut inhumé au fort Vaseux (2).

Les Castellainaisiens tentèrent un suprême effort pour essayer d'empêcher la vente du couvent : Ce fut en vain. Le 26 juin 1792, malgré « la pétition du Conseil général de la commune d'Ainay-le-Château et des procureurs-fabriciens en exercice, expositive qu'aux termes de plusieurs délibérations de la commune de ladite ville d'Ainay, notamment de celles du 5 mai 1617 et du 25 mai 1619, les habitants, de concert avec les procureurs-fabriciens, fondèrent la maison conventuelle des ci-devant Recollets et, pour cet effet, abandonnèrent un terrain appartenant à la fabrique dud. Ainay ; que lad. maison conventuelle qui appartient incontestablement à la commune d'Ainay, se trouve comprise dans la liste des biens nationaux à vendre ; .....que ladite commune, désirant au moyen de la suppression de cette communauté rentrer dans la propriété d'icelle

---

(1) Arch. de l'Allier : L, 107.

(2) Il avait aussi un frère prêtre : Jean-Baptiste Duranjon, qui devint vicaire, puis curé d'Ainay en 1792 et qui, en 1802, résidait en cette ville. [Arch. de l'évêché de Clermont : Ab, 5. — Arch. de l'Allier : L, 106]. — Voir le chanoine CLÉMENT, *Le Personnel concordataire dans le département de l'Allier*.

maison et, dans ce but, forme opposition à la vente (1)... » malgré cette pétition, disons-nous, le district de Cérilly estima semblable opposition inadmissible. Le couvent des Recollets était donc condamné. Il fut vendu avec ses dépendances, le 25 août 1792, à Jean Jarrouflet, moyennant le prix de 12.100 livres (2). Que devint-il par la suite ?... — Tout ce que nous pouvons dire, c'est qu'actuellement il n'en subsiste que quelques ruines à peine visibles, au sommet de la côte qui garde son nom.

S'il est certain que les comptes des Recollets, afférents à l'année 1790, furent acceptés sans contestation par le district de Cérilly, il n'en alla pas de même du compte présenté par le curé, M. Lapaire. Celui-ci, en effet, reçut le 17 mars 1791, une lettre dans laquelle on lui demandait, — pour pouvoir formuler un avis sur son envoi détaillé des revenus de sa cure durant l'année 1790, — communication de la quittance de M. Goambeau à qui 200 livres avaient, paraît-il, été payées ; ainsi que la quittance de 61 livres 12 sols de redevances, dues et payées par la cure d'Ainay à l'abbaye de Charenton (3). Ces pièces communiquées, le compte fut approuvé quant au chapitre des recettes, sauf pour l'article 27, dans lequel M. Lapaire évaluait « son vin à 26 livres la pièce qui devoit l'être à 33 », ce qui faisait 231 liv. au lieu de 182 ; d'où une recette totale de 1.515 liv. 10 sols. Mais au chapitre des dépenses, les annotations suivantes étaient inscrites : « Art. 1er ; exorbitant... doit être réduit à la somme de 110 livres qu'a

---

(1) Arch. de l'Allier : L, 106.
(2) Dr CORNILLON, *Transmission de la propriété dans l'Allier pendant la Révolution Française* ; — *Vente des biens nationaux*, I, p. 113.
(3) Arch. de l'Allier : L, 108.

produit la vente de la paille, et à celle de 59 livres, qui fait le treizième de la vente des grains pour les avoir fait écosser ; soit 169 livres. — art. 2 ; doit être réduit au quart du produit de la récolte qui est de 57 livres 15 sols ; d'où, au lieu de 127 livres, 57 livres 15 sols ; — art. 6 ; rayé, attendu que le curé doit payer ses impositions (1). »

On le voit, les comptes étaient vérifiés et soigneusement épluchés. Il en fut de même pour la fabrique : M. Jean Dhoüan, ancien procureur fabricien dont nous avons déjà parlé, avait exercé les fonctions de comptable du 31 décembre 1786 au 31 décembre 1788. Pour quelles raisons conserva-t-il par devers lui les fonds et les titres de la fabrique ? Nous l'ignorons ; mais il est positif que ce fut seulement le 12 juillet 1792 qu' « estend au banc de l'œuvre sous les yeux des procureurs fabriciens en exercice de l'église paroissialle de la ville d'Ainay-le-Château, le Conseil général de la commune présent et duement invité, Jean Dhouan » justifia sa gestion. L'actif, comprenant l'excédent des recettes antérieures, les cens et rentes, les fondations, les fermages des terres et des dîmes, les droits de layde, le produit des quêtes et offrandes particulières s'élevait à 3.087 livres 2 sols 6 deniers. Les dépenses montaient à 901 livres 4 sols 6 deniers, y compris une somme de « cinquante-neuf livres douze sols pour le déficit qu'a soufferte en 1790 la fabrique, de cette somme avancée par le rendant en conséquence d'autorisation du général des habitants pour achapt de bled pendant la disette de lad. année, ainsy qu'il résulte de l'acte de la municipalité du 19 juillet aud. an 1790 ». Cette pièce fut naturellement envoyée au district ; et

---

(1) Arch. de l'Allier : L, 110.

voici ce qu'on répondit : « Vu le présent compte et les pièces y jointes, nous, administrateurs du district de Cérilly, consulté et ouï le procureur-sindic, nous sommes d'avis que tous les articles du chapitre de recettes doivent être alloués sans aucun changement, et arrêtés à la somme de 3.087 livres 2 sols 5 deniers ; — que les vingt-un premiers de dépense doivent être semblablement alloués sans aucun changement ; pour le 22e article, montant à 59 livres 12 sols employés, suivant le rendant, en achât de bled en 1790, nous estimons que leditartic le ne doit pas être passé en compte, le sieur procureur fabricien n'ayant pas été autorisé légallement à faire cet emploi des deniers de la fabrique..... » Approbation fut donnée à cette vérification par les administrateurs du directoire du département de l'Allier qui, le « 18 octobre 1792, l'an I de la République française », arrêtèrent en séance publique à Moulins, le susdit compte à 3.087 livres 2 sols 5 deniers pour les recettes ; et 841 livres 12 sols 6 deniers pour les dépenses ; ce qui constituait un reliquat de 2.245 liv. 9 sols 11 deniers, que M. Dhoüan fut obligé de parfaire, en fournissant 59 livres 12 sols de ses deniers personnels, et de verser ensuite entre les mains de son successeur M. Bujon, procureur-fabricien en exercice, qui en donna quittance le 30 octobre.

Semblable mésaventure advint également le 3 janvier 1793 à M. Antoine Buffault (1) qui avait exercé

---

(1) Antoine Buffault était issu « de la famille la plus honnête du Berri ». Né à Chateauneuf en 1757, il était fils de J. B. Buffault que M. de Varennes qualifie « ancien lieutenant de cavalerie », et qui d'après les Lettres de Provisions en sa faveur adressées audit M. Jolly de Varennes, grand-prévôt général des maréchaussées, le 12 mai 1770 [signées Louis] ; et d'après un certificat en date du 17 novembre de la même année, signé

les fonctions de procureur-fabricien de 1789 à 1791. Le relevé de ses comptes faisait ressortir un chiffre de recettes s'élevant à 1.824 livres 5 sols 6 deniers, et un total de dépenses de 1.165 livres 19 sols ; après quoi, M. Buffault établissait un chapitre de reprises constitué par les défalcations de sommes qui ne lui avaient pas été payées et qui provenaient de locations de bancs pour lesquelles des différends avaient surgi. Ces locations non perçues, montaient à la somme totale de 110 livres 7 sols 6 deniers qui, dis-

Estienne-Henry Gaïault de Vic, mestre de camp de cavalerie, — justifiait de seize ans de services tant dans Nicolas-Dragons que dans Anjou-Cavalerie ; et, de vingt-et-une autres années en qualité de commandant de brigade et d'exempt dans la maréchaussée de Berry. — Sa mère se nommait Marie Lami, née à La Châtre, le 14 juin 1724 ; [fille de François Lami, bourgeois de La Châtre, et de Marie Dupuis]. Antoine Buffault travailla la procédure, puis il servit en qualité de sergent-major au régiment provincial de Paris [compagnie de Migny], pendant 6 ans, ainsi que le démontre un congé à lui délivré par le chevalier de la Barre, capitaine chargé des détails, le 10 août 1783. A cette époque, Antoine Buffault résidait chez son frère, Gaspard-Edme Buffault, desservant de la paroisse de Sancergues [puis ensuite curé de Trouy]. Il avait sollicité, en 1779, une place dans la maison de l'archevêque de Paris et sa demande fut alors appuyée par le duc de Charost, la marquise de Lostanges, la vicomtesse de Mérinville, l'archevêque de Bourges, le marquis de Seignelay, etc. Il acquit, en 1785, la charge de notaire-royal de la ville de Charenton en résidence à Ainay, dont était titulaire M. Sabardin et, depuis lors, il demeura à Ainay, où il épousa, le 14 août 1790, Marie-Anne Bujon [fille de Jacques-Vincent Bujon des Brosses et de Marie-Elisabeth Bujon de l'Etang]. Il laissa : — *a*) François-Frédéric Buffault, qui fut notaire à Ainay ; — *b*) Jacques-Vincent Buffault, conscrit de 1811, notaire à La Charité ; — *c*) Marie-Jeanne-Emilie Buffault, célibataire ; — *d*) Edme-Gaspard Buffault, conscrit de 1813, ancien notaire qui, en 1864, demeurait à Urçay où il était marié à Mathilde Berthomier-Chéron, et dont la postérité subsiste encore ; — *e*) Marie-Sophie-Clémence Buffault.

traite de l'excédent du montant des recettes sur les dépenses [1824 livres 5 sols 6 deniers — 1.165 livres 19 sols = 658 livres 6 sols 6 deniers], ne faisait plus ressortir entre les mains du procureur-fabricien qu'une plus-value de 547 livres 19 sols. Les vérificateurs, le 11 juillet 1793, an II de la République française, refusèrent de sanctionner cette manière d'opérer : « ..... Attendu que le citoyen Buffault ne justifie d'aucune poursuite par lui exercée pour se procurer le recouvrement des sommes dont il demande la reprise, estimons que la recette par lui faite doit être définitivement arrêtée à la somme de 1.824 livres 5 sols 6 deniers, et la dépense à celle de 1.165 livres 19 sols ; qu'en conséquence ledit citoyen Buffault doit être déclaré débiteur de la somme de 658 livres 6 sols 6 deniers, laquelle il sera tenu de verser entre les mains de qui il appartiendra *en mêmes et semblables espèces qui avaient alors cours,* conformément à la loy, sauf son recours ainsy qu'il avisera contre les débiteurs (1)... » Cette dernière clause était désastreuse pour M. Buffault, car en 1789, 1790 et même 1791 on voyait encore circuler du numéraire, tandis que dès 1792, la circulation fiduciaire existait presque seule, et l'assignat avait déjà perdu la moitié de sa valeur car « à l'époque du 10 nivôse, an II, d'après l'échelle de dépréciation du papier monnoie du département de l'Allier, 53 livres numéraire valoit cent francs en assignats (2) » ; et

---

(1) Documents de M. Chavaillon. — Arch. de l'Allier : L, 107.

(2) Extraits de la délibération de Thébault de Latouche, Parmentier, hommes de loi, et Metge, défenseur officieux, en date du 25 messidor, an VI « après examen de l'acte de vente d'immeubles passé par devant le citoyen Gasche, notaire à Paris, le 18 ventôse, an III. Laditte vente d'immeubles et dé-

cette moins-value continua à s'accentuer tellement qu'au 18 ventôse an III « suivant l'échelle de dépréciation du papier monnoie du département de la Seine, 16 livres numéraire valoit 100 livres en assignats » ; et la dépréciation augmenta tellement que l'assignat arriva à tomber à 82 0/0 de sa valeur nominale !...

Il n'y avait donc pas à plaisanter avec les administrateurs du district ; pas plus de la part des fabriciens que de celle du curé dont le traitement — quelques jours après la rectification du compte qu'il avait présenté — fut maintenu à 1.200 livres par délibération du district, en date du 20 mars 1791 (1). Mais deux mois après, le 23 mai, le directoire constatait qu'en raison du grand nombre des paroisses, « dont beaucoup, disait-il, n'ont pas grande utilité », il y avait lieu d'opérer une réunion de certaines de ces paroisses et de leurs circonscriptions, de façon à pouvoir supprimer quelques cures et à ne pas pourvoir de titulaires celles qui avaient été abandonnées par les prêtres réfractaires ; c'est ainsi que fut ordonnée — dans le canton d'Ainay-le-Château — la réunion des paroisses de Braize, Isles et Saint-Benin à la paroisse d'Ainay (2). Cette réunion n'alla pas sans augmenter beaucoup les charges du ministère pastoral pour le curé de Saint-

---

pendances connus en terme du pays sous le nom de locature d'Avignon, situés dans la commune d'Ainay-le-Château, district de Sérilly, département de l'Allier, consentie par le citoyen Grégoire Pourrat et par la citoyenne Geneviève Gorin, sa femme, au profit du citoyen Pierre Bourdin, pour et moyennant la somme de treize cents francs d'assignats qui furent payés ledit jour 18 ventôse, an III... »

(1) Arch. de l'Allier : L, 112.
(2) Arch. de l'Allier : Registres du district de Cérilly.

Etienne d'Ainay ; aussi, le 14 août de la même année 1791, l'administration du district donna un avis favorable à la pétition des Castellainaisiens, tendant à demander un vicaire, à cause de l'âge, des infirmités du sieur Lapaire, curé de la paroisse, et de l'augmentation des fidèles par suite de la suppression des paroisses voisines (1). Cette augmentation devait être sensible en effet, car nombreuses furent — au bout de quelque temps — les églises supprimées, si nous en croyons un arrêté en date du 1er ventôse, an VII, qui nommait « le citoyen Buffault, secrétaire de l'administration municipale d'Ainay, pour expert, à l'effet de procéder à la division, en autant de lots que faire se pourrait sans nuire à l'aliénation des biens et à l'estimation des cy-devant églizes des communes de Valigny-le-Monial, Saint-Bonnet, Saint-Benin, Isle, Braize et Bardais ; le tout canton d'Ainay — provenant des églizes supprimées (2) ». Ceci nous montre que les fatigues alléguées par le curé Lapaire, du fait d'une augmentation de paroissiens, n'étaient pas imaginaires. Aussi le vicaire fut-il installé et succéda rapidement à son curé, si nous en croyons une délibération du 24 mai 1792, dans laquelle les membres du district estiment raisonnable que le traitement du sieur Duranjon (3), ci-devant vicaire, maintenant desservant la cure d'Ainay, soit porté à 1.200 livres ; mais tel ne fut pas l'avis du directoire du département qui maintint le traitement à 700 livres, somme que ledit curé touchait étant vicaire (4).

(1) Arch. de l'Allier : L, 105.
(2) Dossiers de M. Chavaillon.
(3) Jean-Baptiste Duranjon, frère d'Etienne Duranjon, recollet déporté et mort à la Guyanne.
(4) Arch. de l'Allier : L, 106.

Quant à Antoine Buffault, avant sa reddition de comptes, il n'avait pas craint d'adresser au district une pétition exposant que le dimanche 1er mars 1791, il était avec son collègue de la fabrique « au banc de l'œuvre » à l'issue des vêpres lorsque le maire le troubla et voulut le faire tenir sous prétexte qu'il voulait lui-même procéder à la nomination d'un « procureur-fabricien ». En conséquence, Buffault demandait l'exécution des arrêts « sur le fait des fabriques » ; et le directoire, par son arrêté du 27 janvier 1792, donna tort au maire et chargea le sieur Buffault de convoquer l'assemblée communale pour se faire élire un remplaçant (1). Les conflits de pouvoirs étaient à nouveau entamés... Des réparations étaient jugées nécessaires à l'église, les dissensions ne devaient pas manquer de se manifester sur le fait des attributions et prérogatives de chacun. Le 18 mai, en effet, sur la requête d'Antoine Buffault et de Jean-Baptiste Bujon, procureurs-fabriciens en exercice, le district statue que les officiers municipaux d'Ainay n'ont aucun droit de retenir les plan et devis des réparations à faire à l'église, déposés chez le maire par lesdits Buffault et Bujon, et qu'ils doivent les rendre à la Fabrique (2). A ce coup droit, J.-B. Sabardin, le maire, cherche à parer par l'envoi à Cérilly d'un réquisitoire en forme contre les procureurs-fabriciens, mais son attaque n'a pas de succès et, le 25 mai, le district réplique que « la mésintelligence qui paraît régner entre les procureurs-fabriciens et la municipalité doit être improuvée », et que les uns et les autres doivent être invités à user de conciliation pour ne pas donner à la com-

---

(1) Arch. de l'Allier : L, 106.
(2) Arch. de l'Allier : L, 106.

mune qui les a honorés de son choix l'exemple de la discorde (1). Deux mois se passent, les réparations ne commencent toujours pas et les tiraillements, les luttes continuelles se poursuivent : ce sont les officiers de la municipalité qui veulent, de leur propre autorité et pouvoir, mettre lesdits travaux de réfection en adjudication ; ce sont les fabriciens qui refusent, invoquant le décret du 23 octobre 1790...... bref, c'est l'anarchie. Une désicion du directoire de Cérilly, en date du 3 août 1792 y met fin cependant, en « commettant lesdites réparations à la diligence » de la Fabrique (2).

Au milieu de tous ces tiraillements les ventes des biens de la fabrique se poursuivaient normalement. Elles avaient commencé au début de 1791 (3), où, vers la fin de février, furent aliénées les chapelles de Saint-Roch et du Prieuré, ainsi que le constate un extrait des procès-verbaux des ventes des biens nationaux du district de Cérilly, daté du 25 février 1791 et conçu en ces termes : « .... Et ayant de suite fait crier en vente le dix-neuvième et dernier article de ladite affiche qui est une autre chapelle dédiée à Saint-Roch, une petite maison et une pièce de terre de six mesures, situées en la municipalité d'Ainay, dépendant de la cure dudit Ainay, porté par le procès-verbal d'enchères à cinq cents livres, personne ne s'étant présenté pour enchérir, il a été allumé un premier feu pendant la durée duquel mise a été faite par M. Theurault à six cents livres, par le sieur Bourdin, à huit cents livres ; un second feu allumé, par ledit sieur Theurault à huit cents cinquante

(1) Arch. de l'Allier : L., 106.
(2) Arch. de l'Allier : L., 106.
(3) Voir nos *Notes et Souvenirs relatifs au couvent des Ursulines de Montluçon*, pp. 120-122.

livres, par ledit Bourdin à mille livres ; un troisième feu allumé, par ledit sieur Theurault à onze cents livres ; et un quatrième feu ayant été allumé et s'étant éteint sans qu'il ait été fait d'autre enchère, Nous commissaires susdits, sur ce consulté et ouï le procureur sindic, nous déclarons ledit sieur Alexis Theurault, administrateur du district de Cérilly, dernier enchérisseur et adjudicataire définitif dudit article ci-dessus désigné ; en conséquence, nous lui avons adjugé les fonds, plaine propriété et possession des susdits articles à l'*exception des cloches* et des ornements qui dépendent desdites deux chapelles, et qui ne sont pas compris dans la présente adjudication, moyennant le prix et somme pour celle de Saint-Roch de onze cents livres, et pour celle de Saint-Fiacre (1), de huit cents livres, ce qui fait au total celle de dix neuf cents livres dont, conformément à l'article 5 du titre III du Décret du 14 may 1790, il sera tenu de payer vingt pour cent pour les deux maisons et chapelles, et, pour le surplus, douze pour cent du prix desdites adjudications, dans la quinzaine de ce jour entre les mains du receveur de ce district ou à la caisse de l'extraordinaire, et pour le surplus ledit sieur adjudicataire fera douze annuités égales payables en douze ans d'année en année et dans lesquelles sera compris l'intérêt du

---

(1) La maison qui appartenait dernièrement encore à M. Aristide Theurault et dont est actuellement propriétaire M. Emonnot fils, passait dans la famille Theurault pour être édifiée sur les ruines d'un ancien couvent [Communication de M. Choussy]. En réalité, elle s'élève sur l'emplacement des dépendances du Prieuré de Saint-Fiacre, probablement à la place où se trouvait la maison dépendant de la chapelle, car — outre la chapelle proprement dite, — dans la vente de Saint-Fiacre étaient comprises une maison et une vigne.

capital à cinq pour cent sans retenue. Ladite adjudication est faite en outre aux charges, clauses et conditions générales et à celles particulières énoncées dans le cahier des charges déposé au secrétariat du district dont copie sera délivrée avec les présentes audit sieur adjudicataire pour s'y conformer ; et ledit sieur Theurault a signé. — Signé : THEURAULT, PETIT, vice-président ; P. LUYLIER ; MEIGE, administrateurs ; GILBERTON, procureur-sindic, et AUJOHANNET, secrétaire (1). »

Les cloches, — nous venons de le voir, — avaient été exclues de la vente. On devait les transporter dans les grandes villes pour les faire fondre, et, avec leur bronze, couler des canons. Cette injonction reçut, à Ainay-le-Château, son exécution, car, le 17 février 1792, une décision du district ordonnait paiement « de 13 livres 4 sols au nommé Mortaigne, charpentier à Ainay, qui avait adjugé à ce prix la descente de quatre cloches des différentes églises et chapelles de cette ville », et paiement de 10 livres au sieur Mazerat, cordier, qui avait transporté les susdites quatre cloches d'Ainay au Veurdre (2).

Et les ventes se poursuivirent ainsi avec des facilités de paiement plus ou moins grandes suivant les cas : ainsi le sieur Theurault acquit, moyennant 4.000 livres, les pré et champ de la Prieuse, le 16 mars 1791 ; et Jean-Gilbert Berthomier acheta, le 21 juin 1792, deux boisselées de terre, dépendant de la cure d'Ainay, sises au village de Charnoux, pour le prix de 70 livres. La dernière opération de

(1) « Pour expédition conforme audit registre déposé aux archives de la Préfecture du département de l'Allier. A Moulins, le 3 thermidor, an treize. Le secrétaire-général de la Préfecture : Claustrier. »

(2) Arch. de l'Allier : L, 106.

ce genre que nous avons constatée, relative aux biens de la fabrique, eut lieu le 12 janvier 1795. Le 14 Décembre 1794 [24 frimaire an III] des affiches avaient été apposées par les soins des administrateurs du district ; elles indiquaient une « vente des biens nationaux de première origine » situés dans les « municipalités d'Ainai, Désert, Braise, Valigny ». La première séance d'enchères était fixée au 8 nivôse et la séance d'adjudication définitive, au 23 nivôse. Ces biens, provenaient : « 1° du ci-devant ordre de Malthe, situés en la commune de Braise ; — 2° de la fabrique de Désert, ci-devant Saint-Bonnet ; — 3° du ci-devant prieuré de Valigny ; — 4° de la fabrique d'Ainai ; » l'adjudication en devait être effectuée « à la première criée, à neuf heures du matin, au lieu ordinaire des séances du directoire du district de Cérilly ». Et, au bas de chaque affiche, était imprimé le résumé suivant des « Dispositions générales résultantes des Lois : Les citoyens ne seront admis à enchérir qu'en justifiant qu'ils sont imposés au rôle des contributions ; ou, à défaut de pouvoir justifier, ils déposeront entre les mains du secrétaire du district le dixième du prix de l'estimation ci-dessus. Cette justification ne sera pas exigée des pères de famille qui, en vertu de la loi du 13 septembre dernier [v. s.], ont obtenu, dans la forme qu'elle prescrit, un crédit de 500 livres, à valoir en acquisition de biens d'émigrés ; ni des défenseurs de la patrie qui, d'après la même loi, ont la faculté de donner leur brevet de récompense en payement de ces mêmes biens. — Les adjudications seront faites à l'extinction des feux en la manière prescrite par la Loi. — On n'admettra point aux enchères ceux qui, s'étant rendus adjudicataires de biens nationaux, n'ont point acquitté les termes échus ;

ou qui, ayant déjà subi l'évènement d'une folle enchère, n'auront pas payé depuis les sommes dont ils seront restés débiteurs. On rejettera pareillement les offres de ceux qui seroient manifestement en état d'ivresse. — L'adjudicataire payera, dans le mois de l'adjudication, le dixième du prix de la vente, sans intérêts ; et le surplus en neuf payements égaux, d'année en année, avec les intérêts à cinq pour cent. Il aura droit à la totalité des fruits pendant par les racines à son adjudication et aux fermages qui les représentent conformément à l'instruction décrétée le 3 juillet 1791 [v. s.]. Il aura contre le fermier l'action en résiliation que les lois, et notamment celle du 15 frimaire, donnent aux acquéreurs » (1). Dans l'énumération complète des biens mis en vente sur cette même affiche, il y avait, dépendant de la fabrique d'Ainay, quatre lots dont les deux premiers furent acquis pour les sommes respectives de 2.700 et 16.300 francs, par le sieur Nourisset aux noms d'Alexis Barbier, acquéreur définitif du premier lot ; et de J.-B. Bujon qui prit le second. Ces lots étaient ainsi désignés :

« 1º Une pièce de terre de quatre mesures, située à Ainai, entourée de haies vives, joignant de levant le chemin d'Ainai à Fontablin ; estimée 360 livres ;

2º La terre de la Grande-Bête, en pacage où il y a plusieurs vieux chênes, de la contenance de quarant-cinq mesures ; estimée 1.200 livres » (2) ;

3º Le pré Dorivaux et une terre de deux mesures

(1) Imprimé à Cusset, chez Gaspard Martin, imprimeur du District, sur les boulevards de la Citadelle, nº 241.

(2) A côté est ajouté à la main : « Et l'ancien four banal provenant de Capet, dit Condé, situé en la commune de Cérilly et consistant en une grande chambre de 30 pieds de longueur sur 20 pieds de largeur, estimé 700 livres. »

à Désert-sur-Sologne, qui furent adjugés 10.000 livres à Jean Pinel ;

Quant au quatrième lot, il consistait en « une pièce de terre en gagnerie, située dans les Coutures, dite commune, de la contenance de dix mesures, estimée 300 livres ». Un extrait du registre des recettes [n⁰ 1563] de l'Administration de l'enregistrement et des domaines du district de Cérilly, nous indique que ce troisième lot provenant de l'adjudication du 23 nivôse an III, avait été acquis par le sieur Buffault, moyennant le prix de 3.000 francs payable en neuf ans (1). Un premier acompte de 300 francs fut payé en assignats le 23 pluviôse an III, et le 23 frimaire an IV, M. Buffault versait — toujours en assignats — le solde de 2.823 fr. 15 ; savoir : 2.700 francs en principal et 123 fr. 75 d'intérêts. Restaient dûs, soit par suite d'erreur de calcul, soit par suite d'oubli, soixante centimes qui furent réclamés avec leurs intérêts à M. Buffault, le 30 décembre 1807, par le Directeur de l'Enregistrement dans le département de l'Allier (2). Toutefois cette « somme de 60 centimes fut réduite en numéraire à 11 centimes, à raison de 18 0/0, cours du mois de janvier 1795 », et constitua avec ses intérêts un total de 23 centimes stipulé dans la quittance définitive : « Reçu du sieur Antoine Buffault, notaire à Ainay, la somme de 23 centimes en principal et intérêts conformément au bordereau ci-dessus ; à Cérilly, le onze aoust 1808. Et averti l'acquéreur de présenter à la direction à Moulins le présent bordereau pour obtenir son quittus et faire timbrer. — DUCHIER (3). »

(1) Loi du 3 juin 1793.
(2) « En exécution de l'arrêté du gouvernement du 4 thermidor, an XI. »
(3) Documents de M. Chavaillon.

C'est que la Nation ne badinait pas quand il était question de ses intérêts ; et les biens nationaux constituaient une aubaine trop fortuite par ces temps de crise monétaire pour qu'elle en laissât distraire la moindre parcelle. On le vit, certes, au sujet des biens de Pierre Jobier, natif d'Ainay-le-Château ! Ancien curé de Voussac, il avait été interné en la maison communale de Moulins [Sainte-Claire], le 15 décembre 1792. Son frère, Etienne Jobier avait, pendant cette détention, payé certaines dettes contractées par le curé de Voussac et, en outre, une somme de 475 livres pour la nourriture de ce dernier durant son internement. Pierre Jobier avait, le 24 novembre 1793, reconnu ces diverses avances. Or, le 11 ventôse an II, Etienne Jobier demandait au district de Montmarault l'autorisation de toucher 1.080 livres allouées à son frère par le département, et à jouir d'une grange construite par le curé de Voussac avec les deniers de leur mère, ou, encore, d'être indemnisé de ses débours. On lui répliqua que « tout bien de déporté était bien national » ; que lui, Etienne Jobier, en payant les dettes de son frère, n'avait fait que son devoir et que, du reste, il avait payé aux dépens du mobilier dont, lors de son contrat de mariage, une donation évaluée à 2.000 livres lui avait été consentie par ledit Pierre Jobier...; bref, que sa pétition était nulle et non avenue.....

Signalons, en passant, que l'administration de l'enregistrement et des domaines de Cérilly avait été, — vu l'étendue du district, — constituée le 22 mars 1791 par un arrêté du directoire décrétant l'établissement de quatre bureaux pour la perception des droits d'enregistrement, savoir : Cérilly, Bourbon, Hérisson, Lurcy ; et le canton d'Ainay-le-Château était, par le même décret, attaché avec le canton de Meaulne au bureau de Cérilly (1). Les Castellainaisiens s'émurent ; ils demandèrent à avoir leur bureau d'enregistrement à eux ; et, le 8 avril 1791, le directoire donna un avis favorable au maintien d'un bureau d'enregistrement à Ainay, vu la situation de cette ville éloignée de Cérilly, les mauvais chemins, la population, les foires .. (2). Ce *desideratum* ne fut cependant point accueilli en haut lieu, puisque nous trouvons, le 11 août 1808, que le bureau d'enregistrement dont dépend la commune d'Ainay est situé à Cérilly. Entre ces deux villes une rivalité sérieuse avait surgi : Les habitants d'Ainay-le-Château n'avaient point vu, sans amertume, l'échec de leur pétition du 6 décembre 1789, à l'Assemblée Nationale ; la suprématie accordée à Cérilly les irritait ; ils regrettaient d'être englobés dans le département de l'Allier. Une pétition fut rédigée (3) pour demander la réunion de la ville au département du Cher ; et le directoire du district à qui cette pétition fut hiérarchiquement transmise, décida, le 10 décembre 1790, d'envoyer un commissaire pour convoquer la municipalité et les habitants d'Ainay « et prendre leurs dernières résolutions au sujet de ladite pétition (4) ». Puis, toujours sous le coup des préoccupations causées par toutes les modifications territoriales et administratives, le directoire de Cérilly nomma, le 30 décembre, Alexis Theurault, commissaire préposé à la délimitation de la commune d'Ainay en vue de

(1) Arch. de l'Allier : Registres du district de Cérilly.
(2) Arch. de l'Allier : L, 105.
(3) Nous verrons souvent encore de nouvelles pétitions dans ce sens.
(4) Arch. de l'Allier : Registres du district de Cérilly.

la refonte de la carte. Certains changements, en effet, s'étaient opérés dans la composition territoriale de la commune par suite de son adjonction au département de l'Allier ; quelques parcelles de terrain dépendant primitivement d'Ainay étaient restées attachées au département du Cher, et les officiers municipaux d'Ainay-sur-Sologne ne furent pas sans essayer de tirer parti de cette circonstance, comme le montre l'examen de la matrice d'imposition foncière établie par la municipalité de cette ville. De cet examen il résulte que le Conseil du District reconnut, le 8 octobre 1792, que malgré six domaines détachés de cette paroisse pour être attribués au département du Cher, le revenu net de la commune, au lieu d'être — comme le déclarait la municipalité — de 12.905 livres 10 sols 9 deniers, s'élevait à 17.241 livres 14 sols 5 deniers ; et, qu'étant imposée à 3.592 livres 6 deniers et ne devant payer que 2.873 livres 12 sols 5 deniers, sa décharge montait à la somme de 718 livres 8 sols 1 denier (1).

Semblable rectification avait déjà été faite la veille — 7 octobre — au sujet de la contribution mobilière : Les officiers municipaux avaient fixé le revenu présumé de leur commune au chiffre de 3.558 livres 10 sols ; « comparaison faite de défférens articles, le tout amplement discuté, le Conseil reconnut généralement que cette municipalité n'avait pas fait une évaluation juste », et porta, en conséquence, le chiffre du revenu de la commune d'Ainay à 10.000 livres, d'après quel chiffre elle devait être imposée, pour la contribution mobilière, à la somme de 1.299 livres 9 sols 9 deniers ; de sorte

(1) Arch. de l'Allier : L, 101.

qu'ayant été antérieurement imposée à 4.106 livres, il lui était, par le fait, accordé une décharge de 2.806 livres 10 sols 11 deniers... (1). On trouve généralement toujours trop élevée sa quote-part d'impositions ; on n'en souhaite jamais l'augmentation, très heureux de bénéficier d'un oubli ou de laisser passer une erreur avantageuse dont le fisc supporte les frais. Mais il n'en est pas de même quand il s'agit de se faire dégrever : on ne craint pas alors de réclamer, pétitionner, intriguer... Ils le firent bien voir, les deux Castellainaisiens qui adressèrent, au mois de septembre 1792, la pétition suivante aux administrateurs du district de Cérilly :

« Messieurs,

« Ont l'honneur de vous observer, Claude Roy, cordonnier, père de quatre enfants, et Sébastien Ducrot, drapier, célibataire, tous les deux demeurant en la municipalité d'Ainay-le-Château qu'ils sont compris, savoir ledit Roy, à une somme de 9 livres 14 sols 9 deniers, en l'article 166 du rôle de la contribution mobilière pour sa cotte d'habitation, tandis qu'au même article de la matrice du même rôle, son loyer n'est évalué qu'à 8 livres ce qui lui fait présumer un revenu de 8 livres. Ledit Ducrot, qu'il est compris en l'article 89 dudit rôle à une somme de 15 livres 16 sols 7 deniers pour sa cotte d'habitation, tandis qu'au même article de la matrice dudit rôle, son revenu présumé d'après son loyer d'habitation n'est que de 27 livres. Il est clairement démontré par cet exposé que les susdits contribuables sont imposés, l'un à plus de 24 sols pour livre de son revenu présumé d'après son loyer d'habitation,

---

(1) Arch. de l'Allier : L, 101.

et l'autre à plus de 13 sols pour livre ; cependant, la loi du 3 juin 1791 porte le maximum de la cotte d'habitation au 40e, et accorde droit de réclamation à tout contribuable imposé au-delà de ce taux ; ainsi les exposants se croient incontestablement fondés, en conformité de ladite loi, à une réduction proportionnée à leur revenu présumé d'après leur loyer d'habitation. Les suppliants, pour prouver leur respect pour les loix et leur zelle à s'acquitter envers la Nation d'une dette aussi sacrée que celle des contributions ont satisfait au payement de partie du rôle, conformément à l'article 9 de la loi du 18 février 1791, ce qui est justifié par les reçus du percepteur mis au bas des extraits du rôle cy-joint. Considéré, Messieurs, il vous plaise, vu la présente réclamation fondée sur les loix ci-dessus rapportées, ensemble les extraits de matrice du rôle de la susdite contribution et ceux dudit rôle quittancé par le percepteur sous les numéros 166 et 89, réduire la cotte d'habitation dudit Claude Roy portée audit rôle à la somme de 9 livres 14 sols 9 à celle de 8 livres, et celle dudit Ducrot portée au susdit rôle à la somme de 15 livres 16 sols 7 deniers à celle de 27 sols (1) et ordonner que votre arrêté sera pris pour comptant tant par le percepteur de la contribution mobiliaire de ladite municipalité que par le receveur entre les mains duquel il doit verser, et ferez justice. — Ducrot ; Roy (2). » Au bas de cette requête les administrateurs du district écrivirent : « Soit communiqué à la municipalité d'Ainai pour fournir ses observations. Fait à Cérilli ce 19 septembre 1792, l'an 4e de la Liberté et

---

(1) Il faut lire : 27 livres.
(2) Documents de M. Chavaillon.

le 1ᵉʳ de l'Égalité. — Petit ; Brault ». Et la pièce fut enfin retournée à Cérilly avec l'apostille suivante : « Les officiers municipaux d'Ainay-le-Château qui ont lu la pétition ci-dessus et, d'autre part, ensemble l'ordonnance du Directoire du District de Cérilly portant Soit communiqué à cette municipalité, croient que les ci-dessus exposans ont réellement droit à une réduction pour leur cotte d'habitation conformément aux Loix par eux alléguées ainsi qu'ont droit d'y prétendre *les autres contribuables également surchargés*. Fait à Ainay le 26 septembre 1792, l'an 4ᵉ de la Liberté. — Sabardin ; Rétif ; Aubin ; Dalodier. »

Surchargés, ils l'étaient sérieusement les pauvres gens !... à tel point que les commissaires Fauvre-Labrunerie et Forestier, envoyés en mission dans les départements du Cher et de l'Allier, en exécution de la loi du 9 mars 1793, écrivirent dans leur rapport à la Convention : « La contribution mobiliaire n'est pas acquittée parce qu'elle est excessive et qu'aucun percepteur n'ose se charger du recouvrement !... » Et un autre commissaire qui fut délégué dans l'Allier, en 1793-1794, Jean Garnier, estimait qu'au 1ᵉʳ août 1792 il restait à recouvrer, dans le district de Cérilly pour l'exercice 1791, sur un montant total de 365.066 fr. 14 sous, une somme de 62.330 fr. 14 sous 6 deniers ; et, pour l'exercice 1792 où le total de toutes les contributions s'élevait à 365.091 fr. 14 sous 3 deniers, il n'avait été perçu, à la même date du 1ᵉʳ août, que 63.854 francs... Il n'était donc pas besoin, pour les pauvres habitants d'Ainay, de payer des impositions indues ; et les officiers municipaux, à la vue de la misère de leurs concitoyens, n'étaient-ils pas excusables — même par un accroc à la vérité, — d'essayer de diminuer les charges qui, dans ces terribles années de disette et de famine, écrasaient leurs malheureux administrés ?... Tant il est vrai que frauder le fisc est le fait de toutes les époques, la caractéristique commune de tous les régimes où l'impôt est excessif... Mais combien nombreuses doivent être les circonstances atténuantes consécutives aux mauvaises années qui se succédaient alors sans trêve, n'apportant que des récoltes insuffisantes, des moissons dérisoires avec leur triste cortège de privations, de misère, de faim.

Déjà, le 16 juin 1790, Theurault de la Roche se lamente sur « les inconvénients de la famine » qui menace fort la ville, car, ajoute-t-il « hyer même, jour de foire, il n'y avoit guères que cent quelques mesures de bled où il y en auroit fallu au moins 1.500 pour fournir au besoin de ceux qui en manquoient et auxquels on ne put en donner par chacun qu'une mesure ou demi-mesure tant qu'il y en eut, ce qui occasionna une tristesse générale (1)... » Et pendant toute l'année la garde nationale est requise pour protéger les gens qui apportent un peu de blé au marché, et pour maintenir l'ordre parmi les affamés auxquels la disette donne de mauvaises idées, ce qui est vraiment compréhensible, vu le prix des grains !... A cette époque, en effet, nous relevons dans le livre de comptes de Theurault de la Roche : « Donné au meunier Dubrée, pour sa fournée, trois mesures de méteille et sept mesures de seigle à raison de 7 livres le boisseau. » La misère est si grande que, le 19 juillet 1790, une assemblée des habitants décide d'employer 59 livres 12 sols des fonds de la fabrique de l'église Saint-Etienne

---

(1) Documents de M. Chavaillon.

en achat de blé pour secourir les malheureux (1) ; et l'année 1791 succède à la précédente sans apporter plus d'abondance : le 24 mai, un arrêté du Directoire de Cérilly taxe ainsi, dans la commune d'Ainay, le prix du boisseau de grains :

Froment : 49 sols. . . . . ou 2 livres 9 sols.
Seigle : 35 sols 10 deniers. . . . . ou 1 livre 15 sols 10 deniers.
Orge ou marsèche : 27 sols . . . . ou 1 livre 7 sols.
Avoine : 17 sols 9 deniers . . . . . ou 16 sols 9 deniers (2).

Le 7 avril 1792, les officiers municipaux Duranjon, Robrieux l'aîné, Bujon et Aubin taxent le pain mollet à 3 sols 3 deniers la livre ; le pain bis à 2 sols 6 deniers ; ils enjoignent aux boulangers « de tenir leurs étaux suffisamment garnis et de faire le pain de bonne nature (3) ». La veille déjà, le maire Sabardin a fixé le prix de la livre de viande [bœuf, veau, mouton] à la somme de 6 sols (4). Le 5 mai, nouvel arrêté stipulant « que le pain des deux espèces demeure fixé à un liard en sus par livre, de la taxe précédente ». Le 17 juin, le prix est porté à 4 sols pour le pain mollet et à 3 sols 1 liard pour le pain bis ; M. Dalodier, signataire de l'arrêté, « enjoint sous peine d'amende (5) de n'employer que de bon bled et de tenir leur boutique bien garnie tous les jours ; ils sont prévenus qu'on fera régulièrement la visite. » Le 30 juin, la taxe est abaissée à 3 sols 9 deniers, et 3 sols ; mais le 11 août les prix

---

(1) Documents de M. Chavaillon.
(2) Arch. de l'Allier : Registres du district de Cérilly.
(3) Documents de M. Chavaillon.
(4) Le 10 janvier précédent, Theurault de la Roche avait vendu à la foire de Cosne, 14 cochons au prix total de 560 livres ; et le 25 janvier, à la foire de Saint-Paul d'Ainay, M. Berthomier de la Villette lui en achetait 10 moyennant 420 livres.
(5) Aux boulangers.

de 4 sols, et de 3 sols et 1 liard la livre sont rétablis. La crainte de la famine suscite des désordres dans tous les environs et aux marchés d'Ainay... Les gens s'irritent et les esprits s'exaltent comme le montre le document ci-dessous :

« L'an mil sept cent quatre-vingt-onze et le treize juillet, l'an quatrième de la Liberté, vu la requeste de françois Thomas, orloger, demeurant es-faubourg et paroisse de Saint-Etienne de cette dite ville d'Ainay-le-Château où il fait ellection de domicile, je me suis, Pierre Barbier, premier huissier audiencier au siège royal de la police de la cidevant châtellenie Royale d'Ainay-le-Château, reçu et immatriculé en iceluy, demeurant paroisse de Saint-Etienne dudit lieu, soussigné, transporté au domicile du sieur Nicolas-françois Legay, segrétaire-greffier de la municipalité de cette ditte ville d'Ainay-le-Château y demeurant paroisse de Saint-Etienne ou étant et parlant à sa personne, Je luy ait ainsy parlant en sa ditte qualité ainsy qu'à Messieurs les officiers municipaux à qui il le fera sçavoir, signifié que ledit Thomas n'entend plus se charger de lorloge (1) que jusqu'au premier janvier prochain, jour auquel il n'entend nullement la faire aller, ni continuer la charge dont il ait chargé, pour un aussi médiocre prix que celui dont il a, attendu que le tout étant à ùn prix exorbitant ne pouvant plus continuer, je leurs déclare en outre de se pourvoir à l'avenir d'une autre personne pour remplir les fonctions qu'il a fait à cet égard et afin que ledit sieur Legay en sa ditte qualité n'en ignore, je lui ait, ès-mains et parlant comme de-

---

(1) C'est.M. Célestin Dion qui, aujourd'hui, remonte l'horloge et touche pour ce, un traitement annuel de 40 francs.

vant, délivré la présente coppie, dont acte. — Barbier (1). »

Mais la disette augmentant toujours, les membres du Corps municipal fixent dans leur assemblée du 31 août 1792 « le marché des denrées à huit heures du matin ; ils enjoignent à toutes personnes qui auront des denrées à vendre de ne les point vendre ailleurs que dans l'enceinte de la place dudit marché, sous peine d'amende et de confiscation des marchandises ; ils font aussi défense, sous les mêmes conditions, aux aubergistes et cabaretiers de la ville, d'acheter avant neuf heures et, aux étrangers, avant dix (2) ». Deux jours après, le 2 septembre, le pain mollet est taxé à 4 sols 3 deniers la livre, et le pain bis à 3 sols 6 deniers ; le 23 septembre, les prix atteignent 4 sols 6 deniers et 3 sols 9 deniers. Enfin, le 4 novembre 1792, « l'an premier de la République », le sieur Legay, secrétaire-greffier, fait assavoir « de la part des officiers municipaux, eu égard à l'augmentation des grains, est taxé le pain mollet à 5 sols la livre, et le pain bis à 4 sols 3 deniers ; deffence aux boulangers de le vendre à plus haut prix, comme aussy ordre de tenir leurs étaux bien garnis de deux espèces de pains bien faits et bien pannetés... Il est aussy deffendu à tous cabaretiers de vendre leurs pains plus de 5 sols 6 deniers dans leurs oberges ou cabarets (3)... » La misère est effrayante et, — bien qu'un arrêté du 10 novembre vienne diminuer le prix de la viande, en taxant à 5 sols la livre de bœuf, mouton ou veau, — des désordres sont tellement à redouter, que le Directoire du Dé-

---

(1) Documents de M. Chavaillon.
(2) Signé : Dalodier, procureur de la commune.
(3) Dossiers de M. Chavaillon.

partement s'en émeut et accorde au district de Cérilly une somme de 18.000 livres pour faire l'acquisition de grains. Et, par arrêté du district en date du 13 décembre 1792, la somme de 3.000 livres est versée entre les mains du citoyen maire d'Ainay comme montant de l'allocation accordée à sa commune.

Dès le 30 janvier 1793, sur l'observation du procureur de la commune que « le prix des bêtes à cornes a beaucoup augmenté », la livre de viande est remise à 6 sols, et cette augmentation est publiée dans la ville « au son du tambour par le préconiseur, à la charge par les bouchers de payer les frais dudit à sçavoir (1) ». Puis, vu l'augmentation croissante du pain, vu la misère des habitants et les plaintes des boulangers, les autorités municipales veulent s'éclairer ; elles tentent une expérience ainsi que le démontre la pièce suivante que nous avons sous les yeux :

« Etat de la preuve faite sur quatre mesures de froment ; fait par le citoyen Claude Renon, maître boulanger, le onze mars mil sept cent quatre-vingt treize, l'an second de la République françoise en présence d'officiers municipaux de la commune d'Ainay-le-Château.

Il y a êvue en pain mollet, vingt-neuf livres qui monte à la taxe d'aujourd'huy à cinq sols trois deniers ; sept livres 12 sols trois deniers ; cy 7ˡ 12ˢ 3ᵈ
Il y a êvue en pain bis quatre vingt livres et demie à la taxe d'aujourdhuy quatre sols 6 deniers la livre fais dix huit livres deux sols trois deniers ; cy. . . 18 2 3
_____
25ˡ 14ˢ 6ᵈ

Les quatre mesures ont produit au prix fixé ci-dessus 25 livres 14 sols 6 deniers (2). »

(1) Arch. de l'Allier : J., 101.
(2) Documents de M. Chavaillon.

Quelques semaines plus tard, la Convention établissait, pour les grains, la loi du *maximum* par toute l'étendue de la République, le 3 mai 1793. Cette loi dont l'effet allait, au 29 septembre suivant (1) s'étendre aux viandes fraîches et salées, au lard, au beurre, à l'huile, au bétail, au poisson salé, au vin, à l'eau-de-vie, au vinaigre, au cidre, à la bière, au sel, au sucre, au miel, au bois, au charbon, à la chandelle, au colza, à l'huile à brûler, au tabac, au chanvre, au lin, aux laines, aux étoffes de toile, aux souliers et sabots, aux cuirs, au fer, fonte, plomb, acier, au papier, à la potasse, à la soude, au savon, etc., n'était, en somme, que la réédition et la généralisation du décret rendu, le 27 septembre 1792, par la municipalité de Paris, fixant le prix le plus élevé auquel pouvaient être vendues, dans cette ville, certaines marchandises désignées. Nous avons vu que, dès le 24 mars 1791 et ensuite le 7 avril, le directoire de Cérilly et la municipalité d'Ainay-le-Château avaient appliqué en partie, — l'un dans le district ; l'autre dans la commune, — la loi du maximum avant sa promulgation. Néanmoins, pour se conformer strictement aux ordres de la Convention, le directoire du district fit, conformément à la nouvelle loi, publier, le 3 juin 1793, des tarifs qui fixaient le prix du froment, à Ainay, à 5 livres 18 sols (2). Et, le 20 septembre, des commissaires ayant été nommés afin de veiller à l'exécution de la loi du maximum, le citoyen Cheminant fut désigné

---

(1) Documents de M. Chavaillon. — Le 21 avril, Theurault de la Roche achète une vache 145 livres 10 sols ; le 7 mai, il vend sept brebis et onze agneaux, 110 livres.

(2) Et le 22 février 1794, un troisième décret fixa le prix des transports qui devait être ajouté au *maximum*. — Ces trois lois furent abolies le 24 décembre 1794.

pour cet emploi dans le canton d'Ainay-sur-Sologne (1). C'était lui — « Cheminant d'Enry » — qui avait déjà été choisi, le 8 juin précédent, conformément à l'arrêté du département en date du 20 mai 1793 (2), pour « s'occuper du tableau des fortunes des administrés dans les municipalités d'Ainay et Saint-Benin (3) » ; cette mission avait-elle pour objet d'évaluer approximativement jusqu'à quel point il serait loisible six mois plus tard « d'exciter la générosité des citoyens et des citoyennes » en faveur des *volontaires,* ou de préparer des bases pour faire rendre, dans ces communes, dix-huit mois après le plus possible à *l'emprunt forcé* ?... Etait-ce, au contraire, dans le but louable de soulager les plus nécessiteux que le sieur Cheminant avait été préposé à ces minutieuses investigations ?... — Nous ne savons... En tous cas, on s'émut, en haut lieu, de la triste situation des Castellainaisiens, aussi le 17 juin 1793, dans la répartition des secours destinés à remédier à la disette, Ainay se vit attribuer une somme de 2.000 livres (4) ; et Jean Garnier, commissaire observateur délégué dans les départements de l'Allier, de la Creuse et de la Nièvre, exprimait bien la misère des habitants d'Ainay-sur-Sologne quand il disait, le 20 juin, dans un rapport à la Convention : « J'ai parlé dans une feuille précédente du prix des bleds et de celui du pain, mais plusieurs districts du département de l'Allier... se trouvant aujourd'hui dans la plus grande disette et, pour ainsi dire, affamés, je vais faire part de mes réflexions sur les causes de la disette. La loi qui fixe

(1) Arch. de l'Allier : L, 101.
(2) Arch. de l'Allier : Registres du district de Cérilly.
(3) Arch. de l'Allier : L, 101.
(4) Arch. de l'Allier : L, 101.

le *maximum* du prix des grains et qui en entrave le commerce par des formalités impraticables dans la plupart des campagnes excite des réclamations, et des pays qui ont du superflu, et de ceux qui manquent du nécessaire : des uns parce qu'ils ne peuvent se défaire de la denrée ; des autres parce qu'à quelque prix que ce soit ils ne peuvent s'en procurer. Il serait donc peut-être à propos de retirer une loi qui mécontente à peu près tout le monde ».

Malgré tout, la disette continuait toujours ; le prix de la viande augmenta et un arrêté de la municipalité (1), en date du 4 octobre 1793, la taxa à 9 sols la livre. Alarmés à juste titre d'une aussi triste situation, effrayés de voir encore augmenter la misère, les officiers municipaux, s'appuyant sur le fait que les anciens marchés existant avant 1789 étaient maintenus dans leur arrondissement, dressèrent l'état des communes dont les habitants avaient coutume de fréquenter le marché d'Ainay et leur intimèrent l'ordre de continuer de ravitailler ledit marché. Les communes de Charenton et de Bessais refusèrent d'obtempérer à cette invitation et de porter leurs grains à Ainay ; le directoire de Cérilly avisé, nomma le 9 novembre 1793, des commissaires à l'effet d'aller à Saint-Amand demander au directoire de ce district s'il entendait empêcher plus longtemps les communes précitées de porter leurs grains au marché d'Ainay (2) ; et huit jours plus tard, le 28 brumaire 1793, — après avoir examiné le procès-verbal (3) des citoyens Duranjon,

---

(1) Signé : Theurault, maire ; Aubin ; G. Duranjon ; Perrinet ; et Perinet, procureur de la commune.

(2) Arch. de l'Allier : Registres du district de Cérilly.

(3) Par lequel ils constataient que les officiers municipaux de Charenton avaient refusé de les accompagner pour faire le

officier municipal, et Durand, envoyé de l'Assemblée primaire du canton d'Ainay-sur-Sologne, — les administrateurs du district de Cérilly décidèrent que le recensement des grains serait fait de force, par des commissaires par eux désignés, dans la commune de Charenton. Quinze jours après, le 17 frimaire 1793, les mêmes administrateurs décrétèrent que, — vu le procès-verbal du Comité de surveillance de la commune d'Ainay, procès-verbal constatant le refus de porter leurs grains au marché d'Ainay fait par les communes de Charenton et de Bessais-le-Fromental, s'appuyant pour cela sur une lettre du Directoire de Saint-Amand, — le Directoire de Cérilly ordonnait que tous les grains des deux susdites communes, ainsi que ceux des communes de Bannegon et Vernais seraient mis en réquisition suivant toute la rigueur des lois et l'arrêté du représentant Fouché, en date du 8 octobre précédent (1).

La raison de cette attitude des gens de Saint-Amand s'explique si l'on parcourt le rapport des citoyens Fauvre-Labrunerie et Forestier, envoyés en mission dans les départements de l'Allier et du Cher, en exécution de la loi du 9 mars 1793. Il y est dit, entre autres choses : « Le pain s'y vend [dans l'Allier] un sol par livre de plus que dans le département du Cher. Les grains pourroient y manquer si l'on ne recevoit de nouveaux secours du Conseil exécutif. Cependant dans tous les districts où la libre circulation a été maintenue, et où les corps municipaux et administratifs ont

recensement des grains de la commune, disant ce recensement inutile parce que le marché de Charenton était plus ancien que celui d'Ainay. [Reg. du district de Cérilly].

(1) Arch. de l'Allier : Reg. du district de Cérilly.

eu le bon esprit de ne point se mêler du prix des grains, les marchés ont été bien approvisionnés. Le haut prix n'a point causé de troubles parce que les salaires des ouvriers se sont élevés dans une égale proportion (1)... »

Mais tel n'était pas, hélas ! le cas d'Ainay. Heureusement l'énergie du directoire de Cérilly en imposa aux habitants de Charenton qui, dès le 3 ventôse 1794, se décidèrent à porter leurs grains au marché d'Ainay ; les Castellainaisiens en profitèrent et voulurent faire des approvisionnements secrets ; mal leur en prit : le 21 ventôse, les administrateurs du district, informés que la municipalité d'Ainay avait disposé de plus de 3.000 mesures de grains venus du département du Cher et envoyés pour la subsistance de tout le district, prévenus également qu'elle en avait encore reçu récemment 1.572 boisseaux sans prévenir le directoire de Cérilly ; les administrateurs, disons-nous, envoyèrent immédiatement sur les lieux le citoyen Juillet à l'effet d'examiner les choses, de se rendre compte des besoins de la commune d'Ainay, d'enlever tous les grains qui ne lui seraient pas indispensables et de les faire transporter à Cérilly. Ce qui fut alors abandonné aux Castellainaisiens n'était sans doute pas considérable, car, le 29 ventôse, un nouvel arrêté du district spécifiait que tous les grains de la commune de Bessais seraient écossés et conduits sous un délai de trois jours dans les greniers d'Ainay (2).

A ce moment-là chaque commune, chaque loca-

---

(1) Rapport fait par Fauvre-Labrunerie et Forestier, et imprimé par ordre de la Convention Nationale.
(2) Arch. de l'Allier : L, Reg. du district de Cérilly.

lité cherchait à cacher et à conserver pour elle ce qu'elle avait de grains. C'est ainsi que le 8 thermidor an II, l'administration du district était saisie d'une réclamation de Charles-François Theurault qui disait n'avoir rien récolté dans la commune d'Ainay-sur-Sologne, mais avoir, au contraire, recueilli du blé dans sa propriété de Piedeny, située commune de Désert-sur-Sologne. Le réclamant exposait que sa famille était composée de sept personnes, y compris les domestiques ; auquel chiffre il convenait d'ajouter deux ouvriers pour ses travaux d'exploitation. Il demandait, de ce fait, l'autorisation d'exiger 4.300 livres de blé sur sa récolte de Piédeny que la municipalité de Désert-sur-Sologne prétendait avoir le droit de distribuer dans ladite commune... Les administrateurs du district furent, en fin de compte, obligés d'intervenir pour faire reconnaître les droits de Theurault (1)... Bref, la ville d'Ainay était tellement dépourvue, qu'un réquisitoire du district ordonna aux communes suivantes de fournir au marché de cette ville, chaque jour de novédy, savoir : Bessais, 80 quintaux de grains [froment, seigle ou orge] ; Vernais, 40 quintaux ; et Bannegon, 60 quintaux (2)... Quel misérable tableau de la faim et du dénuement !... Le commissaire-examinateur, Jean Garnier, en paraît stupéfait. Dans son rapport du 28 pluviôse an II il avait déjà écrit à la Convention : « Les habitants du département de l'Allier sont mal nourris et peut-être les plus mal nourris de la République. Le pain y est mauvais... Le cultivateur ne se nourrit guère que de seigle et d'orge (3)... » Et malgré cette détresse, il fallait en-

(1) Documents de M. Chavaillon.
(2) Arch. de l'Allier : L, 102.
(3) Arch. Nationales : F^{20} ; 15.

core que les pauvres gens répondissent aux appels qu'on faisait à leur générosité et à leur patriotisme, et concourussent à l'habillement et à l'équipement des soldats. L'argent manquait ; les assignats étaient dépréciés de moitié (1) ; on sollicitait par tout le pays des dons en nature. Voici les noms des Castellainaisiens qui vinrent « déposer des dons sur le bureau de la Société Populaire :

Marc Dayraigne, deux chemises ; — Pierre Bourdin, une tasse, un goblet d'argent et une paire de bas de laine ; — Etienne Perrinet, trois chemises et deux paires de bas ; — Louis Mazerat, deux chemises ; — Jean-Baptiste Mazerat, trois chemises et deux paires de bas ; — Charles-François Theurault, trois chemises, une paire de bas, une paire de guêtres en cuir, un galon d'or, une épaulette d'argent ; — Antoine Buffault, une grande paire de boucles d'argent ; — Jean Dhoüan, sept aunes de toile au grand large, un écu de six livres, un de trois livres, trois pièces de douze sols, une de vingt-quatre, et trois paires de petites boucles d'argent ; — Charles Huet, une douzaine de serviettes ; — François-Bernard Sabardin, une paire de boucles d'argent et vingt-cinq livres en papier ; — Etienne Renon, meunier, six livres en numéraire ; — Antoine Moureux, une chemise ; — Etienne Lauzier, prêtre, six livres en numéraire ; — François Aubin, une paire de boucles d'argent ; — Menouvrier, ex-religieux, dix livres en assignats ; — ses sœurs, cinq livres en assignats ;

---

(1) Tout le monde sait à quel degré de discrédit tombèrent les assignats. Ce fut tel qu'une loi du 23 décembre 1795 ordonna leur destruction ; et, le 30 février 1796, les formes, planches, matrices, poinçons, etc., qui servaient à leur confection furent détruits sur la place Vendôme sans que cette exécution soulevât le moindre commentaire dans l'opinion ni dans la presse.

— Michel Bonneau, quatre toisons de laine, six livres en numéraire, et quatre livres de chanvre ; — Pierre Coussion, six livres en numéraire ; — Jean-Baptiste Bonnelat, une grande paire de boucles d'argent ; — Pierre Duchenet, une timbale d'argent ; — Barnabé Aubin, cinq livres ; — Jacques Norret, cinq livres ; — Jean-Baptiste Duranjon, deux chemises et deux écus de trois livres ; — Gilbert Duranjon, une paire de bas de laine et deux écus de six livres ; — Hugues Brunet, six livres en numéraire ; — Claude Pouillard, six livres en numéraire ; — Jean-Baptiste Bujon, une paire de boucles d'argent et trois chemises ; — Jean-Baptiste Perceau, deux chemises et une paire de boucles d'argent ; — Marie Bourdin, fille de Pierre Bourdin, quatre livres quatre sols en numéraire et une paire de boucles d'argent ; — Pierre Barbier, trois livres en numéraire, une paire de boucles d'argent et trente-un gros sols ; — Pierre Davaut, dix livres en numéraire ; — Jean Rétif, six livres en numéraire ; — Alexis Barbier, cent gros sols ; — Antime Jacquet, six livres en numéraire ; — Charles Laureau, trois livres en numéraire ; — Jacques Duranjon-Robrieux, l'aîné, deux chemises ; — Pierre Lauzier, tanneur, trois aunes de toile ; — Alexis Theurault, cinq paires de souliers, six chemises, quatre paires de guêtres et six sols ; — Etienne Rétif, une paire de guêtres noires ; — Jacques Rétif, deux chemises ; François Sagueneau, douze livres en numéraire ; — Joseph Jamet, deux livres de chanvre ; — Jacques-Vincent Bujon, père, cinq couverts d'argent, une cuiller à servir, deux paires de boucles d'argent ; — Jean Bujon, dix livres ; — François-Antoine Perrinet, trois chemises et une paire de boucles d'argent ; — la citoyenne veuve Jobier, une chemise et six livres en numéraire ; — la citoyenne Leborgne, dix livres ; — Rodolphe Durand, deux chemises et une petite paire de boucles de jarretières ; — Mathurin Pulvin, une paire de bas de laine ; — Duran, une paire de souliers, et chanvre converti en cent dix-sept sols (1)... »

Tels furent les dons recueillis dans la ville ; mais on ne s'en tint pas là et il fut décidé de faire appel à la générosité de toutes les communes du canton, ainsi que le montre le procès-verbal ci-dessous :
« Le quartidi quatre de frimaire de l'an second de la fondation de la République française une et indivisible, nous, Jean-Baptiste Mazerat et Claude Nizerolle, membres du Comité de Surveillance d'Ainay-sur-Sologne, district de Cérilly, département de l'Allier, commissaires nommés par arrêté du... (2) du courant pour presser dans le canton de la commune d'Ainay, l'amour de la patrie et des loix, exciter la générosité des citoyens et citoyennes à l'effet de contribuer volontairement et suivant leurs facultés, en bas, chemises, laine, toile et autres objets nécessaires pour l'habillement des volontaires aux peines de la première réquisition ; Nous nous sommes successivement transportés sur les communes de Valigny-le-Monial, Isle-sur-Marmande, Bardais et Saint-Benin où nous avons trouvé les meilleures dispositions ; les citoyens et citoyennes des différentes communes se sont empressés à l'envi de faire leur offrande, chacun suivant ses facultés ; nous avons cru devoir destiner au présent leurs noms avec l'espèce des dons que les citoyens de la contrée ont faits et de ceux qui ont fait leur soumission en

---

(1) Documents de M. Chavaillon.
(2) La date est laissée en blanc.

commençant par ceux de Valigny-le-Monial : Cette commune a fourni onze draps, douze chemises, seize livres de chanvre, soixante-dix livres en assignats ; — la commune d'Isle-sur-Marmande a fourni sept draps, onze chemises, quarante-quatre livres de chanvre, quatre livres de laine, une tabatière d'argent, trente-neuf livres en assignats ; — Bardais a fourni neuf chemises, dix-sept livres de chanvre, neuf livres en assignats ; — Saint-Benin, douze chemises, deux draps, dix livres en assignats, six livres en un écu de six livres ; — Braize, sept chemises, un drap, trois livres de laine, vingt-et-une livres de chanvre, sept livres en assignats ; — Saint-Bonnet, quatre draps, quatre chemises, douze livres de chanvre, une livre de laine, onze livres quinze sols en papier... »

Depuis que dans les journées mémorables des 22 et 23 juillet 1792, l'Assemblée Législative avait proclamé la patrie en danger, un souffle d'enthousiasme et de fièvre, élevé de Paris, s'était abattu sur toute la France exaltant le patriotisme de la province, arrachant aux travaux usuels des hommes faits ou des adolescents qui venaient librement s'enrôler pour la défense du sol natal. Les *volontaires* étaient les héros du moment ; on leur faisait fête ; on s'ingéniait à les équiper ; on voulait les héberger... puis l'enthousiasme, sans s'éteindre, devint plus modéré ; l'on s'avisa que l'argent était rare, les occasions de le dépenser fréquentes... et l'on chercha à rentrer dans ses fonds chaque fois que faire se pût. Nous en trouvons une preuve flagrante dans ce passage des délibérations du district de Cérilly, du 4 septembre 1792 : « ...Vu les deux lettres de la municipalité d'Ainay, en date du 29 août et 3 du présent, par lesquelles ils demandent qu'on leur fasse passer la somme de 8 livres 8 sols pour dépense faite à l'auberge et dont ils ont répondu pour des volontaires qui se sont engagés dans les compagnies franches (1), et qu'on leur fournisse des fonds d'avance pour pouvoir faire ces recrutements... Nous estimons qu'il seroit à désirer que l'on mit à la disposition des municipalités quelques fonds pour accélérer la levée des volontaires dans un tems où les dangers de la Patrie exigent la plus grande activité (2) ». Les enrôlements volontaires continuèrent encore assez longtemps, mais plus avec le même élan qu'au début. Un bureau d'enrôlement avait été institué pour les volontaires d'Ainay et, le 7 mars 1793, Denis Guireaudeau, capitaine de la garde nationale de Cérilly, fut nommé commissaire préposé au recrutement et aux enrôlements volontaires pour cette ville (3) ; il relevait du « commissaire-supérieur pour chaque armée (4) », fonctionnaire dont la résidence fixée dans un « lieu prétendu central » était — d'après Fauvre-Labrunerie et Forestier, — la cause d'un grand retard dans la réception des hommes. « D'un autre côté, — ajoutaient dans leur rapport ces deux commissaires de la Convention, — la ci-devant noblesse coalisée avec des prêtres intrigans et hypocrites, mettant en avant leur stupide valletaille, cherchoit à soulever esl communes et insinuoit par-tout que le recrutement ne devoit être fourni que par les acquéreurs des do-

---

(1) Ce fut seulement en 1793, lors de la réorganisation de l'infanterie, que la Convention ordonna d'amalgamer les bataillons de volontaires avec les bataillons de troupes de ligne.
(2) Arch. de l'Allier : L, 106.
(3) Arch. de l'Allier : Reg. du district de Cérilly.
(4) Chargé ou place qui n'était pas prévue dans la loi du 24 février.

maines nationaux, parce que la guerre ne se faisoit
que pour conserver ces biens... » Des propos aussi
séditieux et aussi contre-révolutionnaires furent-ils
tenus à Ainay même ?... — Il est probable car, le
27 mars 1793, les citoyens officiers municipaux de
cette ville adressaient au directoire du district une
demande d'autorisation pour faire des recherches
chez les personnes suspectes de leur canton. Le directoire, considérant que les troubles arrivés dans
les environs d'Ainay provenaient « de mauvais conseils » donnés aux habitants par les « malveillants et les
gens suspects », estimant qu'il était temps de mettre
fin aux « projets liberticides de ces êtres malfaisants »,
autorisa la municipalité d'Ainay à user de la garde
nationale pour les perquisitions nécessaires (1).
Pauvre garde nationale ! Composée en majeure
partie de patriotes aussi libéraux que généreux,
cette mission lui semblait nécessaire mais pénible.
Pourtant l'épouvante tragique qui commençait à
gagner Paris et la France, sembla — vers cette époque
— s'insinuer et se glisser peu à peu dans l'esprit de
nombre de ses membres et, particulièrement, de
son chef. Aussi la célébration à Cérilly, le
10 août 1793, de la Fête Nationale, et la consécration qui y fut alors faite de l'autel de la Patrie,
marquent-elles la dernière manifestation de joie
de la garde nationale d'Ainay qui prit part à ces
fêtes (2). La chûte des Girondins avait, le 31 mai,
marqué l'avènement d'un régime de peur et de délation que l'histoire a flétri en l'appelant : *La Terreur*... Ceux-là même qui, en 1789 et 1790, s'étaient
le plus enthousiasmés pour les idées nouvelles,

---

(1) Arch. de l'Allier : L, Reg. des délibérations de Cérilly.
(2) Arch. de l'Allier : L, 101.

n'étaient plus tranquilles ; l'effroi régnait partout. Le commandant de la garde nationale d'Ainay craignit sans doute que son titre de chevalier de Saint-Louis ne le compromît, car il résolut de sacrifier, — comme on disait alors, — son brevet sur l'autel de l'Egalité : une pieuse supercherie sauva ce document qui ne fut restitué à la famille Theurault que six ans après la mort du titulaire (1). C'est probablement aussi à la même époque que, pour sauvegarder sa liberté et peut-être sa vie, Theurault de la Roche se fit délivrer ce certificat : « Aujourd'huy 31 mars 1793, l'an II de la République, les officiers municipaux et membres du Conseil Général de la commune de la ville d'Ainay-le-Château, district de Cérilly, département de l'Allier, réunis au lieu ordinaire de nos séances publiques, est comparu le citoyen Charles-François Theurault-La-Roche, lequel nous a exposé que pour satisfaire aux loix concernant les certificats de civisme, il requéroit qu'il nous plût lui en accorder un... La matière mise en délibération, et sur ce oui et consulté le procureur de la commune il a été reconnu à la majorité absolue des suffrages que ledit citoyen Theurault s'étoit toujours comporté avec la plus grande probité et qu'en tous les tems il avoit donné des preuves de civisme. Fait en la chambre commune, en scéance publique les jours et ans que dessus ; et avons signé avec notre secrétaire-greffier : Bujon ;

(1) En voici la preuve : « Aujourd'hui, 12 juillet 1816, je reconnais avoir reçu de mademoiselle Legay, le brevet de chevalier de Saint-Louis de monsieur Charles-François Theurault, qui avait été remis à Monsieur son père pour le brûler et qui a bien voulu le conserver, vu l'attachement qu'il a toujours eu pour les Bourbons : — Mazerat, veuve Theurault. » [Documents de M. Chavaillon].

Lauzier ; Nizerolle ; Duranjon, notable ; Robrieux ; Pulvin ; Duranjon-Robrieux, l'aîné ; Duranjon ; Barbier ; Buffault ; Perrinet ; Bujon ; A. Theurault ; Aubin ; Perrinet, procureur de la commune ; Legay, secrétaire-greffier. » Cette pièce fut approuvée par le directoire du district le 2 avril 1793, et contresignée par G. Berthomier ; J. Gilberton ; Bourgouin et Juillet ; — puis vérifiée par les administrateurs du directoire du département : P. Mathieu ; Forissier et Gaulmin, le 20 avril ; — et, enfin, vue par les membres du Comité de Surveillance d'Ainay-sur-Sologne : Mazerat, président ; Buffault ; Duranjon-Robrieux, l'aîné ; et Durand, secrétaire, le 5 ventôse, an II..... C'est peu après cette époque que Theurault de la Roche, désillusionné et craignant pour lui-même les suites de cette Révolution dont il avait salué l'aurore, fait un testament olographe où il dit à ses parents de « plutôt se réjouir que de s'attrister dans le tems malheureux où ils se trouvent » lorsque la mort vient séparer les proches ; il prie Dieu de lui faire « la grâce d'avoir à cette dernière heure un prestre qui n'est pas abjuré ny renoncé à son état en remettant ses lettres de prêtrise, afin que ce digne ministre du seigneur puisse le confesser et l'assister (1) » ; enfin, il demande à être enterré « si les

---

(1) Il est à remarquer que les hommes du début de 89 étaient loin d'avoir répudié toute croyance. Ce furent, seuls, les sectaires de la Révolution qui, n'aimant jamais qu'eux-mêmes, sacrifièrent tout sentiment élevé et généreux à leur rampante et fanatique ambition, « mais l'immense majorité des Français n'a jamais pris au tragique les déclamations officielles et obligées contre les ténèbres de l'obscurantisme : on savait que cela n'était mis que pour la forme et on n'y attachait pas d'importance ». G. Lenôtre nous en donne un exemple probant en nous

choses existent comme elles sont actuellement, le plus secrètement que faire se pourra dans un lieu du cuvier pendant la nuit... Pourveu, — ajoute-t-il, — que cela ne compromette pas ma femme ny mes enfans, non plus que mon frère, ny toute autre personne ; dans le cas contraire, je prie ma femme, mon frère et mes domestiques de ne point paroistre lorsqu'on enlèvera mon malheureux cadavre, ny d'y laisser paroistre mes enfans (1)... »

La guerre désolait toutes nos frontières : Il fallait des hommes, toujours davantage, pour faire face à l'ennemi. La Convention décréta la levée de 30.000 hommes de cavalerie et, à cette nouvelle, le directoire de Cérilly fit dresser, le 21 août 1793, un état de toutes les villes du district, indiquant leur population, mentionnant les contingents déjà fournis par chacune d'elles et spécifiant le nombre d'hommes que chacune devait encore envoyer à la frontière : Ainay-sur-Sologne était ainsi désignée : Population, 895 ; déjà fourni 8 hommes ; reste à fournir 1 homme (2). Comme le faisaient remarquer Fauvre-Labrunerie et Forestier, « les hommes commençaient à devenir très rares » dans ce pays agricole où la population n'était pas très dense. Un mois plus tard, le 18 septembre, le citoyen Nourrisset était nommé commissaire chargé d'établir, dans le canton d'Ainay, la liste des chevaux né-

---

montrant Danton — dont la sœur mourut, en 1814, supérieure de l'hôpital d'Arcis, — venir en catimini, au milieu de juin 1793, se confesser à un proscrit, l'abbé de Kéravenan, prêtre réfractaire, caché dans une petite maison des environs de Saint-Germain-des-Prés !... [G. LENÔTRE, *Paris-Révolutionnaire*, pp. 293, 300 et 309].

(1) Documents de M. Chavaillon.
(2) Arch. de l'Allier : L, Reg. du district de Cérilly.

cessaires au service des armées (1) ; puis, le 29 décembre 1793, conformément à l'arrêté de la Convention ordonnant la livraison de 2.200 couvertures pour le service des troupes, les Castellainaisiens furent chargés d'en fournir 14 (2) ; et, quelques semaines après, le 22 pluviôse 1794, le citoyen Cabanne, d'Ainay-sur-Sologne était désigné pour centraliser, en cette ville, les couvertures, selles, brides, licols, mors, bottes, éperons, peaux de daims et de moutons nécessaires pour l'armée (3). Et ce n'était que le commencement des réquisitions !... Aussi les pauvres gens, devenus soucieux et méfiants, se faisaient donner, en prévision de l'avenir, des certificats dans le genre de celui-ci : « Nous, officiers municipaux de la commune d'Ainay-sur-Sologne, certifions à tous qu'il appartiendra que le citoyen Nicolas-François Legay, habitant de cette commune, sur la réquisition qui nous en a été faitte par le commissaire militaire du district de Cérilly, a fourni une couverture comprise dans le premier envoi qui en a été faitte sous le n° 3 et estimée vingt-cinq livres. En foy de quoy nous lui avons délivré ce présent pour luy servir et valloir ce que de raison. Fait en la chambre commune et en séance publique et permanente ce quinze thermidor, l'an II de la République française une et indivisible : Bujon (4). »

Le 3 germinal 1794, un convoi de 329 déserteurs ayant été envoyé au département, Ainay s'en vit attribuer 6 (5). Presque en même temps, Rétif, au-

(1) Arch. de l'Allier : L, Reg. du district de Cérilly.
(2) Arch. de l'Allier : L, Reg. du district de Cérilly.
(3) Arch. de l'Allier : L, Reg. du district de Cérilly.
(4) Documents de M. Chavaillon.
(5) Arch. de l'Allier : L, Reg. du district de Cérilly.

bergiste, était désigné, le 9 germinal, comme étapier chargé de pourvoir à la subsistance des troupes de cavalerie qui passeraient à Ainay, en allant « finir d'exterminer les brigands de la Vendée (1) » ; tandis que certains agents recevaient, le 19 germinal, la mission de se procurer dans le canton les matériaux nécessaires à la fabrication du salpêtre (2)... Une activité réelle était déployée !... C'est qu'il n'y avait pas à plaisanter avec ce qui touchait à la défense nationale. La veille, 18 germinal, la Convention avait rendu un décret ordonnant une levée extraordinaire de chevaux pour le service des transports militaires sur tous les cantons et arrondissements de la République, à raison d'un cheval sur vingt-cinq ; et en tête du décret on avait imprimé : « Le Gouvernement provisoire de la France est révolutionnaire jusqu'à la Paix. Les délais pour l'exécution des Lois et mesures de Salut public sont fixes ; la violation des délais sera punie comme un attentat à la Liberté. »

Tous ces sacrifices demandés aux pauvres habitants ; toutes ces réquisitions ; tous ces décrets imposant d'incessantes privations augmentaient encore la misère des Castellainaisiens, tellement bien que quelques semaines avant les derniers faits que nous venons de rapporter, le directoire du district avouait : « Les subsistances deviennent de plus en plus rares, notamment dans le canton d'Ainay, lieu où les troupes de la République reçoivent l'étape, environné d'une grande quantité de forêts en exploitation pour le service de la marine, de forges en réquisition pour l'artillerie de la République ; et

(1) Arch. de l'Allier : L, Reg. du district de Cérilly.
(2) Arch. de l'Allier : L, Reg. du district de Cérilly.

au marché de laquelle commune se rendent plusieurs autres communes voisines (1)... » Il est vrai que pour remédier à cette disette, la commune reçut, le 14 germinal, sur la totalité de l'envoi fait au département de l'Allier, 362 livres de... savon de Marseille ! (2)... Heureusement que six mois plus tard, le 11 vendémiaire an III, les communes de Braize, Bardais, Désert-sur-Sologne, Charenton, Valigny, Vernais, Bannegon, Bessais, Urçay, L'Etelon, Meaulne et Vitray recevaient l'ordre formel de la Commission du commerce et des approvisionnements de la République, de conduire leurs denrées au marché d'Ainay (3). Mais la disette qui se faisait sentir dans la capitale elle-même devait nécessairement amener des réquisitions dans toutes les communes du territoire, quelle que fut la situation plus ou moins précaire de chacune d'elles : Le 16 nivôse an III, un arrêté du district spécifia que le canton d'Ainay devait fournir sept paires de bœufs — [qu'accompagneraient trois bouviers] — nécessaires à la subsistance des habitants de Paris ; et, le 19 nivôse, en observation d'un arrêté du Comité de Salut Public du 19 brumaire, le citoyen Thomas fut désigné pour ferrer chaque brigade de cent bœufs dirigés sur la capitale (4). C'était la Détresse qui venait en secours à la Famine : Dès l'année précédente, au 19 ventôse an II, un tableau d'indigents des deux sexes avait été dressé à Ainay-sur-Sologne ; soixante-dix-sept personnes y furent inscrites et la commune se vit allouer, de ce chef, un

---

(1) Arch. de l'Allier : L, 102.
(2) Arch. de l'Allier : L. Reg. du district de Cérilly.
(3) Arch. de l'Allier : L, 101.
(4) Arch. de l'Allier : L, 102.

secours de 635 livres 18 sols et 8 deniers (1)... Mais la misère allait augmentant toujours. Au début de l'an III, la municipalité ayant sollicité des réquisitions pour approvisionner les marchés de la ville, il lui fut donné ordre, le 15 pluviôse, d'avoir à fournir un état des veuves, femmes, défenseurs de la Patrie, orphelins, vieillards et infirmes de la commune pour la nourriture desquels seuls des réquisitions pourraient être accordées (2). Trois mois plus tard, le 15 floréal an III, une indemnité destinée aux indigents que leur âge ou leurs infirmités mettaient hors d'état de gagner leur vie, fut distribuée à quelques Castellainaisiens : Cent soixante livres furent partagées entre Etienne Caillaud « cultivateur, vieillard de 62 ans, caduc » ; à la veuve Mondon, chargée de trois enfants ; à la veuve Sauvat qui en avait quatre ; à la veuve Imbault, âgée de 71 ans, infirme d'une main ; qui reçurent chacun quarante livres. Vingt-deux livres furent allouées à la veuve Renon, âgée de 56 ans et sourde. Puis, le 26 floréal, on ajouta à cette liste les noms de Pierre Chamerlat, âgé de 71 ans, presque aveugle ; et de François Lacroix, âgé de 74 ans, caduc ; ces deux derniers inscrits reçurent chacun cinquante livres (3). Enfin, le 18 vendémiaire an IV, furent dressés « en vertu de la loi bienfaisante du 22 floréal dernier » différents états sur lesquels furent portés les malheureux dignes d'intérêt ; tels le tableau des cultivateurs vieillards et infirmes où fut inscrit Sébastien Maliaud, 88 ans, « infirme » ; le tableau des mères chargées d'enfants où se lisaient

---

(1) Arch. de l'Allier : L, 101.
(2) Arch. de l'Allier : L, 107.
(3) Arch. de l'Allier : L, 103.

les noms de la veuve Catherine Renon, mère de cinq enfants, dont trois âgés de 7, 5 et 2 ans, et celui de Madeleine Ducrot, chargée également de cinq enfants, dont les derniers avaient respectivement 9, 6 et 2 ans ; le tableau des veuves sur lequel fut portée Marie Archimbaud, âgée de 72 ans, manchote ; le tableau des artisans infirmes où l'on inscrivit le nom de Pierre Chamerlat, 72 ans, sourd (1)...

Il n'est pas surprenant qu'en de semblables conditions les impôts rentrassent mal. Nous avons vu aussi plus haut que la contribution mobilière était excessive, tellement qu'en 1792 des réclamations et des refus de payer avaient surgi de toutes parts. En 1793, Fauvre-Labrunerie et Forestier disaient en parlant de l'Allier : « ...La cote d'habitation se trouve tellement surtaxée, qu'au lieu de n'être que du quarantième de l'évaluation de loyers, elle a été portée à cinq ou six fois au-dessus du prix même de ces loyers ... Les lamentations sur cet article sont effrayantes (2) » ; pour ce qui était de la contribution foncière, ils ajoutaient : « Le débet, dès l'année 1791, ne consiste plus qu'en de faibles non-valeurs. »

Nous avons eu la bonne fortune de retrouver un rôle de la contribution foncière d'Ainay-sur-Sologne pour l'année 1793 (3). Le principal de l'imposition s'élève à 2.602 livres 6 deniers ; à laquelle somme

---

(1) Arch. de l'Allier : L, 104.

(2) Aussi une note ajoutée au bas d'une page du rapport du Comité des Contributions pour l'année 1793, portait-elle « qu'on pourrait recevoir des à-comptes sur la contribution mobiliaire ».

(3) Nous avons pris, en 1903, copie de cette pièce, alors gracieusement communiquée par M. Jacquet-Dayraigne, d'Ainay-le-Château.

il convient d'ajouter : — 1° la taxe de deux sous par livre pour les fonds de décharges et de non-valeurs ; soit : 260 livres 4 sous 1 denier ; — 2° les trois sous deux deniers 13/16 par livre pour les charges du département, s'élevant à 420 livres 15 sols 11 deniers ; — 3° la taxe de trois sous quatre deniers 91/160 par livre pour les charges du district, montant à 396 livres 9 sols 4 deniers. Ces diverses impositions, totalisées, s'élèvent au chiffre respectable de 3.679 livres 9 sols 10 deniers, sur lequel total 2 sols 7 deniers 1/3 par livre sont encore prélevés pour les charges de la municipalité qui touche, de ce chef, 338 livres 14 sols 3 deniers, somme qui, ajoutée à celle sus-énoncée, porte le total général de la contribution foncière au chiffre de 4.018 livres 4 sols 1 denier. Ce rôle de contribution foncière et sous additionnels de la commune d'Ainay-sur-Sologne pour l'année 1793 fut arrêté par les « administrateurs du district de Cérilly, Bourgouin et Lhoste », le 9 prairial an II (1). Voici comment y sont réparties les taxes pour chaque contribuable :

Claude Renon, boulanger et aubergiste demeurant à Ainay, par exemple, pour un revenu de 108 livres 5 sols, est imposé au principal de la contribution foncière pour 32 livres 9 sols 4 deniers ; il est, en outre, taxé à 13 livres 8 sols 9 deniers pour les fonds de non-valeur et les charges du département et du district, et à 4 livres 4 sous 9 deniers pour les frais de la municipalité : ce qui forme un total de 51 livres 2 sous 10 deniers...

Avec Claude Renon sont inscrits : Philippe Bonneau, serrurier ; François Lacroix, cardeur ; Pierre

---

(1) 28 mai 1794.

Pezant, propriétaire ; Grégoire Bailly, maréchal ; Bouchet, marchand de Lury ; Etienne Lauzier, drapier ; Jean Duranjon, drapier ; Jacques Ruffray (1), avoué, demeurant à Dun-sur-Auron ; Jean Ducaffy, maréchal ; Etienne Duranjon, drapier ; Jacques Nourisset, aubergiste ; François-Bernard Sabardin, propriétaire ; Jacques-Vincent Bujon des Brosses ; Alexis Thurault [sic], homme de lois ; François Després, marchand ; Marc Desraignes, marchand-épicier ; Silvain Planchard, maçon ; Pierre Duchenet, propriétaire ; Pierre Bourdin, boucher ; Pierre Bonnet, propriétaire, demeurant

---

(1) Il joua un triste rôle. Né vers 1757, à Ainay, Jacques-François Ruffray fut admis procureur au bailliage de Dun-le-Roi, en vertu de provisions accordées le 19 décembre 1782, par le comte d'Artois, apanagiste du Berry ; notable en novembre 1787 ; maire de Dun du 14 novembre 1790 au 13 novembre 1791, il exerça les fonctions de procureur-avoué près le tribunal du district ; membre de la Société Populaire de Bourges ; et enfin Président du Tribunal Criminel Révolutionnaire du Cher, fonction dont il fut révoqué après le 28 germinal, an III. Il devint alors, dit M. P. Moreau, dans son *Histoire de Dun-le Roi*, sans protection, l'objet du mépris public. La municipalité de Bourges, où il habitait depuis septembre 1793, lui refuse un passeport le 3 juin 1795. La municipalité de Dun-sur-Auron dont, en 1794, il a fait guillotiner un vigneron, Edme Laperche, lui dénie domicile en cette ville. Il y vient cependant le 6 juillet et descend à l'hôtel du Lion d'or ; mais il est menacé, conspué, traité d'assassin : la foule est exaspérée. Ruffray s'échappe par les jardins, fuit à Bourges où un arrêté d'expulsion lui est notifié ; et la municipalité de cette ville le contraint à se retirer à son lieu d'origine, conformément à une loi du 5 ventôse : « Renié des uns, exécré des autres, chassé de partout, Ruffray alla dévorer sa honte dans son pays d'Ainay-le-Château. » — [Voir P. Moreau, *Histoire de Dun-le-Roi*, 1, pp. 463, 554, 556, 572. — Arch. du Cher : Fonds Comité Surveillance ; — Société populaire de Bourges, 4° registre, fol. 19, etc.].

à Bessais ; Rodolphe Durand, propriétaire ; Les administrateurs de la « Fabrique de la ci-devant paroisse (1) » ; la veuve Arturion ; Julie, Suzanne et Marie Menouvrier ; Pierre Lacroix, taillandier ; Jacques Roy, boucher ; Nicolas Giraud, barbier ; la veuve Villemeaux ; Jean Damont, tisserand ; Jean Robrieux, taillandier ; Pierre Ducrot, boucher ; Charles Duron, sellier ; François Thomas, horloger ; Jean-Baptiste Theurault, prieur (2) ; la veuve Lacroix ; Hugues Brunet, meunier, demeurant à Saint-Benin ; Jean Ducrot de Chabrot, blattier, demeurant à Charenton ; Pierre Denizeau, boulanger ; Nicolas-François Legai (3) ; Jean Desmures, cordonnier ; Charles Laureau, mégissier ;

---

(1) Ils étaient imposés pour un revenu de 26 livres.

(2) C'est le prieur de Jars, qui mourut en 1804. Il résidait probablement chez un de ses deux frères, à Ainay, quand fut commencé à rédiger le rôle de la contribution foncière de 1793 ; mais non quand ce rôle fut déclaré exécutoire par les administrateurs du district, le 9 prairial, an II. A cette date, la France était en pleine Terreur et Jean-Baptiste Theurault avait émigré en Suisse, comme le démontre le testament que fit, à cette époque, Charles-François Theurault de la Roche.

(3) Il était imposé au foncier, — sur un revenu de 60 livres 7 sols 6 deniers, — pour la somme de 29 livres 11 sols 5 deniers. Voilà le reçu de ce qu'il paya, tant pour la contribution foncière que pour la cote personnelle et somptuaire : « Je soussigné, faisant pour le percepteur des impôts de la commune d'Ainay pour l'an 2, reconnois avoir reçu du citoyen Legay la somme de huit livres douze sols neuf deniers en assignats valeur nominale ; huit livres douze sols neuf deniers en mandats valleur nominale ; trente-neuf livres quatre sols en mandats, valleur représentative ; et quatre livres dix-huit sols en numéraire métallique, formant le montant de sa contribution foncière de ladite année ; ensemble, celle de soixante-dix francs pour le montant de sa cotte personnelle et somptuaire de laditte année ; dont quittance. A Ainay, ce 28 thermidor an 2 : Bujon. » [Documents de M. Chavaillon].

La Nation (1) ; Gilbert Bonneau, propriétaire, demeurant à Saint-Benin ; Louis-Antoine Fouquet, demeurant à Saint-Amand ; Claude Roy, cordonnier ; Jean Robrieux, propriétaire ; Jacques Rétif, propriétaire ; Pierre Benoît, propriétaire, demeurant à Charly ; Demeron, chanvreur ; Etienne Dubost, taillandier ; Michel Bonneau, marchand de bois, demeurant à Saint-Bonnet ; la veuve Claude Rétif, épicier ; Jean-Baptiste et Pasquet Duranjon, propriétaires ; Philippe Chassaigne, propriétaire ; Pierre Lauzier, drapier ; les héritiers d'Etienne Duranjon ; les mineurs Pourat ; les mineurs de Charles Ducrot ; les mineurs Barbier, demeurant à Dun-sur-Auron ; Vincent Lavilatte, propriétaire, demeurant à Tenon ; Jean Robinet, journalier ; Simon Rozat, fournier ; Jean Corre, tisserand ; Menin, demeurant à Saint-Amand ; Gaspard Cottereau, drapier ; les héritiers de Jean Huet, juge de paix d'Ainay ; la veuve de François Cottereau ; Jeanne Junchat, domestique ; la veuve de François Roy, propriétaire ; Jean Bonneville, propriétaire ; la veuve Chabrier, marchande ; les héritiers de Jean Brunet ; Georges Lehardy, journalier ; Mathurin Pulvin, tisserand ; Antoine Cottereau, tisserand ; Jean Autant, gendarme national, demeurant à Dun-sur-Auron ; Jean Rétif, drapier ; Charles Huet, propriétaire ; Jean-François Duchenet, drapier ; Baudry, perruquier, demeurant à Bourges ; les héritiers de François Brunet, demeurant à Saint-Amand ; Jean Lenoir, journalier ; Pierre Michelat, journalier ; François Rétif, propriétaire ; Jean Nizeroles, cardeur ;

(1) Imposée pour un revenu de 120 livres. — Jean Garnier, dans son raport en date du 28 thermidor, an II, estime à 109.050 francs le reliquat des biens nationaux restant encore à vendre dans toute l'étendue du district de Cérilly.

Pierre Davaud, drapier et cabaretier ; les héritiers de Jeanne Perade ; Pierre Brunet, fermier, demeurant à Braize ; les mineurs Dupont ; Toussaint Simonnet, propriétaire ; la cy-devant châtellenie (1) ; Gilbert Valenchon, propriétaire, demeurant à Vriet ; Jean-Baptiste et Suzanne Lefort ; Hugues Gautier, cabaretier ; Pierre et Jacques Villepreux, mineurs, demeurant à Charenton ; Claude Dumont, drapier ; Etienne Rétif, cabaretier ; Jean Robrieux, voiturier ; Devoucoux, marchand-fermier, demeurant à Château-sur-Allier ; François Lauzier, fils, propriétaire ; Barnabé Aubin, tanneur ; Hugues Rétif, marchand-drapier et épicier ; Jean-François Aubin, tanneur ; les mineurs Guéridon, demeurant à Charenton ; la veuve de Jean Renon et ses enfants mineurs ; la veuve de Gilbert Renon et ses enfants mineurs ; la veuve Guilleteau, propriétaire, demeurant à Vernais ; Etienne Ducrot, blattier, demeurant à Charenton ; Jean-Baptiste Bonnelat, propriétaire, demeurant à Vernais ; Pierre Lauzier, tanneur ; Jacques Mortagne, charpentier ; la veuve Prédeux ; Jean Favière, tisserand ; Louis Mazerat, cordier ; Jean Bujon, journalier ; François Cabanne, cardeur ; Sébastien Ducrot, drapier ; Etienne Arturion, tisserand ; François Bujon de la Péraude, receveur de l'enregistrement (2), demeurant à Mézière ; Philippe Jobier, ci-devant receveur des aydes, demeurant à Saint-Pourçain ; Jacques Ber-

---

(1) Imposée sur un revenu de 282 livres 8 sols.

(2) Fils de Jacques Bujon des Brosses, notaire-royal à Ainay, et d'Anne Theurault ; François-Louis-Auguste Bujon de la Péraude, épousa à Mézière, le 11 janvier 1801, Véronique-Emilie Barrault, dont il eut une fille et trois fils, parmi lesquels : François-Génitor-Auguste Bujon, né le 8 avril 1803, notaire à Issoudun, mort en 1885.

thomier des Prost, juge à Dun-sur-Auron ; Etienne
et Jean Rozat, couvreurs ; Louis Mazerat, notaire ;
la ci-devant cure d'Ainay (1); les mineurs de Ducrot,
taillandier ; Simon Rozat, tambour ; Jacques Roy,
aubergiste ; Antoine Bernardat, cardeur ; Pierre
Duranjon, dit Grenadier, drapier ; la veuve André
Couillard ; Antoine Jacquet, chapelier ; D'Aubigny, demeurant à Bourges ; Hugues et Jean Bureau,
tisserands ; Pierre Ducrot, boucher au Veurdre ;
Jean Dubois, cardeur ; Claude Nizerolle, ci-devant
recollet ; Pichon, blattier ; François-Antoine Perrinet (2), homme de loi ; François Aubin, drapier ;

(1) Imposée pour un revenu de 20 livres 1 sol.
(2) C'est lui qui, le 24 mars 1792, interjetait appel d'une
sentence du tribunal du district de Cérilly, séant à Bourbon-l'Archambault, devant le tribunal du district de Montmarault,
où la cause fut plaidée le 5 mai. Le registre des audiences rapporte que le 2 novembre 1784 « François Peyrinet », âgé de
27 ans alors, aurait souscrit une promesse de 2.400 livres à
Marie-Anne Davaud, *al.*Davault, fille majeure de droit d'Etienne
Davaud et de Jeanne Perrade, demeurant en la ville d'Ainay.
Perrinet fut condamné à payer intérêts et principal « car, dit
le jugement, cette promesse a été souscrite par un homme majeur, versé dans les lois ; n'est pas contraire aux bonnes mœurs.
La condition pour laquelle elle a été souscrite a été exécutée
par Anne Davaud. Cet engagement sacré doit donc avoir son
effet ». Le tribunal, sans égard pour les prétendus faux articulés par Buffault, défenseur officieux de Perrinet, condamna
ce dernier à 60 livres d'amende et à tous les frais... Voici comment Buffault présentait les faits dans un précis conservé dans
les dossiers de M. Chavaillon : « L'appelant, disait-il, de la campagne où il avait été élevé, vint demeurer à Ainay-le-Château,
chez son oncle, Lieutenant-Général de la ci-devant châtellenie,
porte à porte demeurait la fille du geôlier, Marie-Anne Davault,
âgée de 26 ans qui, coquette, élégante, n'avoit pas vécue sans
faire parler d'elle, ni intriguer... » Bref, ce fut la classique aventure et l'amant « dans ces instants de faiblesse où rien ne coûte,
souscrivit cette obligation : Je promets payer à Mlle Marie-

Gilbert Duranjon, drapier ; Nicolas Bonneau, serrurier ; Nicolas Bailly, maréchal ; et les héritiers d'Etienne Duranjon.

Ces derniers imposés étaient héritiers de par la déportation d'Etienne Duranjon, ancien recollet d'Ainay qui — quelques jours avant la chûte des Girondins, — fut envoyé à la Guyanne où, du reste, il mourut dix-huit mois plus tard. Ses biens auraient dû revenir à la Nation et il est bien certain que si la contribution foncière de 1793 eut été répartie un peu plus tard par les officiers municipaux d'Ainay, ils eussent hésité à tenter de sauver les débris du patrimoine d'un de leurs concitoyens, recollet. Leur geste témoigne de cet « esprit ministériel » avec lequel, disent Fauvre-Labrunerie et Forestier, « les directeurs de département étaient assez disposés à accueillir les réclamations des émigrés rentrés et surtout de leurs femmes ». A l'époque où nous sommes commençait le règne de la Terreur. Les officiers municipaux d'Ainay-sur-Sologne avaient déjà, dès la fin du mois de mars, demandé l'autorisation de perquisitionner chez les suspects et, le

Anne Davault la somme de 2.400 livres en trois paiements égaux, le premier à commencer au jour de la Magdeleine 1788, pour finir à pareil jour de l'année 1791, au cas qu'elle veuille bien attendre jusqu'à l'âge de 28 ans faits pour se marier ; led. temps passé elle aura la liberté de prendre quel parti elle voudra sans que ça puisse porter préjudice au présent et si, dans tous les cas, je venais à décéder avant le tems prescrit, je lui donne pouvoir de poursuivre mes héritiers pour le paiement de lad. somme par toutes voies de droit. En cas que je vienne à m'établir avant la Magdeleine 1788, led. billet aura le même effet. Fait à Ainay-le-Château, le 2 novembre 1784. » Ajoutons qu'en 1786, la jeune lingère devint enceinte et mit au monde un enfant qui ne vécût pas ; et, qu'à ce sujet, Perrinet lui versa 200 livres, d'après quittance du 20 janvier 1787.

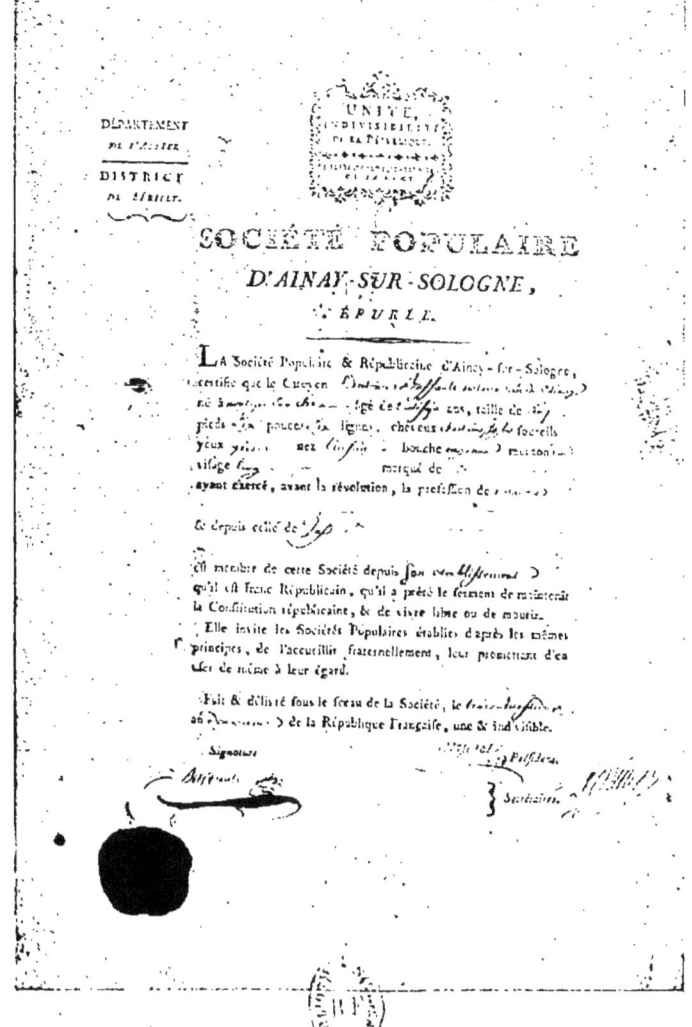

Certificat de la Société populaire d'Ainay-sur-Sologne.

23 octobre 1793, des commissaires chargés de faire le dénombrement des vieux châteaux d'émigrés et autres, compris parmi les biens nationaux, furent nommés dans toute l'étendue du district. Le citoyen Buffault fut désigné pour opérer dans le canton (1). Ses fonctions de trésorier du Comité Révolutionnaire d'Ainay-sur-Sologne inspiraient sans doute confiance en son civisme.

Car la ville possédait un comité révolutionnaire en cette période de la Terreur où les comités semblables et les sociétés de civisme se multipliaient à l'infini. Il existait en premier lieu à Ainay une *Société des Amis de la Liberté, de l'Egalité et de la Fraternité* dont étaient président et secrétaire, en pluviôse an II, les citoyens Mazerat et Durand. Suspectée sans doute de modérantisme, cette société disparut au commencement de messidor pour faire place à la *Société Populaire d'Ainay-sur-Sologne, épurée*, qui se réunissait dans une maison qu'elle louait au citoyen Alexis Theurault (2), et qui était toujours présidée par le citoyen Mazerat, avec Perrinet comme secrétaire et Bujon comme trésorier. A côté de cette Société s'était constitué un *Comité*

(1) Arch. de l'Allier : L, Reg. du district de Cérilly.

(2) Ainsi que le constate la quittance suivante : « Je soussigné, membre de la Société populaire de la commune d'Ainay-sur-Sologne, reconnois avoir reçu du C^{on}-thrézorier d'icelle, la somme de vingt-deux livres pour achapt de deux cent soixante et quinze imprimez de diplômes, plus neuf livres pour pareillement achapt et gravure d'un cachet à l'usage de la mesme société, et finalement trente livres d'une part à quoy je veux bien me restraindre pour le temps que laditte société a tenue ses assises en une maison autresfois à moy appartenant ; dont quittance de soixante une livres à quoy se montent les susdits trois articles. A Ainay, ce seize pluviôse, l'an 3e de la rep. — Theurault. » [Documents de M. Chavaillon].

Révolutionnaire dont les principaux membres étaient les citoyens Robrieux, Fauveau, Huet, Buffault, Durand, Duchenet et Mazerat, père. Ce comité, — qui payait 60 livres le fermage d'un local pour la tenue de ses séances et louait 50 livres par an les « meubles et effets dont il était usager, » — correspondait directement, durant le premier semestre de 1794, avec la *Commission des administrations civiles, police et tribunaux* à qui fut adressée, le 28 thermidor an II, la missive suivante : « Républicains frères et amis ; En vertu de l'arrêté du Comité de Salut Public du 21 messidor dernier qui nous autorise à correspondre directement avec vous dans toutes les circonstances où nous croirons utile de le faire, nous nous empressons de vous déférer une question que nous regardons comme véritablement importante. Depuis notre institution, nous avons toujours exercé notre surveillance sur tous les citoyens du canton. Le 28 floréal dernier, le représentant du peuple, Vernerey, a arrêté que chaque comité se restreindrait dans l'étendue de sa commune. Toujours soumis aux loix, nous avons strictement exécuté cet arrêté : Cependant nous voyons dans plusieurs loix des dispositions d'où il semble résulter que les comités des chefs-lieux de canton ont la surveillance sur tout le canton. Il paraît même qu'en ce moment beaucoup de comités n'ont pas d'autres limites. Il serait contraire à l'unité de principes et à l'action révolutionnaire que les Comités eussent une marche et des pouvoirs différents. Nous vous invitons à nous tracer d'une manière définitive la limite de nos fonctions. Il n'est pas question ici de rivaliser avec les municipalités du canton ; nous ne devons surveiller que les personnes et non les choses. Ce sont souvent les municipaux dont il faut éclairer la conduite. Dans les petites communes presque tous récoltent des grains et s'ils n'ont aucuns surveillants immédiats, il leur sera facile d'entraver les loix. Nous n'avons pas besoin, au surplus, de vous faire remarquer des inconvénients que vous sentez mieux que nous. Parlez et nous exécuterons ponctuellement ce que vous nous prescrirez (1). »

On voit que le Comité Révolutionnaire d'Ainay-sur-Sologne constituait un pouvoir occulte redoutable et réel, chargé de la surveillance des individus,

en rapports constants avec le directoire du district de Cérilly qui lui avait alloué la somme de 300 livres (2) pour subvenir à ses dépenses : celles-ci s'élevaient, le 21 vendémiaire an III, d'après les comptes fournis au district, à un total de 388 livres, mais, disaient les membres du Comité, « jaloux de faire pour la République tous les sacrifices qui sont en son pouvoir, le Comité Révolutionnaire fait volontiers à la Nation la remise de la somme de 88 livres ainsi que de l'indemnité que chacun des

---

(1) Signé : Robrieux ; Jacquet ; Mazerat ; Huet, président ; Buffault ; Fauveau ; Durand ; Duchenet, secrétaire. [Arch. Nationales : F¹b, II (Allier, 6), n° 5787].

(2) Dossiers de M. Chavaillon.

membres avoit pu prétendre : ils ont été assez payés de leurs peines s'ils ont pu concourir à affermir la République démocratique et indivisible qu'ils ont jurés de maintenir jusqu'à la mort (1) ». Dans le détail de ce compte figurent deux notes du « citoyen Demême, concierge de la maison d'arrêt de la commune d'Ainay-sur-Sologne ». La première de ces notes, datée du 24 messidor an II, se monte à la somme de 9 livres 14 sols : Demême réclame « pour avoir à sa charge et garde le citoyen Boutron, constitué prisonnier par ordre du Comité de Surveillance d'Ainay, du 17 germinal dernier et mis en liberté le 24 dudit mois », 3 livres 12 sols de fourniture de pain à raison de 6 sols la livre, à une livre et demie par jour ; 1 livre 12 sols pour fourniture de bouillon deux fois par jour, à raison de 2 sols chaque fois ; 1 livre pour bois de chauffage ; 40 sols pour fourniture de paille ; et 1 livre 10 sols pour droits d'entrée et sortie. La seconde facture, relative au prévenu Jean Bailleron, qui resta emprisonné quatre jours, comporte le même détail, — sauf le bois qui ne fut pas fourni — ; elle fut visée par le Comité qui donna ordre de la payer par un arrêté daté du 9 thermidor et signé Huet, président, et Duchenet, secrétaire (2).

Ce Duchenet, — Pierre Duchenet, propriétaire, — avait été nommé juré pour les accusations par délibération du directoire du district, en date du 22 juin 1792, ainsi que Mazerat, père, notaire-public, et Jean-Baptiste Bujon, aussi notaire (3). Un

---

(1) Cette allocation est portée dans les délibérations du district du 18 floréal, an II, sous cette rubrique : « ...pour les frais de bureau de la municipalité d'Ainay. » [Arch. de l'Allier : L, 107].

(2) Documents de M. Chavaillon.

(3) Arch. de l'Allier : L, Registres du district de Cérilly.

nouvel arrêté du 30 septembre 1793 maintint Bujon aux mêmes fonctions et lui donna pour collègue, Etienne Beau, taillandier ; enfin, une autre décision du 29 frimaire 1793, nomma pour faire le service de jurés d'accusation, Alexis Theurault, maire ; Nicolas-François Legay, secrétaire de la municipalité ; Rodolphe Durand et Jacques Nourisset, assesseurs du juge de paix (1)... Le juge de paix d'Ainay était alors le citoyen Jean Huet, qui était titulaire de cette charge depuis sa création, conformément à la Loi des 16-24 août 1790, complétée par le décret des 18-20 octobre (2). Aux débuts, il avait comme greffier, Jean-Baptiste Mazerat, procureur de la commune, ainsi que le démontre un arrêté du district du 27 janvier 1792 « portant paiement de 50 livres pour trois mois de leurs traitements aux sieurs Huet (3), juge de paix d'Ainay et Mazerat, son greffier (4) ». Mais le cumul des charges étant interdit, Jean-Baptiste Mazerat fut mis en demeure d'opter (5) ; et le district, par une déci-

(1) Arch. de l'Allier : L, Registres du district de Cérilly. — Rodolphe Durand fut encore nommé aux mêmes fonctions, avec J. B. Bujon, notaire public, le 25 prairial, an III. [Arch. de l'Allier : L, 104].

(2) Il ne faut pas oublier que le Comité de Subdivision avait, le 23 février 1790, fait d'Ainay un chef-lieu de canton.

(3) Il fut remplacé, en 1793, par le citoyen Mazerat.

(4) Arch. de l'Allier : L, 106.

(5) En 1795, il fut également forcé d'opter entre les fonctions de notaire à Ainay et celles de commissaire près le tribunal de Cérilly : et le 25 fructidor, an III, le procureur-général syndic du département de l'Allier, écrivait aux membres du Comité de Législation de la Convention : « ...Je vous adresse ci-joint ampliation de la lettre du citoyen Mazerat, procureur de la commune d'Ainay, expositive que la loi lui donnant d'option, il s'en tient aux fonctions de notaire-public et procureur de ladite commune, ne voulant pas accepter la place de

sion du 8 mars 1792, ordonna la convocation de l'assemblée de la commune d'Ainay afin d'élire un procureur de cette dite commune à la place du sieur Mazerat qui, ayant été nommé greffier du juge de paix, avait opté pour cette place, mais avait dû néanmoins continuer ses fonctions de procureur parce qu'on n'avait pas pourvu à son remplacement (1).

On le voit, le district ordonnait et la municipalité devait obéir. Bien mieux, le district cassait ou annulait les délibérations de la municipalité d'Ainay par des arrêtés motivés ; tel celui du 25 août 1792, portant déclaration de nullité du procès-verbal de l'assemblée des citoyens actifs d'Ainay-le-Château, du 11 mars précédent, faute d'y avoir observé les formalités prescrites par la Loi, notamment de nommer un président et de faire prêter le serment civique aux citoyens assemblés (2). Que cette ingérence devait être dure aux notables Castellainaisiens qui, le 6 décembre 1789, avaient pétitionné avec tant d'énergie afin d'obtenir, dans leur ville, l'établissement d'une administration de district ?... Leur municipalité, — jadis puissante et fière des prérogatives qu'elle défendait avec tant d'acharnement sous l'Ancien Régime, — était, depuis la Révolution, reléguée au second plan et dépendait du directoire de Cérilly qui savait bien, lui, affirmer sa suprématie. Les Castellainaisiens le virent bien, au 28 janvier 1791, quand il rejeta une demande de leurs officiers municipaux tendant à faire passer

commissaire national près le tribunal du district de Cérilly. Je vous invite à pourvoir à son remplacement le plus tôt possible... »
[Arch. Nationales : D^{III}, 8, dossier 2].

(1) Arch. de l'Allier : L, 106.
(2) Arch. de l'Allier : L, 106.

par Ainay et Charenton le projet de route Bourbon-Cérilly-Urçay 1)... Et le 24 mars suivant, c'est encore le district qui décidait que les administrateurs des domaines du Roi (2) devaient être contraints de payer entre les mains de François Legay, secrétaire de la municipalité d'Ainay, la somme de 1.302 livres 15 sols, y compris le timbre ; montant d'une exemption de ladite municipalité pour la nourriture et l'entretien des enfants trouvés (3)... C'est encore le directoire de Cérilly qui nommait commissaires pour la protection des nourrices et des enfants trouvés à Ainay, le citoyen Berault et le citoyen Bujon, président du district !... C'est toujours lui qui, le 8 février 1793, rejetait la pétition de Pierre Bourdin, d'Ainay, demandant que les maire et officiers municipaux de cette ville fussent réélus ; tous — sauf un seul, — étant parents au degré prohibé (4)... Toujours le district qui, le même 8 février, donnait un avis favorable à la pétition desdits officiers municipaux demandant, dans la ville, l'établissement d'une direction de poste aux lettres (5) qui serait desservie par le postillon allant d'Ainay à Saint-Amand (6)... Le district, encore, juge et tranche des affaires de la commune, et fait

(1) Arch. de l'Allier : L, 105.
(2) Louis XVI, dit M. Cornillon, avait quelques immeubles à Ainay, consistant surtout en prairies. On adjugea deux prés à Renon Claude pour 20.100 livres ; un troisième à Dayraigne, pour 5.400 livres ; un quatrième à Nourisset, pour 27.000 livres ; un cinquième à Barbier, pour 6.100 livres ; et le grand pré d'Ainay, 15.000 livres à la veuve Thibaud. [*Le Bourbonnais sous la Révolution Française*].
(3) Arch. de l'Allier : L, 105.
(4) Arch. de l'Allier : L, 107.
(5) C'était la réédition des pétitions de 1785 et 1786.
(6) Arch. de l'Allier : L, 107.

pression sur les décisions du département lorsqu'il donne un avis favorable à des réparations projetées pour le pont d'Ainay et le glacis qui aboutit à ce pont ; expliquant que, sans l'existence de ce pont, la ville d'Ainay serait inabordable du côté du département du Cher, « ce qui préjudicierait considérablement au commerce de cette cité où il se tient onze foires par an et des marchés toutes les semaines », et ce qui empêcherait l'arrivée des grains du Cher ; déclarant que sans réparations le pont court risque d'être emporté par les eaux de l'étang de la Forge de Bouis dont la chaussée a déjà été deux fois détruite (1)... Lui, toujours qui, le 19 brumaire an II, nomme le citoyen Durand, de Cérilly, commissaire chargé d'examiner sur les lieux une pétition de la commune d'Ainay, tendant à jouir du passage libre d'une fontaine publique (2)... C'est le district qui nomme, le 24 floréal, Theurault, maire d'Ainay, commissaire chargé du recensement des draps qui se fabriquent dans cette ville (3)... Le district, toujours qui, le 19 messidor, exempte de service militaire, — dans l'intérêt de la République, — Pierre Lauzier, tanneur à Ainay, dont le père a fait des fournitures considérables en cuir ; et Thomas, fils, ouvrier en fer, qui travaille à la fabrication des armes et baïonnettes (4)...

Mais nous sommes en pleine Terreur ; un Comité Révolutionnaire fonctionne à Ainay, et les officiers municipaux et les notables qui auraient peut-être essayé de fronder le district en 1791, restent muets. Chacun cherche à faire montre de civisme et nous

(1) Arch. de l'Allier : L, 107.
(2) Arch. de l'Allier : L, 107.
(3) Arch. de l'Allier : L, 102.
(4) Arch. de l'Allier : L, 107.

relevons parmi les noms des membres du Comité,
ceux de Jacquet, Huet, Mazerat, Buffault !... C'est la
Terreur... Et le 9 thermidor ne rendra pas aux terrorisés tant d'indépendance et d'esprit combatif qu'ils
ne jugent utile d'affirmer, le 21 vendémiaire an III,
par la plume de Buffault « qu'ils sont assez payés
de leurs peines s'ils ont pu affermir la République
démocratique et indivisible »... L'heure des revendications est passée pour le canton d'Ainay ; la
municipalité de cette ville accepte définitivement
la prédominance du directoire du district et bien
que le régime qui succède à la Terreur permette
aux individus d'afficher — sans crainte immédiate
de la guillotine, — un semblant de personnalité,
les officiers municipaux d'Ainay soumettent définitivement à l'approbation des administrateurs de
Cérilly toutes leurs décisions. Nous voyons, de ce
chef, le 9 vendémiaire an III, comparaître devant
l'administration du district, Mathurin Pulvin, voiturier de la commune d'Ainay, sommé de justifier
des raisons qui l'ont poussé à quitter le travail qu'il
accomplissait à la forge du citoyen Rambourg (1) ;
et, malgré les motifs allégués par Pulvin, savoir :
ne pas gagner suffisamment, n'avoir pas de lit pour
coucher, pas d'écurie pour loger ses chevaux dont
l'un a failli périr de la gourme, — toutes raisons qui

(1) Arch. de l'Allier : L, 104. — Déjà le 9 fructidor, an II, le
citoyen Rambourg s'était plaint au district que Gaspard Audaille, pionnier, lui eut détourné trois ouvriers de sa forge.
Celui-ci disait avoir bien été à la forge de Rambourg, mais
sans avoir jamais eu l'intention de lui enlever ses ouvriers. Au
contraire, ces mêmes ouvriers « étaient venus à Ainay demander
du travail à Audaille qui, après avoir pris conseil de la municipalité, leur avait répondu qu'étant requis pour la forge, ils ne
pouvaient être employés à un autre ouvrage » ; et il les avait
renvoyés.

indiquent peu d'enthousiasme de la part du citoyen voiturier d'Ainay, — les administrateurs du district n'hésitent pas à réquisitionner à Ainay, le 8 frimaire suivant, les voituriers Claude Renon, Jean Robrieux et Jean Mathurin, pour le transport des matériaux nécessaires pour la construction — qui va se trouver arrêtée faute de moyens de transport, — du fourneau de Sologne et des fourneaux à réverbère pour la fonderie dudit lieu. Et les Castellainaisiens ne protestent pas, eux qui, vingt ans auparavant, se passionnaient pour ou contre François Bujon des Brosses, ils laissent aller les choses sans critiques, sans pamphlets. Leurs chefs sont, ou désillusionnés comme Theurault de la Roche, ou effrayés comme Mazerat, Huet, Buffault ; heureux de sentir un calme relatif se répandre sur tout le pays, ils vont continuer d'accepter du Gouvernement du Directoire les charges ou emplois que leur octroyait la Convention, avec l'immense satisfaction d'avoir traversé à peu près indemnes cette période d'effroi épouvantable que l'Histoire a flétri du nom d'époque de la Terreur !

C'est ainsi que nommé expert à l'effet de procéder à l'estimation des biens nationaux à vendre dans le canton, par délibération du directoire du département en date du 20 germinal an V, le « citoyen Anthoine Buffault, secrétaire de l'administration à Ainay-le-Château » fut encore choisi comme commissaire désigné par l'administration centrale pour l'établissement du sequestre, dans son canton, « sur tous les biens, meubles et immeubles, appartenant aux pères, mères d'émigrés, aïeux, aïeules et autres ascendans ou ascendantes dont les émigrés se trouvent héritiers présomptifs et immédiats, comme représentant leurs pères ou leurs mères décédés ».

Cent personnes dans toute l'étendue du département de l'Allier étaient visées par cet arrêté du 11 nivôse an VI, qui fut renouvelé le 3 prairial an VII dans le but spécial d'inviter le citoyen Buffault (1) à apposer le séquestre sur les biens indivis entre la République représentant l'émigré Fougières, d'une part ; et d'autres co-propriétaires, d'autre part, conformément à la loi du 9 frimaire. Antoine Buffault jouissait de la confiance des autorités supérieures. Le procès-verbal de la séance, tenue à Moulins le 16 thermidor an VIII, en fournit la preuve : « Vu la loi du 16 brumaire an V, articles VIII, IX et X relatifs à la vente des Domaines nationaux, et l'instruction du Ministre des Finances sur cette loi, approuvée par le Directoire exécutif, le 12 frimaire de la même année ; l'arrêté du 20 germinal dernier, contenant instruction aux experts chargés de faire l'estimation de ces domaines ; le Préfet du département de l'Allier arrête que pour l'exécution de la loi précitée, il nomme le citoyen Buffault, demeurant à Ainay, pour expert, à l'effet de procéder à la division, en autant de lots que faire se pourra, sans nuire à l'estimation des biens dont sera ci-après parlé, et à l'estimation de : — 1° Un terrain inculte à semer environ 12 livres de bled, situé commune d'Ainay, vendu au citoyen Gourjon, qui s'est laissé déchoir faute de payement ; — 2° D'un pré (2) à

---

(1) Lequel expose le 14 prairial, an VII, aux administrateurs du département que « pour procès-verbaux, il a été déboursé 8 francs de droits d'enregistrement et 4 fr. 25 en papier timbré », dont il demande le remboursement « n'aïant à parler des dépenses d'auberge lors des transports, dans le cas où il y aurait indemnité ou honoraires pour les fonctions de commissaire ».

(2) Ce pré fut vendu le 7 fructidor pour 2.000 livres.

faire annuellement douze milliers de foin, situé commune dite [vendu à Jean Jaroussat, qui s'est laissé déchoir faute de payement]. Le premier objet provenant du prieuré de Saint-Fiacre ; le second, de la ci-devant fabrique d'Isle ;

Lequel expert procèdera de suite dans les formes prescrites par l'arrêté sus-daté, auquel il se conformera en tout point, pour la régularité de ses opérations ; ampliation lui en sera transmise, à cet effet, avec le présent et un modèle du procès-verbal d'estimation (1). Le maire ou l'adjoint est chargé par la loi de l'assister dans ses opérations et d'en surveiller l'exécution intégrale, et qui veillera [*sic*] à ce que les objets soient détaillés et confinés au procès-verbal de manière à éviter aux acquéreurs toutes difficultés. Fait à Moulins les jour, mois et an que dessus. — Le Préfet du département de

(1) Buffault dressa aussitôt son procès-verbal : « Aujourd'huy 4e fructidor, an 8e de la république une et indivisible, nous, Antoine Buffault, notaire publique, demeurant à Ainay-le-Château, en vertu et sur l'expédition de l'arrêté du département de cedit 16 thermidor dernier, qui nous nomme expert à l'effet de procéder à la division et estimation des propriétés nationales situées en la commune et consistant en un terrain inculte borné par le chemin qui est descendant au bout après la propriété de la citoyenne Mazerat, et le jardin dont jouit le citoyen Dhoüan ; nous nous sommes transporté sur ledit terrein où étant nous avons reconnu que sa longueur pouvait être de 37 mètres environ sur 20 de large et que, vu sa petitesse et sa pauvre qualité il n'était nullement susceptible de division, et iceluy terrain vu et examiné, estimé valoir trente francs. Au surplus, observons qu'il doit y avoir échelle pour le mur dudit citoyen Dhoüan et de laditte citoyenne veuve Mazerat et aussy chemin chartal pour qu'elle puisse arriver à son jardin. De tout ce que dessus avons rédigé le présent que nous avons signé le jour, moi et an que dessus. » — Ce terrain fut vendu le même jour, moyennant 130 livres.

l'Allier : Huguet. — Pour le Préfet, le Secrétaire général : Luylier (1). »

La Terreur, nous l'avons dit, avait donc pris fin ; mais les besoins d'argent n'avaient pas diminué et le Directoire, malgré les succès militaires qui auréolaient son début, cherchait, tout comme la Convention, à se procurer des subsides.

De l'argent ?... C'était un des refrains de l'époque. Les mandats territoriaux, remplaçant les assignats, semblaient bien écarter les difficultés financières les plus pressantes ; mais il fallait du numéraire : A Ainay, les impôts, nous l'avons déjà dit, rentraient très mal : « Aujourd'huy, premier prairial de l'an sixième de la République française une et indivisible, — écrit le citoyen Bujon, — moi, commissaire nommé par l'administration municipale de ce canton, dans sa séance du 29 floréal dernier, en exécution de l'arrêté du département du 7 du même mois, me suis transporté au domicile du percepteur des impôts du canton et l'ai invité à me remettre ses rôles des contributions foncières et personnelles du canton pour les années 5 et 6 et ses quittances de versement ; à laquelle invitation ayant adhéré, dépouillement fait du tout, j'ay reconnu qu'il n'avait été fait aucun versement sur la contribution personnelle et somptuaire de la commune d'Ainay pour les années cinq et six (2) ». Nous avons également sous les yeux des bordereaux de décharge délivrés par le receveur de l'arrondissement, Pradon, au percepteur d'Ainay-le-Château, relativement à la contribution personnelle et mobilière de l'an V. Ces bordereaux sont quittancés les 26 pluviôse,

(1) Documents de M. Chavaillon.
(2) Il en est de même pour toutes les autres communes du canton d'Ainay.

1ᵉʳ messidor, 15 messidor an VIII, et 13 frimaire an IX. Ils constatent les versements des sommes suivantes : 493 livres, 410 livres, 512 livres 15 sols 12 deniers, et 500 livres (1) données par acomptes minimes et quatre ans après l'échéance... Un autre bordereau du même receveur des finances décharge, le 12 nivôse an IX, le percepteur d'Ainay d'une somme de 57 livres 13 sols afférente à la contriburion somptuaire de l'an VII... Deux autres reçus du même au même, datés tous deux du 15 thermidor an XII, sont imputables à la contribution mobiliaire de l'an VII et se montent aux chiffres respectifs de 409 livres 10 sols, et 55 livres 13 sols 6 deniers !... Seul, l'impôt foncier rentrait : A l'égard de la contribution foncière (2) an V, écrit Bujon, il a été versé en différentes fois, tant en numéraire, coupons, que bons de régie, 2.381 livres 17 sols 7 deniers ; et il existe en caisse en bon de la régie, pour la même année, 4 sols ; ce qui fait un total de 2.382 livres 1 sol 7 deniers, égal au montant du rôle de l'an V qui se trouve, de ce fait, entièrement apuré. Sur la contribution de l'an VI, il a été versé en différentes fois la somme de 463 livres 8 sols 4 deniers ; et il existe en la caisse du percepteur en numéraire et bons de régie, 213 livres 3 sols 5 deniers ; ce qui fait un total de 676 livres 11 sols 9 deniers. Le montant de l'imposition foncière s'élevant à 2.262 livres 8 sols, il reste à payer 1.586 livres 6 sols 3 deniers.

Néanmoins, nombreux étaient les petits papiers

---

(1) Documents de M. Chavaillon.
(2) En l'an V, elle était versée par le citoyen Leclerc, percepteur de la communauté d'Ainay-le-Château, au citoyen Jean-François Méténier, préposé aux recouvrements à Cérilly, comme le montre un bordereau du 1ᵉʳ pluviôse. [Dossiers Chavaillon].

dans le genre de celui-ci, qui circulaient parmi les contribuables récalcitrants : « Au nom de la Loi. Je soussigné, porteur de contraintes pour le recouvrement des contributions directes, signifie au citoyen Julit Menouvrier (1) de la commune d'Ainay, que faute par lui d'avoir payé dans un très court délai la somme de trois francs quatre-vingt-quatorze centimes échue des contributions de l'an neuf, je m'établirai à domicile réel chez lui et à ses frais. Ainay-le-Château, le 17 messidor an IX de la République : SACROT (2). » A cette époque (3), tout était cher : la viande valait 5 sols la livre (4)... l'argent était rare... Heureusement la Convention avait légué au gouvernement qui la remplaçait un moyen de faire rentrer les fonds malgré tout, en instituant *l'emprunt forcé* ou contribution extraordinaire prélevée sur les citoyens jouissant d'un certain revenu, et dont le remboursement se devait effectuer automatiquement au moyen de dégrèvements sur les impositions à venir (5). Dès le 26 brumaire 1793, le ci-

(1) Qui était une citoyenne : Julie Menouvrier, sœur de Suzanne et de Marie Menouvrier. — Pourquoi fut-elle masculinisée ?... Peut-être le sieur Sacrot était-il gêné à l'idée de menacer une citoyenne d'aller s'établir à domicile chez elle.

(2) Documents de M. Chavaillon.

(3) Messidor an IX.

(4) Mémoire de la viande fournie par le boucher Roy au citoyen Legay. [Dossiers Chavaillon].

(5) A cet effet, chaque récipissé remis aux créanciers était muni de dix coupons annuels et successifs dont le montant total représentait le chiffre du prêt exigé par l'Etat. Chacun de ces coupons, dont la valeur représentative était d'un dixième de l'argent versé, pouvait être utilisé par le prêteur pour le paiement des contributions directes de dix années à venir, chaque coupon portant le millésime d'une de ces années. On pouvait, en outre, s'en servir immédiatement pour le paiement du droit d'enregistrement dû pour cause de succession.

toyen Mazerat, juge de paix, avait été nommé commissaire à l'effet de surveiller à Ainay-le-Château les opérations de l'emprunt forcé (1). Un nouvel appel au crédit public eut lieu en l'an IV, déterminé par la loi du 19 frimaire. Plusieurs récépissés de ces souscriptions obligatoires nous sont passés sous les yeux (2) ; voici la teneur d'un d'entre eux, daté du 19 prairial : « Je soussigné, Jacques Vindrinet, percepteur de la commune d'Ainay-le-Château, canton dudit Ainay, département de l'Allier, déclare avoir reçu du citoyen Charles-François Theurault, taxé au rôle de l'Emprunt forcé établi par la Loi du 19 frimaire, 4e année de la République, à la somme de soixante francs en numéraire ou valeur représentative aux termes de la Loi, dont je lui ai délivré la présente quittance, divisée en dix coupons, suivant la forme prescrite par l'article IX de la Loi du 19 frimaire dernier. »

Les traités de Bâle avaient terminé la campagne de 1795, entreprise par la Convention ; la ville d'Ainay avait été, — dans ces guerres comme dans les précédentes, — largement mise à contribution en fait de fournitures d'effets, fabrication de chaussures ou de draps, production d'armes (3). En effet, le 25 nivôse an III, un arrêté du district avait ordonné que la commune d'Ainay-sur-Sologne eut à dresser un état général de tous les cuirs ou peaux alors prêts chez les tanneurs ou propres à être employés dans le délai d'un mois, de façon à ce qu'il fût possible de les livrer aux cordonniers du district qui manquaient de matière première pour pouvoir satisfaire

(1) Arch. de l'Allier : L, Reg. du district de Cérilly.
(2) Nous donnons le fac-similé du récépissé du citoyen A. Buffault.
(3) Voir Arch. de l'Allier : L, 102 et 107.

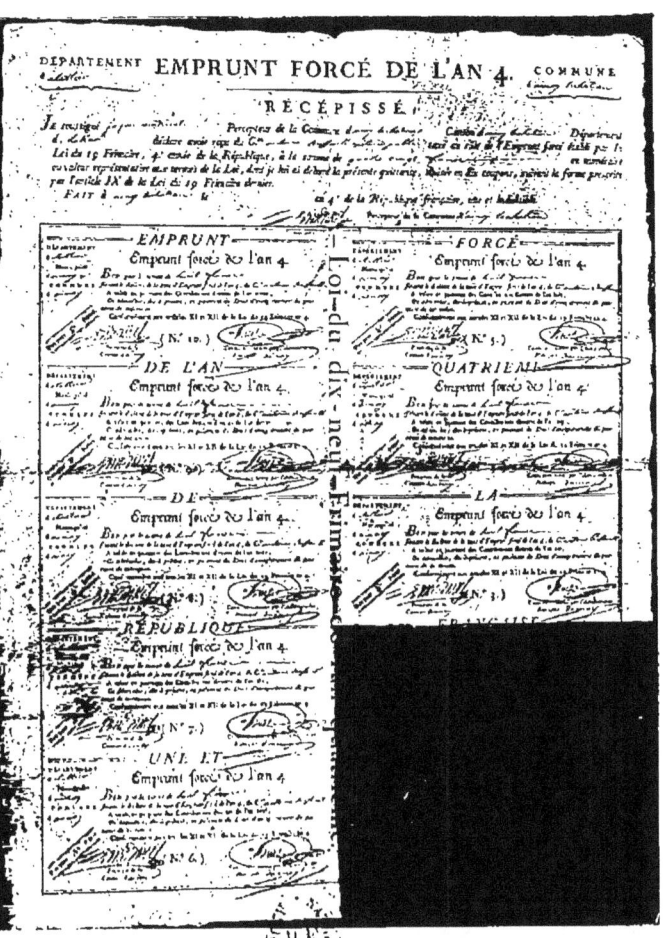

Emprunt forcé de l'An IV.

à la loi du 14 ventôse, relative aux fournitures de souliers pour l'armée (1)... Puis, le succès ayant favorisé nos armes, des prisonniers de guerre furent internés à Ainay. Nous en trouvons la preuve dans une décision du district, — la première qu'il ait été appelé à prendre relativement à Ainay-le-Château depuis l'avènement du nouveau gouvernement du Directoire, — en date du 15 brumaire an IV, qui ordonne le remboursement, à la commune d'Ainay, de 9 livres 15 sols avancés pour les prisonniers, ainsi que le remboursement de 76 livres 17 sols qui avaient servi à acheter des cuivres pour le compte de la République (2). C'est qu'il ne faisait pas bon alors d'être obligé de consentir beaucoup d'avances de fonds : tout était toujours très cher et les subsistances demeuraient peu abondantes, tellement que les autorités du district, inquiètes de cet état de choses et toujours obsédées du souvenir des affreuses années de disette qui venaient de s'écouler, nommèrent, le 9 prairial an III, des commissaires chargés de faire un recensement général, tant des farines que des grains battus se trouvant chez tous les détenteurs de ces produits. Furent ainsi nommés : à Ainay, le citoyen Foulnay (3), administrateur du district, demeurant à Charnoux ; à Charnoux, le citoyen Mazerat (4), notaire de la commune d'Ainay ; à Désert-sur-Sologne, les citoyens

---

(1) Arch. de l'Allier : L, 102.
(2) Arch. de l'Allier : L, 102.
(3) Defoullenay.
(4) Par un arrêté signé : « L. M. Reveillère-Lépeaux », le 20 vendémiaire an VI, le Directoire nomma J. B. Mazerat « commissaire du pouvoir exécutif près l'administration municipale du canton d'Ainay », en remplacement du citoyen Huet. [Arch. Nationales : F^{1}b, II, Allier, 6].

Durand, assesseur du juge de paix, et Nourisset, aubergiste d'Ainay ; à Braize, le citoyen Perrinet, juge de paix du canton d'Ainay ; à Isle, le citoyen Bujon, fils, officier municipal à Ainay (1). Une hausse des denrées était à craindre et le numéraire faisait toujours défaut. Nous en trouvons la preuve dans différents mandats de paiement signés par les citoyens Theurault, Duvernet, Defoullenay, Bujon, Bonneau (2), « membres composant l'administration municipale du canton d'Ainay. » Deux de ces mandats, datés du 1er thermidor an V, ordonnent de payer respectivement aux citoyens Rozat, préconiseur, et Thomas, horloger, les sommes de 24 et 50 francs « pour leur traitement arriéré de l'an III »!... C'est aussi le montant de son traitement arriéré de l'an III que mandatent à l'ex-secrétaire-greffier Legay, les membres de l'administration municipale d'Ainay, le 29 germinal an VI.

La plupart des fonctionnaires ou employés touchaient leur traitement avec semblable retard, bien heureux quand, en temps utile, ils recevaient certains acomptes ; tel le citoyen Buffault, secrétaire de l'administration municipale en l'an V, qui recevait le 28 floréal dudit an un mandat de paiement de 600 francs, montant de neuf mois de ses appointements et qui n'en touchait le reliquat, soit une « somme de 200 francs pour restant de son traitement de l'an V », que le 19 floréal an VIII. Il est vrai que deux autres mandats des 12 nivôse et 26 pluviôse an VI, ordonnaient le paiement et remboursement de 150 et 100 livres avancées par ledit secrétaire pour fournitures de bois, papier, lumière,

(1) Arch. de l'Allier : L, 104.
(2) A ces noms il convient d'ajouter, pour l'an VI, ceux de Lamétairie, Simonnet, Mazerat et Buffault.

plumes, encre et différentes autres dépenses imprévues afférentes à l'an V. Mais bien peu nombreux étaient ceux dont les appointements d'une année étaient payés intégralement à la fin de cette dite année ou au début de la suivante ; tel le préconiseur qui, le 1er vendémiaire an VI, reçut un mandat de paiement pour son traitement de l'an V... Très souvent il fallait attendre le second trimestre de l'année en cours pour être réglé des arrérages de l'année précédente, comme le citoyen Nugin, piéton (1), que le 1er nivôse an VI, reçut deux mandats de paiement : l'un de « la somme de 37 fr. 50 pour son traitement arriéré du trimestre de germinal an V » ; l'autre d'une « somme de 112 fr. 50 pour son traitement de trois trimestres, an V »... D'autres employés attendaient le second trimestre, la caisse de la municipalité étant vide, tel le citoyen Thomas qui fut mandaté de 50 francs pour ses appointements de l'an V, le 19 germinal an VI (2). Bien heureux encore étaient les pauvres gens, — fonctionnaires ou simples créanciers, — quand ils pouvaient enfin toucher quelque argent au bout d'un laps de temps plus ou moins considérable ; tel Jean-François Legay qui avait affermé sa grange à la municipalité et qui reçut du ministère des Finances l'avis suivant : « Paris, le 16 floréal, an VII de la République une

---

(1) Son traitement avait bien diminué depuis la Convention : Le 15 floréal, an III, le citoyen Henri Nugin avait été compris dans les nominations de piétons chargés de se transporter trois fois par semaine dans les communes du district, à l'effet d'y porter les lois et bulletins de la Convention, et la correspondance du directoire du département avec les municipalités. Il devait toucher, de ce chef, 70 livres par mois et, pour floréal seulement, 90 livres. [Arch. de l'Allier : L, 103].

(2) Tous ces documents et la plupart de ceux qui suivent proviennent des archives de M. Chavaillon.

et indivisible. Je vous préviens, citoyen, que vous êtes employé dans l'état de liquidation arrêté par le Ministre des Finances sous le n° 30 pour le montant de la liquidation de votre créance résultante de loyers d'une grange que vous avez affermée à la municipalité d'Aînay-le-Château pour y déposer des bois de Bourdenne (1), propres à la fabrication de la poudre et dont le prix a été liquidé à 178 livres 4 deniers. Vous pouvez vous transporter (2) au bureau du citoyen Du Tertre, premier commis de la division de la comptabilité de ce ministère (3), muni de cette lettre pour y retirer votre certificat de liquidation en échange duquel la Trésorerie vous remettra les valeurs déterminées par l'article LXXI (4) de la loi du 24 frimaire an VI. Salut et fraternité : AMENAULT (5). »

Quelques paiements furent — dans ces conditions, — considérés par les bénéficiaires comme des aubaines inattendues. C'est ainsi que le 12 germinal, les administrateurs municipaux du canton d'Ainay ayant autorisé leur trésorier à payer « aux agents composant icelle administration la somme de 70 francs en remboursement de leurs menues dépenses de l'an V », cette somme, du consentement de tous, fut employée à un banquet civique. L'influence plus gaie du printemps de 1798 doit-elle être reconnue dans cette décision où semblent se

(1) Le bois de bourdaine ou bois de nerprun, très léger, est employé, une fois carbonisé, à la fabrication de la poudre.

(2) En personne ou par fondé de pouvoirs.

(3) Maison du Ministre, rue Neuve-des-Petits-Champs. — On ne pourra se présenter au bureau indiqué ci-contre que les 3, 6 et 9 à deux heures.

(4) Bulletin n° 168, titre XII, art. LXXI, qui concerne la trésorerie.

(5) Dossiers de M. Chavaillon.

manifester plus de sécurité et plus de confiance dans l'avenir ?... — Il est possible ; mais, en tous cas, il semble plus certain que l'époque de la cueillette des fruits fit éclore de sages réflexions dans l'esprit des édiles de l'époque et les décida à faire protéger leurs raisins, leurs poires ou leurs pommes d'une manière efficace ; c'est pourquoi, le 22 fructidor an VI, ordonnaient-ils à leur trésorier de « payer aux différents garde-champêtres du canton la somme de 504 francs *à valoir* sur le traitement que le département leur avait alloué, sauf à parfaire s'il y a lieu et si les ressources le permettent, dans le cas où lesdits garde-champêtres feraient bien leur devoir ».

Tant il est vrai de dire qu'en 1798, comme de tout temps, et en dépit de toutes les belles phrases, la crainte du... gendarme est, pour beaucoup, le commencement de la sagesse !... Mais si les membres de la municipalité du canton d'Ainay-le-Château se laissèrent peut-être guider par un sentiment de prudence et de conservation à l'égard de leurs vergers lorsqu'ils prirent l'arrêté ci-dessus, celui qui suit fait honneur à leurs sentiments généreux et montre l'étendue de la misère qui étreignait encore le pays. Le 29 fructidor, ils ordonnaient, en effet, au trésorier « de payer aux différentes nourrices des enfants naturels du canton, d'après l'état de répartition arrêté en France, et vu leur extrême misère et la somme considérable à elles due par la République, la somme de 399 livres qui serait allouée en rapportant le présent mandat avec le pour acquit du secrétaire, lesdites nourrices ne sachant signer (1). » C'était le souci de l'enfance, la responsabilité de

---

(1) Outre les signatures déjà citées plus haut, ce dernier arrêté porte celle de « Renon, adjoingt ».

l'existence humaine, s'alliant au respect de la propriété : une déclaration de l'administration centrale du département avait, précédemment, proclamé la liberté pour tous de penser et de prier, tout en essayant de faire cadrer cette déclaration de liberté cultuelle avec l'observance du repos du décadi. Voici un extrait de cette proclamation, datée de Moulins, le 19 messidor an VI (1) : « La liberté des cultes est consacrée par l'acte constitutionnel et par la raison. Nous sommes loin de vouloir porter atteinte à l'exercice d'aucun. Nous protègerons leurs sectateurs de tout notre pouvoir toutes les fois qu'ils se conformeront aux lois de police à cet égard, que l'ordre public n'en sera pas troublé et que ce ne sera point un motif de rassemblement séditieux et de prédication contre les lois et contre le gouvernement ; mais il est, dans la plupart, des usages qui contrarient le système décimal adopté ; ne serait-il pas possible de les accorder jusqu'à un certain point ? Nous l'avons pensé : un des plus essentiels en ce moment est celui du jour de repos ; plusieurs cultes le prescrivent au septième jour ; la Loi ne l'accorde que le dixième à tous les citoyens dont le tems est employé par la République. Les ministres des cultes ne peuvent point prêcher contre cette institution où se déclarer perturbateurs de l'ordre et s'exposer à la rigueur des loix ; mais comme citoyens elle est pour eux un devoir et nous aimons à croire qu'il en est beaucoup pour qui ce titre est précieux. Appelez-les près de vous ; parlez-leur des droits qu'ils auront à l'estime publique en concourant avec les magistrats à rendre faciles et agréables

---

(1) Nos archives : Ampliation d'une lettre du département de l'Allier ; bureau de police administrative.

aux citoyens les changemens dont l'utilité ne tardera pas à être sentie de tous. Que pratiquant leurs cérémonies tous les jours, ils remettent seulement au décadi leurs instructions et la pompe dont ils les accompagnent ; ceux qui examineront de bonne foi combien le dogme de chaque culte est peu intéressé à ce que les instructions se fassent un jour plutôt que l'autre dès que les cérémonies qu'il commande ne sont point interverties, se rendront facilement à vos invitations, si elles sont dirigées par la douceur, l'honnêteté et le désir de réussir. Les hommes indifférens à la chose publique et ses ennemis verront l'avantage de cette mesure et empêcheront, n'en doutez pas, qu'elle ne soit exécutée ; mais ne regardez pas comme tels tous ceux qui ne le feroient pas ; songez que c'est ici une affaire d'opinion et que vous ne pouvez maîtriser celle de personne ; invitez, pressez, persuadez, donnez l'exemple, faites exécuter la loi : c'est là que doit se borner votre zèle. Ne redoutez pas, au reste, l'influence de ceux que vous croiriez mal intentionnés ; ils ne sont plus guère dangereux et leur empire est détruit. Si cependant il en étoit dont la conduite et les propos ne fussent pas d'accord avec les loix, surveillez-les, et que la moindre action soit dénoncée sur-le-champ ; autant il faut être circonspect pour ne pas placer parmi les coupables des hommes qui ne diffèrent de vous que par des nuances dans leurs opinions, autant il faut être implacable envers les vrais perturbateurs (1). »

On le voit, la manière avait changé et, aux moyens de terreur en faveur sous la Convention, avaient

(1) Cet extrait était signé : Favières, présid. ; Claustrier ; Mandon ; Gilberton ; Lanoix, administrateurs ; Beauchamp, commissaire du directoire exécutif ; Burelle, secrétaire en chef.

succédé les pratiques persuasives du gouvernement des Directeurs. Quant à la liberté du culte, elle était encore plus théorique que pratique ; pourtant il y avait un grand pas fait vers la tolérance. Jean-Baptiste Duranjon, prêtre catholique (1), résidait à Ainay et donnait aux habitants les secours de son ministère, mais sans exercer officiellement les fonctions pastorales. Du reste, pour avoir un curé, il aurait fallu avoir une cure et, depuis l'an IV, l'ancienne cure servait de local pour les réunions de la municipalité, ainsi qu'en fait foi la quittance du receveur de l'enregistrement et du domaine national à Ainay, qui reconnaissait, le 12 pluviôse an VII, avoir « reçu du citoyen Buffault, secrétaire de l'administration municipale dudit lieu et trésorier de la commune, la somme de 212 francs pour le loyer du cy-devant presbytère d'Ainay où l'administration tint ses séances pendant les années 4, 5 et 6, fixé à cette somme par l'administration municipale et le soussigné (2) contradictoirement ; savoir, 140 francs en une ordonnance du département de l'Allier du 7 nivôse dernier pour cause de réparations faites audit presbytère, et 72 francs en numéraire métallique ». Et cet état de choses subsista pendant les premières années du Consulat, si nous en croyons deux reçus, en date des 29 frimaire an VIII et 11 frimaire an IX, portant quittances de deux sommes de 72 francs montant des loyers de « la maison occupée par l'administration municipale », durant les années VII et VIII.

Quant aux réparations, elles furent faites en temps et lieu, la municipalité tenant à occuper un

(1) Arch. de l'évêché de Clermont.
(2) Receveur de l'enregistrement.

local convenablement entretenu, et les autorisations nécessaires pour ces réfections ayant été accordées par l'administration du département, le 25 germinal an IV. C'est ainsi que le 1er frimaire an VI, fut mandaté un mémoire de charpentier qui montait à 75 francs ; et que le 29 fructidor de la même année furent expédiées aux administrateurs départementaux une note de vitrier montant à 10 francs 10 sous, une facture de charpentier s'élevant à 40 francs et un mémoire de 100 francs de maçonnerie et réfection de cheminée. Enfin, le 7 brumaire an VII, un devis de réparations afférentes à des cheminées, placards, serrures, réfections de portes, repiquage et relatage de couverture, était dressé et arrêté au chiffre de 142 francs 70 centimes.

Mais, nous l'avons déjà dit, à la suite du Coup d'Etat du 18 brumaire an VIII, la forme du gouvernement avait encore une fois changé en France ; et le Directoire avait fait place au Consulat. Les Consuls s'occupèrent immédiatement de différentes modifications administratives qui donnèrent naissance à la loi du 28 pluviôse an VIII, remplaçant les directoires des départements par des préfets chargés, à peu de choses près, des mêmes attributions. Et, en vertu de ce changement, le sous-préfet de Montluçon envoyait, le 16 floréal, la circulaire suivante aux Castellainaisiens :

« Vu l'article 7 de l'arrêté des Consuls du 17 ventôse dernier, relatif à l'établissement des préfectures, est arrêté ce qui suit :

Article Ier. — Il est fait par le présent arrêté la demande formelle au juge de paix du canton d'Ainay de lever en présence du citoyen.... (1),

---

(1) La place du nom est laissée en blanc.

ex-président de l'administration municipale, les scellés qu'il a dû apposer en exécution de l'arrêté des Consuls précité et du réquisitoire de l'ex-commissaire du gouvernement près ledit canton.

Art. II. — Le citoyen... (1) est chargé de faire parvenir aux bureaux de la sous-préfecture de Montluçon les lois, registres, papiers et cartons servant à l'ex-commissaire du canton et de remettre de suite aux agents des communes composant cet arrondissement, les papiers, etc... concernant chacun d'eux, d'en retirer récépissé et de le faire passer au sous-préfet.

Art. III. — Deux ampliations du présent arrêté seront adressées à l'ex-président de chaque canton, dont une pour lui et l'autre pour être remise au juge de paix, afin que chacun exécute ce qui le concerne.

Pour copie conforme : Amelot (2). »

Les Castellainaisiens voulurent profiter de tout ce remaniement administratif pour obtenir du nouveau gouvernement d'être rattachés administrativement à un pays avec lequel leurs rapports étaient beaucoup plus fréquents et, surtout, beaucoup plus faciles qu'avec Montluçon, — à Saint-Amand-Montrond. A ce sujet, le maire de la commune d'Ainay reçut la lettre suivante (3) : « Paris, le 1er ventôse an IX. Les membres du Corps Législatif et du tribunat représentant le département de l'Allier

(1) La place du nom est laissée en blanc.
(2) Document appartenant, en 1904, à M. Jacquet-Dayraigne, qui nous a, à cette époque, communiqué ses archives.
(3) Ainsi adressée : « Au maire de la commune d'Ainay, département de l'Allier ; à Saint-Amand, département du Cher. » — Dossiers de M. Jacquet-Dayraigne.

au maire du canton d'Ainay, même département.
— Nous avons reçu, citoyen, votre lettre du 11 pluviôse dernier contenant envoi d'une délibération de la municipalité de votre commune et du juge de paix du canton dont l'objet est de solliciter la réunion de votre canton au département du Cher. Quand on connaît votre position topographique, il est difficile de ne pas se rendre à la demande que vous formés. Nous sentons qu'il est juste de l'appuyer et nous le ferons quand il en sera temps. Nous nous contentons, en ce moment, d'adresser au Ministre de l'Intérieur, votre délibération, parce qu'il nous paraît qu'elle doit être soutenue du vœu de toutes les communes ou, au moins, de la majorité des communes du canton ; vœu que, sans doute, vous vous proposerés d'émettre par l'organe des Conseils généraux convoqués *ad hoc* sur une autorisation que vous sollicilerés préalablement du préfet. Remplissés avant tout cette formalité essentielle et comptés sur la députation pour déterminer le gouvernement à statuer et à faire statuer sur la réunion que vous désirés. Nous vous saluons : Beauchamp (1). »

Ce n'était pas la première fois que les officiers municipaux faisaient semblable démarche. Sans doute leurs précédents efforts n'avaient pas été pris en sérieuse considération par le directoire du département, et ils espéraient mieux du nouveau gouvernement. Il n'en fut rien. Le geste des membres du Corps Législatif représentant le département de l'Allier, qui avaient « adressé la délibération au Ministre de l'Intérieur », fut-il pour quelque

(1) Au-dessous de la signature était ajouté : « Payé pour le port de la présente 16ˢ : Maugenest. »

chose dans la fin de non-recevoir opposée au vœu des Castellainaisiens ?... Il est possible : En tous cas, quelques jours plus tard, le maire d'Ainay-le-Château recevait du préfet de l'Allier la lettre ci-dessous :

« Moulins, le 23 ventôse, an 9 de la République française une et indivisible ;

« Citoyen,

« Le ministre de l'Intérieur me marque par sa lettre du 11 ventôse présent mois, que vous venez de renouveler la demande que vous fîtes l'année dernière pour que le ci-devant canton d'Ainay fut distrait du département de l'Allier et réuni à celui du Cher ; il me charge de vous rappeler à l'ordre hiérarchique de la correspondance et de vous prévenir que, par un arrêté, les Consuls ont décidé qu'ils ne s'occuperaient, quant à présent, d'aucun changement aux circonscriptions établies par la loi du 28 pluviôse. Je vous salue : Huguet (1). »

Il se peut fort bien que ce manquement à la hiérarchie ait eu une certaine influence sur le rejet de la pétition des habitants d'Ainay, car les Consuls, — dès l'instant où ils furent au pouvoir, — manifestèrent leur volonté très nette d'établir et de maintenir à tous les degrés de l'administration une stricte discipline. L'esprit autoritaire et militariste du Premier Consul se sent dans tous les arrêtés dont il fut presque toujours l'unique inspirateur. L'un des premiers de ces arrêtés, celui du 17 floréal

(1) Dossiers de M. Jacquet-Dayraigne.

an VIII, indique cet état de choses ; il a pour objet d'ordonner le port de l'uniforme à tous les fonctionnaires. Les maire et adjoint d'Ainay-le-Château reçurent, à ce sujet, les informations suivantes : « Citoyens ; L'intention du ministre de l'Intérieur est que tous les fonctionnaires publics soient revêtus du costume qui leur est assigné par l'arrêté précité ; il importe à l'ordre public et à l'exécution des lois que les fonctionnaires soient distingués des autres citoyens, ces marques de distinction assurent le respect dû à la volonté nationale et l'administrateur ne doit rien oublier de ce qui peut en procurer l'accomplissement... » Suivait l'extrait ci-dessous de l'arrêté du 17 floréal an VIII :

« ARTICLE II. — Les maires auront un habit bleu et une ceinture rouge à franche tricolor [sic].

ART. III. — Les adjoints à la mairie auront le même habit que les maires et une ceinture rouge à franches [sic] blanches.

ART. V. — Tous les fonctionnaires cy-dessus désignés porteront un chapeau français uni (1). »

L'influence de Bonaparte se manifeste dans le document ci-dessus. Sous le gouvernement des Directeurs, le pays avait commencé à respirer et à se ressaisir : le Consulat allait amorcer l'établissement définitif de l'organisation administrative et judiciaire qui nous régit encore en grande partie, dont certains grands hommes de 1789 avaient élaboré les principes, mais dont les luttes intestines de la Convention et les massacres de la Terreur avaient ajourné à d'autres heures plus clémentes et plus paisibles, la réalisation définitive. Les Consuls, par un arrêté du 3 brumaire an X, qui fut notifié à l'administration municipale du canton d'Ainay par

(1) Documents de M. Chavaillon.

missive préfectorale, signée du conseiller de préfecture Claustrier, remplaçant le préfet absent, et datée de Moulins le 18 brumaire (1), changèrent la situation administrative et judiciaire d'Ainay-le-Château : L'arrondissement de Montluçon fut divisé en six cantons, dont le canton de Cérilly.

Les habitants d'Ainay essayèrent bien de parer le coup ; mais ils furent trop tard informés des choses, si nous en croyons la lettre suivante, adressée au citoyen Theurault (2), maire à Ainay-le-Château :

(1) Documents de M. Jacquet-Dayraigne.
(2) On trouve aux Archives de la sous-préfecture de Montluçon son éloge qui fut prononcé au début de la séance du conseil d'arrondissement du 25 germinal, an XI : « Il n'est pas parmi nous, nous ne le verrons plus le citoyen Theurault, mais il vivra toujours dans nos cœurs. Ce collègue aimable mettait dans le commerce de la société une franchise que l'urbanité tempérait ; son caractère était liant, ses mœurs étaient douces sans être relâchées et une modestie vraie faisait ressortir ces qualités aimables. Il a, pendant bien des années, exercé les fonctions délicates du ministère public et ses concitoyens ont rendu un juste hommage à ses connaissances, à son équité, à son désintéressement. En des temps plus difficiles il a rempli avec dignité la place de maire ; il savait concilier les intérêts opposés, ramener aux principes de la raison les opinions exagérées et donner un frein aux passions haineuses. Membre du conseil de l'arrondissement, il y a porté le tribut de ses sages méditations pour améliorer notre territoire et rendre plus supportable le sort de ses habitants. Si lui et nous n'avons pas établi un équilibre proportionnel entre les communes, c'est qu'il nous a été impossible d'acquérir les documents nécessaires pour atteindre ce but si désirable. Mon cœur rappellera avec attendrissement les secours empressés, les soins continus et généreux qu'il a prodigués à un malheureux ouvrier longtemps enfoncé sous un monceau de décombres. Ce trait de bienfaisance est contresigné dans les annales du département et gravé en caractères ineffaçables dans la mémoire des êtres sensibles qui savent, comme notre sous-préfet, l'apprécier et l'admirer.

Paris, 24 brumaire an X.

« Citoyen,

J'ai remis et recommandé avec le plus vif intérêt au Conseil d'Etat la pétition que vous m'avez adressée, mais je crains bien qu'elle ne soit arrivée beaucoup trop tard et que le travail étant déjà terminé, on ne veuille pas le changer. Ce travail a été fait sans que la députation ait été consultée ; elle aurait cependant, connaissant les localités, donné des renseignements utiles et il est possible, dès lors, qu'il y ait beaucoup d'erreurs que le tems verra réformer. Je vous salue cordialement : CHABOT (1).. »

Cérilly forma donc l'un des six cantons de l'arrondissement de Montluçon et devint, en même temps, siège de la justice de paix dont dépendaient — avec la ville de Cérilly elle-même, — Ainay-le-Château, Bardais, Saint-Benin, Saint-Bonnet-le-Désert, Braize,

---

Je l'ai connu trop tard et perdu trop tôt cet ami vertueux : ma main desséchée par l'âge cherche à tromper ma douleur en répandant quelques fleurs éphémères sur sa tombe. Puissé-je mériter, quand la mienne se fermera sur mes cendres, que mes chers collègues disent de moi ce qu'ils disent du citoyen Theurault : Il était aimé. » — Alexis Theurault laissa comme enfants : — a) Jean-Baptiste-Alexandre ; — b) Marguerite-Félicité, qui épousa M. Villatte des Prûgnes ; — c) Marie, femme de Jean-Baptiste Bonnelat, juge de paix du canton de Charenton, demourant à Vernais ; — d) Marie-Gabrielle, mariée à Charles-François Bujon, secrétaire-greffier à la justice de paix de la section est de la ville de Moulins. [Certificat de François Perrinet, juge de paix du canton de Cérilly, le 21 nivôse, an XIII, au sujet de la succession de J. B. Theurault, curé de Jars].

(1) Documents de M. Jacquet-Dayraigne.

Isle-sur-Marmande, Létélon, Meaulne, Theneuille, Urçay, Valigny-le-Monial, Vitray et Le Vilhain.

Antoine-François Perrinet, le juge de paix d'Ainay devenait juge de paix de Cérilly, avec Alexis Mazerat comme greffier. Il obtenait un avancement réel si l'on considère que Cérilly était, primitivement, chef-lieu du district dont Ainay-le-Château ne formait qu'un canton. Son traitement devait s'en ressentir. Pourtant il avait été déjà bien augmenté le traitement du juge de paix d'Ainay, — si l'on se reporte au 27 janvier 1792, époque où ledit juge de paix et son greffier ne touchaient chacun que 50 livres pour trois mois de leurs appointements, — car le 9 fructidor an VII, Jacques Berthomier des Prost, juge de paix, recevait, pour son traitement du 1er vendémiaire au 1er floréal an VI, la somme de 350 francs, et son successeur touchait, à la même date, pour appointements dus du 1er floréal an VI au 1er vendémiaire an VII, la somme de 250 francs... Quatre titulaires avaient occupé cette charge de judicature depuis le 23 février 1790 : Jean Huet (1), ancien lieutenant-général de police

(1) Il eut entre autres enfants : — *a)* Mlle Rose Huet, qui épousa à Ainay, le 18 juin 1793, le successeur de son père ; — *b)* Claude-Alexandre Huet, propriétaire à Château-sur-Allier, en 1799 ; — *c)* Jean-Baptiste Huet, juge au tribunal du 4e arrondissement de Paris, en 1793, puis administrateur du district de Cérilly, en l'an III ; commissaire du pouvoir exécutif près l'administration municipale d'Ainay ; administrateur du département de l'Allier, le 12 fructidor, an V ; auteur d'un *Traité de procédure sur saisie immobilière telle qu'elle est prescrite par les codes civil et de procédure*, [Paris, Eymery, 1817]. Il se maria, à Lucenay-les-Aix, en 1799, avec Mlle Denozier [fille d'Etienne Denozier, sieur des Coquats], dont naquit une fille, qui fut la mère du poète Théodore de Banville. — Jean-Baptiste Huet mourut en 1825, et sa femme en 1830. [Arch. de l'Allier : L, 385.

de la châtellenie, sous l'Ancien Régime ; le citoyen Mazerat, qui était en charge en 1793 ; Jacques Berthomier des Prost, auquel succéda, le 1er floréal an VI, François-Antoine Perrinet qui devint juge de paix de Cérilly, comme nous l'avons vu déjà, le 26 octobre 1801.

L'ancienne châtellenie royale d'Ainay, — dont Saint-Amand était autrefois justiciable, — après s'être vu refuser l'administration du district en 1790, perdait, onze ans après, sa qualité de chef-lieu de canton : C'était la déchéance !... et l'histoire de la commune d'Ainay-le-Château se poursuivra désormais, — monotone comme la vie de cette petite ville, assoupie dans son farniente, — avec, toujours, ses luttes intestines, ses dissensions politiques, ses querelles... parfois risibles, depuis le premier Empire jusqu'à nos jours !

— Arch. Nationales : F¹ʙ, II ; Allier, 1 et 2. — Arch. d'Ainay et de Lucenay. — Almanach historique, géographique et rural du département de l'Allier pour l'an VI de la République. — Th. de Banville, *Souvenirs*. — Max. Fuchs, *Théodore de Banville*, etc...].

Ainay. Vue de l'Horloge.

CHAPITRE II

PÉRIODE CONTEMPORAINE.

L'Empire fut acclamé par la majorité des Français, heureux d'échapper à la possibilité d'un nouveau pouvoir démagogique et sanguinaire, désireux de se sentir enfin réellement gouvernés et trop enthousiasmés par les succès militaires de Bonaparte pour prévoir l'absolutisme de Napoléon. Ainay-le-Château suivit l'élan général. Un ancien habitant de cette petite ville, M. Mérigot, que le malheur des temps avait conduit à Paris, écrivait à ce sujet, le 30 brumaire an XIII à M. Buffault : « ...Je dois voir pour la première fois, dimanche, cette pauvre Mme de Lostange, victime de cette Révolution de

France qui a effrayé tout le globe. Enfin Buonaparte, empereur des Français va être sacré et couronné, que tous les honnêtes gens fassent de leur corps un boulevard pour conserver ce grand homme, cet homme célèbre et que j'aime beaucoup sans jamais avoir pu le voir, je suis si petit de taille qu'à la parade je n'ay pu le voir ; aller à la Malmaison ou à Saint-Cloud pour le voir, je n'ay pas le sol pour prendre voiture, aller à pied j'ay un peu la goutte, j'espère le voir au sacre (1)... »

Tout le monde criait : Vive l'Empereur ! et, depuis le sénatus-consulte du 18 mai 1804, chacun vantait le nouveau gouvernement, chacun faisait sa cour au soleil levant dans l'espoir d'obtenir places ou faveurs. Aussitôt le grand événement connu, en floréal an XII, « Son Excellence le ministre des Finances » reçut le placet suivant : « Citoyen ministre ; Michel Buffault, propriétaire, demeurant dans le département de l'Allier, convaincu avec les citoyens ci-après nommés que la Loi sur l'établissement des Percepteurs est infiniment avantageuse au Gouvernement et plus encore aux contribuables, s'empresse de vous demander une commission et nomination à ces places dans les communes qui suivent : Département de l'Allier, arrondissement de Montluçon, canton de Cérilly : Ainay-le-Château, Saint-Bonnet-le-Désert, Saint-Benin et Braize : Jacques Buffault (2) ou Gilb. Mourellon. — Valligny-le-Monial, Bardais et Isle : Edme Buffault ou Etienne Parent ; — Meaulne, Urçay, Létélon : François Féaux, propriétaire (3). »

(1) Documents de M. Chavaillon.
(2) Jacques, Edme et Frédéric Buffault étaient mineurs.
(3) Etaient encore ajoutées des demandes de nominations aux perceptions de Charenton, Coûst, Changy, Saint-Pierre, Banne-

Ce n'était donc pas toujours sans arrière-pensée plus ou moins intéressée que l'Empire était acclamé. Cependant, après les jours sombres de la Révolution, où la fureur de voir la Patrie en danger déterminait les heures rouges de la Terreur, l'avènement de Napoléon au trône impérial faisait songer à une aurore nouvelle s'élevant, brillante et majestueuse, à l'horizon politique et national...

Le décret du 19 février 1806 (1) avait établi :

Article Ier. — La fête de saint Napoléon et celle du rétablissement de la Religion catholique en France seront célébrées dans toute l'étendue de l'Empire, le 15 août de chaque année, jour de l'Assomption et époque de la conclusion du concordat.

Art. II. — Il y aura ledit jour une procession hors de l'église dans toutes les communes où l'exercice extérieur du culte est autorisé ; dans les autres, la procession aura lieu dans l'intérieur de l'église.

Art. III. — Il sera prononcé, avant la procession et par un ministre du culte, un discours analogue à la circonstance, et il sera chanté immédiatement après le retour de la procession un *Te Deum* solennel.

Art. IV. — Les autorités militaires, civiles et judiciaires assisteront à cette solennité...

Mais trois années suffirent pour refroidir le zèle des Castellainaisiens à l'endroit de la fête de saint Napoléon et le préfet de l'Allier était obligé de réchauffer leur ardeur par la circulaire suivante, datée de Moulins, le 9 août 1809 : « Vous savez, Monsieur

gon, Vernais, Chaumont et Bessais dans le département du Cher, pour les sieurs Frédéric Buffault ou Pierre Huet ; Antoine ou Michel Buffault. [Documents de M. Chavaillon].

(1) Le même décret instituait l'établissement de la fête anniversaire du couronnement de l'Empereur et de la victoire d'Austerlitz.

le Maire, que le 15 août de chaque année, on doit célébrer dans toutes les communes de l'Empire la fête de saint Napoléon qui est en même temps celle du rétablissement de la religion catholique en France. Le décret impérial du 19 février 1806 vous trace des dispositions relatives aux cérémonies religieuses. Comme cette fête ne doit point se concentrer dans l'enceinte des temples, vous ferez, pour sa solennité extérieure, tout ce que la localité et les facultés de votre commune peuvent supporter... Les malheurs que les eaux et les orages viennent de causer dans plus de 80 communes me font craindre que l'allégresse publique ne soit pas, cette année, semblable à celle des années précédentes. Je désire cependant que l'impression douloureuse de cette calamité s'atténue par l'espoir d'une paix prochaine... POUGEARD-DULIMBERT (1). »

A cette époque, la population d'Ainay-le-Château comprenait 915 habitants qui payaient une contribution foncière de 2.305 francs 95 centimes entre les mains du sieur Louis-Dominique Mazerat, percepteur à vie. Le receveur d'enregistrement était M. Rouyer ; les huissiers, Pierre Barbier et Pierre Dalaudier exerçaient leur profession avec humanité : le culte catholique, définitivement réorganisé à la grande satisfaction des habitants, déployait officiellement la pompe de ses rites pour la fête de saint Napoléon, sous la direction du curé Annet Blateyron... (2) La tranquillité et la sécurité intérieures, sous l'écho de nos canons victorieux, favorisaient les transactions industrielles et commerciales de la région : les livres de comptes de

(1) Documents de M. Jacquet-Dayraigne.
(2) Annuaire du département de l'Allier (1806) : Place, Bujon, Desrosiers ; à Moulins.

M. Rétif nous apprennent qu'il vendait alors quatre mesures de seigle pour 9 francs ; qu'il achetait un jour treize moutons au prix de 51 francs 19 sous et, quelques semaines après, neuf autres moutons pour 54 francs 9 sous. Plus tard, il vendait un veau 12 francs, une vache 54 francs ; une truie et quatre porcs, 108 francs, à différentes foires d'Ainay-le-Château. En 1807, il notait avoir récolté cent quatre douzaines de froment ; dont dix douzaines, une fois battues, lui avaient fourni trente-six mesures de grains... Enfin, en 1808, il se félicitait d'une vente de cinquante moutons au prix de 15 francs la paire (1).

Tout semblait donc aller bien et, le 29 mars 1811, le préfet de l'Allier pouvait écrire au maire avec satisfaction : « ... Je m'empresse de vous annoncer que Sa Majesté l'Impératrice est accouchée heureusement, le 20 de ce mois et qu'elle a donné le jour au Roi de Rome. Ce grand événement comble de joie tous les peuples de Sa Majesté l'Empereur et Roi ; il manquait à son bonheur et à son amour pour ses sujets. Hâtez-vous, Monsieur, d'en faire part à vos administrés ; ils partageront la vive allégresse de la capitale. Il me sera bien agréable de faire connaître au Gouvernement tout ce qu'aura inspiré de témoignages publics de satisfaction, l'importante nouvelle que je vous transmets... POUGEARD-DULIMBERT (2). »

La population d'Ainay-le-Château avait alors légèrement augmenté ; elle comptait 943 habitants en 1813. Trois Castellainaisiens faisaient alors partie du collège électoral d'arrondissement : MM. J.-B. Bu-

---

(1) Documents de M. Chavaillon.
(2) Documents de M. Jacquet-Dayraigne.

jon et Mazerat, notaires et M. J.-B. Alexandre Theurault (1), qui s'employaient à faire cadastrer, — conformément à la loi du 15 septembre 1807 — le canton de Cérilly dont faisait partie la commune d'Ainay. Pour les soins médicaux de cette population de 943 habitants, nous trouvons installés à Ainay-le-Château : un chirurgien, M. Pierre Ruffray ; un officier de santé, M. Gilbert Tamisier ; et une sage-femme, la veuve Cottereau, née Ducros (2). Malgré leurs bons soins, la population d'Ainay n'était, en 1818, que de 930 habitants ; 948 en 1822 ; et 1.310 en 1841 (3).

En 1842, la commune de Saint-Benin fut réunie à celle d'Ainay-le-Château ; et, de ce chef, la population s'éleva, au recensement de 1846, au chiffre de 1.719 habitants ; puis à celui de 1.924 en 1856 ; 2.001 en 1861 ; 2.203 en 1866 ; 2.208 en 1872 ; 2.305 en 1876 ; 2.279 en 1881 ; pour redescendre et décroître ensuite à 2.210 en 1886 ; 1.888 en 1891 ; 1.818 en 1896 ; et 1.815 en 1901. Espérons que l'avenir réserve d'heureuses surprises aux Castellainaisiens et que l'augmentation de population coïncidera avec le réveil de la prospérité de leur petite ville, où les petits événements prennent parfois une importance exagérée.

(1) Jean-Baptiste-Alexandre Theurault [fils d'Alexis Theurault et de sa première femme, Louise Legay], avait épousé, avant 1810, Mlle Marie-Victoire Courtois, dont il eut un fils, François Theurault, qui épousa Mlle Mativon et fut le père de : Aristide Theurault ; Mmes Déchet, Boucaumont, Choussy, Brucy et la générale Flouvat.

(2) Collection des annuaires du département de l'Allier.

(3) Documents provenant de la collation des budgets et des listes de recensement conservés à la mairie d'Ainay. — A ces chiffres il faudrait ajouter : en 1818, 295 habitants de la commune de Saint-Benin ; 355 en 1822 ; et 330 en 1825.

Il n'en fut pas toujours ainsi et c'est sans aucune répercussion sur le trantran habituel des occupations un peu uniformes des habitants d'Ainay que, dans les troubles, les désastres et les terreurs de l'invasion, s'accomplit à nouveau un changement de régime. Ce changement fut pourtant rendu appréciable à la population castellainaisienne par l'imposition extraordinaire de dix centimes, par franc des contributions directes de 1819, — contribution extraordinaire destinée au paiement des dépenses et des charges de guerre de 1815 (1). — C'est ainsi, par exemple, que Marie-Adélaïde Mazerat, ayant payé, en 1819, pour ses contributions directes réunies, la somme de 5 fr. 34, se vit imposer pour les charges de guerre précitées la somme de 0 fr. 37 plus 0 fr. 05 pour frais d'impression et de remise de l'avertissement daté de Moulins le 1er mars 1820.

Revenu en France à la Restauration, le prince de Condé redevint engagiste du duché de Bourbonnais et, comme tel, seigneur d'Ainay-le-Château. C'est à ce titre que, le 17 mars 1818, M. Tourret, l'agent de Son Altesse Sérénissime, écrivait à M. Pelletier pour l'engager à affermer les terrains dénommés « Buissons seigneuriaux ». Soumission fut faite par M. Pelletier qui devint fermier du Prince jusqu'en 1828, moyennant un prix annuel de 800 francs, payable entre les mains de M. de Glatigny, intendant général de Monseigneur.

A cette époque, on s'occupa beaucoup à Ainay d'un projet dont nous avons déjà parlé et qui avait pris naissance lors de la division de la France en départements : le rattachement de la commune

(1) En exécution de l'ordonnance du Roi, du 6 octobre 1819.

d'Ainay-le-Château au département du Cher. Déjà, à la fin de la Révolution, pendant les années IX et X, de nombreuses démarches en ce sens, avaient été faites ; elles furent renouvelées souvent de 1819 à 1830... Le 28 février 1829, M. le chevalier Charrier, ancien sous-préfet de Saint-Amand (1), qui devint maire de Moulins en 1838, écrivait à l'adjoint d'Ainay-le-Château, M. Theurault :

« Lorsque j'administrais l'arrondissement de Saint-Amand, la commune d'Ainay-le-Château et quelques autres de l'arrondissement de Montluçon, firent des demandes pour être réunies à Saint-Amand. J'eus même l'honneur d'avoir une conférence ou deux avec vous à ce sujet. Cette affaire n'eut pas de suite alors parce que le département de l'Allier n'ayant rien à recevoir en compensation des communes qu'il aurait perdues ne consentit point à la réunion demandée par Ainay et autres ; une circonstance favorable se présente pour faire reprendre ce projet, une ou deux communes de la Nièvre, qui se trouvent par rapport au chef-lieu de leur arrondissement, dans le même cas que la vôtre, sollicitent leur réunion au département de l'Allier, mais l'Allier ne pouvant donner à la Nièvre une compensation pour ces communes, on a pensé que si le Cher consentait à donner à la Nièvre l'équivalent de ce qu'il recevrait de l'Allier, la balance se rétablirait entre les trois départements et les communes comprises dans ce mouvement y ga-

(1) M. le chevalier Charrier fut nommé sous-préfet de Saint-Amand par ordonnance de Louis XVIII, en date du 26 mai 1819 ; il fut remplacé dans ses fonctions par M. Pierre de Bengy-Puyvallée, par ordonnance du 12 octobre 1823. [Arch. du Cher : K, 20].

gneraient toutes, parce que celles du Cher qui seraient réunies à la Nièvre se retrouveraient, au moyen du pont-canal qui doit être établi sur la Loire vers le Bec d'Allier, rapprochées de beaucoup de leur nouveau chef-lieu, tandis qu'elles sont fort éloignées actuellement et du chef-lieu du département et de celui de l'arrondissement. J'habite une des communes de la Nièvre qui demandent à passer dans l'Allier, et on a jugé que la connaissance que j'ai de toutes les localités qu'embrasse le projet, et les relations que j'ai conservées dans l'arrondissement de Saint-Amand pouvaient me mettre à même de donner des renseignements utiles sur ce projet dont on m'a invité à m'occuper.

« Je viens en conséquence, Monsieur, vous prier de me faire savoir si Ainay-le-Château et les autres communes qui avaient demandé d'être réunies à l'arrondissement de Saint-Amand ont toujours le même désir et vous prier, dans ce cas, de me renvoyer, après en avoir rempli *exactement* toutes les colonnes, le tableau ci-joint. Quant à la colonne *observations*, elle devient trop petite pour contenir celles dont je vous prie de remplir le tableau et qui devront faire connaître de la manière la plus étendue possible, et pour chaque commune séparément, les motifs qui militent en faveur de sa distraction de l'Allier et de sa réunion au Cher. Je me rappelle que vous preniez alors un vif intérêt à cette réunion. Je ne vois pas trop ce qui aurait pu changer votre opinion à cet égard et je me trouverais heureux de pouvoir contribuer au succès de telle affaire. Comme je ne me rappelle plus la date de la demande des communes, je vous prie de me la faire connaître, ainsi que les démarches, formalités employées à cette époque. Je vous prie aussi de me faire savoir si dans le nombre des communes qui ont fait cette demande, il en est qui s'étendent dans la forêt de Tronçay, car le préfet ne consentirait pas à perdre ces communes ; dans ce cas, quelles seraient les communes qu'on pourrait substituer à celles dont le territoire s'étendrait sur Tronçay. La population qu'on prendrait à la Nièvre étant de 1.918 âmes, il faudrait pouvoir en donner autant au Cher qui en donnerait une égale à la Nièvre ; mais il y a d'autres égalités à établir et c'est pour cela que me sont nécessaires tous les renseignements que je vous prie d'avoir la complaisance de m'adresser.

« J'envoie ma lettre à M. Bujon, votre beau-frère (1), avec prière s'il n'a point d'occasion pour vous la faire parvenir, de la mettre à la poste. Si, à votre tour, vous ne trouviez point d'occasion pour m'envoyer votre réponse, vous voudriez bien me l'adresser par la poste, à Moulins, rue de Bourgogne, avec : en cas d'absence, la faire remettre chez M. Place (2), libraire. J'ai l'honneur... — Le chevalier CHARRIER (3). »

Le maire d'Ainay-le-Château, qui était alors

---

(1) Charles-François Bujon, né à Moulins le 15 février 1763 [fils d'Etienne-Joseph Bujon-Lamotte et de Jeanne-Gabrielle Vidalin] avait, en effet, épousé Anne Theurault [fille d'Alexis Theurault et de Louise Legay], dont il eut : — *a*) Elisabeth-Adélaïde Bujon, morte à Ainay le 8 février 1874, laissant postérité de son mariage avec Philippe-Ignace Le Blanc-La Saulinière, notaire, puis juge de paix à Moulins, chevalier de la Légion d'Honneur ; — *b*) Caroline Bujon, mariée à M. Ausonne et décédée en 1876.

(2) M. Place était lui-même beau-frère de Charles-François Bujon, ayant épousé la sœur de ce dernier : Catherine Bujon, dont postérité.

(3) Documents de M. Jacquet-Dayraigne.

Jean-Baptiste Bujon du Chaillou (1), examina avec toute la municipalité la proposition qui avait été faite à l'adjoint et, le 15 mars suivant, le tableau des communes formant l'arrondissement de la perception d'Ainay, fut envoyé à M. le chevalier Charrier. (V. tableau, p. suiv.). On ajoutait en post-scriptum :

Les communes dont la réunion est indispensable, sont :

Ainay avec une population de	948 habitants
Saint Benin	311 »
Bardais	325 »
Valigny	814 »
Braize	307 »
	2 705 habitants

En ce qui est de la forêt de Tronçay, rien n'empêche de distraire les parties qui dépendent de la commune de Valigny, de les réunir à Isle-sur-Marmande ; celles qui dépendent de Braize, de les réunir à Saint-Bonnet-le-Désert ou à Vitray. S'il y en a dans Bardais, elle peut être réunie à Isle et, dans tous les cas, la forêt de Tronçay devrait servir de limite entre les deux départements ; et c'est ce que nous n'avons cessé de demander et notamment par la pétition que nous avons adressée à Son Excellence, le Ministre de l'Intérieur, par l'envoi que nous lui avons fait de l'extrait de la carte de Cassini pour les communes d'Ainay, Saint-Benin, Isle et Valigny, le 25 avril 1822, avec tous les autres renseignements nécessaires et qu'il sera facile de trouver dans les bureaux du ministère. Cette demande

(1) Cousin-germain, cousin issu de germain et petit-cousin de Charles-François Bujon, époux d'Anne Theurault, par les alliances successives des Bujon de l'Etang, des Bujon des Brosses et des Theurault.

Noms des Communes	Population	Contribution foncière de 1829	Contribution personnelle de 1829	Revenu des Communes	Distance du chef-lieu d'arrondissement actuel	Distance du nouvel arrondissement	Observations
Ainay-le-Château	948	2 999 f. 62	1 287 f. 92	8 537 f. 30	9 lieues	3 lieues	
Saint-Benin	311	3 124 f. 72	1 991 f. 92	12 544 f.	9 lieues	3 lieues 1/2	
Bardais	325	1 185 f. 67	238. f.	3 318 f. 57	10 lieues	4 lieues	
Isle-sur-Marmande(1)	495	1 328 f. 84	310 f. 08	2 588 f. 56	10 lieues 1/2	5 lieues	
Valigny-le-Monial	814	2 429 f. 72	512 f. 72	6 564 f 15	11 lieues	5 lieues	
Braize	307	1 474 f. 79	201 f. 28	11 188 f. 02	8 lieues	3 lieues	
St Bonnet-le-Desert	955	3 119 f. 08	586 f 16	8 415 f. 24	8 lieues 1/2	4 lieues	

(1) A l'heure actuelle Saint-Benin a été réuni à Ainay ; et les communes de Bardais et d'Isle-sur-Marmande sont réunies en une seule, appelée Isle-et-Bardais.

n'est que la répétition de celles que nous avons faites à de nombreuses reprises depuis près de 30 ans. Les motifs qui militent en faveur de toutes ces communes sont leur éloignement des chefs-lieux de sous-préfecture et de préfecture puisqu'elles ne font aucun commerce dans le département de l'Allier. Au contraire, leur rapprochement du tribunal de première instance et des sous-préfecture du Cher, préfecture et cour royale ; la facilité des communications qui ne peuvent être interceptées en aucun temps de l'année malgré toute l'intempérie des saisons, n'ayant aucune rivière à passer, ayant des voitures publiques à Saint-Amand qui partent tous les jours et deux fois par jour à heures différentes ; et enfin que tout leur commerce se fait dans le département du Cher (1). »

A ces pressantes sollicitations, le chevalier Charrier répondit, le 19 mai, dans une missive adressée à M. Bujon, maire d'Ainay-le-Château : « ... J'ai remis, il y a une quinzaine de jours à M. le Préfet, le travail qu'il m'avait demandé sur les échanges à faire entre les départements de l'Allier, du Cher et de la Nièvre ; ce magistrat accepte les bases que j'ai proposées, mais je ne vous dissimulerai pas que je crains que notre projet ne soit vivement combattu dans les deux autres départements, bien que j'aie établi une distance aussi égale que possible (2). »

Le maire d'Ainay crut devoir agir lui-même et, le 15 avril 1830, il s'adressa directement au Ministre de l'Intérieur, en lui faisant « observer que c'était au moins la vingtième fois, depuis la division de la France en districts et départements, qu'il réclamait

(1) Documents de M. Jacquet-Dauraigne.
(2) Documents de M. Jacquet-Dayraigne.

la translation de cette commune [Ainay-le-Château] dans le département du Cher (1). » Il représentait l'éloignement du chef-lieu d'arrondissement [5 myriamètres], avec une rivière « dangereuse à traverser dans la crue » ; l'éloignement de Moulins, le chef-lieu du département (7 myriamètres] et du chef-lieu de la Cour Royale [16 myriamètres] ; il signalait le peu de rapports commerciaux subsistant entre Ainay et l'Allier, et les facilités de communications, — appréciables pour l'époque, — existant entre cette ville et le département du Cher... Néanmoins, les prévisions de M. Charrier se réalisèrent et, à l'heure actuelle, la situation d'Ainay-le-Château est toujours, à ce point de vue, la même que voilà quatre-vingts ans.

Or, en 1829, une autre question préoccupait vivement les autorités locales, la question de la poste aux lettres (2) déjà agitée en 1785. A l'époque dont nous parlons ici, il n'y avait toujours pas de bureau de distribution à Ainay qui était desservie par le bureau de Saint-Amand ; aussi toutes les lettres portaient-elles comme suscription : « A M. X... à Ainay-le-Château, département de l'Allier, par Saint-Amand, département du Cher ». La municipalité, — désireuse de se ménager des soutiens en haut lieu et soucieux, en particulier, de voir la demande qu'elle formait, appuyée par M. Beraud des Rondards, assez influent à Moulins, — avait chargé M. Buffault, notaire à Ainay, allié par sa femme à

---

(1) Documents de M. Jacquet-Dayraigne.
(2) Le relai de la poste aux chevaux se trouvait alors du côté de l'Avignon, à l'hôtel Saint-Jacques tenu par M. Bonneville. Par la suite, il fut transféré à l'autre extrémité de la ville, dans l'hôtel Imbault. C'était M. Bizard, de Saint-Amand, qui assumait la responsabilité de ce service ; M. Millet lui succéda.

la famille Beraud de Vougon (1) et, par suite, aux Beraud des Billiers et Beraud des Rondards ; la municipalité, disons-nous, avait prié M. Buffault de faire les démarches nécessaires à ce sujet. Le 22 mai 1829, le Conseiller d'Etat, Directeur-Général des postes, répondit à la requête formulée par M. Buffault : « J'ai reçu, Monsieur, la lettre que vous m'avez adressée le 10 de ce mois pour demander l'établissement d'un bureau de distribution de lettres à Ainay-le-Château. Le budget ne me laissant aucun fonds disponible à cet effet, je vous annonce avec regret que votre réclamation ne peut être accueillie (2)... »

Malgré cet échec le solliciteur ne se tint pas pour battu ; il écrivit à M. des Billiers, fit une enquête discrète auprès de ses concitoyens, parla d'une pétition et n'hésita pas à tenter une nouvelle démarche près de la Direction Générale des Postes d'où il reçut, le 26 novembre, la réponse suivante : « ... Je ne pense pas qu'il puisse être établi un bureau de distribution dans cet endroit, mais il en sera probablement placé un à Meaulne et c'est alors par cette commune que la vôtre serait desservie ; dans tous les cas, le bureau de Cérilly doit être conservé (3). » Cette mesure ne pouvait satisfaire les Castellainaisiens et, le 21 janvier 1830, M. Buffault exposait en ces termes leur déception au Conseiller d'Etat : « ... Voulez-vous bien me permettre de

(1) La sœur de Mme Antoine Buffault, Marie Bujon des Brosses, [fille de Jacques-Vincent Bujon des Brosses et de Marie-Elisabeth Bujon de l'Etang], avait épousé en premières noces, le 1er juillet 1776, Pierre-François Beraud de Vougon, greffier de la châtellenie ; dont postérité.

(2) Documents de M. Chavaillon.
(3) Documents de M. Chavaillon.

vous observer que Meaulne étant une très petite commune ne devrait pas, ce semble, l'emporter sur la ville d'Ainay, ex-chef-lieu de canton, sur le point même de le redevenir, puis chef-lieu d'étape, dont les foires, marchés, commerce, industrie, manufacture, forges et usines environnantes ont forcé d'établir depuis plus de deux ans un bureau avec piéton, à ses frais, pour aller chercher et porter la correspondance du bureau de Saint-Amand qui est le plus proche et où nous avons tant de rapports que les habitants d'Ainay et des communes avoisinantes ont demandé et demandent toujours que leurs lettres et paquets y tombent. Meaulne ne peut nullement nous convenir sous aucun rapport. Le pays préférerait plutôt continuer à envoyer à ses frais un piéton à Saint-Amand, se chargeant, si vous le vouliez aussi, de la commune de Meaulne et de celles que vous croiriez devoir y adjoindre... Quelle que soit votre détermination, je vous supplie de ne me point refuser un bureau de distribution, soit ici, soit à Charenton, soit enfin à Meaulne, si absolument vous le préférez ; bien qu'Ainay, par son importance, devrait bien mieux l'obtenir. Il ne vous échappera pas que notre piéton, prenant nos dépêches au bureau de Saint-Amand [très près d'ici] à l'instant de l'arrivée du courrier, nous les apporterait en moins de rien, tandis que Meaulne nous ferait éprouver un retard fâcheux pour les intérêts du pays et notamment pour le service de l'étape, car Ainay est un passage de troupes assez considérable ; notre piéton, en outre, pourrait être utile au canton de Charenton puisque, allant et revenant de Saint-Amand, il ne peut se dispenser d'en traverser le chef-lieu d'où résulterait profit pour l'administration (1)... »

(1) Documents de M. Chavaillon.

On se rend compte de la mortification qu'infligeait aux Castellainaisiens, — avant tout autre sentiment, — l'idée que Meaulne pouvait l'emporter sur Ainay. D'autres démarches furent vraisemblablement tentées près du Directeur Général des postes, concurremment avec celle de M. Buffault, car le lendemain même du jour où ce dernier écrivait la lettre de sollicitation qui précède, il recevait, de son côté, la missive ci-dessous :

« Moulins, le 22 janvier 1830.

« Monsieur,

« Je ne me console du déplaisir que j'ai éprouvé en apprenant ce que vous mande M. le Directeur Général des postes, qu'en pensant que j'ai fait tout ce qui dépendait de moi pour qu'il en fut autrement. Je n'ai rien à me reprocher sous ce rapport ; mais cette fois, comme beaucoup d'autres, il est si difficile d'empêcher de faire ce que certains faiseurs ont décidé. Je tenterai volontiers de nouveaux efforts quand je serai de retour à Paris, ne fut-ce que pour l'acquit de ma conscience, car en réclamant un bureau de poste pour votre ville, je crois demander une chose souverainement juste, outre que je la regarde comme nécessaire. Expliquez-moi, je vous prie, comment vous pourriez vous charger du bureau dans le cas où, comme on nous en menace, il serait établi à Meaulne ; est-ce que vous quitteriez Ainay ; faites-le moi donc savoir, car alors je ferai dans votre intérêt ce que vous croyez qu'il faut que je fasse... BERAUD (1). »

(1) Documents de M. Chavaillon.

La question passionnait, on le voit, les habitants à un point tel que M. Buffault, dont on se rappelle les démarches passées pour faire transporter de Charenton à Ainay le siège de son étude de notaire, parlait de quitter cette ville : Il y avait un froissement d'amour-propre considérable à voir Meaulne l'emporter, et, aussi, une gêne réelle pour les Castellainaisiens, en même temps qu'une immense déception. Aussi M. Buffault voulut-il essayer une dernière tentative et sollicita-t-il l'appui de son correspondant, le 6 février suivant : « Le pays sera infiniment reconnaissant si vous avez la bonté de lui obtenir le bureau de distribution sollicité avec tant de besoin, car il serait cruel qu'un très petit bourg comme Meaulne l'emportât sur une ville dont les intérêts multiples du côté de Saint-Amand, dont le commerce, l'industrie, les fabriques ainsi que les usines qui l'environnent, la forcèrent, il y a plus de deux ans, à établir un bureau et piéton à ses frais, communiquant avec le bureau de Saint-Amand ; outre que cette ville est un chef-lieu d'étape sur deux lignes... A quelque prix que ce soit, tâchez de faire réussir notre pays. Si l'administration persistait pour Meaulne, parce que la route de Saint-Amand à Montluçon, ainsi que la poste, y passe avec la correspondance Cérilly-Hérisson, ce ne serait pas une raison pour nous refuser ; les maires d'Ainay et des communes avoisinantes ont demandé et ne cessent de demander que nos lettres tombent au bureau de Saint-Amand (1), pays où sont tous nos rapports, et parce

(1) Et ce désir était tellement profond que jusqu'en mars 1872, nous avons trouvé dans les archives de M. Chavaillon des lettres adressées à X... ou Y... à Ainay-le-Château (Allier), par Saint-Amand-Montrond.

qu'en moins de rien notre piéton nous les apporte, tandis que par Meaulne, dont nous sommes éloignés de près de 2 myriamètres, nous éprouverions de singuliers retards... »

Mais cinq mois plus tard éclatait la Révolution de 1830 ; toutes les pressantes sollicitations, toutes les démarches en faveur d'Ainay étaient à recommencer !... et, en 1843, cette petite cité n'avait toujours pas son bureau de distribution puisqu'à cette époque, le Directeur Général des postes répondait, le 2 avril, à M. Meilheurat, député de l'Allier, qui s'était employé près de lui à ce sujet : « ... Je vous prie de recevoir l'assurance que la demande de la commune d'Ainay-le-Château sera examinée avec soin lorsque la situation des crédits me permettra de proposer à M. le ministre des Finances la création de nouveaux établissements de poste (1)... » Bref, satisfaction ne fut donnée aux Castellainaisiens que deux à trois ans plus tard. En 1845, en effet, nous avons trouvé des lettres portant le timbre gras du bureau d'arrivée d'Ainay. L'installation de la poste fut faite dans la maison appartenant à Mlles Bujon (2), où les anciens du pays se rappellent encore qu'il existait certain soupirail que des naïfs confondirent, les premiers temps, avec l'orifice extérieur de la boîte aux lettres, si bien que la receveuse fut parfois obligée d'aller dans sa cave faire la levée du courrier partant. En tous cas, le premier document officiel où il nous ait été donné de constater l'existence du bureau de poste si désiré, date du 1er avril 1845, jour où le

(1) Archives de la mairie d'Ainay : G, 3. [Relations de la commune avec les diverses administrations financières].

(2) Appartenant aujourd'hui à M. Bourgognon, en face le bureau des postes actuel.

sous-préfet de Montluçon annonçait au maire d'Ainay la nomination faite, le 29 mars, du sieur Papon Gilbert, facteur-rural, n⁰ 2 de Vallon-en-Sully, à Ainay-le-Château, en la même qualité (1).

Cette époque — 1846-1847 — constitua une période funeste dans l'histoire du pays. Une véritable disette sévit sur la contrée : la misère était terrible ; le blé se vendait 10 francs le double-décalitre. Les malheureux manquèrent de tout, mais la charité privée se montra admirable dans la circonstance. Des habitants généreux distribuèrent du blé, du bois de chauffage, du linge, des vêtements. Un Castellainaisien fit donner aux indigents, le 10 novembre 1846, cent cinquante paires de sabots dont il paya les factures aux sieurs Cabanne et Dalodier (2).

Aussi nul désordre, nulle effervescence en ce moment-là dans la petite cité : tout y est tranquille. Et même, lors du Coup d'Etat de 1851, la ville d'Ainay demeure relativement calme au milieu de l'agitation qui se déchaîne dans la majeure partie du pays bourbonnais. L'année précédente, son maire était l'un de ceux qui avaient répondu avec le plus d'empressement (3) à la circulaire confidentielle que le Procureur de la République à Moulins, M. Delèsvaux, avait adressée au mois de décembre 1849 [avec l'approbation du préfet de l'Allier, M. de Maupas], à tous les maires du département :

« ...L'état moral d'une localité s'explique d'une manière générale par la tendance plus ou moins prononcée des idées vers le bien ou vers le mal, par le

---

(1) Arch. de la mairie d'Ainay : G, 3.
(2) Mémoire justificatif préparé par J. B. C. Pelletier pour sa comparution devant la commission militaire.
(3) E. Mauve, *Le Bourbonnais sous la seconde République*, p. 102.

respect ou le mépris des principes qui sont la base de la société. Elle s'explique spécialement par le nombre et la nature des crimes ou délits commis ou tentés. Vous aurez donc à me signaler ces tendances et les faits spéciaux que vous devez nécessairement connaître. La situation politique comprendra tous les faits politiques punissables ou non punissables qui auront eu pour mobile cette dangereuse passion ; ce qui tiendra aux réunions ou sociétés publiques ou secrètes ; à la vente ou à la distribution d'écrits ou emblèmes ; aux manœuvres électorales, aux manœuvres publiques ou occultes des partis politiques. Il est inutile d'insister sur l'importance de la désignation des auteurs ou complices des faits que vous aurez à me faire connaître (1)... »

Fut-ce comme suite à cette circulaire qu'un décret préfectoral prononça, au mois de décembre 1851, la dissolution du Conseil municipal d'Ainay-le-Château et son remplacement par une commission municipale dévouée à l'Empire ?... Il est permis de le croire, car le même décret frappait trente-trois communes de l'Allier ; en même temps dix-neuf maires et seize adjoints étaient révoqués comme soupçonnés d'être hostiles au Coup d'Etat (2). Le maire d'Ainay-le-Château, Vincent-François Bujon (3), fut sans doute jugé douteux par le préfet de Maupas, à cause de sa parenté avec un républicain connu de la ville, Jean-Baptiste Pelletier, qui était son cousin ; — [MM. Bujon et Pelletier descendant, en effet, tous les deux, d'un trisaïeul commun, Jean-Baptiste Theurault, sieur de l'Amour,

(1) Arch. de l'Allier : M.
(2) E. Mauve, *Le Bourbonnais sous la seconde République*.
(3) Fils de Jean-Baptiste Bujon du Chaillou et de Marie Guithon, décédé le 2 mai 1857, à l'âge de 63 ans, à Lurcy-Lévy.

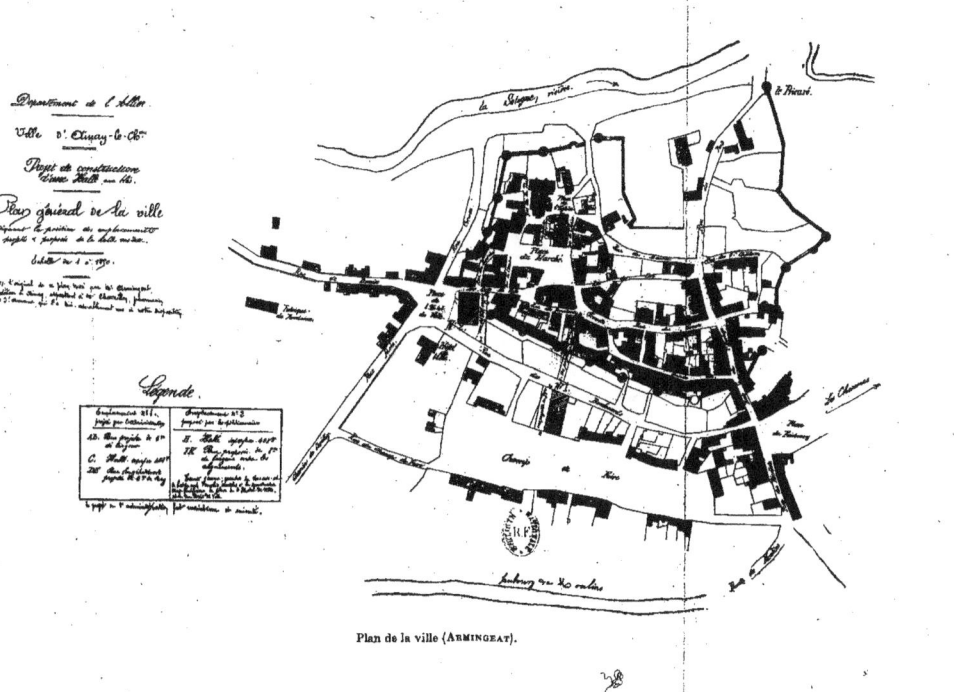

Plan de la ville (ARMINGEAT).

époux de Marguerite Jobier, qui vivait à la fin du xviie siècle]. — C'est que les républicains de l'Allier, qui causèrent une sérieuse alerte aux autorités dans l'arrondissement de Lapalisse, avaient été très surveillés dans celui de Montluçon. Ils essayèrent bien, dans le canton de Cérilly, de soulever les ouvriers de Tronçais qui se réunirent, à l'appel de quatre d'entre eux, les 3 et 4 décembre, à la Loge des Sabotiers ; mais l'arrivée, le 6 décembre, du sous-préfet de Montluçon, escorté d'une trentaine de chasseurs, fit avorter toute tentative d'insurrection. Il en fut de même pour toutes les autres communes du canton ; et ce fut en vain qu'Aimé Richet, d'Ainay-le-Château, et François Pangaud, d'Isle-et-Bardais, essayèrent d'entraîner les ouvriers porcelainiers de Valigny (1) : personne ne bougea. Richet et Pangaud n'en payèrent pas moins chèrement cette tentative de résistance.

En effet, le 4 décembre au soir, M. de Morny, ministre de l'Intérieur, déclarait le département de l'Allier en état de siège ; et le 19 décembre, deux commissions militaires s'établissaient à Moulins afin de statuer sur les cas de mise en liberté ou de renvoi devant un conseil de guerre de tous les gens suspectés d'opposition au nouveau gouvernement, prisonniers préventifs que, de « tous les points du département, on amenait à la Mal-Coiffée (2) » dans de longues files de charrettes escortées par la troupe. Aimé Richet, d'Ainay, fut condamné à être transporté en Algérie ; François Pangaud fut placé sous la surveillance de la police.

Quant à Jean-Baptiste-Charles Pelletier (3), dont

(1) Dr CORNILLON, *Le Coup d'État*, p. 71.
(2) Dr CORNILLON, *Le Coup d'État*, p. 137.
(3) Un certificat signé de tous les membres du Conseil mu-

aucun acte d'insurrection ne justifiait l'arrestation, il fut accusé de républicanisme ; et, victime de la délation, fut conduit à Moulins et interné à la Mal-Coiffée ; car, dit M. le Dr Cornillon « les consciences tarées profitèrent de l'état de trouble dans lequel se trouvait le pays au 2 décembre, pour assouvir leurs haines et leurs rancunes. Ce fut le règne des délateurs dans toute sa hideur (1) ». Dans un mémoire écrit de sa main pour présenter sa défense, Jean-Baptiste-Charles Pelletier s'étonne des mesures de rigueur prises contre lui qui, dit-il, dans une époque de disette, employa tous les moyens que lui suggéra son imagination pour soulager les malheureux, déguiser l'aumône et sauver l'amour-propre d'honnêtes pères de famille (2). Son cas n'était sans doute pas grave, car au lieu d'être déporté à Lambessa ou expédié en Algérie il fut simplement inscrit sur la Liste des Internés dans d'autres départements et vint, de ce chef, résider à Bourges : un passe-port valable pour quinze jours, qui lui fut délivré par le préfet du Cher le 5 juin 1852, à l'effet de se rendre pour affaires à Bessais et à Vernais (Cher), nous indique qu'à cette époque tout séjour dans le département de l'Allier lui était interdit.

Girault de Saint-Fargeau (3) a laissé quel-

---

nicipal d'Ainay constate son extrême timidité, contrastant avec son indépendance de caractère.

(1) Dr Cornillon, *Le Coup d'Etat*, p. 150.

(2) Dans ce mémoire, J. B. C. Pelletier établit ainsi sa filiation : « Guillaume Pelletier, mon père, était fils du conventionnel Pelletier [du Cher], lequel était lui-même un des descendants du probe et courageux ministre de Charles IX, qui refusa son concours à l'édit de la Saint-Barthélemy. »

(3) Girault de Saint-Fargeau, *Dictionnaire de la France*, Paris, 1844.

ques renseignements sur l'état industriel, commercial et agricole d'Ainay-le-Château au milieu du xixe siècle. Grâce à lui, nous savons que cette ville possédait une fabrique de draps, qu'il s'y faisait un commerce important de bas de laine, et que la poterie d'Ainay avait une certaine réputation. Par lui encore nous connaissons les dates des onze foires annuelles qui se tenaient les 25 janvier, 26 mars, 25 avril, 2 et 22 juin, 17 juillet, 24 août, 9 septembre, 9 et 29 octobre (1), et 9 décembre ; foires qui n'ont point varié au xxe siècle, mais dont le nombre a été seulement porté à douze par l'adjonction d'une, le 25 février.

A ces renseignements, L.-J. Alary (2) ajoutait, en 1851, qu'il y avait en la ville un marché, le samedi de chaque semaine ; que l'instruction y était donnée dans deux écoles primaires : l'une, pour les garçons, et l'autre pour les filles. Et Gindre de Mancy (3), y signalant un bureau des postes et télégraphes, revenait encore sur le commerce de bois qui se faisait en cette petite ville, sur ses tanneries, sa fabrique de bas et de draps, sa poterie, etc. Une chanson inédite de 1859 (4), œuvre d'un rimeur castellainaisien inconnu, nous dit, à ce sujet, sur l'air de *La Petite Margot* :

---

(1) Cette foire est désignée dans le pays sous le nom de « Renvoi des Orval », parce que l'on y mène généralement le bétail qui n'a pas été vendu à Saint-Amand pour la foire d'Orval.
(2) L. J. Alary, *Petite géographie de l'Allier*, p. 171, Moulins, 1851.
(3) Gindre de Mancy, *Dictionnaire complet des communes de France*.
(4) Aimablement communiquée par M. H. Durond, fondateur de la Librairie historique du Bourbonnais, 2, rue François Péron, à Moulins.

« N'oublions pas notre belle industrie,
Chantons tous les progrès de la vapeur.
Mécaniciens, par votre beau génie
Félicitez votre bon directeur (1) ;
Vous excellez sur chaque mécanique...
Je fais l'élog' des parfaits chaudronniers ;
— [L'on est heureux quand l'ouvrier s'applique !] —
Trés bons cloutiers, aussi bons ferblantiers... »

Et l'auteur termine par cette constatation qui semble, aujourd'hui, tout autant d'actualité qu'en 1859 :

« Mais pour le luxe et pour la coquett'rie
Vous remarqu'rez vos anges, vos amours :
C'est à Ainay que la femme est jolie (2),
Voyez plutôt comm'. brillent ses atours !... »

Cette époque marque également une ère de grand progrès pour l'agriculture, parce que « la culture des prairies artificielles prit de l'extension partout » et particulièrement dans « l'arrondissement de Montluçon où l'emploi de la chaux en quantités incalculables permit l'introduction du trèfle et des luzernes sur les plateaux argileux et argilo-siliceux (3) ». Malheureusement, l'exiguité de la superficie de la commune d'Ainay-le-Château fit qu'elle ne put retirer un grand bénéfice de cet essor de prospérité agricole. En effet, cette commune, « située sur la frontière du département de l'Allier, est formée surtout par l'agglomération de la ville, et son territoire est assez limité. Elle touche, au nord, à la commune de Charenton (Cher), dont la limite se trouve à

(1) M. Delorme, père, d'Ainay-le-Château.
(2) Cette constatation fera passer les Castellainaisiennes sur l'hiatus.
(3) Rapport de M. Taizy sur l'agriculture en Bourbonnais. [*Assises scientifiques de* 1866, p. 169].

500 mètres environ du bourg ; à l'est, elle est limitée par celle de Bessais (Cher) ; au sud se trouvent les communes d'Isle-et-Bardais et Valigny ; enfin, à l'ouest, celle de Saint-Bonnet-le-Désert, qui reçoit comme une sorte de coin, le territoire de Braize. Ces dernières communes sont situées dans l'Allier, en plein Bourbonnais (1) ». Dans ces conditions, il est donc compréhensible que la prospérité agricole générale de la région donne peu de bien-être à Aïnay-le-Château, d'autant plus que les environs de cette ville sont occupés par de grandes propriétés, dans un pays d'élevage.

Quant à l'industrie et au commerce, ils n'ont pas cessé de péricliter depuis un demi-siècle ; surtout depuis la décadence des forges et usines de Tronçais. Et cela, à un tel point, que M. le Dr Bonnet, dans une communication faite au Congrès des médecins aliénistes et neurologistes de France, tenu à Rennes en août 1905, s'écriait : « ...L'industrie est à peu près nulle ; les ouvriers du pays eux-mêmes ne trouvent pas toujours à s'occuper (2). » S'il n'en était pas encore tout à fait ainsi sous l'Empire, il faut avouer, néanmoins, que la situation industrielle de la ville n'était pas très florissante vers 1870. Et pourtant dans une pétition adressée au ministre de l'Intérieur, le 30 janvier 1870, il est dit que la population d'Aïnay se livre « essentiellement au commerce et à l'industrie (3) ».

Mais il est prudent de n'accorder qu'une valeur

(1) Rapport de M. le Dr Lwoff, médecin-directeur de la colonie familiale d'Aïnay-le-Château (1901).
(2) Dr Bonnet, médecin-directeur de la colonie familiale d'Aïnay-le-Château : *Etat actuel de l'assistance familiale des aliénés en France*.
(3) Documents de M. Chavaillon.

relative aux termes d'une pétition, que le désir de voir accueillir favorablement en haut lieu, porte parfois les signataires à accentuer. Voici ce dont il s'agissait : Le marché hebdomadaire se tenait, de temps immémorial sur un emplacement où aboutissent les rues Grande, du Cerf, de l'Eglise, de la Sacristie, de la Tour, du Marché, de l'Union et Porte-de-Ville ; emplacement qui est encore désigné aujourd'hui, à Ainay, sous le nom de Place du Marché, et qui n'est aucunement abrité. C'est là qu'avaient lieu toutes les transactions agricoles ; aussi bien les ventes de volailles et de beurre que les achats de grains. Le Conseil municipal, dans une délibération du 14 avril 1869, vota la construction d'une halle aux grains sur l'emplacement d'un ancien cimetière en face la place de l'Hôtel-de-Ville actuel ; projet qui rallia les suffrages de la majorité des habitants, bien que les propriétaires des immeubles sis Place du Marché fussent peu enchantés de cette décision. Mais le 2 septembre, une nouvelle délibération du Conseil changeait l'emplacement de la halle aux grains projetée... Le terrain du sieur Poussange fut alors choisi pour effectuer la construction, à cause des dépenses qu'occasionneraient « les fondations sur l'ancien cimetière, qui ne seraient point en rapport avec les ressources de la commune (1) ». Ce projet, en éloignant la halle future de l'ancienne Place du Marché, nuisait aux commerçants de cette place, et avait l'inconvénient d'offrir un chemin d'accès difficile aux voitures qui transportaient à la halle les grains des fermes voisines. Différents habitants de la ville ou des environs s'offrirent alors à couvrir une partie des dépenses redoutées à con-

---

(1) Délibération du 2 septembre 1869.

dition que le premier projet fut repris, et c'est pourquoi fut adressée au ministre de l'Intérieur une pétition en ce sens dont les principaux signataires étaient : MM. Ch. Pelletier ; l'abbé Renard ; Léonie Renard ; Dubost ; Jacquet Louis ; Veuve Subert ; Pichon ; Jacquet Charles ; Gait, propriétaires ; Dubost Barnabé ; Virard Joseph, menuisiers ; Fauvaux François ; Lhote ; Lamirat Jacques ; Lamirat, fils ; Dumas Vincent ; Pulvin Denis, propriétaires ; Paris, boulanger et aubergiste ; Duceiau ; Labeaudre Jacques, menuisier ; Audebrand, boucher ; Bideau, meunier ; Thévenin, propriétaire ; Bourgognon, négociant ; Bailly Paul, ferblantier ; Mabout, horloger ; Cabanne, cafetier ; Fontaine Rémy, serrurier ; Laugrin, notaire ; Perinaux ; A. Pelletier ; Arnoux ; Labeaudre Pierre, propriétaires ; Sylvestre, marchande ; Cabanne François ; des Billiers, propriétaire ; Morlat, boucher ; Thomas Fauveau ; Veuve Merlin ; Bailly-Mazerat ; Bailly Etienne, bourrelier ; Audebrand, charcutier ; Nurit-Morlat, marchand de chapeaux de paille ; Bonny ; Touzet ; Dumas Ferdinand ; Perinaux ; Vachette François, plâtrier ; Bureau, tanneur ; Seigle Paul ; Aubin ; Veuve Demeur ; Rétif Etienne ; Dubois-Amiot ; Bailly, bourrelier ; Bailly-Pajot ; Pierre Claude ; Cordeau, boucher ; Claveau François ; Beraud, docteur-médecin ; A. de Chomel ; Rétif Théodore ; Bidron, négociant ; Bujon, propriétaire ; Imbault, maître d'hôtel ; Dubost., etc. Malgré tout, les pétitionnaires n'obtinrent pas gain de cause et la halle aux grains, à leur vif mécontentement, fut commencée sur l'emplacement qu'elle occupe aujourd'hui. Les graves événements et les désastres que devait amener l'année 1870 imposèrent silence aux récriminations des mécontents et, dans l'angoisse de l'invasion, les Castellainaisiens oublièrent leur déconvenue.

La situation était grave. Après les surprises et les défaites des premières rencontres avec les Prussiens succédant à une fièvre d'enthousiasme et à une agitation excessives, le peuple de France semblait frappé de stupeur. Le désastre de Sedan et la capitulation de Napoléon III, le 1er septembre, fouettèrent ses énergies en allumant sa colère, et l'Empire s'écroula le 4 septembre pour faire place au Gouvernement de la Défense Nationale dont la devise était : Lutte à outrance.

Le même jour, 4 septembre 1870, pour se conformer, de leur côté, à cette volonté de résistance à l'envahisseur, les gardes nationaux de la commune d'Ainay-le-Château furent convoqués en la salle de la mairie à deux heures du soir, pour procéder aux élections des sous-officiers et caporaux de la garde nationale sédentaire de leur commune (1), inscrits sur l'état nominatif dressé par le conseil de recensement. Ils se réunirent au nombre de 228 sans armes et sans uniforme, en présence du maire, M. Geoffroy, assisté de MM. Charles-François Theurault et Gilbert Roy, membres du Conseil municipal, qui remplissaient les fonctions de scrutateurs. L'état nominatif dressé par le conseil de recensement comportait 384 noms. Il s'agissait de former deux compagnies :

A la 1re Compagnie furent élus : sergent-major : François Cabanne ; — sergent-fourrier : Désiré Cheminant ; — sergents : Gilbert Méténier ; Pierre Duplaix ; Gilbert Lhote ; Jean Robichon ; Pierre Thomas ; Jean Desnoux ; Antoine Dumas ; Pierre

---

(1) Conformément à la Loi du 13 juin 1851.

Faussat ; — caporaux : Sylvain Aufort ; Poussange-Chevenon ; Barthélemy Lamirat ; Pierre Bonnet ; Etienne Bontemps ; Martin Bertrand ; Jean Boutet ; Jacques Bridier ; Georges Morlat ; Sébastien Létang ; Aubouët-Civrais ; Roch Berthomier ; Louis Bichet ; Pierre Bourbonnais ; Antoine Déchet ; Jean Gravier.

A la 2e Compagnie, sergent-major : Charles Fontaine ; — sergent-fourrier : Jean Meunier ; — sergents : Denis Bidault ; J.-B. Panetier ; Jean Boudignon ; Gilbert Héraudet ; Léon Chabrol ; Toussaint Bariliot ; Etienne Valette ; Etienne Poussange ; — caporaux : Jean Naudin ; Brunet-Dhéry ; Charles Bardon ; Girard Bureau ; Ducaffy ; Blaise Dupoirier ; Alexandre Gaudon ; Amable Labouret ; André Robinet ; Tillier-Prudhomme ; Jean Villepreux ; Antoine Bourgognon ; Gabriel Imbault ; Emile Roy ; Paul Dubois ; Eugène Damon.

En lisant ce procès-verbal, on pourrait presque se croire revenu à quatre-vingts ans en arrière ; et les événements de 1789 semblent devoir renaître. Ne voyons-nous pas, en effet, le Conseil municipal dissous par décret du Gouvernement de la Défense Nationale pour — pâle copie du Comité Révolutionnaire d'Ainay-sur-Sologne, — être remplacé pendant quatre jours par une Commission Municipale nommée par le sous-préfet de Montluçon (1), et composée de MM. Charles Pelletier, président ; Amable-François Beraud ; Julien Jacquet ; Ferdinand Dumas et Henri Audebrand. Puis, pour compliquer l'imbroglio des ordres et contre-ordres, un bureau électoral, désigné également par la sous-préfecture, assume, le 22 septembre 1870, la direc-

(1) H. Robière.

tion des affaires communales ?... Enfin quand, au 8 octobre, ce bureau est convoqué par son président à l'effet de voter des fonds pour l'armement et l'équipement des gardes nationaux, ainsi que des subsides pour leurs familles, n'assistons-nous pas, une fois tous les membres (1) réunis sous la présidence de M. Geoffroy, à la surprise de ce dernier recevant soudain copie d'un arrêté préfectoral supprimant le bureau existant et nommant, dans la commune, une nouvelle Commission Municipale, composée de MM. le Dr Rétif, Alexis Sévat, Ferdinand Dumas, Barathon-Bonneau, François Lionnet, Pierre Aumonier, Pierre Perinaud et Henri Audebrand (2) ?... Et, comme conséquence, le président du bureau, venu pour prendre une décision importante, est prié subitement de remettre à la Commission qui lui succède les papiers de la mairie (3). C'est de l'opérette, et l'on sourirait si le deuil du pays et l'affolement général des pouvoirs de cette époque ne laissaient, au fond des cœurs français, une tristesse ineffaçable.

Cependant il faut rendre hommage à la bonne volonté de tous ; nous devons constater que la nouvelle Commission Municipale chercha à s'entourer de tous les renseignements propres à faciliter sa gestion et à déterminer ses arrêts. C'est ainsi que, le 9 novembre, elle demandait à l'ancien maire ses comptes administratifs et lui posait différentes questions précises relatives :

(1) MM. Charles Geoffroy ; Gilbert Roy, marchand de vins ; Jean-Baptiste Ponceau, propriétaire ; Pierre Delorme, négociant ; Etienne Desmaisons et Ferdinand Dumas.

(2) Documents de M. Chavaillon.

(3) Ce qui ne se fit pas sans protestation. — Voir les délibérations des 8 et 11 octobre 1870.

« 1.º A la vente des communaux indivis entre Saint-Bonnet et Ainay ;

2º A la vente des communaux à Ainay ; [Le percepteur possédant un titre de 2.490 francs, et une somme de 4.000 francs figurant au budget] ;

3º A l'emploi des fonds provenant des archives vendues à M. Dayraigne ;

4º A l'emploi du produit de la vente du bois de la passerelle de Saint Roch (1) », etc., etc.

Mais sous cette apparence de vérification et sous ces dehors impartiaux, transperce une méfiance pour les puissants d'hier, vaincus aujourd'hui, que la chute de l'Empire a entraînés dans son destin. Oublions ces heures néfastes à tant de titres et jetons un coup d'œil sur une industrie locale qui eut, dans le pays, une existence éphémère, mais prospère.

La porcelainerie d'Ainay-le-Château a fait, à un moment donné, partie des manufactures de la Société Pilliwuyt et Cie, dont le berceau fut Foëcy (Cher). « Par acte de Société du 21 mai 1853, écrivent MM. de Chavagnac et de Grollier (2), MM. Charles Pilliwuyt et Dupuis formèrent une association pour l'exploitation d'une nouvelle manufacture à Mehun-sur-Yèvre, ayant son dépôt à Paris, 46, rue du Paradis ; puis, en 1866, la Société Pilliwuyt et Cie, forma, avec ses principaux employés, une Société annexe pour l'exploitation d'une manufacture à Nevers... M. Charles Pilliwuyt mourut en 1872, mais la Société garda la raison sociale Charles Pilliwuyt et Cie ; et, en 1883, M. Jules Dupuis, fils d'un

(1) Délibération du 9 novembre 1870.

(2) *Histoire des manufactures françaises de porcelaine*, par le comte X. DE CHAVAGNAC et le marquis DE GROLLIER, Paris, 1906.

des co-gérants de 1853, entra dans la Société, y apporta son usine d'Ainay » et prit la gérance de l'entreprise concurremment avec M. Louis Pilliwuyt, à partir de 1889.

La porcelainerie d'Ainay subsista dans ces conditions jusqu'à la fin du XIXe siècle. En 1900, elle était abandonnée. A cette date, le département de la Seine qui, — s'inspirant en cela de l'exemple de la Belgique, — avait, sous l'impulsion donnée par le Dr Marie, créé pour les aliénés les colonies familiales de Dun-sur-Auron, en 1892 ; Bussy, en 1894 ; Levet, en 1896, venait de décider la fondation à Ainay-le-Château (1) d'une colonie similaire dont les heureux résultats ont provoqué, dans *Le Journal*, une série d'articles de Jacques Dhur, demandant de « reprendre l'idée du Dr Marie, mise en œuvre à Dun-sur-Auron et à Ainay, et de l'appliquer en la généralisant, aux demi-infirmes de toutes catégories (2) ». L'Administration, écrit à ce sujet M. le Dr Lwoff, finit, vers la fin de 1900 ou le commencement de 1901, par décider l'achat d'une ancienne porcelainerie abandonnée, située au milieu d'un terrain de 8.000 mètres environ et dont les vastes corps de bâtiment pouvaient être appropriés aux besoins nouveaux. « Cette porcelainerie continue le médecin aliéniste, est située sur la pente élevée d'un coteau qui descend vers la rive droite

---

(1) Qui ne fut au début « qu'une annexe de Dun et ne comprenait que des femmes. M. le Dr Vigouroux était chargé d'y faire des tournées hebdomadaires sans préjudice des visites supplémentaires pour cas d'urgence réclamant des soins plus fréquents... » [*État actuel de l'assistance familiale des aliénés en France*, par M. le Dr BONNET].

(2) Voir *Le Journal* du jeudi 26 octobre 1905 : *Une application de l'Assistance Familiale*, par JACQUES DHUR.

de la Sologne, petite rivière qui prend naissance dans l'étang de Tronçais, et, après avoir baigné le pied de la colline sur laquelle est située Ainay-le-Château, va se jeter dans la Marmande. De la hauteur sur laquelle est placée la porcelainerie, la vue s'étend à une quinzaine de kilomètres sur un paysage très varié et pittoresque.» Les travaux nécessaires pour approprier les locaux à leur nouvelle destination commencèrent en juin 1901 ; les aliénés y furent installés en 1902 ; mais l'existence autonome de la colonie d'Ainay-le-Château date du 1er juin 1900, jour auquel le Dr Lwoff, nommé médecin-directeur de cette colonie, prit possession de son poste.

Primitivement les malades devaient être exclusivement des femmes ; ensuite on reçut des hommes âgés d'au moins 60 ans. Aujourd'hui on accepte tous les pauvres déments susceptibles d'amélioration. Toutes ces précautions du début étaient nécessaires, car la plupart des malades sont placés comme pensionnaires chez des nourriciers qui, primitivement, habitaient exclusivement à Ainay-le-Château et qui, maintenant, résident dans maintes communes avoisinantes. Le chiffre des malades ainsi soignés s'est accru, en six ans — du 31 décembre 1900 au 31 décembre 1905 — dans les proportions suivantes : 71, 121, 281, 371, 399, 395. Il y en a de toutes professions qui trouvent, presque tous, occasion d'exercer leur métier ; tant hommes que femmes ; et l'entretien de chacun d'eux revient à 1 fr. 60 par jour.

Il y a bien eu parfois des fuites, des querelles, voire même des accidents, comme celui arrivé au nommé Chopin François, qui se noya dans un fossé, sur le bord de la route (1) ; mais, en somme, les ré-

---

(1) Voir le *Petit Saint-Amandois* du 30 avril 1905.

sultats heureux obtenus par l'assistance familiale pour les aliénés ne sont plus à discuter et, si la ville d'Ainay-le-Château a pris, du fait de ses pensionnaires, une physionomie bizarre, si ces rues s'encombrent de silhouettes grimaçantes et fantasques parfois, si des femmes et des hommes hilarants et exaltés vous abordent en vous tenant souvent un langage un peu surprenant, il n'est pas moins vrai que la population castellainaisienne s'est accoutumée aux malades, les connaît, vit avec eux, les reçoit... Cette population est douce et polie ; elle traite les pauvres fous avec égards et supporte les inconvénients qui peuvent résulter du séjour d'un grand nombre de malades dans une ville très petite. Il est vrai que les Castellainaisiens y trouvent leur compte : les loyers ont augmenté de 50 0/0 ; les journées des lessiveuses ont été portées à 2 francs, au lieu de 1 fr. 75 ; le débit des bouchers, boulangers, épiciers, merciers, s'est accru dans de notables proportions ; les produits récoltés, blés, fruits, légumes, lait, beurre, œufs, fromages se sont consommés sur place et les producteurs n'ont plus eu à supporter les frais de déplacement et les risques de toute sorte qu'entraîne la vente sur les marchés éloignés.

Quelque quinze ans avant, la Compagnie des chemins de fer économiques avait établi une station à Laugère, qui sert de gare à Ainay-le-Château et où un service d'omnibus vient chercher et conduire les voyageurs à tous les trains. Cette ligne de chemin de fer met ainsi Ainay en relations avec Sancoins, La Guerche, Saincaize et Nevers, d'une part ; avec Bourges et Paris, d'un autre côté ; avec Saint-Amand et Chateaumeillant, dans une troisième direction ; enfin, avec Marçais, Lignières et Saint-Florent, d'une dernière

part : C'est un bienfait réel pour les habitants du
pays. Un autre projet — qui semble définitivement
adopté, — relierait, paraît-il, sous peu Laugère à
Bourbon-l'Archambault en passant par Theneuille,
au moyen d'une nouvelle ligne de chemin de fer
économique. Non seulement Ainay possèderait une
gare, mais les communications seraient enfin établies d'une façon directe entre cette ville et Moulins. Souhaitons la prompte réalisation de ce projet
qui ouvrirait à Ainay-le-Château, un peu isolée et
abandonnée à elle-même, de nouveaux débouchés
qui pourraient efficacement l'aider à reconquérir
la prospérité de jadis dont seul, subsiste encore
le souvenir... : Aujourd'hui, a écrit en 1901, le
Dr P.-M. Espinasse (1), « le commerce est plutôt local ;
néanmoins il se fait dans la région une exportation
importante de bois (2) par le canal du Berry » ; cependant, ajoute l'auteur en signalant le bien-être qu'a
procuré à Ainay la fondation d'une colonie familiale,
« depuis la fermeture de la porcelainerie et l'abandon
à peu près complet de l'industrie des forges de
Tronçais, les affaires périclitaient de plus en plus
à Ainay. Nombreux étaient les logements disponibles par suite du départ des ouvriers... »

(1) Dr Pierre-Marcel Espinasse, *L'Assistance familiale
des aliénés* (Colonie d'Ainay-le-Château].
(2) Il existe aujourd'hui à Ainay deux scieries mécaniques :
d'une dans le faubourg de l'Orange, chez M. Reby ; l'autre,
dans la rue du Pont, appartenant à M. Aussage-Olivier.

1. Château de Pannegon. — 2. Bessais-le-Fromental.

Vue de Pontcharrault.

QUATRIÈME PARTIE

Les environs immédiats d'Ainay-le-Château.

Pour se rendre à Ainay-le-Château, le voyageur, qu'il vienne de Bourges, La Guerche ou Saint-Amand, est obligé, s'il a profité du chemin de fer économique, de descendre à la station de Laugère. Deux omnibus l'attendent qui le conduiront dans les deux principaux hôtels de la ville : l'hôtel de la Boule d'Or, tenu par M. Fragnon, ou l'hôtel Imbault-Naudin, dont nous avons déjà parlé.

Trois kilomètres sont à franchir en suivant la route d'Orléans à Moulins : une côte assez rapide nous permet de contempler le verdoyant paysage de la vallée de la Marmande. Nous traversons la route de Saint-Amand à Sancoins tout d'abord, puis, vers la gauche, dans les terres, se détachent les toits d'un pigeonnier et d'un petit corps de bâtiments que les gens du pays désignent généralement par le nom de son propriétaire actuel : « Le château à M. Chambon. » Ce château, c'est La Brosse, dont était propriétaire, à la fin du xviie siècle, Etienne Genin, seigneur de Chamelers (1) ; il vendit, moyennant vingt mille livres, la terre de La Brosse (2), sise en la paroisse de Saint-Benin, à Claude Libault, marchand de la ville d'Ainay-le-Chastel, par contrat reçu Reignard, notaire à Bourbon-l'Archambault, le 11 décembre 1699. Le nouvel acquéreur rendait hommage, le 10 mars 1700, et conservait la jouissance de son domaine jusqu'au milieu du xviiie siècle (3). Après lui, son fils aîné, Pierre Libault, fut seigneur de la Brosse.

Près de ce castel, mais de l'autre côté de la Sologne, se trouve la ferme d'Arpentin — ou Repentin, comme prononcent les paysans (4), — que l'on aperçoit très bien de la route de Saint-Amand à Sancoins ou du chemin d'Ainay-le-Château à Vernais. C'était autrefois bien mieux qu'une ferme, si nous en croyons l'acte d'hommage rendu *die Mercurii decima octava mensis Julii* 1375, par Junctus Taxelet, *domicellus, dominus de Repentin*, qui fit

(1) Arch. Nationales : P, 475⁶, cote 1063.
(2) Avec un terrier appelé de la Brosse ; le tiers des dîmes de Cérilly perceptible en la paroisse de Saint-Benin ; et le quart du grand dixme de la paroisse d'Ainay. — La terre de la Brosse consistait en quatre domaines, rente, moulin, locature, prés et terres qui étaient joints.
(3) Claude Libault de la Brosse se maria trois fois : — 1° par contrat du 29 janvier 1681 à Marie Thévenard, dont il eut douze enfants ; — 2° par contrat du 12 avril 1703 à Gabrielle Beraud [fille de Claude Beraud, notaire, et de Catherine Merle], dont il eut deux enfants ; — 3° le 16 février 1708 à Marie Vigeon, dont naquirent six enfants.
(4) Gardiens de la tradition orale.

aveu au duc de Bourbonnais de son hostel de Repantin *cum columbario, garena et omnibus pratis dicto hospicio pertinentibus et aliis pertinenciis suis... item sex solidos census quos debent anno quolibet plures personne in crastina festi penthecoste in villa de Ainayo-le-Chastel* (1)... Guillaume Tercelet, damoiseau, avait déjà fait aveu pour Repentin en 1357 ; Johannet Tercelet en était toujours seigneur en 1381 et 1410. Puis ce domaine passa entre les mains de Jean de Saint-Aubin — [bâtard de Louis de Saint-Aubin], — et de Pierre, son frère, qui rendirent aveu en 1425 et 1443 ; mais, en 1500, Hugonin de Saint-Aubin est seigneur d'Arpentin... Enfin, en 1750, c'est D^{lle} Jeanne Ragot, veuve de Gilbert Beraud, bourgeois, qui en est propriétaire (2) ; et nous trouvons ensuite, dans les minutes de MM. Bujon et Mazerat, notaires à Ainay, que le 15 juin 1759, maître Jacques Thévenard, receveur au bureau des aydes de la ville de Saint-Pourçain, est sieur de Repantin. Aujourd'hui ce domaine appartient à Mme veuve Pactat et à sa fille, Mme Pierre Ratier, née Pactat.

En nous rapprochant de la ville, à droite de la route, nous rencontrons la métairie du Chaillou qui, aux xviie et xviiie siècles, a donné son nom à deux rameaux de la famille Bujon, dont les auteurs étaient respectivement : Jean-Baptiste Bujon du Chaillou, né le 21 janvier 1683, conseiller du Roi et Président en l'Election de Saint-Amand, époux de Marie Bresse (3) ; et, pour le second rameau : Jean-Baptiste Bujon du Chaillou, né le 2 juin 1756, notaire à Ainay, époux de Marie Guithon (4).

(1) Arch. Nationales : P, 463^1, cote 2997.
(2) Documents de M. Chavaillon.
(3) Fille de Pierre Bresse, sieur de Noüan.
(4) Fille de Michel Guithon et de Marie Feuillet.

Enfin, presque dans les faubourgs, nous passons devant les Mandais dont les Ruffray portèrent le nom de 1714 à 1780. C'est, en effet, le 20 janvier 1714 que François Ruffray (1), receveur des aydes au département d'Ainay, acheta des frères Soret, la maison, les étables et les terres des Mandais qu'il transmit à son fils, Jacques Ruffray, bourgeois, le même qui eut maille à partir avec les officiers municipaux de la ville en 1768, au sujet de la chaume des Mandais. L'un des trois enfants de ce dernier (2) : Jacques Ruffray, sieur des Mandais était, en 1788 (3), gendarme dans le corps de la gendarmerie de France, en garnison à Lunéville, lorsqu'il vendit, par acte passé le 28 février devant MM. Buffault et Mazerat, notaires, les Mandais, moyennant le prix de 6.000 livres, plus 600 livres d'épingles, à maître Jean Huet, Lieutenant-Général de police à Ainay-le-Château, bisaïeul maternel du poète Théodore de Banville.

Si, maintenant, nous quittons la cité, après avoir pris soin de louer un des véhicules, plutôt rares, qui nous puisse permettre de visiter les environs, une jolie excursion s'offre à nous de quelque côté que nous veuillions nous diriger. Le choix est embarrassant : La porte de l'Horloge attire notre attention et, tout en fredonnant un couplet de l'inédite *Description d'Ainay en* 1859 (4) :

(1) Epoux de Marguerite Theurault [fille de J. B. Theurault et de Marguerite Jobier], veuve en premières noces de Noël Thévenard, sieur de Chassignolle. — Déjà le 1er novembre 1650, il acquérait de Grégoire Servantier, la vigne de Montmirail.

(2) Il laissa une fille : Marie Ruffray ; et un autre fils, Jacques-François Ruffray, praticien.

(3) Après avoir été d'abord fourrier au régiment de Noailles-Dragons.

(4) Sur l'air de « La Petite Margot ».

« Ainay-l'-Château mérite tout éloge...
En admirant quelques anciens débris,
Voyez là-bas la porte de l'Horloge
Toujours utile à notre beau pays.
N'oublions pas notre vieux monastère (1),
Les Recollets... la place du Faubourg...
Assez souvent le bon propriétaire
Sait rendre hommage à chaque ancienne tour ; »

nous prenons la route de Bardais qui nous permet de longer l'emplacement du couvent des Recollets, aujourd'hui complètement détruit ; puis, toujours à notre gauche, voici Désertines dont certains membres de la famille Jobier portèrent le nom ; où Marguerite Jobier, veuve de Jean-Baptiste Theurault possédait, en 1727, un domaine important ; et où, il y a quelque soixante-cinq ans, était établie une fabrique de tuiles.

Mais voici que, sur la droite, un vieux donjon au toit élevé et quadrangulaire attire nos regards ; il est bien déchu de sa splendeur, le vieux donjon, et la large baie qu'y ont fait percer ses nouveaux propriétaires, si elle donne un éclairage satisfaisant aux châtelains, produit sur le touriste une impression de surprise et de regret : C'est Pontcharrault, dont l'importance fut réelle au temps passé, puisqu'au XVIIIme siècle, il y avait en ce domaine juge-châtelain, gruyer, et procureur-fiscal (2) ; et puisque, par lettres datées de Moulins, septembre 1519, — mais expédiées seulement en novembre, — la duchesse de Bourbon avait donné aux seigneurs (3) de ce lieu, droit de haute, moyenne et basse jus-

---

(1) Complètement détruit aujourd'hui.
(2) Arch. de l'Allier : B, 856.
(3) Françoise Grozyeux, damoiselle de Pont-Charrault, et Louis des Escures, son gendre.

tice (1). La terre de Pontcharrault, ou Pontcharraud, a été bien souvent divisée et partagée. Dès 1765, les droits seigneuriaux qui y étaient attachés, étaient vendus par M. de Rolland, son possesseur d'alors, à Mme de Barbarin, veuve de M. du Vernet, seigneur de Laleuf. Mais quoi qu'il en fut, la terre de Pontcharrault formait encore un riche domaine jusqu'en 1879, époque où elle fut partagée en deux propriétés à peu près égales : Pontcharrault-le-Haut dont sont possesseurs, MM. Picot, de Pouilly-sur-Loire ; et Ragonneau, de Decize ; — et Pontcharrault-le-Bas qui comprend les restes de l'ancien château. Ces restes sont peu considérables. L'ancien pont-levis a disparu et, seule, subsiste la porte d'entrée primitive, dont nous avons déjà parlé, avec sa salle des gardes établie au premier étage ; c'est cette ancienne porte qui est maintenant aménagée en maison d'habitation. Quant à ce que les paysans nomment encore par habitude « le Château », c'est une maison ordinaire, adossée à la porte dont il vient d'être question et à laquelle celle-ci a été annexée.

Sauf ce que nous venons de signaler, l'ancien « hostel-fort » de la féodalité a disparu à une époque que nous n'avons pu préciser ; on en voit encore l'emplacement dans le pré des Fondraults. Cet emplacement forme une sorte de tertre entouré de fossés larges et profonds qui devaient enclore et protéger le château-fort et qui étaient en communication directe avec un étang existant toujours actuellement, mais diminué de moitié ; — un chemin établi par la commune d'Ainay l'ayant coupé en deux.

(1) Collection Gaignières : 654 ; 8e registre, fol. 524.

D'anciens titres nous parlent des seigneurs de Pontcharrault et semblent indiquer qu'à la fin du XIIIᵉ siècle cette terre était déjà divisée entre deux personnes : Le jeudi après *judica me* 1300 (1), Guis de Montgarnaut, chevalier, fait, en effet, aveu de ce qu'il « tient en fié de très aut home et noble monsieur de Clermont, senor de Bourbonnois en la chastelerie d'Ainai pour raison de dame Emeline de Pontcharaut sa fame, c'est assavoir sa méson de Poncharaut ». La même année, jour de « l'anonciation Notre-Dame » Jean de Pontcharraut, prêtre, fait aussi aveu au duc de Bourbon du manoir de Pontcharrault en la châtellenie d'Ainay (2). Il semble donc résulter de ces deux documents qu'en 1300, il y avait déjà deux habitations distinctes : la « méson » qui devint, par la suite l' « hostel-fort » ; et le manoir.

Le jour de la Toussaint 1350, *nobilis vir Johannes Frans* (3) *miles*, fait aveu des terres, prés et bois de Pontcharrault ; aveu renouvelé en 1352, le « dymanche après la feste de lassumption Nostre-Dame » et comprenant, en outre, l'étang et les bois d'Anguillis (4). Et, en 1351, Catherine, dame de Pontcharraus rend hommage pour une pièce de terre en ce lieu.

Die lune ante festum beati Bartholomei 1375, *Guiotus de Camporalenti* (5), *alias de la Chassagne, domicellus*, fait aveu de son *hospicium de Ponte-Charraut* ; et, le 7 juin, il renouvelle son hommage de « l'hostel avec les foussés et les deux estans (6) ».

(1) Arch. Nationales : P, 462², cote 2937.
(2) Arch. Nationales : P, 463¹, cote 339.
(3) *Alias* : Franc.
(4) Arch. Nationales : P, 463¹, cote 3010 ; — 462², cote 2927.
(5) Guiot de Champrobert ; *alias*, de la Chassaigne.
(6) Arch. Nationales : P, 463¹, cote 2996 ; — 462², cote 2906.

Cette partie de la seigneurie passe ensuite entre les mains de Vezien de Blasson qui, le 15 mars 1410, rend hommage pour *hospicium suum vocatum de Pontcharraut, cum motis, fossatis, domibus, grangiis, stangnis, garenis, terris cultis aut incultis* (1)... et qui transmet cette portion de fief à Marguerite de Blasson, de la paroisse d'Izeure ; celle-ci, veuve avant 1436 de Guyot de la Perrine, chevalier, épouse en secondes noces Pierre d'Orgières, écuyer et, dès 1438, vient habiter Pontcharraut (2), dont Pierre d'Orgières fournit l'aveu, au nom de sa femme, le 26 avril 1444, pour un hôtel-seigneurial et des terres (3).

Or ce qui prouve qu'aux XIVe et XVe siècles il y avait bien en ce même lieu deux seigneuries, c'est que le 13 février 1396, Jean de la Porte, seigneur d'Issertieux, faisait aveu de la « motte de Pontcharraut et les foussés d'environt, lesquelz furent à Jehannet Detenelle (4) »... Jean de la Porte qui avait épousé en deuxièmes noces Jeanne de Troussebois (5) ou Marguerite de Fontenay-Pougues (6), transmit son fief à sa fille, Marie de la Porte, épouse de Jean Grosyeux, écuyer ; et ceux-ci en firent hériter leur fils, Guillaume Grozyeux, écuyer, qui, le 16 mars 1427, fit hommage au duc de Bourbonnais des « ostel, manoir, demorence de Pontcharrault environné de fossés (7) ».

(1) Arch. Nationales : P, 463^1, cote 2993.
(2) Notes de M. Emile Aubert de la Faige.
(3) Arch. Nationales : P, 462^2, cote 2877.
(4) Arch. Nationales : P, 463^2, cote 2988.
(5) Suivant la généalogie d'Armand de la Porte.
(6) D'après un manuscrit du marquis Charles de la Porte, en 1852.
(7) Arch. Nationales : P, 463^1, cote 2986.

Gilbert Grosieux, écuyer, fut ensuite seigneur dudit hôtel-fort, dont il fit aveu les 10 février 1444, 17 janvier 1488 et 24 novembre 1490 (1). Dans l'acte du 10 février 1444, nous avions relevé autrefois les limites de la seigneurie, qui consistait alors en « l'hostel et manoir de Pontcharraut avec les étangs, bois, prés, garennes et appartenances audit hostel assis et étant en la paroisse de Saint-Bening, en la châtellenie dudit lieu ; jouxtant d'une part les héritiers de Vézien de Blasson, et, d'autre part, les bois appelés les bois de feu Jean Lebœuf, lesquels porte et tient à présent Pierre de Bouillé, capitaine dudit Ainay ; d'autre part, encore, les bois de sire Deboy ; et, d'un autre côté, enfin, les bois de Sagmat et les bois d'Angullis (2) devers Trousse... Plus certaines terres nommées les terres de Pontcharrault sises autour les bois dudit lieu... »

A Gilbert Grosieux succéda Françoise Grozieux, — dénommée souvent Françoise de Pontcharrault, — qui épousa Jean de la Halle, maître d'hôtel de Suzanne de Bourbon. Les deux époux rendirent hommages pour leurs fiefs de Pontcharrault et de la Tour de Boüy, le 23 décembre 1499 ; puis en 1510 (3). Ils laissèrent une fille, Anne de la Halle, qui épousa, par contrat du 26 avril 1515, Louis des Escures, capitaine des archers de la garde du roi (4), mort avant 1530. C'est par Françoise Gro-

(1) Arch. Nationales : P, 462², cote 2937 ; — 463¹, cote 3001.
(2) Peut-être Languilly sur le bord de la forêt de Tronçais ?...
(3) Dom Bétencourt, *Noms Féodaux*.
(4) Louis des Escures était fils de Philippe des Escures — le frère du doyen d'Hérisson, — qui joua un rôle important dans la fuite du connétable qu'il suivit à l'étranger. La terre des Escures fut alors confisquée ; mais Louis des Escures, après le retour de son père, fut remis en sa possession. [*Les Fiefs du Bourbonnais*]. — Françoise Grozieux de Pontcharrault était tou-

zieux de Pontcharrault que Pontcharrault et la Tour de Boüy passèrent dans la famille des Escures, car elle donna, le 22 novembre 1546, ces seigneuries à ses deux petits-fils, Pierre et Jacques des Escures ; et le second réunit sur sa tête tout le fief de Pontcharrault, grâce à la donation que fit en sa faveur son frère aîné, le 5 octobre 1576. Jacques des Escures avait épousé, le 5 juillet 1564, Charlotte de Sarre [fille de Louis de Sarre, écuyer ; et d'Anne Le Long de Chenillac] dont il eut, entre autres enfants, Claude des Escures, écuyer, seigneur de Pontcharrault, marié par contrat du 13 novembre 1601 à Hilaire de Bigue [fille de Charles de Bigue et de Françoise de Saint-Hilaire]. De cette union naquit, entre autres, Louis des Escures (1), seigneur de Pontcharrault, cornette des chevau-légers du duc d'Enghien, qui épousa, le 22 novembre 1663, Marie Le Long, fille de François Le Long, seigneur de Fougil. Leur fils, François des Escures (2), capitaine d'infanterie au régiment

jours dans son fief ; elle reçut des lettres de la duchesse de Bourbon, adressées à D[lle] de Pont-Charrault, veuve de Jehan de la Halle, écuyer, maître d'hôtel ordinaire de ma dite dame ; et à Loys des Escures, escuier, son gendre, leur donnant toute justice et jurisdiction haulte, moyenne et basse pour la terre de Pontcharrault (1519). — [Collection Gaignières, 7e registre, fol. 524].

(1) Le 6 mai 1633, Louis des Escures, écuyer, seigneur de Pontcharraud était parrain à Ainay, de Louis Gallerand [fils de M. Gilbert Gallerand et de Marguerite Imbault]. La marraine se nommait D[lle] Marthe Lessoy, veuve de Gilbert Lochon, écuyer, sieur de La Vau. Parmi les signataires figurent : MM. Pierre Bessonnat, juge de Pontcharraud ; Jean Baugy, procureur d'office de Pontcharraud ; Gilbert Carton ; Jean Vasson ; Hugues Theurault, greffier de Pontcharraud.

(2) Le 5 Juillet 1675, François des Escures, grand archidiacre d· Bourges, est dit seigneur de Pontcharrault ; [Brunet, notaire à Ainay].

de Lorraine, devint, après eux, seigneur de Pontcharrault ; il épousa, le 21 janvier 1655, Marie-Marguerite de Grafteuil, *al.* de Grasleuil [fille de N... de Grafteuil et d'Ysabeau Carré] dont il eut Constant des Escures (1), enseigne des vaisseaux du Roi, lieutenant d'une compagnie franche de la marine, chevalier de Saint-Louis, qui fut le dernier seigneur de Pontcharrault, de la famille des Escures.

En effet, le 17 mars 1688, Thomas de Villelume, chevalier, rendait hommage pour ce fief qu'il avait acquis la veille, par décret de la sénéchaussée de Bourbonnais (2). Son frère, Nicolas-Louis de Villelume lui succéda ; il fit aveu pour Pontcharrault, le 18 mars 1689 et donna, le 12 mai suivant, un dénombrement de cette seigneurie où est signalée, entre autres choses, une chapelle située au-devant du pont-levis (3). Et, après lui, son fils, Louis de Villelume, écuyer, seigneur de la Roche-Othon, posséda cette terre pour laquelle il rendit hommage au duché de Bourbonnais, le 31 mars 1691... Pontcharrault passa ensuite dans la famille de Biotière, dont l'un des membres, Gaspard de Biotière, écuyer, sieur de Chassincourt, rendit foi et hommage le 24 janvier 1696 (4), en qualité d'héritier partiel — par sa femme Catherine de Villelume, — de Louis de

---

(1) Qui épousa, le 13 octobre 1731, Catherine-Nicole Dorgni [fille de Jean Dorgni, seigneur de Rosserf, et de Catherine-Urbaine du Pont], dont postérité.

(2) Arch. Nationales : P, 474⁴, cote 753. — Thomas de Villelume se transporta devant la principale porte du château de Moulins « où étant, ayant posé son épée et ses éperons, tête nue et à genoux, il baisa le verrou de la porte en signe de foi et hommage à son seigneur ».

(3) Arch. Nationales : P, 475¹, cotes 779, 780 ; — 475², cote 827.

(4) Arch. Nationales : P, 475¹, cote 947.

Villelume, décédé. Les époux de Biotière-Villelume vendirent Pontcharrault à Annet de Biotière, écuyer, seigneur de la Grange, époux d'Anne de Brosse, par contrat de vente passé devant Sandoux, notaire à Moulins, le 30 mai 1696. Les nouveaux acquéreurs firent le dénombrement du fief, le 10 novembre suivant (1) ; mais Annet de Biotière mourut bientôt, laissant des mineurs aux noms desquels son frère, François de Biotière de la Roche-Othon, leur tuteur, rendit hommage en 1717 (2). Six ans plus tard, Pontcharrault, par suite de mariages, était passé dans la famille de Rolland ; et l'aveu en était rendu en 1723 par : Pierre de Rolland, écuyer, seigneur de Nizerolles, époux de Marie de Biotière ; François de Rolland, seigneur du Coudray, époux de Suzanne de Biotière ; et Marguerite de Biotière, sœur des précédentes (3). A ces propriétaires succédèrent Gabriel et François de Rolland qui, le 24 août 1735, donnaient à Philippe Theurault ses provisions de l'office de châtelain et gruyer de Pontcharrault.

Les de Rolland restèrent seigneurs de Pontcharrault jusqu'en 1784, date où Louis de Rolland, chevalier, seigneur de Nizerolles, en fit la vente, par contrat reçu Périgne, notaire à Dun-le-Roi (4), à M. Louis-Antoine Fouquet, moyennant le prix principal de 98.000 livres, et 3.000 livres à titre d'épingles. Ce dernier transmit la terre de Pontcharrault à sa fille, Marie-Aglaé Fouquet, épouse de M. Pierre Beraud des Rondards, propriétaire à Moulins, qui la laissa lui-même à sa fille, Mlle Al-

---

(1) Arch. Nationales : P, 475^{5}, cotes 979 et 1019.
(2) Dom Bétencourt.
(3) Dom Bétencourt.
(4) Le 12 juin 1784.

bertine Beraud des Rondards, mariée au comte Charles-Antoine-Jules de Champfeu (1). Leur fille, Elisabeth-Joséphine-Geneviève de Champfeu, épouse du comte Louis-Eugène de Faudoas, vendit Pontcharrault, par contrat du 24 décembre 1862, à M. Jacques Ponceau, de Cérilly, lequel divisa la terre et céda Pontcharrault-le-Bas à M. Jean Dard, de Nevers, qui vendit à son tour, au mois d'octobre 1899, sa portion de la propriété primitive à MM. L. Garban, inspecteur d'Académie, et Tauleigne, docteur en médecine (2) ; propriétaires actuels.

Un peu plus loin, sur la gauche, on aperçoit le vieux manoir de Vougon, assez bien conservé et dont l'importance, sans être aussi considérable que celle de Pontcharrault, fut cependant assez grande au vieux temps : Gilbert Bonnet, sieur de Vougon, [1610-1647], président au grenier à sel de Saint-Amand, en était possesseur. De son mariage avec Marguerite Morin, il laissa Antoine Bonnet de Vougon, président au grenier à sel de Saint-Amand, en 1630, maire de cette ville en 1631, époux de Charlotte Damon, qui mourut en 1663. De leur union naquirent cinq enfants, parmi lesquels Antoine Bonnet, sieur de Vougon, président au grenier à sel et à l'élection de Saint-Amand, qui épousa en premières noces Charlotte Le Brasseur, et, en deuxièmes noces, Gilberte Debize (3). C'est de l'un de ces deux mariages que naquit Marguerite

---

(1) Décédé le 28 décembre 1851 au château des Melets, par Neuvy-lès-Moulins (Allier). Sa femme ne lui survécût que quelques mois.

(2) Beaux-frères.

(3) MALLARD, *Histoire des deux villes de Saint-Amand et du château de Montrond*, p. 354.

Bonnet qui porta dans la famille Beraud, — dont une branche prit le nom, — la terre de Vougon pour laquelle Hugues Beraud, avocat en Parlement, faisait aveu en 1698, au nom de sa femme, Marguerite Bonnet (1). Les Beraud de Vougon conservèrent jusqu'à la fin du XIXe siècle leur seigneurie dont Mme Aubusson, née Beraud de Vougon, était encore dernièrement propriétaire et qui appartient actuellement à M. Pinon. L'un des possesseurs de ce fief, François Beraud, substitut du procureur du roi à Ainay, obtint de Louis XV des « Lettres à terrier » datées de Paris le 7 mai 1760 et adressées au sénéchal de Bourbonnais : « ... Vous mandons et enjoignons, — y est-il écrit, — qu'à la requête de l'exposant, vous fassiez sçavoir par publication, tant aux prosnes des grands messes paroissiales que par crié public et affiches ès lieux accoutumés et nécessaires de ladite terre de Vougon ; à tous censitaires, tenanciers, emphytéotes et détempteurs de biens et héritages sujets aux cens, rentes, dîmes et autres drois et devoirs seigneuriaux dépendans de ladite terre et seigneurie de Vougon ; que par un ou deux notaires qui seront nommés par l'exposant, et par vous commis, ils ayent dans le temps qui leur sera préfixé de faire fidèle déclaration de noms, quantités, contenances, par tous ceux tenans, aboutissans ; censives, rentes et autres drois seigneuriaux des lieux, maisons, terres et héritages qu'ils y possèdent envers l'exposant (2) ; raporter et faire titre nouvel, en vertu desquels ils jouissent pour les arrérages dus et eschus, devoirs, censives, redevances et charges ; à

---

(1) Dom Bétencourt, *Noms Féodaux*.
(2) François Beraud.

ce faire voulons lesdits détempteurs estre contraints par la voye accoutumée (1)... »

Au-dessus de Vougon, se détachant à mi-côte, la villa moderne de la Chaume apparaît dans le lointain ; c'est là qu'habitait Mme Dubois-Amiot jusqu'aux dernières années du siècle écoulé. Le propriétaire actuel, M. Tarraud, a fait faire d'importantes réparations à cette habitation coquettement nichée dans la verdure.

Un peu plus loin, à la jonction des deux routes qui se dirigent, l'une vers Bessais-le-Fromental et l'autre vers Bardais, se dresse, sur notre droite, le petit castel de Chandon qui appartient aujourd'hui à M. Bournet, de Vichy. La porte d'entrée, veuve de sa herse, a, ma foi, fort grand air. Des fleurs et de verts feuillages garnissent l'emplacement des anciens fossés et grimpent à l'assaut des vieux murs bien conservés où sont percées des fenêtres dans le style de jadis. Le regard cherche à pénétrer le mystère de ces fenêtres vides et l'imagination, nous faisant revivre les instants d'autrefois, se plaît à évoquer, en un rêve furtif, le profil délicat d'une gracieuse châtelaine qui fredonnant un ancien noël tandis que sous son pied agile le rouet tourne monotone, sait garder « la maison en filant de la laine » !... Des titres du xive siècle parlent de Chandon : Nous savons que *nobilis vir Philippus de Molendinis* en fit hommage *die Martii post judica me* 1342 (2) et, qu'en 1411, Philippe de Molins, écuyer, rendit aveu pour l'hôtel-fort de Chandon dont était seigneur, en 1500, un troisième Philippe de Molins. En 1671, le possesseur de ce domaine

---

(1) Arch. de l'Allier : B, 853.
(2) Arch. Nationales : P, 463¹, cote 2998.

s'appelait Claude de Barbarin, écuyer, qui laissa, entre autres enfants, Marie-Madeleine de Barbarin, mariée par contrat du 10 novembre 1676 à Jacques Bujon des Brosses, président en l'élection de Saint-Amand ; et René de Barbarin, écuyer qui, le 1er mai 1676, était seigneur de Chandon (1). Puis, en 1712 et 1717, Charles Asse, écuyer, capitaine au régiment de Picardie, fit aveu de ce fief (2) auquel le sieur Theurault payait, en 1718, vingt-sept sols de cens et rentes (3).

A deux kilomètres plus loin, près du moulin des Bruyères, se trouve l'intersection de la route qui mène à Isle-et-Bardais où nous allons nous rendre, et du chemin qui conduit de Bardais à la Tour-de-Bouis. Cette dernière seigneurie appartenait, au milieu du xve siècle, à Charles des Ruyaulx, seigneur de Boüy qui, le 14 avril 1456, rendit hommage au duc de Bourbon pour la Tour dudit Boüy, environnée de fossés (4). En 1499 et 1510, Jean de la Halle, écuyer, maître d'hôtel de la duchesse de Bourbon, en fit aveu au nom de sa femme, Françoise de Grozieux ; puis la Tour de Boüis passa, comme Pontcharrault, dans la famille des Escures car, en 1699, Jean Menouvrier, notaire-royal à Ainay, en recevait le terrier au nom de Louis-François des Escures, seigneur de Pontcharrault (5). Enfin, Jean Chassaigne, huissier-audiencier en la châtellenie d'Ainay, était seigneur de la Tour-de-Boüy en partie, en 1711 ; et sa veuve, Anne Duret, renouvela son hommage en 1722 ; tandis qu'en 1717,

(1) Minutes de Theurault et Lejay, notaires à Ainay.
(2) Dom Bétencourt.
(3) Dossiers de M. Chavaillon.
(4) Arch. Nationales : P, 463^1, cote 2982.
(5) Arch. du Cher : E, 954.

1. Vue générale des forges et de l'étang de Tronçais. — 2. Bassin de la fontaine de Viljot. — 3. Étang de Pirot : la jetée. — 4. Forges de Tronçais. Saint-Jean de Boüis.

J.-B. Theurault, procureur du Roi, faisait aveu pour des dîmes et terrages en cet endroit.

Vers le début du xviiie siècle, Boüis appartenait à Jean-Baptiste Desfougères, époux de Marie Theurault, et, en 1720, Nicolas de Villaines, trésorier de France, en était seigneur, en partie seulement ; car le 25 juin 1711, MM. Antoine Bujon, garde des forêts du Roi, et Etienne Servantier, huissier-royal à Ainay-le-Château, — se portant fort pour les autres propriétaires indivis, — vendaient « le domaine de Boüy à Mathieu Tixier, laboureur à Bardais » (1).

Mais la route continue et, dans le lointain, apparaît le clocher de la petite église d'Isle, dont la pauvreté est, paraît-il, reconnue. Avant la Révolution, Bardais et Isle formaient deux paroisses distinctes, aujourd'hui réunies. Au pied de l'église se trouve la levée de l'étang de Pirot dont les eaux alimentent le bief supérieur du canal du Berry ; le point de vue, superbe, est digne d'attirer les regards du touriste que charme l'heureuse perspective de cette longue nappe liquide aux teintes changeantes, où les grands arbres de la forêt de Tronçais viennent refléter leurs verdoyants rameaux : Nous allons à travers bois jusqu'au rond-point des Chamignoux où une petite auberge, — très fréquentée des promeneurs qui viennent de Montluçon ou de Saint-Amand passer une journée en forêt, — nous permettra de nous restaurer et de goûter au poisson réputé de Pirot. Quant au retour, il peut s'effectuer par l'un quelconque des chemins ombreux qui conduisent au Rond-Gardien où se croisent les routes d'Urçay à Lurcy-Lévy, et de Cérilly

---

(1) Minutes de Menouvrier, notaire à Ainay.

à Ainay. Laissons donc sur la gauche l'étang de Tronçais aux bords duquel, — pâle reste des anciennes forges jadis si prospères, — les ateliers de câblerie et tréfilerie de la Société de Châtillon-Commentry occupent une centaine d'ouvriers ; plus au nord s'étendent nonchalamment les étangs de Saint-Bonnet et Morat, au sud desquels est endormi le vieux fief de Saint-Jean-de-Boüis dont était seigneur, au milieu du xviie siècle, Hugues Baugy, conseiller du roi en l'élection de Saint-Amand. A son décès, la seigneurie échut, en 1653-1654, à sa fille, Marie Baugy, épouse de François Theurault. Ces derniers la cédèrent, le 2 juin 1694, à leur fils, Jean-Baptiste Theurault, qui la transmit à son gendre, Pierre Huguet, époux de Marie Theurault (1730).

Le 6 décembre 1792, le citoyen Rambourg demanda en un mémoire qui fut déposé sur le bureau de l'Assemblée administrative du département de l'Allier, dans la séance de l'après-midi, « à établir trois feux, un marteau et martinet » à Saint-Jean-de Bouis, lieu où il était propriétaire d'une forge connue sous le nom de « forge de Tronçay ». Trois jours plus tard, les commissaires chargés d'examiner cette demande, la transmirent avec avis favorable, au Directoire Départemental qui accorda l'autorisation sollicitée, le 21 décembre suivant.

Des arbres magnifiques étendent au-dessus de la route le dôme verdoyant de leur ombrage protecteur et, tandis que les chevaux nous emportent à travers la forêt remplie de battements d'ailes et de senteurs pénétrantes, le cocher nous parle de la fontaine de Viljot (1) où toutes les jeunes filles des

(1) D'après une légende du pays, à Viljot, existait autrefois une ville gallo-romaine que ses habitants abandonnèrent par

environs viennent un jour où l'autre interroger l'avenir conformément à une vieille coutume locale toute imprégnée des croyances payennes, dernier vestige du culte des naïades, filles de Zeus. Les jeunes Bourbonnaises dont l'imagination a été exaltée par de naïfs récits — souvenirs plus ou moins déformés de la légende d'Hylas attiré par les naïades — que les vieux du pays content à la veillée ; les jeunes Bourbonnaises viennent, lorsque leur cœur a parlé, accomplir un sentimental pèlerinage à la source de Viljot : Elles jettent dans le bassin de la fontaine, en songeant à celui dont elles veulent s'attirer l'affection, des épingles qui doivent — pour bien faire — s'enfoncer perpendiculairement dans le sable fin sous la transparence de l'eau ; le cœur de l'aimé, semblable au sable de la source, est pénétré par la tendresse de l'amante comme le lit de la fontaine l'est par l'épingle ; et les épousailles ne manquent jamais, paraît-il, de se célébrer dans le cours de l'année.

Le récit de cette naïve coutume, dans ces grands bois où les bardes ont exalté les vertus gauloises, dont les druides ont coupé le gui, prend une saveur toute particulière qui porte à la rêverie et quand, longtemps après avoir quitté le dôme vert de la forêt, nous rentrons enfin à Ainay, je songe encore aux évages qui, dans ces solitudes inviolées offraient à Heus les sacrifices sanglants...

terreur de la peste qui y avait effectué de terribles hécatombes. Et la tradition populaire rapporte — sans preuve aucune toutefois — que les matériaux provenant des constructions de la ville de Viljot servirent à édifier Cérilly... Toute cette légende ne serait-elle qu'un conte bleu ?...

⁂

Il est bien d'autres excursions à faire aux environs d'Ainay-le-Château, — soit que l'on suive la nouvelle route de Braize, soit que l'on se dirige vers Valigny ou Bessais ; — il en est peu d'aussi jolie. Si nous allons à Braize, la route suivie, nous fait remonter le cours de la Sologne en longeant l'emplacement asséché de l'ancien étang et la partie ouest des remparts d'Ainay, jusqu'à la rue Creuse chantée par le poète local :

> « Dans les beaux jours, la jeune et tendre fille
> Peut vous montrer, sans aucun embarras,
> Le vrai chemin de la Porte de Ville,
> De la ru' Creuse, ainsi qu'les Accacias ;
> Aux petit's Chaum's, il faut que l'on se porte
> Près des Moulins et de leurs habitants,
> Puis vous irez sur les tureaux d'Papotte
> Pour y passer quelques heureux instants... »

Nous passons immédiatement ensuite vers les Brosses dont une branche de la famille Bujon porta le nom. Un peu au nord-ouest des Brosses se trouve le Crochet ; et, au nord du Crochet, — vers Charenton, — la Besace. En 1300, Jean de Chivegne, damoiseau, rendait hommage pour la maison et terre seigneuriale de la Besasse (1) qui fut sans doute divisée par la suite, car le 22 novembre 1437, par lettres datées de Montluçon, le duc de Bourbon faisait don de la moitié de cette « terre et chavance avec ses droicts et appartenances » pour en jouir sa vie durant seulement, à son écuyer d'écurie,

(1) Dom Bétencourt.

Pierre de Bouillé, capitaine d'Ainay-le-Château (1). La Besace fut ensuite réunie au fief des Brosses, qui appartenait à Jacques Bujon des Brosses, président en l'Election de Saint-Amand. En effet, Madeleine de Barbarin, sa veuve, faisait aveu, en 1712, de la dîme de Bezasses ou des Brosses ; et Jacques Bujon, leur fils, rendait hommage pour le fief des Brosses et les trois quarts de la dîme de Bessace, en 1716... Quant au domaine du Crochet, les Huet en furent possesseurs et en portèrent le nom du milieu du xviiie siècle jusqu'à la Révolution.

Nous trouvons ensuite, sur notre gauche, Pied-Chevalin où, en 1697, Charles des Coûtz, chevalier, seigneur de la Pacaudière, possédait une moitié de dîme. A droite, c'est Saint-Mamet où, sans souci de l'hagiographie, la tradition veut qu'ait vécu le saint dont le nom reste attaché au pays où il mena jadis, paraît-il, la vie érémitique.

Au sud-est de Braize, dissimulé dans un pli de terrain, est blotti le château de la Pacaudière (2), dont nous venons de citer le nom. Fief de la fa-

(1) Collection Gaignières, 654.
(2) M. A. Lasnier, dans son *Voyage Pittoresque autour de la Forêt*, a rapporté la légende du château de La Pacaudière, qui aurait été, racontent les vieux du pays, construit par Satan. Le maudit, désireux de perdre un pélerin revenu de Palestine et qui menait à La Pacaudière la vie érémitique, tenta le saint homme en lui édifiant un superbe castel ; mais l'ermite, mort en odeur de sainteté, sa demeure resta déserte jusqu'à ce que Pépin-le-Bref, qui guerroyait contre le duc Waïffre, en eut fait don à l'un de ses chevaliers. Dès que le nouveau seigneur fut entré à La Pacaudière, apparition du Malin qui duement exorcisé, renonça à tourmenter le châtelain moyennant une rente de dix deniers et une poule noire livrée chaque année, la nuit de Noël, au carrefour voisin de la forêt. La légende ajoute que cette redevance fut payée durant de longues années par les successeurs du chevalier, et que, depuis ce moment, La Pacau-

mille de Vignolles aux xviie et xviiie siècles, il appartient aujourd'hui au baron du Peyroux, et serait digne d'être visité. Dirigeons-nous vers Prédoré dont furent seigneurs les d'Aubigny, et d'où nous arrivons presque de suite à Changy dont Jacques de Castelnau, chevalier, seigneur de Saint-Amand, faisait aveu en 1506, et où, en 1724, deux enfants de Vincent Bonnelat et de Magdeleine Libault : Jean-Baptiste Bonnelat, d'une part ; et Marie Bonnelat, épouse de Pierre Colladon, se partageaient une dîme (1). Plus loin, c'est Coust, petite paroisse qui dépendait jadis du fief du Creuzet et dont le cimetière possède une croix remarquable, bien digne de fixer l'attention du touriste, et que M. Buhot de Kersers a décrite (2) magistralement : cette croix, qui date de 1472, mériterait d'être soigneusement conservée et préservée des intempéries des saisons, de l'injure du temps et du vandalisme inconscient des gamins. En quittant Coust pour gagner Charenton, nous laissons sur notre droite Bonnais, vieux château caché dans la vallée du Chignon, qui donna son nom à toute une race de châtelains qui le possédèrent de 1274 à 1613, mais, en 1626 (3), Michel de Moncorps, écuyer, était devenu seigneur de Baunais. De son mariage avec Catherine Duperret, il laissa Léonard de Moncorps, qui épousa Barthélémie de Rolland (4), et possédait Bonnais

dière fut délivrée des apparitions du diable. — (A. Lasnier, *Voyage Pittoresque autour de la Forêt*, Em. Pivoteau, imp., Saint-Amand).

(1) Dom Bétencourt, *Noms Féodaux*.
(2) Buhot de Kersers, *Histoire et Statistique monumentale du département du Cher*.
(3) Le 20 janvier. [Documents de M. Chavaillon].
(4) Sœur de Henri de Rolland, écuyer, seigneur du Coudret, et fille de Gabriel de Rolland, sieur de Nizerolle.

en 1666. A cette époque le fief passa — vers 1671 — dans la famille d'Aubigny jusqu'à la fin du xviiie siècle. Sans nous y arrêter, continuons notre route jusqu'au château du Creuzet, situé sur un coteau qui domine la vallée. Depuis le xive siècle, le Creuzet appartint, jusqu'au milieu du xviiie, à la famille de Thiauges ; c'est aujourd'hui la propriété de M. Corbin de Mangoux.

Le chemin nous conduit ensuite directement à Charenton, vieille ville, fortifiée autrefois, dont des documents anciens nous ont révélé l'existence depuis 819 et qui fut l'apanage d'une branche cadette de la maison de Déols, la branche des barons de Charenton. Cette ville sur laquelle M. Buhot de Kersers a donné de nombreux renseignements, bien déchue de son importance d'autrefois, est une station de la ligne de Saint-Amand à Sancoins. On y remarque certains restes du manoir abbatial des religieuses qui résidèrent à Charenton jusqu'en 1789, et quelques vieilles maisons dont l'une — qui appartient aujourd'hui à M. Joseph Gaulmier, en face de l'ancien couvent — est très bien conservée avec sa porte d'entrée sculptée et son escalier à vis. En somme, cette localité dont l'histoire nécessiterait une monographie spéciale, offre un réel intérêt au promeneur. De Charenton à Ainay, le retour est facile par la belle route de Saint-Amand à Sancoins que l'on suit jusqu'à Laugère.

*
* *

Une autre excursion à faire à bicyclette comporte l'itinéraire : Bessais-le-Fromental, Rhimbé et Vernais. Le départ d'Ainay s'effectue par la rue de l'Orange et la route de Vernais. On rencontre immédiatement sur la droite Salvère, *al.* Salvert, dont les Imbault étaient seigneurs au milieu du XVIIe siècle ; puis, un peu plus loin, à gauche de la route, s'élève la coquette villa de La Guérenne, gentiment aménagée tout récemment, avec un jardin en pente très raide qui descend jusqu'à la rivière : c'est la propriété d'agrément de Mme Simon qui, l'hiver réside à Neuilly (Seine) et vient passer tous les étés dans sa villa d'Ainay-le-Château. On laisse ensuite, derrière soi, le moulin de Petoulle, célèbre dans les Annales castellainaisiennes par ce couplet bucolique du milieu du siècle écoulé :

« De temps en temps l'oiseau chante et gazouille
A la P'tite Forge ainsi qu'à Chanteriot,
Sans oublier le moulin de Petouille
Et la fraîcheur des plus petits ruisseaux... »

On passe devant la ferme d'Arpentin dont nous avons parlé plus haut, et l'on tourne vers l'est à l'intersection de la route de Saint-Amand à Sancoins.

Après avoir gravi une pente assz raide, on arrive à L'Amour, propriété assez considérable dont un des deux domaines vendus dernièrement par M. Osmin Lepetit, appartient à M. Chambon. Cette terre changea assez souvent de mains : En 1300, Jean Baraton, fils de Giraud Baraton de Bosmonay, faisait aveu du chezeau de Lamor (1) ; et, en 1357, Jean de la Charnay, damoiseau, — [au nom de sa femme, Agnès, damoiselle], — rendait hommage pour la terre seigneuriale de Lamour. En 1687, Hugues Imbert se qualifiait sieur de l'Amour ; Etienne Jobier possédait une partie du domaine

(1) Dom Bétencourt.

1. Château des Billiers. — 2. Ancien château des Barres. — 3. Le Clou, près Bessais.

en 1705 et, vers 1715, cette propriété revenait à Jean-Baptiste Theurault, dont les héritiers en portèrent le nom jusqu'à la Révolution ; puis, dans le premier tiers du xixe siècle, l'Amour appartint à Mme Gressin (1), née Bujon des Brosses, dont le fils, — M. Gressin-Vivier de la Chaize, — vendit, vers 1853, cette propriété à M. Charles Lepetit, époux de Mlle Quéniot.

On atteint ensuite le château moderne des Barres, dont les possesseurs actuels sont MM. Senet et Vrain, qui l'ont acquis de M. Berger, lequel l'avait acheté à M. Léon Dubois, héritier lui-même de M. Amiot. Dans le parc de cette vaste demeure se trouve l'ancien château des Barres, « construction en équerre du xve ou xvie siècle, occupant les côtés sud et est d'une cour carrée dont on aperçoit encore les douves presque comblées ». Sa partie est paraît avoir été refaite au xviiie siècle. D'après M. Buhot de Kersers, ses seigneurs auraient été : au commencement du xiiie siècle, Eudes des Barres ; en 1351, Guy d'Estun ; en 1484, Jean de la Ryvière, écuyer, qui laissa pour veuve, en 1504, Catherine des Barres ; en 1536, …chard, seigneur

---

(1) Cette terre lui provenait de la succession de ses parents, François Bujon des Brosses et Marguerite Josset, succession indivise entre elle et : — 1º Les enfants de M. Vaillant et de Madame, née Catherine-Lucie Bujon des Brosses, décédée ; — 2º Marie-Marguerite Bujon des Brosses, épouse de M. J. B. Villatte des Granges [propriétaire à Chazemais]. Ces deux derniers donnèrent, en 1842, leur part de la terre de l'Amour à M. Emile Gressin, époux de Laure-Hyacinthe Vivier de la Chaize, leur neveu, à charge par ce dernier de fournir à M. Louis Dubreuil et à Mlle Calixte Dubreuil [enfants d'Eugène Dubreuil et de Marguerite-Irza Gressin], une somme de 40.000 francs. [Voir nos *Recherches historiques, biographiques et généalogiques* : *Les Dubreuil*, § IV, nº 13].

de la Ryvière et des Barres, époux de Jeanne de Rivière ; en 1591, un sire de Bigny ; en 1623-1634, Gasparde de Courtenay, veuve de Claude de Bigny, seigneur de Chaudron, les Barres et la Ryvière (1)... Il convient, ce semble, d'ajouter à cette liste Geoffroy de Sully qui fit aveu, en 1374 et 1384 pour la terre seigneuriale et baillie des Barres, et pour des droits d'usages en la forêt de Tronçais. En 1717, Henriette de Rioux, femme de François du Verdier, seigneur de Saint-Vallier, trésorier de France ; Marie de Rioux, femme de Gabriel d'Assy ; et Marguerite de Rioux [toutes trois sœurs et toutes trois donatrices de François Hérault, seigneur de Gourville, Conseiller au parlement de Metz], rendirent hommage pour cette même terre des Barres, dont devint acquéreur Etienne Ragon, sieur de Cousat (2), qui en faisait aveu en 1723. Son fils, Charles Ragon, avocat en Parlement, en était seigneur en 1730 (3) et la transmit à ses enfants qui la conservèrent jusqu'à la Révolution, époque où son possesseur était le chevalier Ragon des Barres, guillotiné pendant la Terreur.

Aussitôt après avoir dépassé la grille des Barres, on aperçoit le bureau des postes et télégraphes de Bessais-le-Fromental, petite commune du Cher, située sur les confins de ce département et qui pourrait bien être l'ancien *vicus Becciacus* dont parle Grégoire de Tours. A l'entrée du bourg, dans le mur qui enclôt la cour de l'école, presque en face le bureau des postes, se trouve une croix de pierre dont le socle, de forme cubique, porte incisés les mots : « Cette croix a esté faite aux frais de François

---

(1) *Histoire et statistique monumentale du département du Cher.*
(2) Qui l'acheta à François de Verdier et Henriette de Rioux.
(3) Dom BÉTENCOURT, *Noms Féodaux.*

Chassaigne, sieur de Cossonay et du domaine du Bourg de cette paroisse pour servir de reposoir au très Saint Sacrement, le jour de la F. de Dieu. Posé par Antoine Chassaigne f. dudict F. Chassaigne, le 17 may 1730. P. P. E. D. »

Guillaume de Bourbon, époux de Marguerite, veuve en première noces d'Eudes des Barres, était seigneur de Bessais au début du XIIIe siècle. L'église de cette paroisse, — dont le clocher en bois est formé par deux étages superposés, — fut cédée, au commencement du XIe siècle par un nommé Segaud, au chapitre Saint-Ursin de Bourges ; et, par la suite, l'Archevêque eut droit de présentation et collation à l'église de Saint Martin de Bessais qui fut, — probablement au cours des guerres de religion, — très détériorée par un incendie. Cette église (1) se trouve, ainsi que le presbytère et la mairie, située sur une petite place où des tilleuls séculaires, plantés en quinconces, sont taillés de façon à former un dôme de verdure sous lequel, pour l'assemblée de Saint-Ennemond, — patron actuel de la paroisse de Bessais-le-Fromental, — les forains viennent installer leurs baraques. Traversons cette place et, laissant l'église à notre gauche, continuons à suivre la route de Rhimbé.

Au bout de deux kilomètres, nous trouverons sur notre droite la propriété des Billiers qui appartient actuellement à Mme d'Ardenne de Tizac. On y a trouvé, écrit M. Buhot de Kersers, des médailles romaines des IIIe et IVe siècles. En 1429, Marceau

---

(1) Au nom de la Société Archéologique de France, nous avons sollicité le Conseil Municipal de Bessais et le Préfet du Cher de demander le classement de cette église comme monument historique. Le dossier est actuellement au Ministère des Beaux-Arts.

Berault était seigneur des Billiers et cette terre se transmit dans sa descendance jusqu'à la fin du XIXe siècle, où Mme la baronne de Bâvre, née Berault des Billiers, céda les Billiers à la propriétaire actuelle... Quinze cents mètres plus loin se trouve Le Clou, propriété appartenant à la famille Grozieux de Laguérenne, qui acquit ce domaine de M. et de Mme Dubois de Bélair, née Bourdaloue (1) : Nous avons déjà signalé que, le 6 décembre 1679, Louis de la Roche, chevalier de Saint-Jean de Jérusalem, faisait aveu au roi « d'une pièce de terre dépendant du petit domaine du Cloux, situé au terroir de la grande Bonne (2)... » Dix-huit cents mètres nous séparent du bourg de Rhimbé, arrosé par l'Auron, traversé par le canal du Berry et desservi par la ligne du chemin de fer économique de Saint-Amand à la Guerche.

Rhimbé, — le *Rhaimberto* de 1335, — appartint à la maison de Cluys, de 1350 (3) à 1576 ; puis aux de Chaux [1586-1595] en même temps qu'à Jean de Chateaubodeau, en 1572. Ce dernier transmit à ses héritiers sa portion du fief et les de Chateaubodeau conservèrent la seigneurie de Rhimbé jusqu'au dernier tiers du XVIIe siècle. Louis de la Roche-Loudun, déjà cité plus haut, en était seigneur

---

(1) Mme Jean-Simon-Michel Dubois de Belair, née Marie-Julie-Geveniève-Camille Bourdaloue, avait reçu cette propriété en dot, le 23 avril 1863, de son aïeule maternelle, Mme Elisabeth-Mélanie Chassaigne, veuve de M. François-Louis Massé-Desnoues, propriétaire à Germigny-l'Exempt, — Et Mme veuve Massé-Desnoues la tenait, elle-même de sa mère, Mme Jeanne-Suzanne-Julie Gouthière, veuve de M. Antoine-François Chassaigne, propriétaire, demeurant à Beaugency (Loiret), par acte du 30 juillet 1841.

(2) Arch. de l'Allier : A, 14.

(3) Dom Bétencourt.

en 1679 ; puis ensuite François de la Roche-Loudun et Louise de Bonnet, sa femme [1706], qui laissèrent Rhimbé à leur fils, Louis de la Roche-Loudun (1), 1744 ; et enfin Louis-César de Bonneval, en 1777 (2). Il subsiste encore quelques vestiges — très mutilés — de l'ancien château de Rhimbé ; mais de la chapelle — assez jolie, paraît-il, — tout a été saccagé et détruit il y a quelque quarante ans ; les fossés existent cependant encore au-dessus du bief du moulin. Un autre château admirablement conservé et restauré s'élève à quelques kilomètres plus loin, dans la vallée de l'Auron. C'est le château de Bannegon, célèbre par le siège qu'y soutint, en 1568, Marie de Barbançon, veuve de Jean des Barres, protestante, contre le gouverneur du Bourbonnais, M. de Montaré. Ce château appartint successivement aux familles de la Porte, des Barres, de Brichanteau et de Bonneval. Il est aujourd'hui la propriété de M. de Bengy, maire de la commune de Bannegon.

Si nous revenons maintenant à Rhimbé pour redescendre vers Charenton, en suivant la berge du canal, nous rencontrons le domaine de Brot-aux-Chats [Breuil-ès-Chaps] que Jean de Chateaumorand fit fortifier en 1438 ; et nous arrivons à Fontblisse, point de jonction des trois bras du canal dont nous continuons à suivre la berge jusqu'au pont de Vernais.

Vernais est une petite commune qui ne présente pas un grand intérêt. Il y existait, au xve siècle, un prieuré à la nomination de l'abbesse de Charenton, dont, en 1743, François Libault (3), époux

(1) Arch. de la Nièvre : B, 283 et 320.
(2) Buhot de Kersers.
(3) Fils de Claude Libault, sieur de la Brosse, et de sa première femme, Marie Thévenard.

de Catherine de Barbançois, était dit fermier. L'église primitive, vendue à la Révolution, est devenue la propriété des héritiers de la famille Bonnelat à qui elle sert de sépulture : la dernière représentante du nom à Vernais, Mme E. Bonnelat, née Bellaigue, y a été inhumée en 1909. L'église actuelle fut construite dans le cours du xixe siècle, grâce — en grande partie — à la générosité de M. le duc de Rivière. De Vernais à Ainay-le-Château, le chemin n'offre plus rien de bien intéressant jusqu'à l'intersection de la route de Saint-Amand-Sancoins, où l'on suit à nouveau l'itinéraire parcouru au départ.

*
* *

Enfin une dernière et très jolie promenade peut s'effectuer par Bardais, Valigny, Bessais et Saint-Benin-des-Bois.

Jusqu'à Bardais le chemin a été déjà parcouru. En 1374, Jean Troussebois, chevalier, faisait aveu, au nom d'Agnès de Coys, sa femme, de l'hôtel et seigneurie de Barday pour lesquels Guiot des Coustures et Marguerite du Bois, son épouse, rendaient aussi hommage en 1443... Bardais est très pauvre et, jusqu'à Valigny, les gens semblent peu heureux ; cette dernière localité est triste et grise, mais, dès qu'on l'a quittée, on est conquis par la magnificence du spectacle qu'offre l'étang de Goule. C'est un petit lac dont les eaux servent à alimenter le canal du Berry et dont on traverse la queue, peu après avoir quitté Valigny. De nombreux pêcheurs sont journellement installés au bord de cette immense nappe d'eau que franchit, par un large pont, le chemin qui conduit à Venou.

Venou, — le Venohe de 1202 (1) et de 1212, — dit M. de Kersers, est situé « au sud-est de Bessais, à la limite de la commune de Saint-Aignan-des-Noyers et aux confins des départements du Cher et de l'Allier, sur un plateau élevé, rocheux, découvert. Là sont les ruines désertes d'une ville entière, de médiocre étendue, mais avec son temple, ses rues, ses maisons, ses murs, ses fossés... » La ruine et la dépopulation de cette petite cité, florissante au milieu du XIVe siècle, peuvent être imputées aussi bien aux invasions anglaises qu'aux guerres de religion ou à la peste : en tous cas, la chapelle de Venou est encore citée dans le pouillé de Merle de Labrugière en 1772. On trouve peu de traces des seigneurs de Venou, bien que l'on dise qu'en 1212, Bonne la Grossine, femme de Jean Beraut, faisait aveu pour une partie « du dixme de Venohe ». On sait également que le « mercredy auprez la saint semaine lan de grâce mil CCC quarante et troes », Alys Brécharde rendait aveu et dénombrement à madame de Seuly pour « la ville de Venohe avec le forteleces et fossez estanz en laditte ville et justice et seignorie aute basse en laditte ville (2) », pouvant valoir 60 sous de rente. A la fin du XVIe siècle, A. de Beaucaire s'intitulait seigneur « de Venoux ». Enfin, au début du XVIIIe siècle, les Beraud étaient possesseurs d'une partie de cette seigneurie ; et, c'est au nom de Catherine Beraud, sa femme, que François des Maignoux, écuyer, seigneur de Laleu, rendait hommage, en 1727, pour la cinquième partie du fief de Vénoux (3)... » Aujourd'hui la pro-

(1) Arch. du Cher : Fonds de Saint-Sulpice ; liasse de Saint-Aignan-des-Noyers.
(2) Arch. du Cher : E, 173.
(3) Arch. Nationales : P, 480, cote 2688.

priété qui porte ce nom appartient à Mme Rétif qui l'a acquise de la famille Berthomier des Prost.

Mais, sans traverser à nouveau l'étang de Goule, suivons la route de Bessais qui nous conduira — un peu après avoir laissé sur notre droite le perré de ce petit lac, — en face du château de Bonneau, propriété de M. Maugard qui l'acquit, vers 1868, de la famille Servois. Bonneau, *Boscum nathale*, en 1258, appartint du xiiie eu xive siècle aux Breschard de Bressoles (1) ; et Alys Breschard, en 1350, rendait hommage pour son hôtel-fort, pour sa terre seigneuriale de Bonneau et pour le droit de foire qui y était attaché (2). En 1509, Guichard de Vierzac, héritier de Philippe de Vierzac, est possesseur de ce fief qu'il vend, en 1542, à Antoine de Boutillac, seigneur d'Apremont. Puis, cent soixante ans plus tard, en janvier 1702, A. de Beaucaire, est seigneur « de Venoux et Bonneau » où il a droit de justice. Ensuite, Gilbert Bonneau de la Varenne (3), aide-major aux Gardes-Françaises et Marie de Tissandier, sa femme, font aveu de la terre de Bonneau — achetée par eux à Charles de Beaucaire, écuyer, seigneur de Liénesse et de Saint-Aignan, — et d'une partie de la dîme dudit lieu que leur ont vendu Pierre de Barbarin, écuyer, et Marie Méchatin, son épouse (4). Enfin, en 1751, cette seigneurie appartient à Henri Desriège, seigneur de Villemonté, qui la donne à ferme moyennant le prix de 920 livres ! ... (5) L'ancien château du xve siècle a disparu en majeure partie sous les restaurations suc-

---

(1) Arch. du Cher : Fonds Charenton ; B, liasse 1.
(2) Dom Bétencourt.
(3) Qui avait acquis cette terre de Charles de Beaucaire.
(4) Dom Bétencourt.
(5) Minutes des notaires de Charenton.

cessives ; pourtant un rez-de-chaussée et la partie basse du premier étage ont été conservés dans l'installation actuelle.

Deux kilomètres à peine séparent Bonneau de Bessais où nous arrivons par l'extrémité orientale du village. Du côté de Sancoins où nous mènerait une route superbe, mais très montueuse, se trouvent, à trois kilomètres vers le nord-est, les domaines de Cossonay qui donnent leur nom à la longue côte qu'il nous faudrait gravir. Cossonay était jadis une petite seigneurie dont, en 1352, Jean Franc, chevalier, fit aveu au duc de Bourbon ; où, en 1407, Loys Franc possédait différents cens (1) ; et pour laquelle, Agnès Thévenet, veuve de Charles de Beaucaire, seigneur de Liénesse, rendait hommage en 1695... Plus près de nous, entre le chemin que nous venons de quitter et celui qui conduit de Bessais à Venou, s'élève le vieux castel de Bernon, dont est actuellement propriétaire le général Bourdeau, gendre de Mme Béguin, née Maugard : Il y eut là, autrefois, un hôtel-fort qui relevait de la châtellenie d'Ainay et pour lequel de nombreux seigneurs firent aveu aux ducs de Bourbon ; tels, en 1357 et 1375, Jean de Bernon, damoiseau ; Louis de Langon, écuyer, qui possédait, en 1411, l'hôtel-fort et la motte dont devint seigneur, en 1415, — à cause de feu Gilberte, dame de Bernon, sa mère, — Artus de Langon, sieur de Souvain. Vers 1650, la seigneurie appartenait à Jacques Bernard, époux de Gilberte Caillet (2) ; elle resta ensuite dans la famille

---

(1) Arch. Nationales : P, 463[1], cote 3014.
(2) Documents de M. Chavaillon. — D'un autre mariage avec Jeanne Nizier, Jacques Bernard, sieur de Bernon, avait eu une fille : Catherine Bernard qui, par contrat du 4 février 1657,

Caillet jusque vers le milieu du xviiie siècle, car, en 1711, deux enfants de François Caillet et d'Anne Courtanger : François Caillet, et Françoise Caillet, veuve de Claude Louis, receveur des aides, en faisaient hommage ; et, le 25 septembre 1724, « maistre François Le Perseurs, sieur du Plessie, demeurant à Charantonnet, comme mari et maître des droits de Marie Caillet, sa femme, fille et héritière de maistre François Cailliet », faisait aveu et dénombrement au roi des fief et seigneurie de Bernon, sis en la paroisse de « Bessay-le-Fromental (1)... »

Tout en face se trouve la ferme de la Petite-Barre dont Robert de Barbizy était seigneur en 1682 (2) ; et qui appartient aujourd'hui à M. Gustave Bourdaloue... Mais traversons le village de Bessais en suivant la route de Saint-Amand et prenons, à l'angle du bureau des postes, le petit chemin qui se trouve à notre gauche.

Nous sommes ici en plein milieu de la terre des Barres : à l'ouest le parc et le château ; à l'est la vaste exploitation où M. Amiot avait installé, dans le dernier tiers du xixe siècle, une sucrerie qui n'existe plus aujourd'hui. Le chemin n'est pas très bon ; mais nous allons être récompensé de nos peines. A deux kilomètres de là, en effet, apparaît subitement, en haut d'une côte rapide, un admirable panorama. La forêt de Tronçais, barrant tout au loin l'horizon, étend à nos yeux émerveillés les masses sombres de ses arbres d'un vert foncé, tandis que, par endroits se détachent des toits brillant sous les rayons d'un soleil printannier et

passé devant J. Brunet, notaire à Ainay, épousa Hugues Imbert [fils de feu Jean Imbert, de Moulins, et de Catherine Baugy].

(1) Arch. Nationales : P, 480, cote 2686.
(2) Arch. du Cher : B, 1082.

que, plus près de nous, des champs ensoleillés s'enorgueillissent de leurs moissons pleines de promesses. En pente, de verts pâturages étalent le frais tapis de leurs foins parsemés de fleurs jusqu'à Saint-Benin, la paroisse d'autrefois à jamais disparue dont les morts, oubliés au cimetière détruit, semblent laisser au sol qu'ils cultivèrent, en un suprême don, leurs os sous les blés verts que viendront moissonner leurs descendants oublieux... Saint Benin-des-Bois et Chandon mettent une note chaude dans cette gamme de tons où tous les verts se juxtaposent, s'entremêlent, se pénètrent ; et, dans l'enchantement de cette fin de printemps, sous la magie de la lumière dorée qui fait étinceler les goutelettes d'eau comme des diamants dissimulés aux corolles ou incrustés aux pétales ; au milieu de toutes ces mille voix de la campagne qui s'entremêlent, se confondent en une mélopée lente et mystérieuse :

>......Je te revois comme en un rêve,
> Pays caché que je connais,
> Avec tes grands bois pleins de sève
> Tout aux confins du Bourbonnais !

TABLE ALPHABÉTIQUE

DES NOMS DE FAMILLES ET DE PERSONNES

CONTENUS DANS L'OUVRAGE

A

Adhérée, 479, 484.
Advenier, 240, 275, 300, 588.
Advisard, 162.
Agu, 239.
Ainay (d'), 49.
Aisy (d'), 80.
Aix (des), 147.
Alabat, 200.
Alaroze, 218, 219, 221, 222, 233.
Alary, 6, 715.
Albéric, 45.
Albret (d'), 62, 63, 64, 65, 66, 67, 116.
Alenat, 98.
Allier, 6, 11, 70, 84, 94, 139, 141, 145, 181.
Alligret, 75.
Alloat 126, 330.
Allouat, 117, 120.
Allouert, 323.
Aloigni (d'), 216.
Amblézieux (d'), 581.
Amboise (d'), 80, 116.
Amelot, 394, 684.
Amenault, 678.
Amenon, 78.
Amet, 98, 100, 117, 126.
Aminaud, 78.
Amiot, 753, 762.
Amomon, 427, 430.
Amy, 242.
Amyot, 248, 526.
André, 484, 599.
Ange, al. Lange, 172, 173, 445, 459, 469, 484, 490, 534, 540.
Anjou (duc d'), 65.
Anjou (Jean d'), 89.
Anlézy (d'), 125.
Anselme, 81, 151, 428.
Antin (d'), 198.
Arbois de Jubainville (d'), 12, 13, 15.
Arc (Jeanne d'), 87.
Archambaud II, 11.
Archambaud V, 44, 45.
Archambaud VI, 46, 47, 49, 57.
Archambaud VII, 9, 10, 44.
Archambaud-le-Jeune, 45 49.
Archimbaud, 651.
Ardenit 280.
Ardenne de Tizac (d'), 755.
Ardouin-Dumazet, 91.
Argen (d'), 50.
Argouges (d'), 17, 196, 197.
Armagnac (d'), 66.
Arnaud, 537.
Arnauld, 117.
Arnoux, 719.
Artois (d'), 236, 245, 376, 377, 378, 379, 381, 384, 385, 387, 388, 407, 538, 543, 653.

Arturion, 279, 351, 360, 398, 568, 569, 654, 656.
Asse, 104, 233, 744.
Assy (d'), 234, 754.
Aubert de la Faige, 111, 736.
Aubery, 223.
Aubigny (d'), 200, 214, 217, 218, 235, 256, 279, 423, 552, 657, 750, 751.
Aubin, *al.* Aubain, 24, 360, 390, 398, 411, 414, 568, 569, 570, 574, 575, 583, 587, 588, 593, 596, 626, 628, 634, 638, 639, 645, 656, 657, 719.
Aubouët, 287, 721.
Aubrun, 217.
Aubry, 484.
Aubusson, 200, 386, 742.
Aucante, 544.
Auchappus, 214.
Auclerc, 187, 280, 414.
Aucopt, 353.
Audaille, 667.
Audebrand, 719, 721, 722.
Audiat, 6, 8, 22, 130, 131, 141, 165, 166, 177, 173, 181, 489, 502.
Audoulx, 451.
Aufauvre, 280.
Aufort, 721.
Augeran (d'), 221, 493.
Aujohannet, *al.* Aujouannet, 219, 308, 333.
Aumerle, 127, 488.
Aupelletier, 172.
Auperrin, 174, 207, 223, 279, 333, 334, 463.
Aupertin, 247.
Aupic, 451, 452.
Auradoux du Cellier, 219.
Aurat, 225.
Auroux, 286.
Ausonne, 701.
Aussage-Olivier, 727.
Autant, 279, 655.
Autour, 398.
Autriche (Anne d'), 152, 155, 186.
Autriche (Elisabeth d'), 149.
Auzelle 471.
Avenel (d') 47, 49, 51, 77, 104, 117, 128, 133, 148, 174,
211, 241, 246, 253, 254, 261, 276, 277, 529, 531, 546.
Avenier, 138, 470, 560, 563.

B

Babeau, 212, 347, 359.
Babou, 175, 176.
Babou de la Bourdaisière, 321.
Babouard, 480, 484.
Bachelein, 126.
Bachelier, 78, 117, 323.
Badillier, 213, 215, 494.
Bœdeker, 8.
Baer, 129.
Bailleron, 662.
Bailly, 29, 32, 282, 360, 411, 415, 575, 593, 653, 657, 719.
Balet, 542.
Banatin, 103.
Banier, 107.
Banville (de), 6, 690, 691, 732.
Baradat (de), 187.
Barathon, 30, 78.
Barathon-Bonneau, 722.
Baratier, 79.
Baraton, 752.
Barbançois (de), 757.
Barbançon (de), 141, 757.
Barbarin (de), 109, 200, 214, 234, 263, 329, 734, 744, 760.
Barbe, 223.
Barbezieu (de), 320.
Barbier, 15, 280, 287, 311, 332, 333, 335, 339, 359, 392, 393, 413, 414, 415, 568, 569, 570, 575, 576, 580, 594, 596, 619, 629, 630, 639, 645, 655, 665, 695.
Barbizy (de), 762.
Bard, 333.
Bardon, 721.
Bardoux, 222.
Bariliot, 721.
Barillet, 80.
Barnier, 593.
Barrault, 656.
Barre (de la), 610.
Barres (des), 49, 78, 79, 92, 109, 125, 126, 141, 142, 143, 145, 753, 754, 755, 757.
Barriault, 206, 547.

Barrot, 533.
Bassat (de), 200.
Baudon, 432.
Baudry, 655.
Baugy, 21, 24, 28, 117, 137, 158, 166, 167, 170, 171, 172, 178, 183, 204, 208, 209, 211, 213, 214, 215, 216, 220, 222, 226, 229, 239, 248, 249, 282, 313, 329, 330, 418, 419, 423, 428, 431, 443, 444, 445, 446, 450, 459, 461, 485, 489, 490, 491, 492, 493, 494, 495, 496, 497, 498, 499, 511, 538, 738, 746, 761.
Bavault, 537, 543.
Bavière (Isabeau de), 85.
Bavière (Marguerite de), 89.
Bâvre (de), 200, 755.
Bayard, 199, 200.
Bayle, 65.
Béatrix, 117.
Beau, 663.
Beaucaire (de), al. de Beauquaire, 107, 116, 199, 759, 760, 761.
Beauchamp, 681, 685.
Beaudreul, 90.
Beaudricourt (de), 116.
Beaugé (de), 180, 181.
Beaujard, 208, 331.
Beaujeu (de), 107, 109, 117.
Beaupré (de), 142, 143.
Beauvais (de), 117.
Beauvergier de Montgon (de), 138.
Beauvisage, 234.
Bebut, 308.
Bécas (du), 380.
Béquas, 210, 215, 222, 605.
Béguin, 350, 351, 525, 761.
Bellaigue, 757.
Bellay (du), 137.
Bellenge (de), 109.
Beneston, 472.
Bengy de Puyvallée (de), 451, 699, 757.
Bennegon (de), 60.
Benoist, 210, 286, 655.
Benoît XIII, 266.
Bérard, 127.
Beraud, al. Berault des Billiers et de Vougon, 127, 171, 172, 200, 207, 210, 213, 218, 233, 235, 266, 270, 285, 300, 308, 329, 331, 332, 351, 359, 361, 363, 364, 367, 369, 371, 386, 390, 391, 392, 395, 396, 397, 414, 419, 427, 431, 446, 450, 451, 458, 460, 462, 463, 464, 465, 466, 468, 470, 507, 511, 513, 514, 515, 528, 534, 540, 665, 705, 706, 719, 721, 730, 731, 740, 741, 742, 755, 759.
Bercheny (de), 590.
Berchon, 542.
Berger, 498, 499, 536, 753.
Bergerat, 117, 121, 414.
Bergier, 451.
Bernard (saint), 44.
Bernard, 196, 205, 209, 214, 219, 220, 224, 249, 265, 281, 282, 330, 332, 397, 411, 450, 459, 460, 525, 526, 531, 536, 570, 761.
Bernardat, 158, 657.
Berne (de), 158.
Bernon (de), 60, 78, 761.
Bernuys, 73, 75.
Berrenat, 591.
Berry (duc de), 66, 85, 376.
Berry (Marie de), 85, 201.
Bertaut 266.
Berthier 494.
Berthomier 239, 617, 645, 721.
Berthomier des Granges, des Prost, de Lavilette, 300, 308, 326, 329, 351, 357, 366, 367, 368, 375, 386, 387, 391, 393, 522, 527, 528, 548, 549, 552, 558, 559, 567, 568, 573, 575, 628, 657, 690, 691, 759.
Berthomier-Chéron, 610.
Berthon, 187, 499, 500, 575.
Bertin, 366.
Bertrand, 107, 116, 123, 530, 540, 721.
Bertrand (de), 138, 308, 470, 491.
Bès, 308, 549, 568, 569.
Bessonat, al. Bessonnat, 215, 217, 223, 247, 248, 332, 446, 459, 462, 469, 534, 537, 540, 543, 738.

Besnard, 508, 509.
Betencourt, 50, 60, 75, 76, 108, 135, 199, 201, 737, 740, 742, 744, 748, 750, 752, 754, 756, 760.
Béthune (de), 154.
Beugnot, 10.
Bèze (de), 129.
Biarnois, 353.
Bichet, 721.
Bidault, 721.
Bideau, 719.
Bidron, 40, 42, 43, 719.
Biernawski, 570, 571.
Bignon, 170, 279, 537, 542.
Bigny (de), 754.
Bigue (de), 738.
Billon, 130, 158, 167, 170, 171, 173, 178, 226, 329, 330, 335, 428, 429, 430, 490.
Biotière (de), 199, 234, 739, 740.
Bizard, 570, 705.
Blasson (de), 79, 736, 737.
Blanc, 3.
Blanchon, 532.
Blateyron, 471, 695.
Bleignaco (de), 55, 322.
Blondeau, 98.
Blondelat, 127.
Bodard, 593.
Bodat, 280.
Bodin, 69.
Bodinat, 126, 323, 329.
Boin, 225, 484.
Boireau, 507, 508.
Bois (de), 79, 758.
Boislisle (de), 255.
Boissonnier, 210.
Bompied, 386.
Bonaparte, 687, 692.
Bonde (de la), 99, 101, 102.
Bonin, *al.* Bonnin, 117, 308.
Bonnay (de), 79, 108.
Bonneau, 282, 288, 289, 357, 381, 397, 398, 405, 411, 535, 553, 568, 569, 570, 575, 596, 639, 652, 655, 657, 676.
Bonneau de la Varenne, 760.
Bonnelat, 19, 233, 235, 247, 256, 308, 331, 332, 363, 369, 395, 419, 433, 446, 466, 469, 498, 528, 588, 639, 656, 689, 750, 757.
Bonnet (de), 756.
Bonnet, 126, 158, 170, 178, 200, 215, 218, 248, 249, 250, 446, 461, 463, 464, 575, 653, 717, 721, 724.
Bonnet de Sarzay, 133, 139, 154, 341.
Bonnet de Vougon, 741, 742.
Bonneval (de), 552, 756, 757.
Bonneville, 126, 280, 282, 398, 655, 705.
Bonnichon, 281, 420, 433.
Bonnay, 719.
Bontemps, 721.
Bord (de), 235.
Bost (du), 24.
Bothereau, 484.
Boucaumont, 177, 697.
Bouchaconet, 158.
Bouchacour, 536.
Bouchaille, 246.
Bouchard, 129, 130, 141, 176, 180, 183.
Bouchault. *al.* Bouchaut, 223, 352, 362, 471.
Boucher, 331.
Bouchère, 575.
Bouchet, 653.
Bouchicot, 30, 42.
Boudignon, 721.
Boudant, 141.
Bouet (de), 235.
Bouffet, 200.
Bougy, 186.
Bouillac, 41.
Bouillé (de), 134, 737, 749.
Bouillot, 484.
Bouin, 266.
Bouis, 171.
Boulainvilliers (de), 202, 228, 229, 231, 259, 320, 324, 341, 356.
Boulaye (de la), 141.
Bouquet, 411.
Bourbon (Béatrice de), 47, 58, 69.
Bourbon (Catherine de), 89, 90.
Bourbon (duc de), 59, 62, 63, 64, 65, 67, 70, 74, 75, 80, 83, 84, 85, 86, 87, 88, 89,

TABLE ALPHAB. DES NOMS DE FAMILLES

90, 93, 94, 95, 96, 97, 102, 103, 106, 107, 109, 115, 124, 197, 201, 318, 319, 733.
Bourbon (Guibegre de), 46.
Bourbon (Guillaume de), 755.
Bourbon (Hector de), 85.
Bourbon (Louis de), 111.
Bourbon (Loys de), 92.
Bourbon (Marguerite de), 64.
Bourbon (Mathilde de), 45, 46, 47, 48.
Bourbon (sire de), 67, 68, 69, 76, 77, 443.
Bourbon (Suzanne de), 110, 737.
Bourbonnais, 721.
Bourbonnois, 411.
Bourdain, 281.
Bourdaloue, 756, 762.
Bourdeau, 761.
Bourderye, 419.
Bourdier, 24.
Bourdin, 212, 222, 225, 240, 277, 393, 398, 492, 568, 575, 612, 615, 616, 638, 639, 653, 655.
Bourgeois, 561.
Bourgogne (Agnès de), 88, 89.
Bourgogne (Alix de), 45, 49.
Bourgogne (Charlotte de), 116.
Bourgogne (ducs de), 84, 85, 86, 89, 94, 228, 229, 344.
Bourgogne (Eudes de), 45, 50.
Bourgogne (Jehan de), 85.
Bourgogne (Marguerite de), 84.
Bourgognon, 31, 42, 43, 710, 719, 721.
Bourgoing, al. Bourgouin, 415. 593, 599, 604, 605, 645, 652.
Bouriand, al. Bouriant, 287. 288.
Bournet, 743.
Boursault du Tronçay, 451.
Boursier, 208, 331.
Boussac, 279, 398.
Boussat, 286.
Boutarie, 76.
Boutillac (de), 760.
Boutet, 721.
Boutibonne, 593.
Boutresse (de la), 111.

Boutron, 662.
Bouyonnet, 282.
Bovel (de), 218.
Boville (de), 134.
Boyer, 593.
Boyreau, 472.
Boyron, 34.
Brailly (de), 117.
Branet, 73.
Brault, 604, 626.
Breschard, 61, 759.
Breschard de Bressoles, 760.
Bregis, 98.
Bresse, 731.
Bretagne (Catherine de), 89.
Bretagne (ducs de), 425.
Breton, 411.
Brichanteau (de), 178, 187, 216, 223, 234, 235, 476, 757.
Bricquet, 129.
Bridier, 721.
Brienne, 94.
Broc de Segange (du), 2, 9, 494.
Brody de Lamotte, 225.
Brosse (de), 740.
Bruchet, 83, 84.
Brucy, 177, 697.
Bruère, 530.
Bruère (de la) 501.
Bruneau, 322, 470, 499, 571.
Brunet, 158, 196, 208, 215, 219, 220, 280, 286, 289, 331, 369, 372, 375, 380, 397, 411, 415, 422, 444, 448, 455, 474, 495, 509, 511, 535, 536, 537, 542, 543, 570, 575, 639, 654, 655, 656, 738, 761.
Brunet-Dhéry, 721.
Buchet, 2, 12, 13.
Budos (de), 196.
Bueil (de), 80, 81.
Buffault, 34, 245, 306, 327, 357, 378, 379, 382, 386, 388, 393, 408, 412, 443, 5.., 524, 535, 536, 538, 539, b.., 542, 559, 568, 569, 576, 58, 609, 610, 611, 613, 614, 6.., 638, 645, 657, 659, 660, 666, 667, 668, 669, 670, 676, 6.., 692, 693, 694, 705, 706, 7.., 709, 732.

49

Buhot de Kersers, 141, 235, 503, 750, 751, 753, 755, 756, 758.
Buisson, 227, 239.
Buissonnier, 575.
Bujon, 18, 19, 20, 29, 31, 32, 67 138 171, 200, 207, 208, 209, 210, 211, 213, 214, 217, 220, 226, 230, 234, 239, 247, 248, 249, 258, 263, 270, 273, 279, 285, 286, 296, 299, 300, 301, 302, 307, 308, 309, 311, 312, 313, 326, 327, 329, 330, 331, 333, 335, 338, 339, 346, 353, 357, 363, 366, 367, 368, 369, 370, 371 372 373, 374, 375, 377, 378, 379, 380, 381, 382, 383, 384, 385, 386, 387, 388, 389, 391, 392, 393, 394, 395, 400, 404, 405, 406, 412, 414, 420, 422, 427, 435, 446, 447, 449, 456, 457, 463, 464, 465, 470, 479, 481, 482, 484, 492, 502, 507, 511, 513, 514, 516, 525, 533, 537, 541, 543, 544, 548, 549, 558, 559, 567, 568, 569, 574, 575, 576, 580, 588, 593, 594, 596, 598, 603, 609, 610, 614, 619, 628, 639, 644, 645, 647, 653, 656, 659, 662, 663, 665, 668, 671, 672, 676, 689, 697, 701, 702, 704, 706, 710, 712, 719, 731, 744, 745, 748, 749, 753.
Bureau, 280, 286, 337, 338, 360, 363, 398, 411, 414, 469, 657, 719, 721.
Burelle, 681.
Burette, 155.
Bussière, 432, 533.
Busson, 235.
Bussy-Rabutin, 180.
Byosay (de), 77.

C

Cabanne, 24, 25, 210, 248, 249, 280, 308, 351, 393, 398, 411, 414, 415, 422, 437, 647, 656, 711, 719, 720.
Cabanne-Jacquet, 24.
Cadier, 98, 223.

Caillaud, al, Cailleau, 475, 650.
Caille, 246.
Caillet, 29, 171, 179, 210, 217, 223, 233, 235, 237, 247, 437, 438, 526, 532, 536, 761, 762.
Camus, 300.
Cannonier, al. Canonyer, 82, 216, 421, 422, 423, 525.
Caquet, 275.
Carré, 739.
Carré de Montgeron, 249, 259.
Carrier, 484.
Carteron, 570.
Carton, 23, 126, 172, 491, 536, 738.
Cassini, 87, 702.
Castelnau (de), 108, 750.
Catinault, 30.
Caumont (de,) 66.
Cave, 470, 471.
Cellier, 232.
Céron, 288.
Chabannon, 575.
Chabenat, 542.
Chabot, 141, 170, 689.
Chabre, 494.
Chabrier, 655.
Chabrol, 721.
Chaipault, 127.
Chaix d'Est-Ange, 170.
Chalamaux, 540.
Chalisore (de), 60.
Châlons (de), 89.
Challot, 78.
Chambetin, 117.
Chambon, 443, 730, 752.
Chambonnet, 499.
Chamorlat, 414, 415, 575, 650, 651.
Champ (de), 143.
Champagne (de), 49.
Champfeu (de), 741.
Champrobert (de), 78, 735.
Chandiou (de), 507.
Changeux, 473.
Chapillaies 483, 485.
Chapillaies, 483, 485.
Chappus, 450, 486.
Chaput, 308, 351, 575.
Charavay, 94.
Charbonneau, 199.
Charenton (de), 45, 79.

Charles, 414, 570.
Charles-le-Bel, 95.
Charles VI, 85, 352.
Charles VII, 85, 86, 93, 347.
Charles VIII, 109.
Charles IX, 112, 133, 139, 149, 151, 714.
Charles-Quint, 111.
Charnay (de la), 78, 752.
Charon, 593.
Charoit, 395.
Charost (de), 322, 610.
Charpaignes (de), 97.
Charpreaux, 286, 287, 288.
Charrier, 18, 137, 169, 170, 196, 209, 213, 215, 216, 222, 301, 330, 333, 335, 337, 338, 428, 444, 450, 455, 456, 458, 464, 486, 493, 494, 509, 510, 540, 699, 701, 702, 704, 705.
Charton, 462.
Chassagne, 248, 249, 526.
Chassaigne, 21, 28, 171, 207, 217, 225, 240, 247, 259, 263, 313, 336, 368, 369, 375, 417, 444, 469, 469, 470, 490, 507, 508, 509, 655, 744, 755, 756.
Chassaigne (de la), 735.
Chassigneux, 415.
Chassy (de), 200.
Chasteau (du), 515.
Chastel (du), 92.
Chastre, al. Châtre (de la), 60, 109, 140, 142, 145, 146, 151.
Chateaubodeau (de), 137, 756.
Chateaumorand (de), 87, 757.
Chatenay (de), 50.
Chatillon (de), 142, 146, 177, 180, 343.
Chauday, 218.
Chauffour (du), 469.
Chaulvin, 494.
Chaunat, 104.
Chaussard, 308.
Chautard, 432.
Chauveau, 470.
Chauvelin (de), 377.
Chauvet, 352.
Chaux (de), 756.
Chavagnac (de), 722.
Chavaillon, 2, 13, 22, 30, 35, 67, 70, 105, 137, 154, 158, 165, 166, 172, 179, 183, 193, 200, 209, 227, 229, 239, 240, 244, 245, 247, 250, 253, 256, 259, 262, 264, 270, 274, 277, 282, 289, 294, 295, 299, 300, 304, 305, 310, 327, 337, 339, 340, 348, 350, 351, 353, 357, 360, 361, 367, 368, 370, 371, 372, 374, 378, 379, 382, 383, 387, 390, 391, 393, 396, 398, 399, 400, 401, 404, 408, 409, 420, 421, 425, 427, 431, 436, 438, 442, 443, 452, 455, 458, 467, 472, 473, 475, 480, 482, 487, 491, 493, 496, 498, 500, 501, 506, 509, 511, 513, 515, 521, 524, 528, 529, 530, 537, 538, 541, 543, 545, 552, 557, 561, 563, 576, 581, 583, 590, 592, 593, 594, 596, 597, 598, 600, 602, 611, 613, 620, 625, 627, 628, 630, 631, 632, 637, 640, 644, 646, 647, 654, 657, 659, 661, 662, 671, 672, 673, 677, 678, 687, 693, 694, 696, 706, 707, 708, 709, 717, 722, 731, 744, 750, 761.
Chazaud, 9, 11, 16, 44, 45, 49, 52, 53, 55, 63, 64, 68, 76, 88, 337, 340.
Chazeron (de), 141, 142, 143, 146.
Cheizes (des), 493.
Chemin, 282.
Cheminant, 590, 632, 633, 720.
Cheminon, 259.
Chenalle (de la), 138.
Chenu, 15, 324, 535.
Chéruel, 249, 258, 328, 424.
Chéry (de), 79, 234.
Chevenon, 721.
Chevenon de Bigny (de), 137, 220, 330, 427, 428, 429, 442.
Chignon (de), 110.
Chiton, 117, 485.
Chivegne (de), 58, 748.
Chomel (de), 386, 535, 719.
Chopin, 556, 725.
Choussy, 2, 31, 32, 172, 177, 196, 204, 326, 329, 331, 395, 447, 488, 524, 532, 616, 697.
Chrestien, 171, 207, 219.

Chypre (de), 89.
Citton, 471.
Civrais, 721.
Claudon, 12.
Claustrier, 617, 681, 688.
Claveau, 430, 719.
Clavior, 469, 542.
Clément, 2, 83, 132, 206, 470, 547, 606.
Clérambault de Palluau (de), 186, 187, 188, 192.
Clerc, 110.
Clerjault, 156.
Clermont (de), 51, 58, 59, 60.
Clèves (de), 89.
Cluys (de), 78, 756.
Cëtlosquet (de), 452, 458, 486, 497.
Cœur, 72.
Coiffier-Demoret, 5, 9, 11, 44, 141, 197, 318, 320.
Coing (du), 187.
Colbert, 203, 349, 540.
Colin, 540.
Colladon, 235, 332, 369, 750.
Collinet, 471.
Colomb, 218.
Combrailles, 280, 333.
Combraillie, 333.
Communy, 147.
Compaing, 178, 182, 226, 544.
Condé (de), 20, 113, 153, 155, 176, 177, 178, 180, 181, 185, 186, 196, 197, 202, 236, 240, 242, 245, 282, 311, 376, 545, 619, 698.
Conrade, 495.
Conti (de), 339, 396, 404, 409, 578, 579.
Corbin de Maugoux, 235, 751.
Cordeau, 719.
Cordier, 103.
Cornillon, 551, 558, 570, 572, 597, 599, 600, 602, 665, 713, 714.
Cornu, 593.
Corre, 655.
Corvilhasson, 133.
Cosson de Lalande, 218.
Cottault, *al.* Cotteau, 280, 575.
Cottereau, *al.* Cottereaux, 286,
360, 380, 398, 411, 414, 450, 569, 575, 655, 697.
Cottigné, 85.
Cougnois, 297, 304, 309.
Couillard, 404, 411, 568, 657.
Coulon, 239.
Cour (de la), 581.
Couret, 282.
Cournault, 333.
Courtanger, 233, 761.
Courtaux, 2.
Courtenay (de), 754.
Courtin, 123.
Courtois, 395, 697.
Coussion, 212, 223, 226, 639.
Coutault, 214.
Coustures (des), 79, 758.
Couturier, 484.
Coûtz (des), 200, 447, 749.
Coys (de), 79, 758.
Cristo, 514, 516.
Croizier, 492, 495.
Croué, 225.
Croussolle de la Mariatte, 215.
Cuissard, 593.
Culant (de), 92, 117, 507, 509.

D

Dagincourt, 14, 15.
Daguesseau, 255.
Dallodier, *al.* Dalodier, 524, 553, 559, 568, 580, 581, 594, 596, 626, 628, 630, 695, 711.
Damas (de), 143.
Damon, *al.* Damont, 126, 127, 207, 217, 247, 279, 280, 398, 411, 415, 459, 570, 654, 721, 741.
Damonville, 510.
Damours, 167, 170, 186, 485, 490.
Dampierre (de), 46, 48, 56, 57.
Damville, 14.
Danton, 646.
Darchis, 127.
Dard, 741.
Daudhuit, 471.
Daugy, 170.
Dauphin, 127, 275, 276.
Davaud, *al.* Davault, 27, 270, 279, 285, 286, 360, 381, 398,

TABLE ALPHAB. DES NOMS DE FAMILLES 773

411, 414, 444, 448, 562, 639, 656, 657, 658.
Davène, 282.
David, 265, 308, 399, 459.
Dayraigne, 18, 31, 32, 35, 308, 351, 362, 380, 393, 411, 412, 506, 511, 512, 515, 558, 568, 574, 575, 588, 638, 653, 665, 723.
Dayres, 117.
Debize, 741.
Debord, 575.
Deboy, 737.
Debredz, 158.
Déchelotte, 532, 533, 535.
Déchet, 177, 697, 721.
Décloux, 532, 533, 535, 536.
Deferre, 207.
Defougères, al. Deffougères, al Desfougères, 19, 230, 250, 272, 339, 353, 360, 362, 363, 369, 456, 458, 461, 465, 466, 478, 528, 745.
Defoulnay, al. Defoullenay, 352, 446, 561, 675, 676.
Deffault, 461.
Deffontis, 415.
Degobertierre, 233.
Delacroix, al. de Lacroix, 208, 217, 282.
Delafarge, 484.
Delafosse, 281, 282.
Delage, 282, 353.
Del is, 127.
Delalande, 331.
Delamare, 247, 484.
Delaplanche, 129.
Delarüe, 218, 224.
Delavau, 108, 319.
Delavy, 466.
Delescure, 308, 516, 522, 523, 524.
Delesvaux, 711.
Delin, 23.
Delorme, 36, 331, 716, 722.
Demeron, 655.
Demesme, al. Demême, 127, 280, 293, 351, 357, 575, 662.
Demeure, 398, 719.
Demonferrand, 331.
Dénier, 2.
Denise, 288.

Deniseau, 281, 398, 654.
Deniseroles, 399.
Denisot, al. Denizot, 308, 352, 380, 411, 568.
Denizon, 323.
Dénoux, 42.
Denozier, 690.
Depeyre, 61, 201.
Desalles, 451.
Deschamps, 419.
Desché, 471.
Descloux, 414.
Desfosses-Lagravière, 225.
Desiau, 399.
Desjobert, 353, 544.
Desloges, 509, 510, 511.
Desmaisons, 415, 722.
Desmeurs, 314, 420.
Desmures, al. Desmurs, 280, 411, 654.
Desnoix, 2, 168, 426.
Desnoux, 720.
Desormeaux, 6.
Desplaces, 281, 485, 540.
Despré al. Desprez, 280, 286, 398, 653.
Desriège, 760.
Desrosiers, 695.
Desruisseaux, 551.
Dessemeli, 280.
Det, 117.
Detenelle, 736.
Devenelle-Durand, 326.
Deverdin, 575.
Deviergue, al. Devierne, 392, 414.
Devoucoux, 656.
Dey de Séraucourt, 204, 230, 341, 359.
Dhéré, 599.
Dhoüan, al. d'Hoüan, 207, 225, 308, 357, 367, 368, 369, 375, 378, 379, 388, 390, 393, 408, 412, 447, 562, 563, 564, 568, 569, 575, 576, 608, 609, 638, 670.
Dhur, 724.
Diane (légitimée de France), 125, 149, 150, 151.
Dion, 629.
Dobremel, 224.
Dodart, 285, 399.

Doisy, 433.
Domat, 283.
Donet, 107, 116, 123.
Dorgni, 739.
Douet, 90, 198, 224, 381.
Dousset, 360, 362.
Doyet, 218, 240.
Dreux-Brézé (de), 502.
Drouault, 484.
Dubois, 171, 172, 173, 179, 217, 223, 247, 249, 279, 286, 398, 414, 415, 447, 461, 465, 542, 569, 657, 721, 753.
Dubois-Amiot, 719, 743.
Dubois de Bélair, 756.
Dubost, 207, 214, 226, 238, 247, 248, 249, 263, 282, 285, 351, 364, 397, 411, 422, 423, 484, 525, 526, 553, 568, 569, 575, 655, 719.
Dubrée, 627.
Dubreuil, 171, 753.
Duc, 149.
Ducaffy, 653, 721.
Duceiau, 719.
Ducellier, 207, 210.
Duchateau, 308.
Duchenet, 254, 279, 280, 285, 314, 362, 369, 378, 379, 380, 388, 397, 398, 408, 412, 414, 415, 450, 470, 513, 514, 528, 559, 568, 569, 570, 575, 596, 639, 653, 655, 660, 661, 662.
Duchier, 250, 620.
Ducoudray, 527, 528.
Ducroiser, 157, 159.
Ducrost, al. Ducrot, 217, 277, 281, 288, 308, 310, 351, 360, 375, 393, 397, 411, 414, 415, 450, 528, 534, 568, 574, 575, 587, 588, 624, 625, 651, 654, 655, 656, 657, 697.
Ducrot de Chabrot, 654.
Du Dost, 525.
Duens, 281.
Dufault, al. Duffault, 286, 420, 514.
Dufour, 239, 295, 398, 514, 515.
Dufour de Villeneuve, 296, 297, 384, 385, 387, 407, 524.
Dufourt, 280.
Dugué, 224.

Dulaure, 130.
Duliège, 333, 444, 540, 561.
Dumas, al. du Mas, 79, 108, 135, 136.
Dumas, 719, 720, 721, 722.
Dumont, 136, 214, 218, 351, 398, 411, 568, 569, 575, 596, 656.
Dumont de Saint-Orand et des Lyaudes, 414, 515.
Dumonteil, 404, 503, 549.
Dumontet, 172.
Dumoulin, 296, 297, 299, 432.
Dupin, 333.
Duperret, 750.
Duplaix, 720.
Dupleix, 485.
Dupoirier, 721.
Dupont, 209, 224, 491, 526, 536, 656.
Duprat, 111.
Dupré, 48, 279.
Dupré de Saint-Maur, 292, 507.
Dupuis, 542, 610, 723.
Dupuy, 94.
Durand, 308, 372, 380, 408, 411, 412, 432, 537, 553, 568, 570, 574, 593, 596, 635, 640, 645, 654, 659, 660, 661, 663, 666, 676.
Duranjou, 34, 264, 278, 279, 280, 285, 294, 337, 351, 360, 367, 369, 375, 378, 380, 390, 391, 393, 395, 397, 398, 404, 407, 408, 411, 414, 415, 421, 470, 559, 568, 569, 570, 575, 579, 580, 593, 594, 596, 604, 605, 606, 613, 628, 634, 639, 645, 653, 655, 657, 658, 682.
Duret, 171, 207, 208, 211, 215, 216, 217, 333, 465, 490, 525, 526, 744.
Durioux, 232, 233.
Duroisel, 438, 440.
Duron, al. Durond, 570, 594, 596, 654, 715.
Durutin, 172.
Durye, 544.
Dutertre, 678.
Duvernet, al. du Vernet, 240, 308, 676, 734.
Duvivier, 479.

E

Edouard III, 63, 85.
Emelin, 471.
Emonnot, 25, 30, 41, 616.
Enghien (duc d'), 177, 186.
Esbaupin (de l'), 126.
Escorailles (d'), 218.
Escures (des), 111, 136, 209, 444, 733, 737, 738, 739, 744.
Espinasse, 727.
Espingau, 61.
Estange, 127.
Estat (d'), 200, 213.
Estezet (d'), 262.
Estun (d'), 753.
Expilly, 283, 320.
Eymery, 690.

F

Fagon, 255.
Faguet, 328.
Fargin, 138.
Farnèse, 149.
Faudoas (de), 741.
Faure, 198, 202, 347.
Faussat, 721.
Fauvaux, 719.
Fauveau, 411, 660, 661, 719.
Fauvre-Labrunerie, 626, 635, 636, 642, 646, 651, 658.
Favassier, 421.
Favière, 279, 351, 398, 411, 415, 570, 656.
Favières, 681.
Favyn, 83.
Faye, *al*, Fayet, 495.
Féaux, 693.
Febvrier, 201.
Feillet, 195.
Feuille (de), 79.
Férault, 113.
Férault-Daiguet, 164.
Feret, 430.
Ferneguy (de), 60.
Ferté-Meun (de la), 552.
Feuillet, 394, 731.
Feydeau, 294, 371, 391, 511.
Flament, 2, 9, 197.
Florand, 172.

Florent Ier (saint), 14.
Flouvat, 177, 697.
Foix (de), 86, 199.
Fontaine, 721.
Fontenay-Pougues (de), 736.
Forest (de), 79, 219.
Forestier, 626, 635, 636, 642, 646, 651, 658.
Forissier, 645.
Fort, 171, 172, 173, 179, 182, 210, 217, 422, 430.
Fossier, 241.
Foubert, 469.
Foucart, *al*. Foulcart, 89, 90, 91, 92, 96, 97, 98, 102, 103, 104, 134.
Fouché, 635.
Foucher, 308, 484.
Fouchet, 414.
Fouchier, 215.
Fougeat, 540.
Fougerat, 61.
Fougère, 207.
Fougières (de), 669.
Foullé, 133, 258, 262.
Fouquet, 195, 308, 655, 740.
Fouquet de Prégirault, 221.
Fourest (de la), 79.
Fourny (du), 81.
Foussier, 589.
Fragnon, 428, 729.
Franc, 78, 79, 735, 761.
France (Anne de), 107, 109.
France (Claude de), 112.
France (Jeanne de), 93, 94, 107.
François, 281, 420, 422, 444, 447, 448, 454, 460, 463, 484.
François Ier, 110, 111, 112, 123, 355, 423.
François II, 504.
Freboux, 490.
Frétart, 235.
Froissard, 63.
Frotier, 568.
Fuchs, 691.

G

Gaboreau, 147.
Gaboret, *al*. Gabotet, 203.
Gadaire, 238.

Gadais, 30, 210.
Gadeux, 217.
Gaïault de Vic, 610.
Gaignières, 58, 80, 81, 88, 106, 126, 134, 135, 136, 323, 734, 738, 749.
Gait, 719.
Gallerand, 195, 526, 738.
Gamaches (de), 224.
Gamart, 541.
Gandolin, 433.
Gannerelle, 129.
Garandeau, 250, 278, 284, 392, 513.
Garban, 741.
Garder, 108.
Gardette (de la), 92.
Garet (de), 126.
Garital, 575.
Garnier, 626, 633, 637, 655.
Garraud, 138.
Garreau, 172.
Garros (de), 225.
Gasche, 611.
Gascoin, 432.
Gasrel, 308.
Gasteau, 127, 207, 250.
Gaudefroy, 397.
Gaudon, 721.
Gaulmier, 127, 207, 224, 225, 751.
Gaulmin, 200, 447, 645.
Gaultier, *al.* Gautier, 239, 397, 399, 419, 570, 575, 656.
Gautheron, 535.
Gauvinien, 117.
Gavaud, *al.* Gavault, 432, 437, 438, 447.
Gazu, 465.
Gelinet, 216.
Genestines (de), 60.
Genin, *al.* Genyn, 216, 232, 450, 463, 494, 730.
Geoffrenet des Beauxplains, de Champdavid, etc., 265, 297, 304, 308, 377, 378.
Geoffroy, 18, 395, 535, 720, 722.
Gérard, 411.
Gérauldy, 255.
Gerbier, 177.
Gibault, 224.

Gilbert, 324, 414, 415, 420.
Gilberton, 31, 617, 645, 681.
Gillet, 3, 172, 333, 525, 542.
Gindre de Nancy, 7, 715.
Giraud, 224, 397, 654.
Girault, 282, 575.
Girault de Saint-Fargeau, 9, 13, 16, 714.
Glaire, 252.
Glatigny (de), 698.
Goblet, 227.
Goambeau, 607.
Godal, 542.
Godin, 215, 239, 282.
Gomety, 216.
Gominet, 268, 411, 563.
Gon. 30, 75, 99, 101, 252.
Gondi (de), 177, 178.
Gonnet, 78.
Gonzague (de), 142, 145, 474.
Gorin, 612.
Gougnon, 200.
Gouin, 224, 419, 464, 484.
Goullas, 180.
Goumet, 485, 486, 487.
Gourjon, 669.
Gourville (de), 177.
Goustot de Bourneuf, 486, 487.
Gouthière, 756.
Gozard, 34, 127, 332.
Gozard des Ingarands, 593.
Gozis (des), 2.
Grafteuil (de), 210, 444, 739.
Granci (de), 50.
Grandjean, 208, 543.
Grange d'Arquian et de Montigny (de la), 141, 142, 143, 146.
Grangeron, 187, 536, 540.
Grangier, 163.
Graperon, 126.
Grasset, 471.
Grassin, 529.
Grassoreille, 113.
Gravier, 721.
Gravier de Vergennes, 367, 408.
Grégoire, 2, 551.
Grégoire XIII, 425.
Grégoire de Tours, 754.
Gréguy, 575.
Grellière, 336.

Greniers (des), 104.
Grenouillet, 225.
Gressin, 18, 301, 753.
Griffet, 225.
Grimard, 284, 392, 460, 514.
Grimaud, 547, 548.
Grisieux (de), 156, 157, 158, 159.
Grivel de Grossouvre (de), 141, 143.
Grollier (de), 723.
Grollier, *al.* Groslier, 127, 207, 213, 214, 217, 250, 284, 392, 414, 445, 449, 469, 470, 490, 513.
Grozieux de Laguérenne et de Pontcharrault, 79, 109, 111, 135, 136, 212, 451, 733, 736, 737, 738, 744, 756.
Gueldres (de), 89, 90.
Guénivet, 533.
Guéridon, 351, 656.
Guérin, 155, 196, 207, 209, 210, 213, 216, 232, 333, 509, 525.
Guérin de Chermont, 67.
Guéry, 263.
Guiche (de la), 197.
Guillebaut, 100, 210.
Guillemin, 431, 482, 534, 544.
Guillet, 480, 482, 484.
Guillcët, *al.* Guillouët, 217, 223.
Guillot, 536.
Guilteau, *al.* Guilleteau, 281, 656.
Gujollet, 534.
Guireaudeau, 642.
Guise (de), 140, 142.
Guithon, 394, 712, 731.

Henri, 61.
Henri II, 71, 128, 149, 193, 319, 347.
Henri III, 140, 141, 143, 148, 149, 152.
Henri IV, 143, 145, 146, 147, 148, 154.
Henry, 210.
Henrricon, 79.
Héraudet, 721.
Hérault, 754.
Hermant, 264.
Hérold, 435.
Heuillard, 492.
Heurtault de Bois-la-Vigne, 451.
Hidrot, 88.
Hiroux, 484.
Hivernat, 540.
Hivon, 471.
Horstel, 218.
Huet, 18, 19, 20, 21, 97, 102, 268, 270, 273, 278, 285, 289, 300, 301, 311, 312, 313, 314, 338, 339, 353, 357, 360, 361, 363, 364, 369, 370, 375, 458, 470, 512, 548, 555, 559, 567, 568, 569, 570, 577, 596, 599, 600, 638, 655, 660, 661, 662, 663, 667, 675, 690, 694, 732, 749.
Hugon, 353, 495, 499, 544.
Huguet, 208, 211, 230, 239, 250, 308, 331, 332, 369, 376, 381, 446, 513, 544, 671, 686, 746.
Huillard-Bréholles, 50, 60, 96, 104, 319, 322, 355.
Huyter, 492.

H

Halle (de la), 79, 109, 111, 135, 136, 737, 738, 744.
Harcourt (d'), 176.
Hastier, 78.
Haudebert, *al.* Houdebert, 485, 600, 601, 602, 603.
Haudot, 334.
Héliot (le Père), 474, 477.
Hénoy, 329.

I

Imbault, 22, 24, 25, 30, 42, 43, 137, 158, 170, 208, 215, 222, 330, 351, 462, 485, 491, 494, 532, 650, 705, 719, 721, 729, 738, 752.
Imbert, 28, 170, 204, 205, 208, 209, 215, 216, 219, 222, 226, 229, 230, 232, 233, 280, 329, 350, 359, 444, 446, 448, 449,

459, 460, 472, 491, 493, 752, 761.
Innocent X, 226.
Isambert, 365.

J

Jacquemet, 27, 207, 215, 234, 239, 452, 458.
Jacquet, 29, 393, 411, 533, 568, 569, 639, 657, 661, 719, 721.
Jacquet-Dayraigne, 2, 352, 353, 651, 684, 686, 688, 689, 695, 696, 701, 704, 705.
Jamet, 639.
Janet, 494.
Janin, 9, 230.
Jarrouflet, 607.
Jarroussat, al. Jarrousset, 308, 670.
Jarrye (de), 136.
Jean II, 64.
Jean (dauphin), 86.
Jean-sans-Peur, 84.
Jessart, 77.
Joanne, 7.
Jobard, 281, 490, 496.
Jobier, 171, 172, 195, 196, 200, 204, 205, 208, 209, 213, 215, 217, 221, 229, 246, 247, 263, 266, 312, 332, 343, 350, 431, 446, 447, 462, 466, 486, 492, 495, 496, 497, 511, 531, 535, 536, 544, 621, 639, 656, 713, 732, 733, 752.
Jodelet, 193.
Jolimont (de), 9, 415.
Jollivet, 224.
Joly de Fleury, 295.
Jolly de Varennes, 609.
Jongleux, 129.
Jorrand, al. Enjorrand, 97, 98, 100, 101, 102, 117.
Jossé, 540.
Josset, 18, 250, 301, 348, 350, 548, 753.
Jouannet, 171.
Joubert, 542.
Jouhanneau, 526.
Jourdain, 548.
Jouvenel des Ursins, 87.

Jubert de Bouville, 212, 226, 227.
Jugand, 451.
Juillet, 636, 645.
Julion, 278, 279.
Junchat, 655.

K

Karossat, 78.
Kéravenan (de), 646.
Knolles, 62.

L

La Baume, 217.
Labbe, 235, 239, 282.
Labeaudre, 719.
Labouret, 721.
La Chesnaye-des-Bois, 428.
Lacroix, 277, 280, 282, 351, 360, 397, 398, 407, 408, 411, 412, 455, 465, 568, 569, 570, 575, 650, 652, 654.
La Fayette, 550, 581, 594.
Laforêt, 500.
Lagar, 308.
Lagarde, 411.
Lagorée (de), 218.
Lagorge, 286.
Lagoute (de), 97.
Lagrange, 287.
Lagrange (de), 507, 509.
Lainé, 217, 451.
La Lande (de), 569.
Lallier, 532.
La Loère (de), 94.
Lamétairie, 676.
Lamartine (de), 3.
Lamelet, 461.
Lamenon, 220.
Lami, 542, 610.
Lamirat, 719, 721.
Lamoignon, 78.
Lamouroux, 471.
Lamy, 11, 45, 263, 279, 286, 413, 415, 443, 476, 477, 483.
Lancastre (de), 83, 84.
Langon (de), 79, 761.
Lannière, 419.
Lanoix, 681.
La Noue (de), 148.

TABLE ALPHAB. DES NOMS DE FAMILLES

Lapaire, 241, 308, 414, 469, 527, 528, 559, 569, 607, 613.
Lapelain (de), 223.
Laperche, 653.
La Poix de Fréminville (de), 104, 105.
La Réveillère-Lépeaux, 675.
Laroche, 398.
Larousse, 7.
Lasnier, 749, 750.
Lasseré (de), 233.
Lasserre, 221, 222.
Laubigoiz, 104.
Laugrin, 533, 719.
Laureau, 360, 380, 398, 411, 471, 568, 639, 654.
Laurencet, 224.
Laurent, 276.
Laurin, *al.* Laurins, 282, 286.
Lauzent, 224.
Lauzier, 280, 285, 367, 368, 369, 375, 393, 397, 398, 411, 415, 420, 485, 553, 559, 568, 569, 570, 580, 593, 594, 596, 638, 639, 645, 653, 655, 656, 666.
Laval (de), 199.
Lavalette (de), 418.
Laveau (de), 61, 67, 73.
Lavergne, 2, 62, 64, 65, 574.
Lavilatte, 279, 375, 420, 568, 575, 655.
Lavisse, 3, 66, 71, 72, 85, 86, 87, 148, 326, 355.
Lebègue, 484.
Leber, 51.
Le Blanc-La-Saulinière, 701.
Lebœuf, 218, 737.
Le Bon, 4.
Leborgne, 199, 234, 281, 640.
Le Bouvier, 428.
Le Brasseur, 741.
Lebrun, 218.
Leclerc, 200, 234, 326, 395, 495, 672.
Lecoy de la Marche, 104.
Lecuellé, 324.
Lécuier, *al.* Lécuyer, 279, 286, 420.
Le Fàvre, 469.
Lefort, 308, 333, 393, 514, 515, 542, 656.

Lefouet, 280, 415.
Legay, 19, 30, 127, 132, 207, 219, 223, 237, 247, 248, 249, 250, 252, 264, 265, 278, 279, 280, 282, 284, 285, 292, 333, 334, 336, 337, 339, 351, 353, 357, 361, 362, 363, 364, 367, 368, 371, 378, 388, 390, 392, 393, 397, 412, 414, 415, 417, 419, 422, 423, 437, 448, 451, 458, 470, 473, 478, 479, 483, 484, 500, 501, 506, 507, 511, 513, 514, 526, 529, 530, 544, 559, 568, 574, 575, 580, 600, 601, 629, 630, 644, 647, 654, 663, 665, 673, 676, 677, 697, 701.
Legrand, 170, 222, 430.
Le Groing, 97, 138, 494.
Lehardy, 655.
Lejay, 171, 172, 182, 195, 196, 207, 208, 209, 222, 466, 469, 491, 507, 508, 509, 525, 535, 540, 744.
Lejouif, 214.
Le Large, 60, 173, 174, 175, 176.
Lelièvre, 194, 195.
Le Long, 738.
Le Marchant, 541.
Lemonnier, 12.
Lemoyne, 98, 222.
Lempereur, 529.
Lenet, 177.
Le Noir, *al.* Lenoir, 51, 377, 570, 655.
Lenôtre, 1, 2, 645, 646.
Léonard, 282.
Le Perseur, 234, 762.
Lepetit, 752, 753.
Leroux, 319.
Leroy, 484.
Lesault, 540.
Lesieux, 411.
Lessoy, 738.
Le Tailleur, 70.
Létang, 721.
Le Tellier, 183.
Le Vayer, 197, 229, 319, 325.
Léveillé, 325.
Levert, 277.
Lexpert, 411, 415.

Lheureux, 279.
Lhoste, 652.
Lhote, 719, 720.
Lhuillier de Saurcoul, 311.
Liage, 593.
Libault, 19, 170, 179, 200, 216, 233, 235, 250, 254, 266, 299, 312, 332, 362, 392, 397, 419, 445, 446, 448, 455, 456, 457, 459, 460, 463, 474, 534, 535, 537, 543, 730, 750, 757.
Ligier, 251.
Ligner, 525.
Lillo, 77.
Lithier, 323.
Lochon, 209, 342, 343, 738.
Lombard, 333.
Longnon, 2, 12, 13.
Loreau, 299.
Lorfèvre, 427.
Lorière (de), 135.
Lorraine (Louise de), 152.
Lostanges (de), 610, 692.
Louan (de), 199.
Louis, 233, 719, 761.
Louis (dauphin), 84, 86.
Louis-le-Gros, 68.
Louis-le-Jeune, 44.
Louis (saint), 10, 59, 66, 318.
Louis XI, 94, 95, 107, 109, 319.
Louis XII, 110, 112, 439.
Louis XIII, 155, 376.
Louis XIV, 71, 183, 186, 228, 246, 253, 376, 504.
Louis XV, 228, 246, 253, 264, 742.
Louis XVI, 277, 335, 408, 547, 550.
Louis XVIII, 699.
Louiset, *al.* Louizet, 280, 398, 575.
Loutil, 280.
Loyseau, 69, 74.
Luchaire, 3.
Luylier du Masseau et du Plaix, 70, 514, 515, 532, 617, 671.
Lwoff, 717, 724, 725.
Lyon, 128.
Lyonnet, *al.* Lionnet, 427, 722.

M

Mabout, 719.
Mabru, 210.
Macé du Puy-Saint-Cyr, 200.
Madet 599.
Mage 275, 276, 277.
Magnard, 398, 570.
Maignoux (des), 221, 493, 552, 759.
Maillé (de), 177.
Maille (de la), 221.
Maillet, 395.
Maistre, 158.
Malet de Graville, 116.
Mallet, 308.
Maliaud, 650.
Mallard, 133, 139, 141, 154, 318, 341, 741.
Malvoisine, 444.
Manceau, 205, 335, 493.
Mandon, 681.
Maransange (de), 428.
Marceau, 172.
Marceaul, 77.
Marchand, 2, 471, 568.
Marck-Bouillon (de), 151.
Marconnay de Montaret, *al.* Montaré (de), 130, 141, 757.
Mareschal, 96, 117.
Marie, 724.
Mariéjol 3, 326.
Marlin, 329, 430.
Marez, *al.* Maroës (du), 60, 79.
Mars, 48.
Martial, 384.
Martin, 235, 619.
Martinat, 204, 209, 215, 219, 323.
Martinon, 308.
Mascou, 76.
Massé-Desnoues, 756.
Masselin, 107.
Masson, 325.
Mater, 171, 229.
Mathérou, 79.
Mathiau, *al.* Mathiault, 471, 575.
Mathieu, 433, 645.
Mathurin, 280, 668.
Mativon, 41, 178, 442, 697.

Maudet, 100.
Maugard, 760, 761.
Maugenest, 170, 248, 249, 353, 526, 544, 588, 685.
Mauléon (de), 62.
Maumarche (de), 79.
Maupas (de), 711, 712.
Maussan, 210.
Mautrand, 224.
Mauve, 711, 712.
Mazarin, 176, 185, 186.
Mazerat, 29, 34, 35, 41, 42, 215, 256, 266, 308, 339, 351, 354, 356, 357, 360, 362, 364, 366, 367, 369, 371, 378, 379, 386, 387, 390, 391, 392, 395, 396, 431, 482, 506, 507, 511, 512, 534, 535, 537, 544, 558, 559, 567, 568, 569, 570, 574, 575, 591, 596, 617, 638, 640, 644, 645, 656, 657, 659, 660, 661, 662, 663, 664, 667, 668, 670, 674, 675, 676, 690, 691, 695, 697, 698, 731, 732.
Méchatin, 760.
Médicis (de), 128, 152, 155.
Meige, 244, 611, 617.
Meignard, 127.
Meilheurat, 195, 710.
Ménard, 463, 537.
Menestrier, 470.
Menin, 655.
Menouvrier, 138, 179, 199, 200, 208, 210, 213, 214, 216, 217, 220, 225, 226, 234, 247, 248, 249, 288, 293, 308, 331, 334, 367, 372, 375, 378, 379, 380, 388, 393, 397, 412, 417, 419, 420, 422, 446, 460, 462, 463, 465, 469, 484, 492, 496, 500, 513, 514, 515, 525, 526, 534, 536, 540, 568, 638, 654, 673, 744, 745.
Méplain, 112.
Mercier, 333.
Mercy (de), 281, 463.
Mérelles, 77.
Mérigot, 432, 692.
Mérinville (de), 610.
Merle, 730.
Merle de Labrugière, 413, 414, 470, 485, 759.

Merlin, 103, 104, 469, 719.
Méténier, 234, 672, 720.
Meunier, 721.
Meyer, 327.
Micault, 279.
Michau, 248, 249, 280, 417.
Michaud, 146, 235, 239.
Michault, 196, 207, 225, 249, 280, 334, 462, 511.
Michaut, 196, 207, 213, 220, 259, 526.
Michaux, 248.
Michel, 196, 209, 369.
Michel du Tremblay, 225.
Michelat, 655.
Michelet, 3.
Michelin, 593.
Michot, 248.
Millet, 92, 705.
Millourioux, 411.
Minier, 217, 223, 247, 248, 249, 250, 280, 430, 437, 438, 449.
Mirabeau, 597.
Moët, 323.
Molé, 195.
Molière, 521, 527.
Molins (de), 79, 117, 743.
Moncorps (de), 750.
Mondon, 650.
Monestay des Forges (de), 330.
Monmerqué (de), 377.
Monregard (de), 307.
Mons (de), 58, 61.
Montagu (de), 79.
Monte (de la), 79.
Montesquieu, 328.
Montfaucon (de), 46.
Montgarnaut (de), 735.
Montigny, 430, 469.
Montjoye (de), 80.
Montmorency (de), 149, 150, 151, 196, 198.
Montmort (de), 209.
Montpensier (de), 110.
Montrignat, 281, 287, 360, 398, 499.
Morat, 217, 223.
Morclat, 117, 123.
Moreau (Paul), 53, 54, 95, 187, 230, 319, 376, 653.
Moreau, 214, 331, 333, 464, 492.

Moréri, 52, 66, 137, 139, 318, 428.
Moret, 11, 511.
Morice, 276, 322.
Moricet, 29, 375.
Morin, 157, 158, 741.
Morlat, 719, 721.
Morne, 117, 219, 323, 331, 426, 428.
Morny (de), 713.
Mortagne, 281, 286, 287, 288, 381, 398, 411, 414, 415, 568, 570, 617, 656.
Motte (de la), 60.
Mourellon, 693.
Moureux, 411, 638.
Mousse (de la), 221.
Moutet, 333, 443, 444, 449, 464.
Moutonnet, 98, 127, 213, 250.
Mure (de la), 5, 86, 323.
Mynereau, 213.

N

Nandre, 280.
Napoléon Ier, 434, 692, 694, 695.
Napoléon III, 720.
Nargonne (de), 151.
Naudin, 22, 24, 25, 30, 43, 210, 485, 721, 729.
Naudon, 78.
Necker, 545.
Nepveux, 334, 359.
Nerret, 158, 159.
Neuve, 540.
Nevers (duc de), 320.
Nicolay (de), 24, 52, 131, 133, 137, 139, 320.
Nicollas, 437.
Nicot, 360.
Nirevelle, 279.
Nizerolle, 280, 463, 472, 575, 601, 602, 603, 640, 645, 655, 657.
Nizier, 205, 219, 224, 761.
Norret, 639.
Nourisset, al. Nourrisset, 308, 393, 404, 407, 408, 411, 559, 568, 569, 580, 593, 594, 596, 619, 646, 653, 663, 665, 676.

Nurit, 719.
Nyole, 98.
Nugin, 677.

O

Odeau, 124.
Orgières (d'), 736.
Orléans (Charles, bâtard d'), 143, 145.
Orléans (ducs d'), 66, 112, 127, 178, 264.
Ostun (d'), 60.
Oursin, 377, 380, 387.
Oyzeaulx, 23, 154, 167, 171, 196, 207, 209, 220, 238, 252, 423, 430, 485, 491, 536.

P

Pacaud, 419.
Pactat, 464, 731.
Page 169, 171, 196, 209, 210, 213, 214, 225, 234, 238, 323, 444, 543, 544.
Paillier, 117.
Painault, 575.
Paizant, al. Pezant, 171, 220, 221, 241, 279, 294, 324, 325, 326, 332, 351, 352, 356, 366, 367, 368, 369, 371, 372, 375, 391, 392, 393, 423, 511, 544, 559, 568, 569, 653.
Palierne, 492, 537.
Pallet, 143, 145.
Panetier, 721.
Pangaud, 713.
Papon, 711.
Pardeux, 280.
Parent, 693.
Parès, 433.
Paris, 333, 719.
Parmentier, 611.
Parnajon, 373.
Parraud, 471.
Pasdeloup, 470, 473.
Pasquet, 281, 580.
Pasquier, al. Paquier, 29, 599.
Pastureau, 158, 200.
Patangeon, 216.
Patreux, 127.

TABLE ALPHAB. DES NOMS DE FAMILLES

Paulat, 411, 415, 420, 569, 594, 596.
Paulet, 266, 279.
Paulier, 605.
Peletier, 96.
Pelisson, 548.
Pelletier, 8, 36, 43, 183, 215, 256, 415, 416, 427, 432, 433, 434, 435, 436, 440, 476, 489, 494, 698, 711, 712, 713, 714, 719, 721.
Pépin-le-Bref, 749.
Perade, *al.* Perrade, 656, 657.
Peraud, 61.
Perceau, 602, 639.
Pérémé, 140, 193.
Pérétat, 411.
Périgne, 225, 740.
Périnaux, *al.* Perinaud, 18, 719, 722.
Perinet, *al.* Perrinet, 220, 308, 326, 329, 335, 351, 357, 361, 363, 365, 369, 387, 395, 534, 552, 559, 562, 568, 569, 580, 593, 596, 634, 638, 639, 645, 657, 658, 676, 689, 690, 691.
Pernier, 282.
Péron, 208, 211, 241, 332, 605.
Perrinaux, 29.
Perrine (de la), 736.
Perroche, 588, 589.
Perrot, 225, 249, 250, 251, 461.
Peruchet, *al.* Perruchet, 280, 414.
Pessière de Bussière, 461.
Petiot, 226.
Petit, 75, 84, 117, 126, 222, 323, 428, 433, 536, 568, 570, 575, 617, 626.
Petit-Dutaillis, 3.
Petitjean, 244, 495, 599.
Petitpierre, 280, 360, 465.
Peynauldet, 154, 355, 430.
Peynault, 207.
Peyroux (du), 209, 447, 750.
Philippat, 41.
Philippe VI, 95, 318.
Philoche, 484.
Piat, 175, 221, 493.
Piaud, 339, 340, 400, 404.
Picard, 286, 287.

Pichon, 29, 279, 281, 286, 343, 657, 719.
Picot, 432, 734.
Piffault, 414.
Pignot, 451.
Pierre, 77, 446, 719.
Pilliwuyt, 723, 724.
Pinault, 447.
Pinel, 620.
Pinet, 542.
Pinon, 249, 742.
Pissenin, 537.
Pivet, 470.
Place, 695, 701.
Planchard, 292, 653.
Pointat, 333.
Pomereu (de), 203, 331, 335.
Pomiers (de), 62, 64.
Ponceau, 722, 741.
Ponsus (de), 146.
Pont (du), 739.
Pontcharrault, *al.* Pontcharraus (de), 79, 135, 735.
Popillon, 104.
Popineau d'Arthon, 451.
Porcher, *al.* Porchet, 127, 450.
Pornin, 126.
Pornyni, 167, 170, 335, 428, 490.
Porte (de la), 11, 60, 79, 88, 552, 736, 757.
Poubeau, 263.
Pougeard-Dulimbert, 695, 696.
Pouillard, 208, 332, 639.
Pournin, 447, 450.
Pourrat, 360, 450, 612, 655.
Poussange, 718, 721.
Pradel, 9.
Pradines, 24.
Pradon, 671.
Préchère, 414.
Prédeux, *al.* Presdeux, 415, 656.
Preignan (de), 73.
Préveraut, 470.
Prévost, 109.
Prou, 66.
Pubon, 466.
Pulvin, 30, 238, 279, 281, 282, 286, 287, 308, 375, 380, 411, 415, 449, 450, 463, 506, 507, 568, 570, 640, 645, 655, 667, 719.

Q

Quicherat, 94.
Quirielle (de), 16, 128.

R

Rabot, 280.
Racquet, 108.
Ragon, 235, 308, 464, 754.
Ragonneau, 734.
Ragot, 419, 464, 731.
Râlichon, 484.
Ralley, 218.
Rambourg, 667, 746.
Rameau, 127, 196, 422, 437, 438.
Ramond, 462.
Ramouvet, 222.
Ratier, 731.
Rauays, 417.
Rault, 215.
Raveyn, 174.
Raymond, 319.
Raynal (de), 14, 54, 114, 130, 141, 142, 146, 147, 186.
Reau, al. Reault, 187, 535.
Rebière, 721.
Reby, 727.
Regnart, 90, 92.
Regnault, 60, 79, 224.
Regnault de la Mothe, 224.
Regrain, 329.
Reigle, 116.
Reignard, 730.
Remy, 719.
Renard, 41, 42, 540, 719.
Renault, 30, 484.
René (le roi), 89.
Renon, 222, 241, 278, 281, 282, 287, 351, 360, 398, 411, 415, 450, 500, 501, 514, 515, 527, 570, 604, 631, 638, 650, 651, 652, 656, 665, 668, 679.
Renouard, 433.
Renoux, 117.
Rétif, 210, 241, 270, 279, 282, 285, 286, 291, 334, 351, 353, 360, 363, 365, 368, 369, 375, 380, 390, 398, 404, 411, 415, 438, 464, 466, 527, 528, 559, 568, 569, 574, 575, 587, 588, 589, 593, 594, 596, 626, 639, 647, 655, 656, 696, 719, 722, 759.
Reugny (de), 499.
Reux (de), 80.
Réveillé de la Grégosaine, 213.
Reynie (de la), 334.
Riau (de), 129.
Riboutet, 540.
Ricard, 352, 570.
Richelieu, 37.
Richerolles, 139.
Richet, 713.
Riffard, 575.
Rigollet, 231.
Rinche, 279, 280, 337, 414, 515.
Riobé, 285, 463, 470, 525.
Rioux (du), 234, 754.
Rivière, 239, 411.
Rivière (de), 433, 754, 758.
Rivière, al. Ryvière (de la), 117, 151, 754.
Robert, 24, 78.
Robichon, 720.
Robin, 209, 343, 414, 419.
Robinet, 279, 281, 336, 338, 414, 655, 721.
Robrieux, 31, 241, 281, 282, 288, 352, 360, 380, 390, 398, 411, 414, 568, 570, 574, 575, 587, 588, 628, 639, 645, 654, 655, 656, 660, 661, 668.
Roche, 14.
Roche (de la), 212, 222, 756.
Roche-Loudun (de la), 234, 756.
Rochebut (de), 235.
Rochechouart, (de) 79.
Rochefoucauld (de la), 141, 440, 452, 458, 469, 486, 497.
Rogier, 492.
Rohan (de), 155.
Rolhe, 123.
Rollet, 224, 225.
Roland, 518.
Rolland (de), 734, 740, 750.
Rolland, al. Rollant, 266, 419, 452, 453, 469, 498, 500, 509, 510.
Rollin, 509.

Roncet, 280.
Rorgue, 484.
Rosny (de), 155, 156.
Rosselet, 79.
Rouairon, 70.
Rouër, 126, 127, 130, 196, 209, 323, 328, 330, 417, 428, 436, 442, 443.
Rousseau, 250, 382, 383, 417, 469, 486, 495, 496.
Rousset, 323.
Rouxelle de Blanchelande (de) 200.
Rouyer, 695.
Roy, 214, 248, 249, 263, 268, 280, 281, 286, 288, 308, 352, 357, 395, 398, 411, 414, 415, 420, 421, 422, 423, 438, 463, 484, 495, 499, 569, 575, 624, 625, 654, 655, 657, 720, 721, 722.
Rozat, 241, 311, 351, 357, 381, 411, 553, 568, 655, 657, 676.
Ruby, 127, 204, 214, 218, 220, 225, 326.
Ruffray, 229, 234, 339, 360, 393, 397, 414, 415, 443, 454, 464, 512, 515, 545, 548, 559, 568, 569, 580, 596, 653, 697, 732.
Ruyaulx (des), 79, 744.

S

Sabardin, 300, 302, 309, 310, 333, 357, 361, 362, 363, 364, 369, 372, 380, 381, 382, 390, 420, 423, 487, 512, 527, 528, 536, 537, 538, 540, 544, 554, 568, 574, 575, 577, 579, 583, 587, 588, 590, 610, 614, 626, 628, 638, 653.
Sacrot, 380, 568, 569, 673.
Sadon, 117, 120, 123.
Sagonne (de), 60.
Sagueneau, 639.
Sainsbut des Garennes (de), 200.
Saint-Aignan (de), 191.
Saint-Amet (de), 109.
Saint-Aubin (de), 79, 117, 731.
Saint-Géran (de), 183, 190.
Saint-Gris, 10, 130.

Saint-Hilaire (de), 738.
Saint-Horand (de), 308.
Saint-Père (de), 427.
Saint-Priest (de), 590.
Saint-Quentin (de), 73, 75, 79, 234.
Saint-Sébastien (de), 79.
Salelles, 539.
Salignac (de), 96, 97, 98, 101, 102, 103.
Saligny (de), 80.
Salins (de), 46.
Sallat, 102.
Sallé, 452, 458, 487.
Sancerre (de), 60.
Sandoux, 740.
Sarrassat, 250.
Sarrazin, 172.
Sarre (de), 738.
Sauson, 61, 73.
Sauvat, 650.
Sauzay (de), 537.
Savenault, 204, 213, 214, 217, 221, 229, 446, 491, 494, 531, 535, 537.
Savoie (Agnès de), 45.
Savoie (ducs de), 86, 89.
Savoie (Louise de), 111, 125.
Sayet, 471.
Segarde, 79.
Segaud, 88, 199, 755.
Segault, 11.
Segrault (de), 109.
Séguier, 195.
Séguin, 395.
Seigle, 719.
Seignelay (de), 610.
Seignoret, 58.
Sellier, 98, 102.
Semelé, 337, 418, 420, 421, 458, 468, 469, 473, 481.
Seméneau, 223.
Semoux, 215.
Senet, 753.
Senterre, 307.
Septier, 333.
Servantier, al. Serventier, 27, 126, 208, 210, 248, 249, 263, 279, 282, 285, 286, 332, 333, 360, 369, 414, 419, 437, 447, 448, 449, 500, 501, 509, 511, 732, 745.

Servien, 195.
Servois, 760.
Séry (de), 58, 60, 79.
Seuly (de), 759.
Sévat, 280, 398, 722.
Sigongne, 509.
Simon, 224, 568. 752.
Simond 324.
Simonneau 427.
Simonnet, 251, 398, 411, 414, 570, 656, 670.
Sionnais, al. Sionnay, 216, 430, 490, 496.
Sixte IV, 425.
Sixte V, 477.
Soreau, 107, 116.
Soret, 196, 207, 208, 210, 223, 225, 228, 234, 237, 238, 418, 536, 537, 543, 732.
Soubise (de), 155.
Souche (de la), 77, 199, 219, 220, 233, 234.
Souchoir, 451.
Soulette, 225.
Soultrait (de), 16.
Soumard des Forges, 487.
Steuf, 200.
Subert, 719.
Sully (de), 60, 79, 95, 146, 154, 155, 156, 157, 266, 340, 341, 754.
Sure, 433.
Sylvestre, 719.

T

Taboulaire, 575.
Taine, 2
Taizy, 716.
Tamisier, 697.
Tard, 96, 98, 103, 104.
Tardiveau, 485, 600, 601, 602, 603, 604.
Tardy, 515.
Tarraud, 743.
Taubain, al. Taubin, 281, 360.
Tauleigne, 741.
Taupenot, 535.
Tavannes, 180.
Taxelet, 79, 730.
Tenon, 99, 102.

Teralle de Rochellance, 462, 551.
Tercelet, 79, 731.
Terrasse, 414.
Thaumas de la Thaumassière, 11, 16, 46, 88, 137, 141, 155.
Thébault de Latouche, 611.
Thérion, 101.
Theurault, 2, 8, 19, 21, 25, 30, 31, 33, 41, 127, 166, 170, 171, 172, 173, 174, 175, 176, 177, 178, 179, 180, 181, 182, 183, 187, 193, 196, 200, 204, 207, 208, 209, 210, 211, 213, 214, 215, 217, 218, 219, 220, 221, 222, 224, 226, 227, 229, 230, 234, 238, 241, 246, 247, 248, 250, 253, 254, 256, 257, 259, 263, 264, 266, 268, 270, 276, 277, 280, 288, 289, 308, 310, 312, 326, 329, 330, 331, 332, 333, 336, 339, 347, 348, 350, 351, 353, 357, 359, 366, 367, 368, 369, 370, 375, 386, 389, 391, 393, 394, 395, 397, 399, 412, 414, 417, 418, 419, 427, 428, 429, 430, 431, 432, 438, 442, 444, 445, 446, 447, 448, 449, 450, 455, 456, 457, 458, 459, 461, 462, 466, 468, 469, 470, 485, 487, 488, 490, 491, 492, 493, 494, 495, 502, 509, 510, 513, 526, 527, 528, 532, 533, 535, 536, 540, 541, 543, 544, 549, 551, 552, 553, 554, 555, 557, 558, 560, 561, 563, 564, 565, 566, 567, 568, 569, 577, 580, 581, 583, 588, 590, 591, 593, 595, 596, 597, 598, 603, 615, 616, 617, 622, 627, 628, 633, 634, 637, 638, 639, 644, 645, 653, 654, 656, 659, 663, 666, 668, 674, 676, 688, 689, 697, 699, 701, 702, 712, 720, 732, 733, 738, 740, 744, 745, 746, 752.
Thévenard, 229, 240, 460, 526, 533, 535, 537, 730, 731, 757.
Théveneau, 223, 224.
Thévenet, 199, 761.
Thévenin, 221, 265, 719.
Thianges (de), 218, 751.

Thibaud, 665.
Thibaut, 308, 411, 484.
Thibaut de Chanlive, 239.
Thierry, 365.
Thiers, 3.
Thomas 2, 12, 13, 216, 282, 292, 295, 296, 333, 334, 351, 357, 371, 375, 398, 411, 414, 483, 568, 570, 596, 629, 649, 654, 666, 676, 677, 720.
Thombrault, *al.* Thombreau, 352, 560.
Thonié 108, 114.
Tienges (de), 79.
Tiercelet, 60.
Tiersonnier, 2.
Tillier-Prudhomme, 721.
Tiphénat, 433.
Tissandier (de), 760.
Tisserant, 207.
Tisset, 327.
Tixerand, 248, 249.
Tixier, 527, 528, 745.
Toffin, 61.
Torcapel, 391.
Tortat, 127.
Touche (de la), 525.
Touches (des), 104.
Touchet, 151.
Touraton-Deschellerins, 225.
Tournelle (de la), 428.
Tourret, 698.
Tourville (de), 177.
Touzelle, 78.
Touzelles (de), 117, 123.
Touzet, 352, 395, 397, 414, 719.
Tramplier, 126.
Treffort (de), 79.
Treilhard, 597.
Trémeaux, 360.
Trémouille (de la), 155.
Tresle, 110.
Trévoux, 52, 105, 119, 122, 147, 318, 336, 345, 376, 467.
Triboullet, 23.
Troché, 484.
Trollière (de la), 200, 396, 397.
Troussebois, 50, 79, 80, 736, 758.
Trousset, 194.
Tudot, 14.
Turenne (de), 142.

Turgot, 257.
Turquois, 210.
Turrauld, *al.* Turraut, 78, 213, 217, 221, 226.

U

Usines (des), 110.
Ussel (d'), 134.

V

Vacherat, 471.
Vachette, 719.
Vaesen, 94.
Vaillant, 18, 301, 753.
Valenchon, 656.
Valette, 721.
Valette de Bosredon, 499.
Valigny (de), 61, 73.
Vallenet, 246.
Vallet, 34, 533.
Vallet de Viriville, 85, 86.
Vallière (de la), 17.
Valligny, 170, 172, 224, 526, 536.
Valois (de), 64, 65, 125, 150, 151.
Vannier, 17.
Vasson, 738.
Vaudetar de Persan (de), 180, 181, 184, 185, 186, 188.
Vayssière, 128, 129.
Vélard, *al.* Vellard (de), 170, 221, 226, 491, 493, 494.
Venould, 282.
Vérany de Varenne, 454.
Verdier (du), 234, 754.
Vernade (de), 90, 92.
Verne de Vauvrilles (de la), 147.
Vernerey, 660.
Verneuil, 415.
Vernier, 214, 248, 249.
Vernois, 207.
Veronnet, 535.
Verton (de), 173, 174, 175.
Vertot, 428.
Vic. Pontgibaud (de), 494.
Vidalin, 513, 535, 544, 701.
Vierzac (de), 760.
Vigeon, 332, 369, 460, 730.

Vigère, 58.
Vigner, *al.* Vignier, 108, 127, 170, 172, 216, 319, 323, 329, 490, 491, 492.
Vignolles (de), 219, 750.
Vigouroux, 724.
Villaine (de), 263.
Villain, 542.
Villars, 147,
Villars (de), 218.
Villatte, 279, 301, 398, 411, 419.
Villatte des Granges et des Prûgnes, 18, 19, 301, 689, 753.
Villelume (de), 199, 201, 739, 740.
Villemeau, 398, 654.
Villemont (de), 198.
Villemot, 279.
Villepreux, *al.* Vilpreux, 266, 281, 569, 570, 575, 656, 721.
Villaines (de), 80, 745.
Villers (de), 96.

Villiers, 591.
Vincent, 285, 414.
Vindrinet, 674.
Viore (de), 60.
Virard, 719.
Vitry (de), 135.
Vivier de la Chaize, 753.
Vougon (de), 60.
Voysin, 80.
Vrain, 753.
Vrinat, 451.

W

Waïffre, 749.
Wailly (de), 44, 51, 66, 90.
Walkenaer, 14.
Walsh, 252.
Witkowski, 33.

Y

Ysabeau, 584.

TABLE DES MATIÈRES

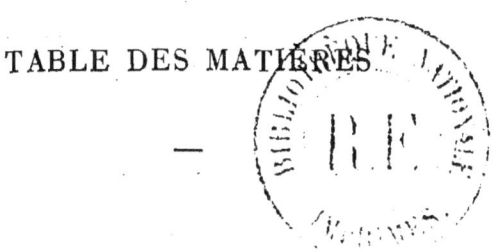

Avant-propos 1

PREMIÈRE PARTIE

DES ORIGINES JUSQU'A LA RÉVOLUTION

Chapitre premier. — Promenade à Ainay-le-Château.   5

Chapitre II. — Les Archambaud. — Les ducs de Bourbon 40

Chapitre III. — Fin de la guerre de Cent ans. — Vente et rachat de la châtellenie d'Ainay. — Les derniers ducs de Bourbon. — Ainay devient châtellenie royale.   82

Chapitre IV. — Les coutumes particulières de la châtellenie d'Ainay.................................... 114

Chapitre V. — Les bourgeois d'Ainay à l'assemblée du Tiers-Etat, à Moulins, en 1559. La Réforme. — Prise d'Ainay par les Huguenots. — La Ligue. — Siège d'Ainay par François des Barres. — Diane légitimée de France et François de Valois seigneurs d'Ainay-le-Château 125

Chapitre VI. — Troubles au commencement du xviie siècle. — Translation à Ainay des élections et lieutenances de maréchaussée de Saint-Amand, Châteauroux, La Châtre et autres lieux. — La peste. — La Fronde : siège et prise de la ville par les Condéens. — Ruine des Castellainaisiens. — Le prince de Condé devient seigneur d'Ainay-le-Château................. 153

CHAPITRE VII. — Marchands, artisans et bourgeois du milieu du XVIIe siècle. — Terrier du Roy pour la chastellenie d'Aynay-le-Chastel, 1679. — Le château. — La chastellenie. — Hiver de 1693-1694. — Aveux et hommages à la fin du XVIIe siècle.................. 206

CHAPITRE VIII. — Les Princes de Condé, engagistes du Bourbonnais. — Ainay-le-Château au XVIIIe siècle. — Le comte d'Artois, apanagiste du Berry. — Fin d'un Régime 236

DEUXIÈME PARTIE

LES INSTITUTIONS A LA FIN DE L'ANCIEN RÉGIME

CHAPITRE PREMIER. — La Justice et les Impôts à Ainay avant 1789..................................... 317

CHAPITRE II. — Le Régime municipal d'Ainay jusqu'à la Révolution. — La Milice Bourgeoise.............. 358

CHAPITRE III. — Etablissements religieux et charitables. 413

CHAPITRE IV. — Ecoles. — Hygiène : chirurgiens, apothicaires et sages-femmes. — Numéraires. — Positions libérales. — Défrichements..................... 504

TROISIÈME PARTIE

DE 1789 A NOS JOURS

CHAPITRE PREMIER. — La Révolution. — La Terreur. — Le Directoire. — Le Consulat...................... 547

CHAPITRE II. — Période contemporaine.............. 692

QUATRIÈME PARTIE

LES ENVIRONS IMMÉDIATS D'AINAY-LE-CHATEAU. 729

TABLE DES NOMS DE FAMILLES ET DE PERSONNES. 765

Saint-Amand (Cher). — Imprimerie BUSSIÈRE.

www.ingramcontent.com/pod-product-compliance
Lightning Source LLC
Chambersburg PA
CBHW060545230426
43670CB00011B/1696